21世纪经济管理新形态教材
航空物流系列

# 机场运营管理

赵　榕◎主　编
唐金环　　张小雷◎副主编

U0360328

清華大學出版社
北　京

本书封面贴有清华大学出版社防伪标签，无标签者不得销售。

版权所有，侵权必究。举报：010-62782989，beiqinquan@tup.tsinghua.edu.cn

图书在版编目（CIP）数据

机场运营管理 / 赵榕主编. -- 北京 ：清华大学出

版社, 2024. 9. -- (21 世纪经济管理新形态教材).

ISBN 978-7-302-67385-9

Ⅰ . F560.81

中国国家版本馆 CIP 数据核字第 20240L5M02 号

责任编辑：陆浥晨
封面设计：汉风唐韵
责任校对：宋玉莲
责任印制：丛怀宇

出版发行：清华大学出版社

　　　　网　　　址：https://www.tup.com.cn，https://www.wqxuetang.com

　　　　地　　　址：北京清华大学学研大厦 A 座　　　　　邮　　　编：100084

　　　　社 总 机：010-83470000　　　　　　　　　　　邮　　　购：010-62786544

　　　　投稿与读者服务：010-62776969，c-service@tup.tsinghua.edu.cn

　　　　质 量 反 馈：010-62772015，zhiliang@tup.tsinghua.edu.cn

　　　　课 件 下 载：https://www.tup.com.cn，010-83470332

印 装 者：定州启航印刷有限公司

经　　销：全国新华书店

开　　本：185mm×260mm　　　　印　张：17.75　　　字　数：409 千字

版　　次：2024 年 10 月第 1 版　　　　　　　　　　印　次：2024 年 10 月第 1 次印刷

定　　价：56.00 元

产品编号：097048-01

# 前　言

随着经济和科技的日益发展，现代化的机场已经成为集交通、物流、服务、旅游、商贸等多种功能于一体的综合航空城。同时，随着我国民用航空（简称民航）业的不断发展和民航运输量的日益增长，机场运营管理也出现了很多问题。为了解决这些问题，提升机场运营与管理质量，我们迫切需要加强我国机场运营管理水平，并且急需更多的相关教材。

本书以机场作为研究对象，全面系统地介绍了机场运营与管理各方面的内容。本书共分为 12 章，主要介绍民用航空系统、机场容量管理、机场航站区的运营、机场货运经营、机场安全管理、机场地面通道管理、机场成本与收入、机场管理模式、机场特许经营、机场服务质量管理、机场营销、智慧机场等内容。本书内容充实，并具有很强的实用性，力求理论联系实际，充分结合我国民航在实际工作中的特定要求，编写体系完整，结构新颖，深入浅出，通俗易懂，体现了信息化时代机场运营管理发展的新特色。本书主要供相关专业本科、高职高专学生学习使用，同时又可以作为航空公司、机场从业人员必备的岗位培训教科书。

本书由沈阳航空航天大学经济与管理学院物流管理专业教师编写，赵榕担任主编，负责总体设计、总纂审定，唐金环、张小雷、张子辰担任副主编。具体分工如下：第 1 章、第 2 章、第 8 章、第 9 章由赵榕编写；第 3 章、第 4 章、第 5 章、第 7 章由张小雷编写；第 6 章、第 10 章、第 11 章、第 12 章由唐金环编写。

在本书编写过程中，我们参考了大量的教材、书籍和文章，对这些资料的提供者表示真诚的感谢。同时，也对编辑人员在修订过程中做出的努力和贡献表示感激。由于编者水平有限，书中难免存在疏漏和不妥之处，恳请读者和专家批评指正。

编　者
2024 年 7 月

# 目 录

# 第 **1** 章

# 民用航空系统

【学习目标】

- 掌握民用航空的定义；
- 了解民用航空的分类；
- 掌握民用航空系统的构成；
- 了解民用机场的作用。

#### 中国最早的民航运输

1920 年 4 月 24 日，京沪航线的京津段进行试航。首航试飞时，英国飞行员驾驶一架由亨得利佩治式轰炸机改制的 0-004 型 14 座客机，名为"京汉"号，从北京首飞天津获成功。1920 年 5 月 7 日，京津航线正式开航，上午 10 时，飞机飞离北京南苑机场，载着十几名英国侨民和乘客，顺带邮件，由英国空军驾驶员担任机师，经过 50 分钟的飞行，飞机顺利抵达天津赛马场。下午，该飞机载运驻津英军、侨民及民众的邮件从天津返航北京。这是中国最早的民用航线。

（资料来源：张君. 机场运营管理[M]. 北京：化学工业出版社，2021: 3.）

【案例思考题】

（1）中国最早的民航运输有哪些特点？

（2）通过案例分析民航运输在社会发展中的重要性。

## 1.1 民用航空概述

民用航空系统主要由三部分组成：政府部门、民航企业、民用机场。政府部门包括国际民航运输管理机构和中国民航运输管理机构。民航企业包括航空公司和民航运输保障企业。民用机场是公众服务设施，也是民用航空和整个社会的结合点。

### 1.1.1 民用航空的基本概念

民用航空是指使用各类航空器从事除了军事性质（包括国防、警察和海关）以外的所有的航空活动。这个概念明确了民用航空是航空的一部分，同时以"使用"航空器界定了它和航空制造业的界限，用"非军事性质"表明了它和军事航空的不同。

依据民用航空的定义，可以得出以下几点结论。

①民用航空是航空活动的一部分。

②民用航空属于航空器使用商。

③民用航空和军事航空等国家航空活动不同。

　　1903 年 12 月 17 日，奥维尔·莱特在美国北卡罗来纳州的基蒂霍克驾驶"飞行者一号"飞机进行试飞。飞机在空中飞行 12 秒，飞行距离为 36.5 米，此举成为人类第一次可操纵的动力飞机的持续飞行。从此，航空新纪元开始。

　　1909 年，法国人布莱里奥（Louis Bleriot）成功地飞过了英吉利海峡，开创了历史上第一次国际航行。

　　1914—1918 年第一次世界大战期间，由于军事的需要，航空技术获得了快速发展。

　　1919 年，德国首先开始了国内的民航运输。同年 8 月，英、法开通了定期的空中客运。

　　1944 年，54 个国家参加了在美国芝加哥召开的国际会议，签署了《芝加哥公约》，并在 1947 年成立了国际民航组织（International Civil Aviation Organization，ICAO）。

　　1945 年，欧洲的几个航空公司组建了国际航空运输协会（International Air Transport Association，IATA），促进了航空运输的有序发展。

## 1.1.2　民用航空的分类

　　人类的飞行梦想虽然从远古就开始，但人类真正飞上天开始于 1783 年蒙特哥菲尔兄弟制造的热气球载人升空，随后德国人用热气球运送邮件和乘客。热气球是不可操纵的航空器，直到 1852 年，法国出现了飞艇，真正拥有了可进行操纵的有动力的航空器。19 世纪是轻于空气的航空器主宰的时代，而且这些航空器也用于民用，还在战争中发挥用途。但是轻于空气的飞行器，体积大，速度慢，操纵也不方便，在军事上易受攻击，因而它们的出现不论在民用还是在军用领域中都没有开辟真正的航空时代。

　　19 世纪英国科学家凯利（G. Cayley）和德国科学家里林塔尔（O. Llilienthal）钻研滑翔机，在空气动力的理论、飞机的构造和操纵的实践上作出了贡献。

　　1903 年 12 月 17 日，奥维尔·莱特在美国北卡罗来纳州的基蒂霍克驾驶"飞行者一号"飞机进行试飞。飞机在空中飞行 12 秒，飞行距离为 36.5 米，此举成为人类第一次可操纵的动力飞机的持续飞行。从此，航空新纪元开始。

　　1909 年，法国人布莱里奥成功飞过了英吉利海峡，开创了历史上第一次国际航行。

　　第一次世界大战结束后，飞机开始转向民航，在 1919 年的巴黎和会上，法国政府草拟了巴黎和约，被称为《巴黎公约》，即世界上第一部国家间的航空法。

　　经过近 1 个世纪的发展，民用航空已经成为国民经济的一个重要组成部分。民用航空可以分为商业航空和通用航空。

### 1. 商业航空

商业航空也称为航空运输，是指以航空器进行经营性的客货运输的航空活动。它的经营性表明这是一种商业活动，以营利为目的。它又是运输活动，这种航空活动是交通运输的一个组成部分，与铁路、公路、水路和管道运输共同组成了国家的交通运输系统。尽管航空运输在运输量方面和其他运输方式相比是较少的，但由于其快速、较强的远距离运输能力及高效益，航空运输在总产值上的排名不断提升，而且在经济全球化的浪潮中和国际交往上发挥着不可替代的、越来越大的作用。

### 2. 通用航空

航空运输作为民用航空的一个部分被划分出去之后，民用航空的其余部分统称为通用航空，因而通用航空应用范围十分广泛。根据通用航空经营许可管理规定（中华人民共和国交通运输部令 2016 年第 31 号），共包括四大类 31 项。

甲类：陆上石油服务、海上石油服务、直升机机外载荷飞行、人工降水、医疗救护、航空探矿、空中游览、公务飞行、私用或商用飞行驾驶执照培训、直升机引航作业、航空器代管服务、出租飞行、通用航空包机飞行。

乙类：空中游览、直升机机外载荷飞行、人工降水、航空探矿、航空摄影、海洋监测、渔业飞行、城市消防、空中巡查、电力作业、航空器代管、跳伞飞行服务。

丙类：私用驾驶员执照培训、航空护林、航空喷洒（撒）、空中拍照、空中广告、科学实验、气象探测。

丁类：使用具有标准适航证的载人自由气球、飞艇开展空中游览；使用具有特殊适航证的航空器开展航空表演飞行、个人娱乐飞行、运动驾驶员执照培训、航空喷洒（撒）、电力作业等经营项目。

其他需经许可的经营项目，由中国民用航空局（简称民航局）确定。

商业航空服务内容主要包括旅客和货物，其具有快速、安全、舒适和不受地形限制等一系列优点，通用航空服务内容较广泛，其具有工作质量高、节省时间和人力的突出优点。相对于通用航空而言，商业航空在交通运输结构中占有独特的地位，促进了国内和国际贸易、旅游和各种交往活动的发展。

## 1.2　民用航空系统的构成

民用航空是一个庞大复杂的系统，其中有事业性的政府机构，有企业性质的航空公司，还有经营性事业单位性质的民用机场（航空港），以及大量参与通用航空各种活动的个人与企事业单位。只有各个部分协调运行，才能保证民用航空事业的迅速发展。

### 1.2.1　政府部门

民用航空业对安全的要求高，涉及国家主权和交往的事务多，要求迅速的协调和统一的调度，因而几乎各个国家都设立独立的政府机构来管理民航事务，我国是由民航局来负责管理。中国民用航空局（Civil Aviation Administration of China，CAAC）是中华人民共和国国务院主管民用航空事业的由部委管理的国家局,归交通运输部管理,其前身为中国民用航空总局,中国民用航空总局在 1987 年以前曾承担中国民航的运营职能。

民航局的主要职责有以下几个方面。

①提出民航行业发展战略和中长期规划、与综合运输体系相关的专项规划建议,按规定拟订民航有关规划和年度计划并组织实施和监督检查。起草相关法律法规草案、规章草案、政策和标准,推进民航行业体制改革工作。

②承担民航飞行安全和地面安全监管责任。负责民用航空器运营人、航空人员训练机构、民用航空产品及维修单位的审定和监督检查,负责危险品航空运输监管、民用航空器国籍登记和运行评审工作,负责机场飞行程序和运行最低标准监督管理工作,承担民航航空人员资格和民用航空卫生监督管理工作。

③负责民航空中交通管理工作。编制民航空域规划,负责民航航路的建设和管理,负责民航通信导航监视、航行情报、航空气象的监督管理。

④承担民航空防安全监管责任。负责民航安全保卫的监督管理,承担处置劫机、炸机及其他非法干扰民航事件相关工作,负责民航安全检查、机场公安及消防救援的监督管理。

⑤拟定民用航空器事故及事故征候标准,按规定调查处理民用航空器事故。组织协调民航突发事件应急处置,组织协调重大航空运输和通用航空任务,承担国防动员有关工作。

⑥负责民用机场建设和安全运行的监督管理。负责民用机场的场址、总体规划、工程设计审批和使用许可管理工作,承担民用机场的环境保护、土地使用、净空保护有关管理工作,负责民航专业工程质量的监督管理。

⑦承担航空运输和通用航空市场监管责任。监督检查民航运输服务标准及质量,维护航空消费者权益,负责航空运输和通用航空活动有关许可管理工作。

⑧拟定民航行业价格、收费政策并监督实施,提出民航行业财税等政策建议。按规定权限负责民航建设项目的投资和管理,审核(审批)购租民用航空器的申请。监测民航行业经济效益和运行情况,负责民航行业统计工作。

⑨组织民航重大科技项目开发与应用,推进信息化建设。指导民航行业人力资源开发、科技、教育培训和节能减排工作。

⑩负责民航国际合作与外事工作,维护国家航空权益,开展与港澳台的交流与合作。

⑪管理民航地区行政机构、直属公安机构和空中警察队伍。

⑫承办国务院及交通运输部交办的其他事项。

## 1.2.2　民航企业

民航企业指从事和民航业有关的业务的各类企业。其中最主要的是航空运输企业,即我们常说的航空公司,它们掌握航空器从事生产运输,是民航业生产收入的主要来源。航空公司的业务主要分为两个部分:一部分是航空器的使用（飞行）、维修和管理;另一部分是公司的经营和销售。其他类型的航空企业如油料、航材、销售等,都是围绕着航空运输企业开展活动的，多是民航运输保障企业。

### 1. 航空公司

航空公司是以航空器为主要运载工具从事一线生产运输，为社会机构和公众提供服务并获取收入的企业，是民航业生产收入的主要来源。

航空公司的基本业务职能包括以下内容。

①负责处理整个公司有关飞行和空中服务的事务。

②负责保持航空公司的航空器处于适航（意味着航空器符合民航当局的有关适航标准和规定）和完好（表示航空器保持美观和舒适的内外形象和装修）状态，并保证航空器能够安全运行。

③负责航空公司运输的销售、集散和服务环节。

④负责航空公司的管理和运行。

### 2. 民航运输保障企业

民航运输保障企业负责围绕航空公司正常运营，开展相关的民航运输事务。

（1）中国民航信息集团有限公司（China Travel Sky Holding Company，CTH）

2002 年 9 月 26 日，经国务院批准，中国民航信息集团有限公司成立，为中央管理的国有大型科技型企业，是国家授权投资机构和国家控股公司。

该公司目前主要面向航空运输企业、机场、销售代理人、旅游企业及国际组织等，提供电子分销、数据处理、结算清算等服务；从事计算机工程项目承包，计算机产品的研发、生产、销售、租赁及技术贸易、技术服务、培训、咨询等延伸业务；从事国内外广告、展览、工程建设、房地产开发、物业管理、招标投标、中介服务、外贸流通经营、信息技术国际合作、对外承包工程和对外劳务合作、投融资等辅助业务。

（2）中国航空油料集团有限公司

中国航空油料集团有限公司成立于 2002 年 10 月 11 日，是以原中国航空油料总公司为基础组建的国有大型航空服务运输服务保障企业，是国内最大的集航空油品采购、储运、销售、加注于一体的航油供应商。

（3）中国航空器材集团有限公司

中国航空器材集团有限公司是在原中国航空器材进出口总公司的基础上组建的，以民用航空产品进出口业务为主的综合性服务保障企业。经营范围包括飞机、发动机、航空器材、各种设备、特种车辆的进出口、租赁、维修、寄售，以及与民用航空有关的各种工业产品和原材料的进出口业务，从事与此相关的招投标、国内外投融资、技术咨询、培训服务、展览、航空表演业务，开展合资经营、合作生产、加工装配及多种形式的对外贸易。

## 2019 年世界十大综合竞争力航空公司排名

2019 年 5 月 15 日，第十届世界航空公司排行榜新闻发布会暨第九届世界空姐节颁奖典礼在中国香港举行。会上发布了 2019 年世界十大综合竞争力航空公司排行榜，见表 1-1。航空公司综合竞争力的主要特征是：运营规模大、运营管理强、航线网络广、服务质量佳、安全水平高。《GN 综合竞争力航空公司评价指标体系》包括资源规模指数、能力指数、环境指数 3 个一级指标及 12 个二级指标。

**表 1-1　2019 年世界十大综合竞争力航空公司排行榜**

| 排名 | 航空公司名称 | 得分 |
| --- | --- | --- |
| 1 | 美国航空集团公司（American Airlines Group） | 95.16 |
| 2 | 美国达美航空公司（Delta Airlines） | 94.05 |
| 3 | 法国航空-荷兰皇家航空集团（Air France-KLM） | 92.87 |
| 4 | 中国国际航空公司（Air China） | 91.90 |
| 5 | 中国南方航空公司（China Southern Airlines） | 90.33 |
| 6 | 英国国际航空集团（UK International Airlines） | 89.54 |
| 7 | 中国东方航空公司（China Eastern Airlines） | 87.68 |
| 8 | 德国汉莎航空公司（Deutsche Lufthansa） | 85.47 |
| 9 | 阿联酋航空公司（Emirates Airlines） | 84.73 |
| 10 | 日本全日空航空公司（All Nippon Airwalls） | 83.66 |

### 1.2.3　民用机场

民用机场是民用航空和整个社会的结合点，也是一个地区的公众服务设施。因此，民用机场既带有营利的企业性质，也带有为地区公众服务的事业性质。世界上大多数机场是地方政府管辖下的半企业性质的机构。主要为航空运输服务的机场称为航空港，或简称空港，使用空港的一般是较大的运输飞机，空港要有为旅客服务的地区（候机楼）和相应设施。

### 1.2.4　参与通用航空各种活动的个人与企事业单位

参与通用航空各种活动的个人与企事业单位包括飞行学校、通用航空公司、为通用航空服务的各类企业、航空研究单位、航空体育活动单位，以及拥有飞机的个人和企事业单位。这是一个庞杂的群体，其活动形式多样，满足人们对航空活动的多种需要。

## 1.3　民　用　机　场

#### 中国最早的机场

中国最早的机场是 1910 年修建的北京南苑机场。南苑在元朝时开始被皇家占用，因地势低洼，水草丰盛，小动物和鸟类繁多，附近一带成为元、明、清三朝皇家猎园，后来成为清朝军队的演练校阅场。1904 年，法国为向中国推销刚刚起步的飞机，把两架小飞机运到北京进行表演，见南苑地势开阔平坦，便选择在南苑进行飞机起降和飞机表演。1910 年，清朝政府从法国买进了一架"法曼"（Farman）双翼飞机，并在南苑"毅军"（毅军为清朝政府的主力陆军，因其将领宋庆的勇号为"毅勇巴图鲁"，故称"毅军"）的操场上建立了中国最早的飞机修理厂，由留学日本归来的刘佐成、李宝焌开始研制飞机，同时修建了简易跑道。这是中国的第一个机场。

## 1.3.1　机场的概念

国际民航组织将机场（航空港）定义为：供航空器起飞、降落和地面活动而划定的一块地域或水域，包括域内的各种建筑物和设备装置，主要由飞行区、旅客航站区、货运区、机务维修设施、供油设施、空中交通管制设施、安全保卫设施、救援和消防设施、行政办公区、生活区、后勤保障设施、地面交通设施及机场空域等组成。

《中华人民共和国民用航空法》指出：民用机场是指专供民用航空器起飞、降落、滑行、停放以及进行其他活动使用的划定区域，包括附属的建筑物、装置和设施。

1. 机场的主要功能

①保证飞机安全、及时起飞和降落。

②安排旅客和货物准时、舒适地上下飞机。

③提供方便、快捷的地面交通连接市区。

2. 机场提供的基本服务

①基本的营运服务：保障飞机和机场用户的安全，包括空中交通管制、飞机进近和着陆、气象服务、通信、警察和保安、消防和急救（包括搜寻和援救）、跑道和房屋的维护。

②处理交通流量的服务：与飞机相关的活动，如清洁、动力的提供、装卸和卸载的行李/货物，这些活动有时候也称为地面作业。有的活动直接和交通量有关，包含旅客、行李或货物运输。

③商业活动：通常包括经营商店、饭店、酒吧、报摊、停车场、电影院、保龄球馆、理发店、超市、会议中心和宾馆等，还包括候机楼和机场的土地。

3. 民用机场系统的构成

民用机场系统的构成可简单地划分为供飞机活动的空侧部分，以及供旅客和货物转入或转出的陆侧部分。

空侧包括供飞机起飞和降落的航路空域及供飞机在地面上运行的飞行区两部分。

陆侧包括供旅客和货物办理手续和上下飞机的航站楼，各种附属设施及出入机场的地面交通设施三部分。

**机场临空经济区**

临空经济区以发展临空产业为核心，包括先导产业和相关产业。临空经济区以机场为地理中心，沿交通线向外发散式扩张，它具体存在于一定的地理范围内（通常在以机场为中心，以 10～15 千米为半径的范围内）。依据国际上机场的空间结构模式，可将临空经济区分为四个环形：中心机场环、商业服务环、制造配送环和外围环。

## 1.3.2 机场的分类

**1. 按服务对象划分**

按服务对象划分，机场分为军用机场、民用机场和军民合用机场。

军用机场用于军事目的，有时也部分用于民用航空或军民合用，但从长远来看，军用机场将会和民用机场完全分离。

民用机场又分为商业运输机场（通常称为航空港）、通用航空机场及用于科研、生产、教学和运动的机场。通用航空机场主要用于通用航空，为专业航空的小型飞机或直升机服务。

在我国，有些机场属单位和部门所有，如飞机制造厂的试飞机场、体育运动的专用机场和飞行学校的训练机场。在国外，还有大量服务于私人飞机或企业公务飞机的私人机场，这种机场一般只有简易的跑道和起降设备，规模很小，但数量很多。

**2. 按航线性质划分**

按航线性质划分，可分为国际航线机场（国际机场）和国内航线机场。

国际机场有国际航班进出，并设有海关、边防检查（移民检查）、卫生检疫和动植物检疫等政府联检机构。国际机场又分为国际定期航班机场、国际不定期航班机场和国际定期航班备降机场。

国内航线机场是专供国内航班使用的机场。我国的国内航线机场包括"地区航线机场"。地区航线机场是指我国内地城市与中国香港、澳门等地区之间定期或不定期航班飞行使用的机场，并设有相应的类似国际机场的联检机构。

**3. 按机场在民航运输网络系统中所起作用划分**

按机场在民航运输网络系统中所起作用划分，可分为枢纽机场、干线机场和支线机场。

所谓枢纽机场，从功能上来看，是指那些能够在较短时间内将来自世界各地不同地方的客源通过机场内航班调配分拨后运输至其最终目的地的机场。枢纽机场具有中转功能强，国内、国际航线密集，规模经济性和范围经济性等特点。干线机场连接枢纽机场，空运量较为集中。而支线机场空运量较少，航线多为本省区内航线或邻近省区支线。

**4. 按机场所在城市的性质、地位划分**

按机场所在城市的性质、地位划分，可分为Ⅰ类机场、Ⅱ类机场、Ⅲ类机场和Ⅳ类机场。

Ⅰ类机场，即全国经济、政治、文化中心大城市的机场，是全国航空运输网络和国际航线的枢纽，运输业务繁忙，除承担直达客货运输外，还具有中转功能。北京、上海、广州 3 个城市的机场均属于此类机场，亦为枢纽机场。

Ⅱ类机场，即省会、自治区首府、直辖市和重要的经济特区、开放城市和旅游城市，或经济发达、人口密集城市的机场，可以建立跨省、跨区域的国内航线，是区域或省区内民航运输的枢纽，有的可开辟少量国际航线，亦为干线机场。

Ⅲ类机场，即国内经济比较发达的中小城市，或一般的对外开放城市和旅游城市的机场，除开辟区域和省区内支线外，可与少量跨省区中心城市建立航线，故也可称为次干线机场，如青岛机场、温州机场、三亚机场等。

Ⅳ类机场，即省、自治区内经济比较发达的中小城市和旅游城市，或经济欠发达、地面交通不便城市的机场。航线主要是在本省区内或连接邻近省区。这类机场亦称为支线机场。

**5. 按旅客乘机目的划分**

按旅客乘机目的划分，可分为始发/终程机场、经停（过境）机场和中转（转机）机场。

始发/终程机场中，始发和终程旅客占旅客的大多数，始发和终程的飞机或掉头回程架次比例很高。目前国内机场大多属于这类机场。

经停机场往往位于航线的经停点，没有或很少有始发航班飞机，只有比例不大的始发、终程旅客，绝大多数是过境旅客，飞机一般停驻时间很短。

中转机场中，有相当大比例的旅客下飞机后，立即转乘其他航线的航班飞机飞往目的地。

**6. 我国机场的分类**

依托我国航空运输发展战略、发展趋势和实际情况，从国家战略层面对我国机场规模的类型进行了界定。2008 年《关于加强国家公共航空运输体系建设的若干意见》界定了门户复合枢纽机场和区域枢纽机场两大机场规模类型，其中明确提出加强北京首都国际机场、上海浦东国际机场、广州白云国际机场三大门户复合枢纽机场建设，以及昆明长水国际机场、成都双流国际机场、西安咸阳国际机场、重庆江北国际机场、乌鲁木齐地窝堡国际机场、郑州新郑国际机场、沈阳桃仙国际机场、武汉天河国际机场八大区域枢纽机场建设的发展战略。2010 年《全国民航冬春航班换季工作准备就绪》中提出三种规模类型的机场名单，分别是门户复合枢纽机场——北京首都国际机场、上海浦东国际机场、广州白云国际机场；区域枢纽机场——昆明长水国际机场、成都双流国际机场、西安咸阳国际机场、重庆江北国际机场、乌鲁木齐地窝堡国际机场、郑州新郑国际机场、沈阳桃仙国际机场、武汉天河国际机场 8 个机场；干线机场——深圳宝安国际机场、杭州萧山国际机场、大连周水子国际机场、厦门高崎国际机场、南京禄口国际机场、青岛流亭国际机场、呼和浩特白塔国际机场、长沙黄花国际机场、南昌昌北国际机场、哈尔滨太平国际机场、兰州中川机场、南宁吴圩国际机场 12 个机场。2012 年《国务院关于促进民航业发展的若干意见》提出大型国际枢纽、门户枢纽和区域性枢纽机场三种机场规模类型，其中确定了培育发展大型国际枢纽、门户枢纽和区域性枢纽机场的主要任务，即着力把北京首都国际机场、上海浦东国际机场、广州白云国际机场建成功能完善、辐射全球的大型国际航空枢纽，培育昆明长水国际机场、乌鲁木齐地窝堡国际机场等门户枢纽机场，增强沈阳桃仙国际机场、杭州萧山国际机场、郑州新郑国际机场、武汉天河国际机场、长沙黄花国际机场、成都双流国际机场、重庆江北国际机场、西安咸阳国际机场等大型机场的区域性枢纽功能。2017 年《全国民用运输机场布局规划》对目前机场布局现状评价为，北京首都国际机场、上海浦东国际机场、广州白云国际机场的国际枢纽地位明显提高，成都双流国际机场、深圳宝安国际机场、昆明长水国际机场、西安咸阳国际机场、重庆江北国际机场、杭州萧山国际机场、厦门高崎国际机场、长沙黄花国际机场、武汉天河国际机场、乌鲁木齐地窝堡国际机场等机场的区域枢纽功能显著增强，着重强调了门户复合枢纽机场和区域枢纽机场的枢纽功能。2018 年《国际航权资源配置与使用管理办法》根据民航"十三五"规划确定的三种枢纽机场类别——分别是大型国际枢纽机场、国际枢纽机场和区域枢纽机场，对各种枢纽类别对应的机场成员进行了调整：大型国际枢纽机场分别为北京首都机场、上海浦东国际机场、广州白云机场；国际枢纽机场分别为天津滨海国际机场、昆明长水国际机场、深圳宝安国际机场、重庆江北国际机场、西安咸阳国际机场、乌鲁木齐地窝堡国际机场等机场哈尔滨太平国际机场；区域枢纽机场分别为天津滨海国际机场、石家庄正定国际机场、太原武宿国际机场、呼和浩特白塔国际机场、大连周水子国际机场、沈阳桃仙国际机场、长春龙嘉国际机场、杭州萧山国际机场、厦门高崎国际机场、南京禄口国际机场、青岛流亭国际机场、福州长乐国际机场、济南遥墙国际机场、南昌昌北国际机场、温州龙湾国际机场、宁波栎社国际机场、合肥新桥国际机场、南宁吴圩国际机场、桂林两江国际机场、海口美兰国际机场、三亚凤凰国际机场、郑州新郑国际机场、武汉天河国际机场、长沙黄花国际机场、贵阳龙洞堡国际机场、拉萨贡嘎机场、兰州中川机场、西宁曹家堡机场、银川河东国际机场。《民用航空支线机场建设标准》（MH 5023—2006）将支线机场界定为：设计目标年旅客吞吐量小于 300 万人次（含），主要起降短程飞机，规划的直达航班一般在 1000～1500 千米范围内。

梳理国家政策对我国机场体系和机场规模的界定，初步形成了复合枢纽机场、区域枢纽机场、干线机场和支线机场相配合的四层级民用机场分类体系，如表 1-2 所示。

表 1-2　四层级民用机场分类体系

| 规范文件 | 机场规模类型 | 机场所在城市 |
|---|---|---|
| 《关于加强国家公共航空运输体系建设的若干意见》《全国民航冬春航班换季工作准备就绪》 | 门户复合型枢纽机场 | 北京、上海、广州 |
| | 区域枢纽机场 | 昆明、成都、西安、重庆、乌鲁木齐、郑州、沈阳、武汉 |
| 《全国民航冬春航班换季工作准备就绪》 | 干线机场 | 深圳、杭州、大连、厦门、南京、青岛、呼和浩特、长沙、南昌、哈尔滨、兰州、南宁 |
| 《国务院关于促进民航业发展的若干意见》《全国民用运输机场布局规划》 | 大型国际航空枢纽机场 | 北京、上海、广州 |
| | 门户枢纽机场 | 昆明、乌鲁木齐 |
| | 区域枢纽机场 | 沈阳、杭州、郑州、武汉、长沙、成都、重庆、西安、深圳、厦门 |

续表

| 规范文件 | 机场规模类型 | 机场所在城市 |
|---|---|---|
| 《国际航权资源配置与使用管理办法》 | 大型国际枢纽机场 | 北京、上海、广州 |
| | 国际枢纽机场 | 天津、昆明、深圳、重庆、西安、乌鲁木齐、哈尔滨 |
| | 区域性枢纽机场 | 天津、石家庄、太原、呼和浩特、大连、沈阳、长春、杭州、厦门、南京、青岛、福州、济南、南昌、温州、宁波、合肥、南宁、桂林、海口、三亚、郑州、武汉、长沙、贵阳、拉萨、兰州、西宁、银川 |
| 《民航支线机场建设标准》 | 支线机场 | 设计目标年旅客吞吐量小于 300 万人次（含），主要起降短程飞机，规划的直达航班一般在 1000～1500 千米范围内 |

### 支线机场群的分类

新时期我国机场规划建设的重心是打造"合作共享，特色鲜明"的支线机场群，包括旅游型支线机场群、通勤型支线机场群、航空培训基地型支线机场群、货运支线机场群、低成本支线机场群等。

7. 英国机场的分类

①category A——国际机场（gateway international airports）频繁地服务于长距离的国际航班。

②category B——国内机场（regional airports）短途的定期、国内航班，特别是服务于国内腹地地区的需求。

③category C——内地机场（local airports）主要是指包机及国内穿梭式的服务。

④category D——通用航空机场（general aviation aerodromes）通用航空及休闲运动用机场。

8. 美国机场的分类

①主要的商业服务机场（commercial service primary airports）：定期服务，年登机人数等于或超过美国所有商业服务机场的登机人数的 0.01%。

②其他的商业服务机场（other commercial service airports）：定期服务，年登机人数小于美国所有商业服务机场的登机人数的 0.01%。

③第二机场（reliever airport）：缓解商业机场的拥挤，并提供较远的作为支线机场的服务。

④通用航空机场（general aviation airport）：通用航空及休闲运动用机场。

## 1.3.3　机场的等级

1. 飞行区等级

跑道的性能及相应的设施决定了什么等级的飞机可以使用这个机场，机场按这种能力分类，称为飞行区等级。国际民航组织规定，飞行区等级代码（见表 1-3）由第一要素代码（即根据飞机基准飞行场地长度而确定的代码，等级指标Ⅰ）和第二要素代字（即根据飞机翼展和主起落架外轮间距而确定的代字，等级指标Ⅱ）的基准代号划分。基准代号的意图是提供一个简单的方法，将有关机场特性的许多规范相互联系起来，为打算在该机场上运行的飞机提供一系列与之相适应的机场设施。即根据机场所需用起降机型的种类来确定跑道长度或所需道面强度。表 1-3 中的代码表示飞机基准飞行场地长度，它是指某型飞机以最大批准起飞质量，在海平面、标准大气条件（15℃，1 个大气压）、无风、无坡度情况下起飞所需的最小飞行场地长度。飞行场地长度也表示在飞机中止起飞时所要求的跑道长度，因而也称为平衡跑道长度，飞行场地长度是对飞机的要求而言的，与机场跑道的实际距离没有直接关系。表中的代字应选择翼展或主起落架外轮外侧之间距两者中要求较高者。与飞行区等级代码匹配的飞机类型，如表 1-4 所示。

**表 1-3　飞行区等级代码**

| 指标Ⅰ | | 指标Ⅱ | | |
|---|---|---|---|---|
| 代码 | 基准飞行场地长度/米 | 代字 | 翼展/米 | 主起落架外轮外侧边间距/米 |
| 1 | <800 | A | <15 | <4.5 |
| 2 | 800～1200（不含） | B | 15～24（不含） | 4.5～6（不含） |
| 3 | 1200～1800（不含） | C | 24～36（不含） | 6～9（不含） |
| 4 | ≥1800 | D | 36～52（不含） | 9～14（不含） |
| | | E | 52～65（不含） | 9～14（不含） |
| | | F | 65～80（不含） | 14～16（不含） |

**表 1-4　与飞行区等级代码匹配的飞机类型**

| ICAO Aerodrome Reference Code | 飞机类型 |
|---|---|
| Code 4F | A380 |
| Code 4E | B747，B777，A330，A340 |
| Code 4D | B767，A300，A310，MD11 |
| Code 4C | A320，B737，B727 |

**2. 跑道导航设施等级**

跑道导航设施等级按配置的导航设施能提供飞机以何种进近程序飞行来划分。

（1）非仪表跑道——供飞机用目视进近程序飞行的跑道，代字为 V。

（2）仪表跑道——供飞机用仪表进近程序飞行的跑道，可分为以下几种。

①非精密进近跑道——装备相应的目视助航设备和非目视助航设备的仪表跑道，足以对直接进近提供方向性引导，代字为 NP。

②Ⅰ类精密进近跑道——装备仪表着陆系统和（或）微波着陆系统及目视助航设备，能供飞机在决断高度低至 60 米和跑道视程低至 550 米或能见度低至 800 米时着陆的仪表跑道，代字为 CATⅠ。

③Ⅱ类精密进近跑道——装备仪表着陆系统和（或）微波着陆系统及目视助航设备，能供飞机在决断高度低至 30 米和跑道视程低至 350 米时着陆的仪表跑道，代字为

CAT Ⅱ。

④Ⅲ类精密进近跑道——装备仪表着陆系统和（或）微波着陆系统的仪表跑道，可引导飞机直至跑道，并沿道面着陆及滑跑。根据对目视助航设备的需要程度又可分为三类，分别以 CAT ⅢA、CAT ⅢB 和 CAT ⅢC 为代字。

ⅢA 类（Cat ⅢA）运行：精密进近和着陆最低标准的决断高低于 30 米，或无决断高；跑道视程不小于 200 米。

ⅢB 类（Cat ⅢB）运行：精密进近和着陆最低标准的决断高低于 15 米，或无决断高；跑道视程小于 200 米但不小于 50 米。

ⅢC 类（Cat ⅢC）运行：精密进近和着陆最低标准无决断高和无跑道视程限制。

**3. 航站业务量规模等级**

按照航站的年旅客吞吐量或货物（及邮件）吞吐量来划分机场等级（见表 1-5）。业务量的大小与航站规模及其设施有关，也反映了机场繁忙程度及经济效益。当年旅客吞吐量与年货邮吞吐量不属于同一等级时，可按较高者定级。

**表 1-5　航站业务量规模分级标准表**

| 航站业务量规模等级 | 年旅客吞吐量/万人 | 年货邮吞吐量/千吨 |
| --- | --- | --- |
| 小型 | <10 | <2 |
| 中小型 | ［10，50） | ［2，12.5） |
| 中型 | ［50，300） | ［12.5，100） |
| 大型 | ［300，1000） | ［100，500） |
| 特大型 | ≥1000 | ≤500 |

**4. 民航运输机场规划等级**

以上三种划分等级的标准，从不同的侧面反映了机场的状态：能接收机型的大小，保证飞行安全和航班正常率的导航设施的完善程度、客货运量的大小。在综合上述三个标准的基础上，提出了一种按民航运输机场规划分级的方案。当三项等级不属于同一级别时，可根据机场的发展和当前的具体情况，确定机场规划等级，见表 1-6。

**表 1-6　民航运输机场规划等级表**

| 机场规划等级 | 飞行区等级 | 跑道导航设施等级 | 航站业务量规模等级 |
| --- | --- | --- | --- |
| 四级 | 3B、2C 及以下 | V、NP | 小型 |
| 三级 | 3C、3D | NP、CAT Ⅰ | 中小型 |
| 二级 | 4C | CAT Ⅰ | 中型 |
| 一级 | 4D、4E | CAT Ⅰ、CAT Ⅱ | 大型 |
| 特级 | 4E 及以上 | CAT Ⅱ 及以上 | 特大型 |

5. 机场消防保障等级

机场消防保障等级应根据该机场起降的最高类别航空器机身长度、宽度和起降频率（一年中连续最繁忙的 3 个月内的起降次数）确定。按机身长度、宽度共划分为 10 个等级，见表 1-7。按航空器起降频率调整消防保障等级的原则为：使用该机场的最高类别航空器在最繁忙的连续 3 个月内起降架次大于或等于 700 架次的，采用表 1-7 中相对应的消防保障等级；起降架次小于 700 架次的，则相对于表 1-7 中消防保障等级最多降低一级；最高类别航空器的机身长度和宽度不在同一等级的，应按高的一级确定消防保障等级。

表 1-7　按航空器机身长、宽度划分的消防保障等级

| 消防保障等级 | 机身长度/米 | 机身宽度/米 |
| --- | --- | --- |
| 1 | 0～9（不含） | 2 |
| 2 | 9～12（不含） | 2 |
| 3 | 12～18（不含） | 3 |
| 4 | 18～24（不含） | 4 |
| 5 | 24～28（不含） | 4 |
| 6 | 28～39（不含） | 5 |
| 7 | 39～49（不含） | 5 |
| 8 | 49～61（不含） | 7 |
| 9 | 61～76（不含） | 7 |
| 10 | 76～90（不含） | 8 |

## 1.3.4　机场的发展史

1. 世界机场发展史

机场的发展历史大致可以分为三个阶段，1903 年飞机刚出现时还没有机场的概念，当时只要找到一块平坦的土地或草地，能承受不大的飞机重量，飞机就可以在上面起降了。

第一阶段：飞行人员的机场。真正意义上的机场最早出现于 1910 年的德国，用于起降齐柏林飞船。这个机场只是一片划定的草地，安排几个人来管理飞机的起飞、降落，设有简易的帐篷存放飞机。很快，帐篷变成了木质机库，但仍然没有硬地跑道，被划定的草地并不像一个机场，反而更像当时的公园或者高尔夫球场，当然，也没有用于与飞行员通话的无线电设备，更没有导航系统帮助飞行员在恶劣天气情况下起降。空中交通管制也仅仅由一人挥动红旗作为起飞的信号。在这种条件下，飞机只能在白天飞行。由于这个时候的飞机在安全性和技术方面尚不稳定，而且作为新生事物，还没有被社会广泛接受，因此，使用十分有限，直到 1920 年，飞机还是多用于航空爱好者的试验飞行或军事目的飞行，并不搭载乘客，所以机场也只为飞机和飞行人员服务，基本不为当地社会服务。这是机场发展的幼年期，只是飞行人员的机场。

　　第二阶段：飞机的机场。1919 年后，随着第一次世界大战的结束，飞行技术得到迅速发展，欧洲一些国家率先开始对机场设计进行初步改进。当年修建完成的巴黎 Le Bourget 机场和伦敦 Hounslow 机场保证了巴黎至伦敦的定期旅客航班的开通，欧洲开始建立起最初的民用航线（1919 年 2 月 5 日德国的德意志航空公司开辟的柏林至魏玛之间的每日定期民航客运是欧洲第一条民航飞机定期航线；1919 年 3 月 22 日，法国的法尔芒航空公司使用法尔芒-戈立德飞机在巴黎和比利时的布鲁塞尔之间开辟每周一次的定期航班飞行，是世界上第一条国际民航客运航线；1919 年 8 月 25 日英国第一家民用航空公司——空运和旅游有限公司使用德·哈维兰公司生产的可载客 4 人的 DH·16 型双翼飞机开通的伦敦至巴黎每日定期航线是世界上第一条每日定期航班）。随着航空运输的发展，机场大量建设起来，特别是在 1920—1939 年，欧美国家的航线大量开通，同时为了和殖民地联系，各殖民国家和殖民地之间开通了跨洲的国际航线。例如，英国开通了到印度和南非的航线，荷兰开通了由阿姆斯特丹到雅加达的航线，美国开通了到南美和亚洲的航线，机场在世界各地大量出现。随着航空技术的进步，飞机对机场的要求也提高了，如航管和通信的要求、跑道强度的要求、一定数量旅客进出机场的要求。为满足这些要求，出现了塔台、混凝土跑道和候机楼，现代机场的雏形已经基本形成，这时的机场主要是为飞机服务，是飞机的机场。

　　第二次世界大战中，飞机发挥的重要作用使航空业得到快速发展，也在全世界范围内进一步刺激了机场的发展。美国政府以更好地保卫美国国防及美国利益为由，拨巨资作为专项资金建设和改进了数百个机场，其中最大的和装备最好的机场由政府接管，确保机场设施最为先进，以保证适应大型军用飞机的使用，同时继续鼓励私人开发建设机场。美国政府对机场建设的支持一直延续到第二次世界大战之后，使美国成为世界上机场数量最多的国家。

　　第二次世界大战后，出现了更成熟的航空技术及飞行技术，加上全世界经济复苏发展的推动，国际交往得到增加，航空客货运输量快速增长，开始出现了大型中心机场，也叫空港。1944 年国际民航组织的成立，标志着对世界航空运输统一管理的机构的出现。在它的倡议下，52 个国家在美国芝加哥签署的关于国际航空运输的《芝加哥公约》成为现行国际航空法的基础。它在国家机场设计方面和空中交通规程标准化方面起了十分重要的作用，国际民航组织标准和推荐的规程包括了跑道特性、机场灯光和大量有关安全的其他范畴。20 世纪 50 年代，国际民航组织为全世界的机场和空港制定了统一标准和推荐要求，使全世界的机场建设有了大体统一的标准，新的机场建设已经有章可循。

　　第三阶段（1960 年至今）：社会的机场。20 世纪 50 年代末，大型喷气式飞机投入使用，使飞机变成真正的大众交通运输工具，航空运输成为地方经济一个重要的不可缺少的组成部分。而这种发展也给机场带来了巨大的压力，它要求全世界范围的机场设施提高等级：一方面，先进的飞机性能要求各个机场的飞行区必须有很大改进，不仅是跑道、滑行道，停机坪的硬度和宽度、长度，还涉及飞机起降设施水平的提高、空管系统的改进，等等；另一方面，载重量更大、航程更远的喷气式飞机的使用，也造成乘机旅行、客流量和货运量的增加，原有的候机厅可能因为不能满足需要而要重新设计或改扩建，满足新增加的要求。

在这种情况下，大量的机场需要改进，而改进机场需要数量极为巨大的资金，以美国政府执行的方针为代表，他们在确保机场基金的情况下采用向用户征收（包括旅客）机场使用费的办法来获取机场改扩建所需资金，确保了机场设施等级和水平的提高，机场得到了有效改进。

从 20 世纪六七十年代起，自美国开始而向世界各国延伸的机场改扩建行为就一直没有停止，并逐步出现了固定式旅客登机桥、候机楼与飞机间的可伸缩式走廊；出现了因候机楼面积扩大而供旅客使用的活动人行道（电梯）和轻轨车辆；出现了自动运送行李和提取系统；出现了在候机楼与远处停放飞机之间的运送旅客的摆渡车；也出现了许多新建或扩建的先进货物处理设施。

一句话，得到了技术改进、提升的机场的发展，不仅保证了航空运输行业日益发展的需求，还带动了机场所在地的商业、交通、旅游的发展，扩大了就业，为所在地区的经济发展提供了巨大的动力。但是机场的发展也为城市的发展带来许多矛盾和问题。例如：随着飞机起降速度的增加，跑道、滑行道和停机坪都要加固或延长；候机楼、停车场、进出机场的道路都要改建和扩建；航班数量的增加使噪声对居民区的干扰成了突出问题；等等。但不论如何，机场成为整个社会的一个部分，因而这个时期的机场是"社会的机场"，这种情况要求对机场的建设、管理要和城市的发展有协调的、统一的、长期的考虑。

2. 我国机场发展史

1920 年 5 月，北洋政府开通了京沪航线京津段及京济段，北京南苑、济南张庄、上海虹桥、上海龙华和沈阳东塔等地出现了民用机场。随后在全国各大城市都建立了机场，开辟了航线。但在 1949 年 10 月中华人民共和国成立之前，中国能用于航空运输的主要航线机场只有 36 个，大都设备简陋，多是小型机场。中华人民共和国成立后，军委航空局立即着手进行了机场建设工作，先是改建天津张贵庄机场、太原齐贤机场和武汉南湖机场，新开工建设北京首都机场、昆明巫家坝机场、南宁吴墟机场、贵阳磊庄机场、成都双流机场等。特别是在 1958 年开始的"大跃进"运动中，各省、自治区、直辖市在省会或首府及其所辖重点城市掀起了修建机场的热潮，建起了一批机场。20 世纪 60 年代，为了开辟国际航线，并适应大型喷气式飞机的起降技术要求，中国又快速改扩建了上海虹桥机场、广州白云机场，使其成为国际机场。随后，中国又新建、改建、扩建了太原武宿机场、杭州笕桥机场、兰州中川机场、乌鲁木齐地窝铺机场、合肥骆岗机场、天津张贵庄机场、哈尔滨阎家岗机场等一批机场。由于这一时期航空运输还是只能为较少的人员提供服务，对机场的需求也只处于第二阶段，即"飞机的机场"阶段。因为此时中国民航使用的飞机机型较小，所以建设的机场规模也较小，大多是中小型机场。此时，中国用于航班飞行的机场数量达到 70 多个（其中军民合用机场 36 个），初步形成了大、中、小机场相结合的机场网络，基本上能适应当时的航空运输要求。

中国机场建设的真正跃进是在 1978 年开始的。改革开放政策的实施，使民用机场的作用日益显现，特别是 4 个经济特区和 14 个沿海开放城市及海南省，都把机场建设作为开发特区和发展本地经济必不可少的工作，竞相新建和改建机场。于是，厦门高崎机场、汕头外砂机场、大连周水子机场、上海虹桥机场、广州白云机场、湛江霞山机场、福州义序机场、青岛流亭机场、连云港白塔埠机场、烟台莱山机场、秦皇岛机场、北海福城机场、南通兴东机场、温州永强机场、宁波栎社机场、海口大英山机场、三亚凤凰机场、桂林奇峰岭机场、敦煌机场、黄山屯溪机场、张家界机场等得到新建、改建或扩建。同时，中国陆续引进大型、中远程宽体喷气式飞机，从而促进了机场在标准、规模、安全保障等方面建设水平的提高。

1984 年后，各省省会及各大中城市也掀起了民用机场的建设热潮，其数量之多、范围之广在中国民航史上都是空前的。新建或扩建的大型机场有洛阳北关机场、重庆机场、西宁曹家堡机场、长沙黄花机场、沈阳桃仙机场、长春大房身机场、南京大校场机场、昆明巫家坝机场、西安咸阳机场；扩建或改建的中型机场有成都双流机场、呼和浩特白塔机场、包头东山机场、齐齐哈尔机场等；新建或改建的小型机场有黑河机场、榆林机场、银川新城机场、佳木斯机场、丹东机场、赣州机场、常州机场、石家庄机场等。

中国国民经济的持续快速发展和航空运输突飞猛进的增长，进一步要求更大规模的现代化机场的建设，自 20 世纪 90 年代起，深圳黄田机场、石家庄正定机场、福州长乐机场、济南遥墙机场、珠海金湾机场、武汉天河机场、南昌昌北机场、上海浦东机场、南京禄口机场、郑州新郑机场、海口美兰机场、三亚凤凰机场、桂林两江机场、杭州萧山国际机场、贵阳龙洞堡机场、银川河东机场、广州新白云机场等现代化机场相继投入使用。同时一大批中、小型机场也完成了新建、改建和扩建。这一时期的机场建设指导思想是"集中力量，抓重点机场建设"，逐步拓宽融资渠道，加大投资力度。"八五"（1991—1995 年）时期，民航基本建设投资 122 亿元，技术改造投资 60.9 亿元；而"九五"（1996—2000 年）时期，民航基本建设投资达到 680 亿元，技术改造投资 126 亿元，分别是"八五"时期的 5.6 倍和 2.1 倍。"十五"（2001—2005 年）时期，机场建设投资仍然保持着增长趋势，全行业固定资产投资达到 947 亿元。"十一五"期间，我国民航新增机场 33 个，改扩建机场 33 个，直接基本建设投资达 2500 亿元。

总体来看，经过"八五""九五""十五""十一五"期间的努力，中国机场建设在数量和质量上都得到了很大发展，一大批重点机场建设项目相继建成投产，改变了中国民用机场设施较为落后的局面。截至 2019 年年底，全国颁证运输机场达到 238 个，其中，4F 级机场 13 个，4E 级机场 38 个，4D 级机场 38 个，4C 级机场 143 个，3C 级机场 5 个，3C 级以下机场 1 个，基本形成了大、中、小型机场配套，规模较为适宜的机场网络格局。同时，在机场建设技术质量上也有很大改变，机场功能不断得到完善，旅客服务设施现代化水平日益提升，安全运行条件得到明显提高。此外，全面实行了计算机化和信息化的管理，使安全性得到进一步增强，延误减少，效率提高。

但是由于土地资源的缺乏，未来的空港发展有以下的趋势。

①飞机发展的大型化和高速化不能再以延长跑道和增加噪声为代价，而是要适应空港规模，要以提高空港的效率为目的。

②大型的国际航班的空港和中、小型空港分开。大型国际空港在一个国家或区域内只能在整体规划下合理布局，航空网的发展促使中小城市发展中型或小型空港，这些空

港和大型空港的航班衔接，形成以大型空港为枢纽的航空网。

海上空港。由于选址征地的困难，近海的大城市开始在岸边或海上建立空港。海上空港有四种形式：第一种是部分填海，如香港国际机场；第二种是在海上打桩填海造出人工岛，如大阪的关西国际空港和澳门国际空港；第三种是海上固定平台（类似采油平台）；第四种是海上漂浮机场。后两种都正在设计和建造。海上空港避免了陆地机场的土地和噪声问题，但它的造价高昂，提高了运输费用，关西国际机场的起降费和机场费都位居世界第一。

民用航空是指使用各类航空器从事除了军事性质（包括国防、警察和海关）以外的所有的航空活动。这个概念明确了民用航空是航空的一部分，同时以"使用"航空器界定了它和航空制造业的界限，用"非军事性质"表明了它和军事航空的不同。民用航空系统是一个整体，由三部分组成：政府部门、民航企业、民用机场。政府部门发挥协调和宏观调控作用；民航企业负责航空运输的经营和保障；民用机场是公共服务设施，也是民用航空和整个社会的结合点。

民用航空分为两部分：商业航空和通用航空。

机场是供航空器起飞、降落和地面活动而划定的一块地域或水域，包括域内的各种建筑物和设备装置。

机场按照不同的标准有不同的分类方法，同时也可以有不同的等级分类方法。

世界机场的发展历史大约可以分成三个阶段：飞行人员的机场；飞机的机场；社会的机场。

民航系统是一个整体，由政府部门、民航企业、民航机场三个主要部分组成。政府部门发挥协调和宏观调控作用；民航企业负责航空运输的经营和保障；民航机场是公共服务设施，也是民航和整个社会的结合点。

1. 什么是民用航空？
2. 民用航空可以分为哪几类？
3. 通用航空的范围是什么？
4. 民用航空系统由哪几部分组成？
5. 机场的定义是什么？
6. 机场有哪些主要功能？
7. 机场所能提供的基本服务有哪些？
8. 机场是如何进行分类的？
9. 机场是如何进行等级划分的？
10. 机场的历史发展包括哪三个阶段？
11. 民航企业有哪些？

自学自测　扫描此码

# 第 2 章

# 机场容量管理

## 【学习目标】

- 了解机场容量的发展背景；
- 掌握机场容量的特点；
- 掌握机场延误的意义；
- 学习机场预测的影响因素；
- 了解机场预测的具体措施。

### 欧洲机场挤爆了！航司含泪暂停售票取消航班

据 VOANews 报道，荷兰航空公司于 5 月 26 日宣布了暂时停止阿姆斯特丹史基浦机场的大部分航班的机票销售，直至周日。后者由于人员短缺而出现了持续的旅客拥堵问题。

法航荷航集团发言人说："由于史基浦机场的人员拥堵问题无法得到解决，荷航正在对周日之前（包括周日）起飞的航班的机票暂停销售。"荷航表示，它采取这一措施是为了保证那些因史基浦机场安检队伍过长而被取消航班的客户可以得到疏散。

史基浦机场是欧洲最繁忙的机场之一，由于安保人员短缺，以及之前的劳工问题，最近几周排队安检的队伍经常延伸到大楼外。有客户曾抱怨说等待时间长达 6 小时，导致错过航班。媒体报道说，仅周一就有 50 多个航班被取消，500 多个航班被延误。

易捷航空表示，将在 5 月 28 日至 6 月 6 日取消从伦敦盖特威克机场出发的每天约 24 班航班。周四，由于信息技术问题，该公司被迫取消了约 200 个航班。

根据航班追踪网站 FlightAware 显示，截至 28 日美东时间下午 5 时 15 分，美航空已取消 1400 多个航班；27 日则有超过 2300 个航班被取消。

达美航空受影响最严重，28 日取消了超过 240 个航班，相当于 9% 的航班。

周六，亚特兰大机场受航班延误冲击严重，5% 的班次被取消，11% 的班次发生延误。

（资料来源：CARNOC 发布. 欧洲机场挤爆了! 航司含泪暂停售票,取消航班[EB/OL]. (2022-05-30). https://m.thepaper.cn/newsDetail_forward_18339190.）

### 【案例思考题】

（1）面对全球机场的大面积延误，机场在容量管理上做了哪些工作？

（2）举例分析，如何消除机场延误对于乘客的影响？

（3）机场管理者如何通过预测的手段，实现对机场容量的管理？

# 2.1　定　义　容　量

一般来说，容量被定义为系统在给定时间内所能提供的实际最大数量。容量与速度有一定关联，机场容量可以用每小时的飞机运行次数来衡量。机场中的一条跑道具有每小时数十次承担飞机正常运行的能力，这意味着在 1 小时内，机场可能每分钟都在服务于飞机的起飞和着陆，并且可以持续进行这样的操作。

值得注意的是，虽然机场容量通常是指处理飞机正常运行的数量，但是在机场的其他区域，其他形式的容量同样重要。一个机场候机楼内的旅客吞吐量取决于候机楼不同地点的旅客处理能力，而在一个机场地面交通中心内的旅客交通流量可以使用汽车通过数量来衡量。不管在机场的什么位置，决定容量、需求和延误的因素都是相似的。考虑到这一点，机场容量的焦点将放在传统定义中的机场飞行区的容量，即飞机运行数量。

实际上有两种常用的定义来描述机场容量：吞吐量和实际容量。吞吐量被定义为在不考虑机场运行设施的不完善或可能性极小的随机事件发生的情况下，当机场中任何微小的延误都未发生时，飞机运行的极限数量。吞吐量不考虑飞机起飞所需时间过长，或者由于某种意外的发生，跑道必须临时关闭等小概率事件。在一定程度上，吞吐量是机场容量的真正理论定义，是机场容量规划的基础。

实际容量是指在不超过额定允许延误的前提下，机场在一段时间内可接受的飞机操作数量，通常用最大平均延误表示。这种延误可能是由于两架飞机计划同时运行但只有一条跑道可供使用，或者因为飞机必须等待一段时间以允许地面车辆通过等。还有两种衡量机场实际容量的方法：实际每小时吞吐量和实际每年吞吐量，即在机场最繁忙的运行期间，每小时和每年内机场可处理的平均延误不超过规定范围的飞机运行数量。

# 2.2　影响容量和延迟的因素

一个机场的容量不是恒定的，容量的变化取决于许多因素，包括跑道的利用率、运行的飞机类型、起飞和着陆的占比、环境气候条件及使用跑道的规定。当给定一个机场的容量时，通常需要基于某一假定条件或一组特定范围的平均数量。

机场管理者需要理解机场容量的可变性，而不是平均值，这对于机场的有效管理是至关重要的。成功管理一个机场的容量需要制定一系列措施来补偿不同因素对机场容量的影响。这些因素单独或共同降低了机场容量或导致飞机延误。

跑道、滑行道和停机坪的物理特征布局是容纳各种类型飞机起飞降落的基本因素。同样重要的因素是安装在整个机场或特定区域的机场设施种类，如仪表着陆系统。

影响机场容量的因素之一是跑道系统的配置。虽然每个机场的跑道系统都不相同，但机场跑道的布局可以分为以下几类：单跑道、平行跑道、V 形跑道和交叉跑道。尽管每种跑道类型都有独特的容量，这是由跑道的结构因素决定的，但机场管理者已经根据跑道类型建立了一些基本的容量估算方法。

单跑道是最简单的跑道类型。在晴朗天气条件下，小型飞机每小时最多可进行近百次飞行操作。在目视气象条件或目视飞行规则下，大型商用飞机每小时可进行数十次飞行操作。在恶劣天气环境或仪表气象条件下，单跑道类型的容量减少，这主要取决于使用该跑道和可用助航跑道的飞机大小。

一般来说，目视气象条件下的机场容量通常是最大的，而仪表气象条件下，由于雾、低云或强降水等天气现象，往往会导致机场容量降低。此外，强烈的大风、跑道上的积雪也会显著降低机场容量或迫使机场完全关闭。当空中交通管制要求飞机改变原有航线时，即使是由于风向改变等常见原因，也会降低机场运行能力。

平行跑道的特点是两条或多条跑道相互平行排列。与单跑道配置相比，平行跑道主要利用跑道之间的距离来增加机场的容量，特别是它们的横向间隔，即每条跑道中心线之间的距离。平行跑道配置需要增加跑道容量但不需要侧向跑道，这在机场的布局规划中很常见。两条平行跑道相隔较远，跑道容量就是单跑道容量的 2 倍。然而，如果横向间隔较小，那么每条跑道上的操作必须高度协调，才能有效增大机场容量。如果平行跑道之间的距离过小，机场只能按照单跑道运行。

V 形跑道是两条彼此不平行对齐的跑道，但它们在机场内的任何位置都不相交。面向盛行风的跑道被称为主跑道，另一条跑道被称为侧向跑道。在低风速条件下，两条跑道可以同时使用。当飞机从跑道内向外运行时，该跑道构型被称为分散式。一般来说，在这种情况下允许飞机同时起飞。相反，当跑道构型以收敛式使用时，着陆往往是同时进行的。当跑道构型为分散式时，跑道容量通常更大。在不同运行条件下，对于较小的飞机，跑道的总容量可以达到每小时近百次运行，对于商用飞机，跑道的总容量会低一些。在集中运行的情况下，小型飞机的容量很少超过每小时百次运行，商用服务飞机的总容量会更低。当风足够大时，机场通常使用一条跑道，使整个机场跑道的容量减少到一条跑道的容量。

交叉跑道构型是指两条不平行排列的跑道，它们在跑道上的某一点相交。与 V 形跑道一样，交叉跑道中朝向盛行风的跑道被称为主跑道。在低风速条件下，两条跑道可以同时使用，但要以高度协调的方式，以避免两架飞机之间的干扰。

在某些特定条件下，飞机可以在交叉跑道上同时独立着陆，这被称为机场等待着陆操作。只有当每条跑道有足够的跑道长度时，这种操作才可以进行。

机场空中交通管制的主要目的是确保飞机飞行安全，而飞行安全从根本上决定了机场的容量。此外，空中交通管制还规定了飞机的速度、飞机的间隔、跑道占用率以及飞机离开、进近时的航线等，这些都对单个机场的容量有影响。

确定机场容量的另一个重要因素是在给定时间内考虑机场的需求量和运行特性。在任何给定的需求水平下，不同类型的飞机在速度、尺寸、飞行特性甚至飞行员的熟练程度方面，将部分地决定飞机离开和到达的时间。此外，飞机到港和离港的分布总是聚集在一起而不是均匀分布的。不同飞机到港和离港的先后顺序在决定机场的运行能力方面起着重要作用。在某种程度上，特定时间的机场交通量趋势是航空公司飞行时间表的函数。在作为主要航空公司枢纽的机场，大量的飞机几乎同时抵达，并且乘客在到达后很快离开飞机，从一个航班转到另一个航班来继续他们的旅行。飞机到达队列需要一个水平的机场容量，而离开队列又需要另一个水平的机场容量，是由飞机到达和离开的不同操作特性导致的。

# 2.3　估计容量

估计机场容量是一项具有挑战性的工作。为了尽可能准确地估算机场在不同条件和运行特征下的容量，机场和航空公司进行了大量的研发投资。然而，如果了解飞机运行的基本原理，跑道容量的初步估算可以容易地实现。

根据飞机的最大起飞重量可以对飞机进行分类，重量最小的飞机被认为是小型飞机，居中的飞机被认为是大型飞机，最大的飞机被认为是重型飞机。为了估算跑道容量，机场的机队由给定时间内在跑道上执行起飞或着陆操作的小型、大型和重型飞机的百分比来定义。

仅处理起飞的跑道容量，称为离开容量，描述了机场的基本运行特性。这些特性之一是在跑道上滑行的飞机类型。飞机从跑道起点的初始位置出发到实际离开跑道后允许另一架飞机起飞所需的时间，称为跑道占用时间。一架飞机的跑道占用时间越短，可以使用跑道的飞机数量就越多。随着时间的推移，跑道容量就越大。飞机的跑道占用时间是飞机性能规格的函数。一般来说，较小较轻的飞机与较大较重的飞机相比，需要的跑道占用时间更少。因此，较小较轻的飞机起飞时的跑道运行容量高于较大较重飞机起飞时的运行容量。飞机的跑道占用时间的范围，从小型飞机到重型飞机的变化不等。

通过目视法可以清楚地观测到跑道的离开容量，但是一条跑道经常会被离开的飞机完全占用，也就是说，某条跑道可能永远不会空着，始终是满负荷运行的。

仅处理着陆的跑道容量，称为到达容量。相应地，到达容量与到达飞机的跑道占用时间有关。此外，飞机在接近跑道时的速度、飞机在接近着陆时彼此保持的最小距离，都是影响到达容量的因素。一般来说，较小较轻的飞机比较大较重的飞机的进近速度低。然而，较大较重的飞机需要更大的纵向间隔。由于这些特点，估计到达容量时需要针对各种飞机类型进行分析，以求不同飞机在给定的时间顺利着陆。

当两架飞机同时接近跑道时，两架飞机之间的纵向间隔由前面飞机的重量类别决定。前者称为领头飞机，后者称为滞后飞机。只要飞机在空中处于接近时，纵向间隔就保持不变。唯一的例外是在目视飞行规则下运行时，要求滞后飞机保持足够的间隔，以保证在领头飞机着陆和离开跑道之前，滞后飞机不会在跑道上着陆。在大多数机场中，特别是有空中交通控制塔的机场和为特定航空公司服务的机场，需要飞机始终保持给定的纵向间隔标准，主要是由于领头飞机机翼发出非常强的气流，防止滞后飞机遭受严重的紊流。

跑道的到达容量可能很大，这受到机队组合的影响。一般来说，飞机组合越分散，即飞机尺寸的变化性越大，到达容量就越低。总的来说，有多条跑道的机场需要将不同大小的飞机分到不同的跑道上。

与离开容量相反，见证跑道的到达容量在视觉上并不直观。即使跑道以规定的到达能力运行，也经常会有一段时间跑道上没有飞机。由于飞机所要求的纵向间隔，领头飞机被要求在滞后飞机着陆之前进行着陆并离开跑道，阻止到达的飞机更快地接近跑道。

一条跑道同时处理着陆和起飞的能力被称为跑道的混用容量。一般来说，一条跑道的混用容量首先是通过估算到达容量来确定的，然后利用纵向间隔要求而使跑道空闲，计算允许飞机离开的时间。

## 2.3.1 利用时空图说明容量

准确估算跑道的容量是一个挑战，特别是考虑到飞机状态、飞行员操作、外部天气条件和机场临时监管的变化时。然而，为了准确估算跑道容量，可以使用时空图这一分析工具。

时空图是一种二维图形，用来表示任何特定物体在给定时间点的位置。利用时空图，机场可以直观地表示飞机的运动情况。

在描述跑道上离开飞机的运动时，可以使用时空图表示飞机沿跑道的偏离。在任何给定的时间内，每架飞机的轨迹用一条曲线来表示，这条曲线表示飞机在起飞之前速度的变化，并得出跑道的起飞容量。

时空图还可以说明跑道的混合使用能力。

此外，时空图还可用于说明由于允许不同大小的飞机使用相同的跑道而造成的容量下降。大型飞机在小型飞机之前的较大纵向间隔要求，以及小型飞机较慢的到达速度，导致到达容量的显著降低。

空中交通管制员经常使用一种增加容量的方法：通过合理安排到达飞机的顺序，减少小型飞机跟随大型飞机的时间。

在考虑飞机飞行基本原理的基础上，时空图是一个估算跑道容量的工具，但对于有多种类型飞机和多条跑道的机场，时空图就不适用了。因此，其他估算机场容量的方法也得到了进一步发展，从使用图表法进行粗略的估算到使用计算机仿真模型进行详细复杂的估算。

## 2.3.2 计算机仿真模型

尽管近似图表法适用于粗略估算机场容量，但事实上，它并没有办法提供在任何给定的时间内机场出现的运行能力。特别是针对不断变化的机场环境，估算容量的合适方法是计算机仿真法。

机场和空域仿真模型是一种行业标准的分析工具，用于机场管理者、航空公司、空域规划者和空中交通管理局对当前和拟建的机场和空域进行高保真模拟。计算机仿真法通过在编译器上演示机场和空域运行的操作，计算潜在操作条件下的真实结果。其优点是具有足够能力和灵活性来解决机场和空域中与容量、延误和效率相关的假设问题。

基于一个用户输入的特定场景，计算机仿真模型利用机场空域系统跟踪单个飞机的运动，检测潜在的违反间隔和操作程序的行为，模拟潜在的空中交通管制行动。该模型恰当地捕捉了空域和机场运行之间的相互作用，包括多个相邻机场之间的相互作用。

计算机仿真模型可以模拟机场和空域运行情况，记录并计算机场和空域内每架飞机的运行活动和事件的信息，将这些结果作为输出提供给用户，用于评估备选方案，涉及的结果包括飞机旅行时间，机场延误和运营成本，机场系统容量、吞吐量和交通负荷。

近年来，机场和空域仿真软件已经成为一种标准的计算机应用程序用于估算机场和空域的容量。一些软件服务商除了提供专门的产品来估算机场航站楼和行李处理中心的容量，还提供机场管理者规划机场的软件。

## 2.4　延　　误

延误可以定义为机场中飞行操作发生的期望时间和实际时间之间的时间段。当飞机按照各自的时间表准时起飞和到达时，就可视为飞机没有延误。然而，如果一架飞机比预定的起飞时间晚了一个小时，那架飞机基本被认为延误了一个小时。这种延误可能是多种因素造成的，如临时机械修理、行李装载很慢、天气要求，或者多架飞机都在高峰时段离开，等等。总之，机场的容量无法满足如此高的需求。

机场管理者需要明确容量、需求和延误之间的关系。即使当需求水平明显小于容量时，飞机也可能出现延误。这种延误通常是名义上的。例如，由于两架飞机在非常近的时间间隔内运行或某一架飞机出现运行异常等情况。随着需求接近产能，机场延误往往会呈指数增长，飞行异常和调度冲突的可能性会增加。

### 航　班　延　误

#### 1. 基本定义

航班延误影响着航空公司的运行效率和服务质量，一般使用准点率来衡量承运人运输效率和运输质量。准点率，又称正点率、航班正常率，是指航空旅客运输部门在执行运输计划时，航班实际出发时间与计划出发时间较为一致的航班数量与全部航班数量的比率。

#### 2. 奖惩机制

民航局已建立了保障航班正常的奖惩机制，即延误航班统计和警告，每 15 天公布一次延误信息，对排名后 20 位且航班正常率在 50% 以下的国内航班进行一次内部警告通报，每月发布警告通报两次。由于航空公司自身原因每月受到两次警告的航班，经批准，从下月起取消其本航季该航班。对因空管、机场、油料等原因造成航班延误的，要查明原因，给予处罚。此外，对于航班延误 4 小时以上，因航空公司飞机调配和自身服务等方面原因引发群体性事件，造成重大社会影响的，取消航空公司该航班本航季时刻，并不再受理下一航季航班时刻的申请。

# 2.5 估 计 延 误

与估算机场的容量一样，有多种方法可以估计延误，如基本的分析模型、图表法及计算机仿真模型。类似于容量估算，分析模型允许机场管理者使用飞机需求和机场容量的基本分析来估计延误，图表法提供了对更复杂工作条件下延误的当前估计，计算机仿真模型提供了从简单到复杂的各种工作条件下延误的详细估计。

对于给定的机场容量，用来估计一段时间内机场延误的常用分析工具是累计到达图，也称为排队图。该图立足于高度发达的排队论，最初是为了估计交通道路中车辆排队和延误而形成的，后续可以应用于任何出现排队和延误的实际环境，如超市排队、航站楼排队。

排队图在某些情况下特别有用，即在一段时间内需求发生变化，而容量基本保持不变。这种情况经常发生在枢纽机场内，高需求往往出现在早晚时间，如主要航空公司航班到达或离开的时段。虽然每个机场的高峰期时间和持续时间都是独特的，但一般来说几乎所有机场都有高峰期，大型机场基本没有需求较少的非高峰期。

与产能类似，容量也是一种速率，以每小时的飞机运行数量来衡量。容量可以定义为 1 小时内机场可以处理的最大飞机运行数量，需求是 1 小时内乘客希望发生的飞机运行数量。根据定义：如果需求小于容量，机场就被认为是在容量不足的情况下运行，延误时间最小；随着需求达到极限，微小延迟会增加；如果需求达到或超过容量，机场就被认为是在饱和负荷下运行，会遭遇大面积航班延误。

# 2.6 延误数据来源

传统上，机场管理者从两个不同的来源收集飞机的延误数据。第一个来源是空中交通管理网络系统，由人员记录由于特定原因而延误的飞机，如由于天气关闭跑道或滑行道，或者由于设备中断而延误的飞机等。但是延误较少时间的飞机不会被记录。

通过空中交通管理网络系统记录的延误数据存在着问题，首先，它只报告一定时间范围以上的延误，因此机场和乘客不应据此判断某个航班是否延误，并且它只能报告空中交通管理问题导致的航班延误。其次，空中交通管理网络系统是基于控制器报告延误，报告的质量和完整性根据机场工作人员的工作能力而有所不同。空中交通管理网络系统还根据其他标准来衡量延误，这很可能在一定程度上高估延误情况，因为不同机场的非延误时间规定有很大差异，而且在给定的机场内不同跑道配置之间的无延误时间也有很大差异。当空中交通管理网络系统用单一标准来衡量延误时，许多机场的操作可能被认为是延误，但在突发事件环境下，这些操作对于某些机场来说是正常的。大多数航空公司的时刻表，尤其是进出繁忙机场的航班，都有一个固有的允许延误时间。在某种程度上，这是一个灵活而现实的计划，但也有一种夸大的效果，机场借此维护正常运营的公众形象。最后，空中交通管理网络系统整合了飞机在航线中可能遇到的各种延误，这些延误可能并不归因于机场的条件，如果把这些延误计算在时刻表中，可能在一定程度上高估延误情况。

延误数据的第二个来源是综合运营和延迟分析系统。这个系统是一个较新的数据库和报告系统，包含航班各阶段的延误信息。综合运营和延迟分析系统是通过将以前的航空服务绩效数据库与机场管理者的增强型交通管理系统合并而开发的。此外，综合运营和延迟分析系统还包含来自航班时刻表的信息和来自气象管理局的天气数据、实际的登机口打开和关闭的时间等。根据这些信息，可以计算出登机口延误、进近延误和滑入延误的情况。综合运营和延迟分析系统测量的是发生延误的地方，而不是引起延误的地方，其主要目的是支持分析研究，而不是用于空中交通管制的日常管理。

# 2.7　减少延误的方法

许多商业机场，尤其是那些大都市地区的机场，已经出现了大面积的航班延误情况，在机场周围和相关区域之间的航站楼和地面交通出入系统也存在显著的延迟。机场减少延误的策略分为两类：增加系统容量和管理系统需求。增加系统容量主要指新建基础设施，如额外的跑道、航站楼设施和地面交通通道。增加系统容量还包括使用先进的技术和合适的政策，使现有基础设施能更有效地工作，减少现有设施解决延误的时间，从而给其他活动带来更多的操作时间。管理系统需求主要指改变系统中用户的行为，引导乘客以合理的方式搭乘航班，优化航空公司的航班时刻表，这反过来也会更好地利用现有的系统容量。

## 2.7.1　建设新的机场基础设施

从发展历史上看，新机场的开发、新跑道的建设及现有机场跑道的扩建为增加机场的系统容量发挥了最大的潜力。新机场不仅增加了该地区的容量，减少了延误，也改善了航空系统的容量。然而，建设一个新机场的造价非常高，融资和特许经营始终是一个挑战。

由于周边社区发展、环境问题、邻近地产可用性低、资金短缺、缺乏公众支持等其他竞争性要求，机场实现容量增加的主要选择变得更加困难。

主要商业机场近年来开通了多条新航线，在此期间又完成了提高容量的建设项目，包括旧跑道的延长和新跑道的建设。

此外，增加位置正确的滑行道，特别是提供跑道出口，对减少跑道占用时间有重要作用。着陆飞机离开跑道后，出口滑行道的位置以及这些滑行道与跑道相交的角度至关重要。出口滑行道位置不当，会延长跑道占用率，迫使到达的飞机在清理跑道前需要低速滑行一段时间。有的滑行道迫使飞机降到非常低的速度，以便安全离开跑道。在跑道沿线的重要位置增加滑行道，有助于最小化跑道占用时间，从而增加跑道容量。

## 2.7.2　改造军用运输机场

与"二战"后将军用空军基地移交给民用航空公司相似，军事设施的现代化促进了商业航空公司的发展，通过将关闭的军用机场转为民用机场可以提高民航系统容量。大多数考虑改造的军用机场已经设计成可以容纳重型飞机的结构，跑道已经进一步加长，许多这样的机场位于拥挤的大都市机场附近。

除了将关闭的军用机场改造成民用机场之外，还有一些运营的军用机场可以同时提供民用和军用联合服务。这些联合使用的机场为人口较少的地区提供民用航空服务，对民航系统容量也产生重要影响。

为了帮助军用机场向民用机场过渡，政府愿意为机场改建计划进行拨款。政府为机场总体规划和发展提供资金，该计划允许政府指定当前或以前的军用机场参与，符合条件的机场可以自己申请。在考虑是否指定一个军用机场参与时，政府部门需要考虑以下几点。第一，与目前或预计存在较高延误的主要大城市机场的距离接近程度；第二，大都市地区现有空域的容量和交通流量规模；第三，当地民用开发商的可用性；第四，机场现有的运营水平；第五，国内现有设施及其他因素。

# 2.8 需 求 管 理

管理需求的两个基本方法有着相同的目的。一种方法是通过将部分交通流量分流到能更迅速、更有效的其他地方来缓解交通拥堵，这可以通过行政管理来实现。机场管理者或政府部门可以通过对特定时期内的乘客数量或飞机运行数量设定配额来宏观分配机场使用权。另一种方法是从经济上改变民航市场的定价机制，以便市场力量分配稀缺的机场资源。因此，需求管理并不等于增加容量，而是促进现有机场设施更有效或更经济。

任何需求管理方案都拒绝一些乘客自由或完全进入他们选择的机场，有时这种拒绝被指责违反了传统的航空自由政策和先来先服务的机场设施分配方法。从经济角度而言，这一观点是不对的，理由是这是对航空自由概念的曲解，即没有考虑机场设施的社会成本，应该禁止所有用户不受限制地使用机场。需求管理的一些尝试，也因对航空业的发展和对旅行公众的服务水平产生不利影响而受到批评。然而，由于乘客交通流量的增长已经远远超过机场扩建和建设的能力，多种形式的需求管理已经开始被使用。许多机场管理者认为，在处理机场延误和有效利用现有机场容量方面，机场制定的使用限制将变得越来越重要。

## 2.8.1 行政战略管理

为了管理单个机场或大都市地区的需求，机场和政府采用了行政管理方法。这些方法具体包括：要求将一些交通流量转移到有能力的机场，平衡地使用大都市地区航空公司的机场，根据飞机类型或用途限制机场的使用，在运营数量和乘客数量上建立配额，把繁忙的机场交通流量重新分流到未充分利用的机场。

在一些大都市地区，机场容量的短缺可能不是普遍的，而是局限于某个过度拥挤的机场。该地区的其他机场也许能满足一些需求，这些机场绝大多数都十分小，仅适用于特定航空公司的飞机。在某些情况下，也有未充分利用的商业机场。

在地区范围内解决主要机场延误问题的方法是将一些交通流量从繁忙的商业机场分流到通用航空机场或使用率较低的商业机场。在某种程度上，这属于民航市场自然调节的结果。当繁忙的商业机场不断出现延误时，乘客必然自动转向其他机场。一些着急的乘客为了自己的利益，不得不选择另一个不太拥挤的机场，从而减少了拥挤的机场中其他乘客的延误时间。机场管理者可能会通过公共政策、行政行为或经济激励来引导这种分流，从而为民航交通发展创造条件，促进必要的资本投资，以应对繁忙的机场交通高峰。

从繁忙的商业机场转移到空闲的通用航空机场是一个有吸引力的解决方案。通用航空机场大多数适合小而慢的飞机，不适合与商业机场混合。特别是那些以娱乐或训练为目的通用航空机场，可以避免在商业机场运行的延误和不便，甚至是危险。通用航空机场有更专业的航空设施，飞行员驾驶通用航空飞机时更愿意使用通用航空机场。

将交通流量从商业机场转移到通用航空机场已经发生了很多年。随着某一地区内航空运输业务量的增长，商业运输会逐渐取代通用航空运输。各国政府鼓励这一趋势，将一些通用航空机场指定为商业机场的救援机场，专门拨款发展和升级这些通用航空机场。还有许多其他的机场，虽然没有被特别指定为救援机场，却提供着相同的服务。

为了吸引更多的用户，救援机场应该配备进近仪表设备，提供能够操纵更大、更复杂的飞机的通道。此外，救援机场需要更新飞机修理和维护的设施，以及合适的通往市区的地面通道。

不是所有的飞机都能使用救援机场。有些飞机是为航空公司运送乘客或货物的商业航班，有些飞机是需要在大型机场的更长跑道运行的商务航班。一般来说，商业机场管理者无权将通用航空机场排除在外，通用航空机场管理者也不能随意拒绝商业机场的请求。有的机场管理者试图禁止所有商业航班进入通用航空机场，这项法令以民航歧视性为由被法院推翻了。

救援机场的发展并非没有问题，这些机场也因噪声等被投诉，它们在扩建设施或开发新场地时，遇到了与商业机场相同的困难。此外，由于许多通用航空机场规模小、盈利能力差，存在土地使用竞争，实际上会威胁到商业机场的生存，可供公众使用的商业机场数量会因此减少。尽管关闭的大部分商业机场都是小型私人机场，但也有一些机场管理者担心，民航业不可避免地失去许多潜在的私人机场，这些机场显然至关重要。

在一些商业机场中，航空活动主要涉及大型商务飞机和行政飞机的飞行，这种类型的流量约占主要机场使用量的一少部分，而且这个数字被许多人认为是不可减少的最小值。这些机场持续的延误主要是由于航空公司自身的需求，而这种需求只能由另一个商业服务机场来满足，不能使用通用航空机场作为替代品。在大都市地区，这会导致商业机场的使用更加不平衡。

对公众偏好敏感的航空公司倾向于将服务集中在更繁忙的机场，因为它们认为那里有更大的市场，为乘客想去的机场提供服务符合自身的经济利益。一方面，航空公司很难将所有服务转移到不太受欢迎的通用航空机场，将自己与主要商用机场隔离开；另一方面，同时与两个机场合作给航空公司增加了经济负担，因为它们不得不重复产生机场运行服务的额外费用。此外，将乘客分散在两个机场可能会使航空公司的航班安排更加复杂，并导致飞机的利用率低下。

航空公司有权鼓励将交通流量从一个机场转移到另一个机场，其中存在着需要被克服的障碍。理论上，政府有能力制定监管政策或经济激励措施，以鼓励一些交通流量分流到不同机场。然而在实践中，为促进交通流量再分配而采取的措施并非完全有效。一些机场最近的交通流量增长，主要是由于新的第三方服务提供商进入市场，而不是原有机场管理者的举措。

相比之下，机场可以由私人运营。尽管私人机场仍然可能存在严重的延误问题，政府还是有理由鼓励乘客和航空公司搬到私人机场，使区域内机场的使用更加平衡。机场的长期扩张需求减少，但短期的影响是原公共机场的收入会输给竞争对手。另外，没有任何一个机构有权利推动这种交通流量的重新分配。

将某些交通从繁忙机场转移到另一个机场的一种方法是根据飞机类型或用途限制进入。然而，通过飞机大小或性能特征限制飞机进入机场可能要考虑几个方面的因素。首先，使用跑道系统的机队组合有助于确定机场容量。当飞机具有相似的尺寸、速度和工作特性时，跑道的可接受性比飞机特性相差很大时要高。类似的飞机在到达和离开时，可以保持更加均匀和精确的间隔，消除交通流量中的不规则性，这种不规则性是造成机场延误的主要因素。其次，在跑道系统中存在瓶颈问题的机场，限制使用该系统的飞机进入范围可能会起到有益的作用。最后，将小型飞机或通勤飞机改航到其他机场，相比于建造一条单独的专用短跑道，可以更好地提高机场处理大型运输机或整体交通的能力。

限制进入特定飞机类型的第二层含义是可能会减少因容纳更多种类飞机所产生的资本。某些机场一般不接受重型飞机，允许更大的飞机进入机场可能需要在跑道、滑行道、停机坪和登机口等方面进行改变。每架飞机乘客数量的增加会给机场已经拥挤不堪的候机楼和陆侧设施带来额外的压力，因此机场需要进行一些附属区域的设施改进。

目前一些机场使用的行政管理技术是配额，即由行政部门制定的对每小时飞机运行数量的限制。因为延误会随着需求接近容量而呈指数型增长，所以每小时飞机运行次数的微小减少会在很大程度上缓解延误，这使得配额成为一种有吸引力的管制措施，能够迅速而不费成本地解决机场的延误问题。

实施配额手段的机场须受到政府高密度的管辖，因为机场的配额规则是政府根据空中交通管制系统和机场跑道的估计限制而制定的。被强制实行配额的机场也可能是因为其他原因，如噪声考虑、航站楼和登机口区域的尺寸限制等。

在机场的繁忙时段，运行的需求通常会超过配额。在被高密度规则覆盖的机场，时隙将被分配给不同的用户，没有指定时隙的飞机需要在空中交通管制员和机场管理者的许可下起降。

在实行配额的机场，配额可以通过多种方式分配：预定制、协商制或行政制。通用航空机场的时隙通常通过预订系统来分配，最先预定到时隙需求的用户将优先得到时隙。

然而，对于通勤者和航空公司来说，高密度规则下机场的时隙会引起很大的争议。

有的政府允许航空公司向其他航空公司出售或出租机场的时隙,并把时隙纳入为航空公司的财产,一些多余的时隙也通过抽签的方式分发。

根据机场的规定,当承运人和航线的数量相当稳定时,机场管理者将在反垄断豁免权下,通过谈判分配给每个航空公司时隙。政府必须适应新的趋势和现有的市场策略,然而运输市场在不断变化,时隙分配存在着很大的困难。有多次关于可用时隙分配的谈判,因承运人之间的争议几乎中断,这不得不需要政府部门使用行政手段来限制时隙分配。

外部减少机场延误的方法是将运营权重新分配给其他地区不太繁忙的机场。一些航空公司,尤其是那些有大量互连航班的航空公司,可能会自愿将他们的业务转移到离拥挤的枢纽机场很远的地方,因为这些地方的航空资源并没有得到充分利用。在一些大型枢纽机场,转机乘客占了很大比例,一部分乘客来到这些机场仅仅是为了换机前往其他目的地。把繁忙的机场作为中转站,对于航空公司来说是有好处的,他们可以为乘客提供多种中转的选择。然而,当枢纽机场变得拥挤时,延误的成本就会抵消中转的优势,此时航空公司可能会发现在较小的、不太繁忙的机场作为中转站是有吸引力的。

## 2.8.2　需求的管理

对机场使用的行政管理手段,无论是通过限制特定类型飞机的进入,还是通过大都市地区机场之间的需求平衡,或者通过强制实行配额,都是希望以相对较低的经济成本立即缓解机场的拥挤状况。作为长期措施,这些解决方案可能没有吸引力。当这些解决方案长时间使用时,行政限制使结果偏向于维持现状。由于在设定行政限制时,机场管理者没有充分考虑机场使用权的经济价值,现任的管理者并不会被其他拥有机场使用权的用户取代。此外,机场管理者没有办法表明它们对增加的产能所赋予的真正经济价值。由于重要的市场机制信号缺失,机场管理者无法获得未来容量需求的真实情况。行政限制需求只是创造了一种人为的市场均衡,从长期来看,这实际上扭曲了乘客对航空旅行的质量和成本的需求。因此,从经济的角度来看,通过需求管理来分配机场使用权的方案似乎更具优势,因为这种方案依赖于市场的价格机制。

目前,价格在决定机场使用或调节需求方面只起着相当微弱的作用。除了少数有配额限制的大型机场外,进入机场一般是不受限制的。只要航空公司愿意支付着陆费、忍受拥挤和延误的成本,就允许进入。着陆费通常基于飞机的重量,并不随时间变化,只占航空公司运营成本的很小一部分。不同机场的着陆费并不一样。在许多情况下,着陆费的确定仅仅是为了从总体上弥补机场运营成本和收入之间的差额而已。

从经济的角度来看,着陆费的收取有些武断,并没有反映出飞机运营给机场带来的好处。如果将机场成本和需求作为着陆费的影响因素,这样可以显著减少机场中的延误。实现这一目标的两种普遍方法是差别定价和着陆权拍卖。

事实证明,基于重量的着陆费往往适得其反,因为它们不随需求而变化,因此没有引起航空公司在非高峰时段使用机场设施的动力。此外,着陆费没有抵消仅航空公司在高峰时间使用机场设施的高成本。因此,从经济的角度来看,更有效的定价策略是在高峰时段收取较高的使用费，在非高峰时段收取较低的使用费。理论上，这种定价策略的净效应将使需求水平更加一致。

由于较高的着陆费，许多交通流量就会远离机场的高峰时段。高峰时段收费的好处在具有高比例运输活动的机场会更大，但是高峰时段的费用需要被重新计算以影响机场整体运输活动的模式，这些费用必须相当高，因为着陆费只占航空公司运营成本的一小部分，而且航空公司可以将增加的费用分摊给乘客。

尽管着陆费增加了，航空公司还是希望利用机场的高峰时段，既为了允许大量乘客进入，又因为长途的航班调度会更加复杂，以至于要求它们在特定时间提供特定的航班服务，因此航空公司会愿意支付一些着陆费来抵消延误成本。然而，如果收费过高，航空公司的一些航班可能会移至非高峰时段，这一影响完全有可能体现在机票价格上，导致高峰时段机票价格被重新计算。这不仅影响到航空公司的航班安排，也影响到乘客的出行习惯。如果非高峰时段能节省大量机票费用，一些乘客会选择在非高峰时段出行。

目前，很难准确预测高峰小时附加费给机场使用模式带来的变化。一些分析估计，随着空中交通管制系统的改善，高峰小时附加费在未来将显著减少航空公司的延误。尽管许多机场的扩建是不可避免的，但高峰小时附加费可以显著推迟机场扩建的需要，减轻机场管理者的财务压力，减少机场中延误的发生。即使不能把高峰时段的交通量减少到理想的水平，高峰时段的附加费也能为机场提供额外的收入。

高峰小时附加费的水平如何确定是一个重要问题。一种被广泛提倡的方法是向使用者收取使用机场设施的全部边际成本。换句话说，每个用户都要向机场管理者支付一部分额外的成本和运营费用，以得到机场及时的服务。一方面，如果用户在高峰小时着陆，需要两条或多条跑道来处理交通流量，费用应包括建造、运营和维护这些跑道的额外费用；另一方面，如果用户在非高峰小时降落，当其使用的跑道没有其他用户使用时，则不收取额外费用。虽然在高峰期和非高峰期用户都将支付维护、磨损和维修或其他的费用，但是只有高峰期的用户将支付与使用期限相关的额外费用，由此产生的使用费将与其在机场的活动情况直接相关，从而产生机场在高峰时段收取较高费用的预期效果，并在非高峰时段也取得一定的经济效果。

边际价格体系也建立在每个高峰小时用户强加给其他用户的延误成本上。在高峰时段，机场用户将根据其操作产生的延误成本付费，这就形成了一个用户费用的复杂系统，随着延误时间的增加，延误成本费用也会逐渐增加。使用边际延误成本作为机场使用费的定价基础，比仅基于边际设施成本的方案更能增加非高峰机场的使用。

实施差别定价政策，无论是基于边际设施成本和边际延误成本，还是其他的方案，都是困难的。机场费用的大幅增加很可能会引发公众问题。对于小型航空公司和新航空公司来说，可能比老牌航空公司更难以承受更高的费用。机场运营商试图提高航空公司的使用费用，但受到航空公司的质疑：在某些情况下，航空公司着陆费是在长期合同中确定的，不能轻易更改。差别定价是歧视性的，因为它误导了那些有支付能力的航空公司，也否认了没有支付能力的航空公司使用公共设施的权利。然而，只要价格差异能够反映服务的本质差异，这种定价既不是歧视性的，也不是非法的，那么，根据每个用户自由意愿支付给整个系统的成本就是公平和公正的。

总的来说，高峰时段附加费代表了通过收取基于成本的着陆费来管理需求的一种权宜之计。进入机场是不受限制的，除非用户愿意承担高峰时段的额外费用。

减少高峰时段机场活动的另一种方法是通过将着陆权拍卖给出价最高者来限制对机场的使用。拍卖是一个混合的过程，一方面是行政管理，另一方面是经济管理。在这个过程中，准入虽然是受管制的，但准入权是通过一个面向市场的机制来分配的。

拍卖可以作为分配稀缺的机场着陆权的一种方法，理由是如果机场使用权有限，它就应该被视为一种稀缺资源并据此定价。实现这一目标的方法是一种由需求决定机场价格的制度，时隙分配只允许那些以市场决定的价格付费的用户在高峰时段使用。然而，随着航空公司运营次数的增加，在传统的高峰时段可能没有足够的额外容量来容纳额外的运营而不会出现明显的延误。就这一点而言，时隙分配只能通过有效地限制机场的运行数量来减少延误。这个拍卖手段既要保证公平又要有效执行，可能很麻烦，机场的延误可能影响整个国家空域系统的性能。

目前的时隙分配过程给了已经在机场运营的航空公司一个优势，并拒绝了竞争对手的进入，提供了一种虚拟垄断和意外收入。持有时隙的航空公司知道，没有时隙，任何竞争公司都无法进入航空市场，因此，时隙是新进入航空公司的最大障碍之一，它们对行业外部的影响远远超出了机场的范围。因为对航空公司来说，时隙是至关重要的市场。

## 2.8.3　影响需求管理替代物的因素

上文列举的需求管理在理论上可以减少延误。实际场景中，一些机场管理者已经尝试过，但是结果喜忧参半，一些因素会影响机场管理者或政府大规模实施需求管理的能力。

一些机场管理者认为限制机场使用权的规定是违法的，因为它们干涉了贸易，剥夺了一些用户的使用权。但是确定它们是否合法，其实是一个微妙的问题，需要根据机场具体情况作出决定，这取决于所涉及的航空公司、机场以及政府的综合情况，机场管理者本身似乎并不鼓励由机场施加的配额和其他限制的大规模应用。

机场之间存在相互竞争而不是唯一运营，鼓励和信任机场自由发展或均衡地利用大都市地区所有机场的政策不太可能。政府部门试图在机场系统和宏观计划之间找到区域机场发展不平衡的解决办法，这需要进一步考虑政府层面的规划行动是否可以改善机场的区域协调问题。

与需求相关的机场使用费可以与边际延误成本成比例，这一原则是容易理解的。目前的服务定价方案，尤其是拥挤的机场，远不是经济有效的。然而，与市场相关的基本理论和方法，如高峰时段定价和拥堵附加费，很可能难以实施，会遇到来自某些用户的反对。

尽管边际成本定价在理论上是有效的，但实际上可能很难确定着陆或起飞的边际成本，有一些定量分析问题和政策问题需要解决。还有一个潜在的问题是，经济效率是否应该是机场管理的首要目标,这可能需要几年的时间来验证最有效的费用结构从而控制和消除延误。

在一个放松管制的环境中,航空公司经常会改变航线和服务水平,机场将无法确定它们的定价效果,也无法防范对民航业不可预测的副作用。对一些机场来说,非高峰时段的开放可能会弄巧成拙。与其将更多的航线运营安排在空闲时间,航空公司可能更愿意完全搬出机场。从航空系统的角度来看,这可能是一个积极的影响,而对于机场运营商来说,情况正好相反,他们将会损失一部分收入。

为了有效地将航空公司转移到非高峰时间,可能不得不大幅度提高高峰时间的着陆费。在许多情况下,航空公司和机场之间的使用协议会阻止这种费用的剧烈变化。如果确定由机场运营商在这些费用结构的变化中做出整体决定,政府可能不得不采取行动废除或修改现有的关于航空公司的使用协议,这种直接干预个别定价的决策是不适合的。

减少主要机场中航空交通量可能有两种效果。一种是将一些航空流量分流到附近的机场。然而,对于一些类型的飞机和一些航空公司来说,没有其他设施像原有机场那样合适。如果它们想继续使用,就必须支付成本。另一种是一些航空公司可能会发现成本或不便性太高,它们不是继续经营自己的公司,而是退出整个航空市场。

尽管对机场所有者来说,重新分配需求的计划可能比基础设施的改善花费更少,但任何显著提高航空旅行成本或限制航空公司提供航空服务的因素,都会对该地区的经济产生深远影响。航空运输本身并不是一种经济产品,而是一种用于公用事业的活动,与商业或娱乐活动类似,目的是根据乘客需求而获得收益。当其成本增加或效率降低时,依赖于航空旅行的经济活动就会受到负面影响。因此,在实施经济性政策之前,对需求管理的任何分析都必须仔细考虑这些影响。

需求管理直接或间接导致的溢价是否能被延误和拥堵相关成本的节省充分抵消?这个看似简单的问题,其答案通常是非常复杂的,并且在分别考虑谁支付和谁受益之后,结论变得更加复杂。

## 2.9　预测的类型

最基本的预测是对机场系统的旅客和货物年总吞吐量的预测。这需要允许估算机场系统的必要规模、影响力及财务可行性。

对于更详细的机场规划和设计目标,最关键的参数是每小时的乘客流量、货物流量和飞机流量。每小时的飞机流量通常略低于高峰小时流量,反映了机场高峰期间系统中可接受的延误或拥堵水平。机场航站楼的布局和规模、特许经营产生的收入,不仅取决于乘客总流量,还取决于不同航空运输类型的流量,如国际和国内航线、直达和中转航线等。一种方法是这些流量通常是由分类的年流量中经过校准的比例而得出的,校准的比例考虑了高峰值随机场年吞吐量的变化情况;另一种方法是构建潜在的未来高峰飞机时刻表,通过对飞机大小和载荷因数的假设直接从中推导出流量。对于机场货运站,通常采用不同参数的类似预测方法,最重要的参数是货舱数量与所有货物的比例。

总设计高峰小时流量是指当地始发和终接的乘客流量和货物流量，再加上乘客在一家航空公司换乘或中转，以及在飞机上短暂停留的过境运输的流量。根据中转交通的性质和操作方法，有必要根据海关和移民设施对乘客流量进行进一步细分。当与平均设计高峰小时飞机尺寸和平均设计高峰小时载荷系数的假设相结合时，所有这些交通类型允许对每小时空中运输活动进行估计。这些飞机活动数据对于规划空侧容量中跑道、滑行道、停机坪、登机口等至关重要。为了完成空侧的容量规划，有必要预测军用航空和通用航空流量。尽管通用航空的设计容量和需求正在受空侧流量的影响减小，而且其价格的特殊性也逐渐被挤出市场之外，仍有必要对通用航空进行预测。

## 2.10　预测的分析方法

机场引用了许多可能的方法来帮助预测交通流量和乘客需求，具体的选择主要围绕方法的复杂性、应用范围以及预测的时间表。时间上更稳定和更短期的预测可以利用简单的趋势模型来充分实现，这些模型可能不需要过度考虑谨慎性和不确定性。这与长期预测不同，长期预测必须关注航空运输系统内外不可预测的事件，选择往往是由数据库的可用性和研究的预算等多种因素决定的。无论选择哪种方法，使用的数据必须是可见的，结果必须是可理解的。

### 2.10.1　事实的判断

所有方法中最简单的是事实判断法，因为它只需要很少的数据。事实上，太多的数据会使决策者困惑，并减慢整个决策过程。机场通过调查各自领域的技术专家，经过许多相当合理的推测，也可以得出重要结论，对影响运输需求和供应的事件做出一些有趣分析的预测。

预测练习使用了一种基于新技术的专家判断改进版本。在这种技术中，专家小组将他们的判断与其他专家的判断一起返回给机场，以便机场可以在最终结果得出之前调整自己的观点，这可以应用于预测航空公司对未来市场的看法。

即使使用专家调查后的结果也应小心谨慎，因为研究表明，个人判断的错误是系统性的，而不是随机性的，因此，专家在阐述个人观点时不能令其他人迷惑。此外，专家的许多判断有时是错误的，至少在一些领域内，专家们的选择并不比随机发生的好多少。一个重要的原因在于错误的直觉类似于视觉的错觉，即使一个人完全意识到事件的本质，错误仍然可能存在。大多数预测结果表明，即使使用了专家分析方法，也包含着不可简化的直观成分。一些专家往往对结果过于乐观，尤其是在重复对预测表现进行反馈之前，因为其判断往往是基于最少的样本做出的，个人假设对可能性的限制太多，容易导致长期预测受到短期趋势的过度影响，造成预测结果偏差过大。

可用的数据越多，判断就越有根据，但这需要花费更多的时间和成本。有些数据不可能完全去除，但是这些数据通常有不正确的地方。数据的收集很可能在样本量上有所欠缺，而且收集到的数据很容易会过时。因此，当选择收集大量数据的方法时，通常需要长时间的、成本昂贵的前期调研工作。

为了简化，有时可以不使用现成的数据，而是使用现成的预测，如飞机制造商和政府提供的历史数据。或者，直接使用类似情况的数据进行类比预测。同样，这种情况下存在的问题通常是对时间、空间或环境特征的兼容性。例如，使用现有的国内总体航空交通流量来预测小型地区机场的交通流量可能是不合适的。然而，如果能够对基本预测的有效性进行充分的检查，通过可接受的修正以适应当前的研究，这通常是一种最具成本效益的方法。

## 2.10.2　趋势外推

无论如何，在实际预测之前，通常有必要生成一些预测结果，这些预测结果对于某种研究情况是独特的。此外，提前预测必须是合理的，因此此结果源于对历史结果的一些正式分析。最简单的一种分析技术是趋势外推。无论是在时间还是规模方面，历史趋势是由年增长率的简单线性回归得出的，这可以根据变化的情况通过判断进行修改，投射到未来的预测之中。通过应用某种形式的新技术，短期趋势通常可以预测经济周期。令人惊讶的是，趋势外推所需的相对简单的数据集也不总是可用的，或者即使是可用的也可能只得出一个趋势，导致类比方法失去了其自身的价值。

长期预测可能会认识到未来趋势将随着时间的推移而平缓，方法是将数据拟合为特定曲线。其困难在于，将曲线拟合到历史数据时的微小调整，可能会导致对饱和度水平的不同估计，此时的饱和度可以单独估计。

趋势外推的另一种形式是逐步下降法，可以从给定的整体预测中得出区域内的预测结果，通过充分利用历史证据来预测市场份额是如何变化的。逐步下降法很受欢迎，因为它有很强的整体预测能力和相对稳定的预测模式，尽管有些限制条件会产生不确定性，使这种方法看起来不太完美。

## 2.10.3　经济模型

如果认为以上方法过于简单，那么就有必要将因果关系纳入预测分析之中。最简单的是基于计量经济学因果模型。这类模型试图将交通流量与潜在的经济参数或更容易获得的替代数据联系起来，通过历史数据的多重回归进行校准，以获得需求弹性。也就是说，需求的变化是由任何一个影响需求的独立变量的变化引起的。

这类模型有许多假设，只需有几个独立变量就能做出合理的解释，这种解释是因果性的，而不是偶然的。

尽管这些假设是可以被接受的，模型的具体形式将取决于特定的环境。当弹性基本恒定时，乘法模型是有用的；而当弹性随独立变量变化时，指数模型是优选的；当数据集存在多重共线性时，通常首选差分模型。

预测交通流量时至少包括表示价格和收入的项，其他的独立变量可能会增加对交通流量的解释，但是独立变量的数量越多，需要预测的量就越多，解释模型结果会变得越来越困难。

所有的弹性都强烈地依赖于特定案例的特征。事实上，任何弹性都取决于各种反作用因素，借用一个因素来应用于另一种情况只能在一定情况下进行。

计量经济学因果模型可通过总交通流量以确定特定区域的交通流量。此外，它们还可应用于总潜在出行人口的分类。

出于营销目的，任何严谨的交通流量分析或者建立交通枢纽的可行性，需要理解在任何起点机场和终点机场的竞争情况。然而，由于这些模型通常基于历史数据，因此它们只处理当前行为表现所能揭示的需求，这些需求由运输历史特征提供。此外，许多有特殊考虑的乘客行为会影响决策结果。

## 2.10.4　旅行决策

为了更详细地开始仿真行为，有必要考虑乘客的出行需要和出行模式。如果模式是航空运输，旅行者将使用哪个机场，决策的生成因素可以通过市场类别分析技术来处理或通过经济计量模型来处理。工业部门以及社会群体之间的人均出行量差异很大，在传统的交通规划中，对出行量的估算将遵循分布模型，可以基于重力定律进行一系列类比。但是，这种类型的简单模型忽略了始发地和目的地区域之间特定利益共同体的重要贡献，其他的基于目的地相对吸引力的模型技术有助于克服这一缺点。

## 2.10.5　模式分享

正如一些经验证明，高速铁路服务的可用性会减少密集的短途航线上的空中交通。

据估计，定期航班运力未来将受到高速铁路网络的威胁。尽管如此，还是有一些航线可以和铁路竞争的。在这种情况下，高速铁路肯定有助于减少航空容量的压力。出于环境保护原因，鼓励从空中交通向高铁转换的意愿也将对模式多样化产生影响。

高度发达的通信技术也许能够取代某些旅行需求，但乘客普遍认为，在短距离上，任何替代效应都无法阻止旅行的必要性。视频会议的出现可能会变得非常普遍，通信技术未来更有可能影响长途航空旅行。在长距离的情况下，特别是随着大容量光纤电缆的投入使用，通信技术的使用价格下降，视频会议的差别优势必然会更大。而且通信技术的费用几乎与距离不成正比，对高收益的商务市场具有较小的影响，并会对价格弹性较高的休闲市场票价上涨造成压力。

## 2.10.6　离散选择模型

如果打算增加模型中涉及内容的丰富性，通常可以使用离散模型，针对个人出行的行为进行建模。这种类型的建模针对的是变化的供应或多样的选择，通常在决策者需要在备选方案之间做出反应时更准确，因为它保留了可用信息的最大丰富性，而不会隐藏一些信息。

由于模型的特殊属性，大多数模拟乘客选择行为的尝试都是使用个人出行数据来校准模型。它们表示选择一个备选方案的概率，即任一备选方案对旅客的效用与所有可用备选方案的组合效用之比,最大化的效用函数是备选方案和旅客属性的函数。机场之间、航线之间或航空公司之间很多选择行为的最佳解释都是通过使用这种模型获得的,该模型以出行时间、出行成本和出行频率的某种组合作为考虑因素。在得到交通服务的可用性之后,最重要的选择因素是交通服务的易用性,影响这种选择的决定因素是航空公司的航线组合、飞机工艺、机票价格等。

### 2.10.7　陈述偏好

一些模型的数据通常来自对历史旅行者的调查,也就是说,它们是基于现实的需求,这显然不能解释那些没有旅行过的乘客的需求,也不适用于那些在做出旅行决定时受到明显限制的乘客的需求。面对结果不准确的风险,这些困难可以通过使用陈述偏好法来克服。这种技术的主要优点是数据的廉价和丰富,在现实情况中已经被证实具有考虑更大规模变化的能力。

使用陈述偏好法调查是一种市场研究技术,以获得对计划倡议的支持或根据潜在用户的需求探索定制化产品的最佳方式。在使用这些方法时必须小心,不要因为问题的描述方式而引入偏见。

### 2.10.8　供应决策的影响

只有提供适当的交通服务,乘客需求才能转化为实际出行。越来越普遍的情况是,供给决策不受需求的影响。虽然这有时是为了纠正供给不足的市场,但通常是航空公司或机场制定策略的结果。巨大的交通流量可能出现在交通系统中乘客完全不感兴趣的点上,这一定是意料之中的事。随着服务业自由化正继续在全世界蔓延,航空公司或机场将会采取更极端的举措。

不依赖需求模式的供给决策实例是低成本航空公司,它们经常从以前没有定期航班服务的小机场开辟新的航线,旅客可以利用低票价开始长途旅行。或者,它们直接与传统航空公司竞争,争夺同等乘客群体中的额外需求。

### 2.10.9　不确定性

不确定模型试图将因果关系引入对乘客行为的理解之中,其校准需要大量关于潜在乘客的模式特征、人口统计的数据,以及比简单的经济计量模型中更丰富的社会经济信息。所有模型的预测能力还依赖于所用独立变量的未来趋势。由于这些困难,预测就可能出现误差,这种误差随着时间范围的增加而变大。

有时这种方法在预测交通运输项目的需求方面做得很差,而且并没有随着方法的改进而好转。

也有其他方法可以解决不确定性问题。最常用的方法是对所有可能出错的因素进行敏感性分析。或者,在概率的分配中存在许多隐含的判断,正如在所有定量方法中一样,因此不仅仅需要纯粹的判断方法,还需要分析人员的判断。另外,采用政策来限制或鼓励需求也是一种方法。在这种情况下，模型的作用只是提供必要的理解，以确定政策因素的水平，从而调整需求以实现整体规划目标。

### 2.10.10　情节推演法

情节推演法允许描述潜在的未来情况，可以应用预测技术来探索每个方案的影响。然而，情节推演法常常是次优的，仅限于探索所考虑系统中的选项，以期望预测未来的概率。一个更有成效的用途是探索未来的范围及其结果，以确定一个系统可能的风险以及为了有效地做出应对需要采取的步骤。应该强调的是，情节推演法的目标不是猜测未来，而是通过评估各种潜在未来的概率，从而对最有可能的未来有一个看法。确切地说，情节推演法探索潜在的未来，需要对设计系统中的范围、灵活性以及系统性能不能满足某些场景需求的后果进行说明，它可以识别出那些设计系统中不适应未来的可能情况。

这种方法的本质是识别业务的驱动因素，但是业务本身对这些因素几乎没有控制作用。一旦使用传统的预测技术对结果进行了量化，就可以设计策略来满足单独的场景。最后，这些策略被合并成一个核心策略，能够响应任何一个场景。

人们理所当然地认为，最有可能的未来结果就是目前由管理者设计的未来。最预期的未来可能将不会与任何实际的未来状态一致。尽管如此，这种"照常营业"的情况是一个基本的场景，因为它形成了一个相对的暗示，供其他可选的情景探索。

情节推演法有很多选择。最重要的特征是，这些情景应该是连贯的，并且应该显示从当前状态到潜在的未来状态的可行路线。找到未来状态的可行路线变得很困难，因为过程的动态变化很难被理解。

一旦在每个情景中对模型驱动因素的可能影响做出相关推论，就可以用它们来量化各种潜在情景的影响。

## 2.11　历 史 趋 势

从上面的讨论可以清楚看出，许多传统的预测活动依赖于对过去趋势的了解，这是有一定道理的。即使有偶然的巧合事件，也不会影响预测的连续趋势。

从长期来看，财富的增加、产量的下降和供给结构的改善推动了历史趋势的发展。最近，民航业在更成熟的市场增长放缓，但在新兴地区的增长势头强劲，航空货运的重要性逐渐增加。发达国家的国内航空市场已经成熟，并且低成本航空公司迅速崛起。在过去的 20 年里，航空业强调自由化市场以及引进超大型双引擎飞机和支线飞机，传统的交通运输业面临着新的挑战。

## 2.12　影响趋势的因素

### 2.12.1　经济因素

在更复杂的模型中，总体或人均可支配收入被用作主要的因果变量。然而，在地方层面，通常很难获得足够的、有研究价值的收入数据。在更宏观的模型中，国民生产总值通常被用于代替可支配收入。为了解释政府的观点，机场管理者形成自己对未来航空世界的观点，花费了相当大的精力，但他们也容易被基于普通基础数据的传统思维左右。事实上，空中交通业被视为经济发展的早期指标之一。随着时间的推移，空中交通的增长表明了一种更复杂的关系。随着经济从工业基础的形成到最终工业化的发展，航空出行的倾向和人均国民生产总值之间的关系发生了明显变化。

其他重要的经济因素，包括驱动各种出行的汇率差异等，众所周知，这些贸易因素都很难预测，对经济活动的全球分布以及全球和国家间的财富分配的预测也很难。

## 2.12.2 人口因素

传统上，空中交通业随着人口、城市化、家庭规模的缩小和年轻化而日渐发达。这些变量一般是很容易预测的，并且它们与交通增长的关系是稳定的。然而，随着新生事物出现，一些变化关系很可能会破裂。工业和商业结构的变化可能会影响航空旅行的发生率，商务乘客坐飞机出行的倾向随着公司的类型和规模发展而变化很大。一些全球大型公司的统治地位发生了逆转，可能会对未来的航空业产生重大影响。

大都市地区已经有分散化的趋势，这可能导致对低密度航空出行的更大需求。

一些人认为，信息革命或第四次物流革命将导致商品、人员和信息快速而不稳定地流动，产生对最快、最直接的旅行方式的需求偏好。基于文化、能力、沟通和创造力的未来发展趋势，新的城市等级的演变已经显而易见。未来的预测应结合其他人口趋势来考虑这一问题，包括劳动力迁移流动、城市集群分布以及人口生育率的变化。

## 2.12.3 供应因素

### 1. 乘客成本费用

在定期性、可靠性、频率和舒适度水平不变的情况下，决定需求的主要供给因素是票价和综合成本，即价格和时间价值的组合。价格由潜在的生产成本和产生收入决定。反过来，生产成本又取决于与机场载荷系数、飞机规模、投入要素成本有关的运营政策，载客率又影响着价格，载客率越高，每个舱位飞行的收益就越低。对全球定期航班的客座率估计显示，近几十年航班客座率保持逐年增长。

### 2. 航空器大小

在最密集的航线上，飞机的尺寸会继续增加。大部分预测的需求是由飞机尺寸而不是飞行频率来承担的，以便在低票价的乘客竞争中降低成本，并抵消客流拥挤的影响。在这种情况下，客座率的年增长率几乎与乘客增长率相同。结果，即使在这些密集的航线上，飞行频率竞争似乎也克服了跑道容量的不足，导致更多的航班使用同样大小的飞机。在密度较低的航线上，竞争的增加也不会受到空中交通拥挤的阻碍。同时，越来越强大的收入管理系统允许航空公司出售越来越少的座位，从而在每次飞行成本几乎没有增加的情况下增加了客座率。现在预计平均飞机尺寸将或多或少地稳定在当前水平，以扭转这种过度稀释收益的趋势。随着新型特大城市的出现，降低成本的重要性和枢纽机场航线的不断增加，将推动未来大容量航空运输的需求，这就要求航空业更加重视规模而不只是频率。

### 3. 输入因素的成本

燃料主导了生产要素价格的历史性变化，燃料短缺和飞行技术障碍长时间结合在一起，给行业发展带来了相当大的问题。管理者需要对这种情况做出反应，尽管所有的预测都无法估计到燃料价格为何会突然减半。基础设施的发展和操作上的改变有助于缓解这种情况，但从长远来看，应对燃料价格上涨的更大成本将主要来自技术，因为劳动力成本的改善、先进技术成本的降低能有效抑制燃料不足带来的影响。

### 4. 技术

技术对未来产能的影响往往是供给预测中最容易被忽视的领域。早期的预测受到了飞机最大规模的限制，更多的近期分析受到了每年跑道容量不足的影响。大多数研究只考虑了与手头资料最接近的单个因素变化。事实上，导航、通信、进近系统和地面引导装置都已发生变化，这会对容量预测产生影响，车辆技术的变化也将影响成本和容量。没有人清楚具体技术的变化是否会出现以及何时出现，因为其只有在有足够的经济刺激时才会发生。燃料的利用效率可能会像过去一样继续提高，技术、操作和替代燃料的结合也将减少环境污染的后果。

### 5. 管理

技术的变革通常会为管理方式的变革带来新的机遇，如航空公司的新航线和新网络、机场的新运营程序、更先进的收益管理系统。没有技术的管理者也可以实现技术创新，就像全球航空联盟的形成和增长一样，因为技术之间可以进行分享。管理方式中其他的不确定因素将会继续增加，但是具体会在哪些方面出现，只能通过情节推演法来探索。

### 6. 容量限制

如果进行了足够的资本投资来满足潜在的需求，所有因素只会以预期的方式影响未来的交通容量。因此，任何政策决定都可能干扰容量预测，计划过程中的任何不当行为也可能干扰预测结果。在一个理想的预测过程中，一些影响会被内化到方法中。政府正在探索通过增加跑道数量来实现增加容量的最佳方式，这意味着目前的大部分需求将无法最终实现，但是相关政策还没有发展到正式确定的程度。

### 7. 费用

上述供给因素影响票价水平，管理部门也可以采取交叉补贴线路等政策，这样在短期内就可以发现实际支付的价格和潜在的成本之间的有限关系。乘客实际支付的机票价格通常只能在航空公司所有运营的汇总基础上进行分析。

有关航空票价变化的预测主要依靠经验判断。考虑低成本航空公司带来的需求水平的巨大增长，这些判断对于合理估算机场的交通流量非常重要。一旦管理者做出判断，通过利用票价弹性就可以用来估算交通流量。考虑到当地条件的变化，推导出的弹性系数可以根据实际需要进行修改。应注意，这些供给成本、费用和延迟都不一定适合于其他环境。

### 2.12.4　经济法规

自航空运输放松管制以来，自由化思潮已经蔓延到欧洲和许多其他国家。伴随而来的是航空公司和机场的私有化趋势。如果没有这些趋势，机场竞争、票价降低、航空联盟以及机场营销的机会就会减少。新的自由化思潮使航空业中垄断地位被滥用成为可能，需要对垄断势力进行监管控制。尽管有些规定"姗姗来迟"，但更严格的监管设置已经纳入其中，包括自由贸易、外国监管、环境价格上限以及控制垄断的法规。

### 2.12.5　环境法规

环境法规的另一个方面是国家和国际组织对航空旅行引起的环境污染的回复。具体来说，国家和国际组织预计将对航空业征收某种形式的碳关联税，航空业可以从没有使用配额的工业行业购买到信用额。

### 2.12.6　货物

货物市场的分析在基本方法和产生流量的原因方面，与客运市场是相似的。影响货物增长的因素包括：综合运营商份额的持续增长，产品对时间和成本敏感性的增加，路线上剩余容量的可用性，相对于其他运输的竞争优势等。

在2001年"9·11"事件之前的几年里，商业航空面临的唯一压力就是运力不足和延误。"9·11"事件之后，由于对恐怖主义的恐惧、经济的衰落以及主要航空公司的财务问题，乘客对商业航空系统的需求显著下降。由于航空公司和机场采取了一系列技术和管理策略，航空系统的延误没有下降。

然而，人们普遍认为，在未来对航空旅行的需求将会迅速增加。为了对这种需求增长做好预期准备，机场、航空公司和地方政府应该按照容量和需求管理的原则，寻求进一步改善民航系统的方法，以适应未来乘客的航空旅行需要。

本章讨论和确定了按目的地对到达和离开旅客进行分类预测的要求，以及按设施类型对航空运输活动进行分类预测的要求。这些预测需要每年进行一次，重要的是不仅需要考虑设计高峰，还需要有关通用航空和军用航空的信息，但是对预测机场中设计高峰小时活动影响更多的是机场中政策的作用，而不是无约束的交通量。

目前已经对可用于这些预测的方法进行了比较，结果表明，这些方法或多或少只适合于短期的详细规划和设计，对于长期规划所需的合理判断来说，这些方法只能提供一个正式的参考。控制需求的变量之间的相互作用还没有得到充分的理解，不能做出更为确定的预测，因此可以通过做出事实的判断进行分析。这种判断可以明确表示为预测结果，也可以与风险分析相结合，或者可以为未来情节的解释提供信息。

很明显，整个系统中对机场的预测应该是一致的。想要获得这种一致性，一种显而易见的方法是用数学理论、假设以及数据集来模拟整个航空运输网络。然而，不仅很难找到这方面的资源，还存在限制输出的实际风险。虽然对未来保持开放的心态，探索各种可能性是无可替代的，但是方法的一致性对于交流和解释是必要的，预测的输入应该允许根据需要进行变化以反映系统中的任何改变。

没有一种特定的模式永远是最合适的。任何一个模型也不会总是给出最准确的预测。使用多种预测方法总是值得推荐的，例如可以与建模约束的结果进行比较。然而，成本和能力的平衡通常可以通过一个简单的计量经济学因果模型来实现，该模型应用于对总流量影响最大的市场。如果有必要，这些模型甚至可以在没有好的历史数据集进行校准的情况下使用，可以从其他研究中适当地借用结论以实现弹性分析。

许多重要的不可估量因素都存在空中交通系统之中，最好通过纳入一系列综合方案来处理。在系统内部，大多数机场几乎无法控制已确定的许多因素，这些因素也应包括在场景描述中。

除了经济增长外，短期内强烈影响需求增长率的因素是航空公司和监管机构的票价政策。传统观点认为，低票价政策将继续推动放松管制，导致高客座率和更大的飞机出现。如果这种方法导致收益不足，只能维持目前航空公司的投资回报以及缺乏资金来满足额外的运力需求，航空公司可能会紧缩开支，更依赖基本的商务旅客。如果发生这种情况，就会提供过多的产能，此时低成本航空公司可以很好地利用自己的运力，但是经验表明，只有最有弹性的低成本航空公司才能生存下来。

从长远来看，技术的发展能解决燃料供应和价格上涨问题，以及应对机场发展的限制，这是非常重要的。石油供应的进一步中断可能会加快研发更省油飞机的步伐，促进空中交通技术和进近引导技术的进步，实现飞行操作实践发生实质的变化。这对于解除大型机场的容量限制将是十分重要的，但是具体的实施取决于大型全球航空公司是否真的希望增加其枢纽机场的运力。

在确定单个机场的国际空运能力时，另一个特别重要的因素是中心辐射式系统网络发展的程度，而不是集中于直接连接的机场。如果中心辐射式系统网络已经占主导地位，更重要的预测是哪些机场会被选为枢纽机场或完全被排除在外。在某种程度上，机场的参与程度将影响这一点，因为如果中转过程不方便，枢纽机场系统就不容易发展。

尽管有这些警告，预测仍然是必要的。一个趋势是低价政策可能会在短期内导致就业增长率高于预测的平均值。另一个预期的趋势是大型机场的空中交通流量增长更慢。预测将取决于各个机场的条件，如客流量、市场营销和机场的份额。

在对某一特定机场的任何研究中，总区域预测可从基础数据中提取系数，可以通过对高峰小时机队混合和负载系数进行假设来预测，这在很大程度上取决于特定机场的环境，尤其是飞机上的过境运输量。

1. 简述机场容量的重要性。

2. 控制机场容量有哪些具体措施？

3. 简述机场延误的估计与分析。

4. 通过哪些具体措施来解决机场的延误问题？

5. 机场预测中存在的问题是什么？

自学自测　　扫描此码

# 第3章

# 机场航站区的运营

【学习目标】

- 掌握航站区规划需要遵循的原则；
- 掌握航站区位置的确定；
- 掌握集中式航站楼和单元式航站楼的优缺点；
- 掌握航站楼水平布局种类和特点。

## 北京大兴国际机场

2019年9月25日，北京大兴国际机场正式通航，航站楼面积为78万平方米；民航站坪设223个机位，有4条运行跑道。2021年，北京大兴国际机场共完成旅客量吞吐量2 505.1012万人次，同比增长55.7%，全国排名第11位；货邮吞吐量185 942.7吨，同比增长140.7%，全国排名第18位；飞机起降211 238架次，同比增长58.7%，全国排名第12位。

北京大兴国际机场航站楼是五指廊的造型，整个航站楼有82个登机口，但是旅客从航站楼中心步行到达任何一个登机口，所需的时间不超过8分钟。北京大兴国际机场选址的位置在北京、天津和雄安中间的位置上，除了高速公路外，机场地下巨大的轨道交通网可以将京津冀周边的旅客快速运达。机场共有5条轨道线路，在机场外围整合并列为一组，沿机场中轴贯穿航站区，依次是京霸城际、机场快轨、R4/S6、预留线和廊涿城际。机场的地下东西两侧是城际铁路和高铁，中间3条是机场专线和地铁。

北京大兴国际机场采用"双层出发车道边"设计，相当于把传统的平面化的航站楼变成了立体的航站楼。传统的航站楼只有出发和到达2层，北京大兴国际机场实际上是4层航站楼：一层是国际到达；二层是国内到达；三层是国内自助，快速通关；四层是国际出发和国内托运行李。再加上地下的轨道交通，旅客可以很方便地到达楼内，并通过地下一层的直梯直接到达出发层。北京大兴国际机场正在建设的是北边的T1航站楼，建成后可以满足4500万人次的年旅客吞吐量、高峰小时进出港1.26万人次的容量需求，相当于T3航站楼的总量；以后将在南侧扩建一座卫星航站楼，以满足7200万人次的年旅客吞吐量、高峰小时进出港1.95万人次的容量需求。远期规划在航站区南端再建设新的航站楼，以达到1亿人次左右年旅客吞吐量的终端目标。

【案例思考题】

（1）北京大兴国际机场航站楼在方便旅客出行方面有哪些突出特点？

（2）北京大兴国际机场如何实现旅客到达任何一个登机口不超过8分钟？

# 3.1 机场航站区的规划

## 3.1.1 航站区的规划原则

机场航站区规划与航站楼建设是保障机场系统、整体运营功能的重要组成。机场航站区规划与建设综合体包括：站坪——供飞机滑行、停泊、服务车辆作业；连接体——飞机与航站楼之间的联系及设备；航站楼——旅客和行李在空侧与陆侧之间的交换点；地面交通——连接机场与城市及航站区内的道路系统和停车场。由于流程、功能、格局和设施、设备配置的要求及飞机的特性，机场航站区规划与航站楼建筑遂成为民用建筑中一种比较特殊的交通性建筑体系。此外，航站楼建筑是城市的"窗口"，体现一个城市发展的现在和未来。

机场航站区规划与航站楼建设功能性较强、涉及面较广。对旅客而言，机场不是目的地，而是连续旅行活动过程中的一个中转站；机场作为旅客及行李在系统中的交换点，方便、快捷、高效地服务于旅客是其规划与建设的目标。周期性滚动发展的特点，决定了机场一次规划、分期建设的发展原则，也使其不同时期的规模和标准不尽相同。机场在使用上的不确定因素和发展的弹性特别强调要在规划设计中留有余地和较大的灵活性，以便在航空业务量变化的情况下，任一发展阶段都具有最佳的效果，从而建立起一个适应机场容量、使用机型、工艺流程和规模标准的运营基础，达到平衡、协调整体系统，提高效能和效益等目的。因此，对机场的设计者与建设者来说，不仅要满足机场近期的需要，同时还要考虑远期的发展，而后者较多的不确定因素则更增加了规划的难度。通常航站区的规划原则包括以下几个方面。

①与机场总体规划相一致。

②坚持"一次规划，分期实施"，使其规模与旅客运输量相适应，各区域容量平衡，并具有未来扩建发展的余地。

③相对于飞行区和机场其他功能区的间距、方位合理。

④航站区陆侧应便于交通组织，并与城市地面交通系统有良好的衔接。

⑤航站区空侧应根据飞机运行架次、机型组合、地面保障服务设施等因素合理规划，使飞机的运行安全、顺畅、高效。

⑥航站区应地势开阔、平坦，排水条件好，并尽可能少占地。

⑦注意航站区的群体建筑效应，注意绿化、美化和保护航站区及其周围环境。

## 3.1.2 航站区位置的确定

在确立航站区规划与航站楼的建设方案时，主要的考虑因素包括以下几点。

①机场跑道及滑行道系统的构型；航站楼的构型和交通组织。

②目标年旅客吞吐量。

③典型高峰小时（design peak hour，DPH）旅客流量及交通流量。

④旅客构成（国际、国内、中转、过境）。

⑤使用机型和数量；运营方式（集中式或分散式）。

⑥管理规定（如国际旅客出入境控制程序）。

⑦面积服务水平标准。

⑧地域条件及发展的可能投资及经济效益等。

从世界上机场航站区规划与航站楼的建设发展历程来看，随着不同时期旅客数量、旅客构成、飞机机型和运营方式的变化，在特定的某一时期，航站区规划与航站楼建设不尽相同，并且在容量未达到最终负荷的情况下，改扩建以至新建也是经常的。

其中，机场的跑道条数和方位是制约航站区定位的最重要因素。航站区和跑道两者的位置关系是否合理，将直接影响机场运营的安全性、经济性和效率。在考虑航站区的位置时，应布置在从它到跑道起飞端之间的滑行距离最短的地方，并尽可能使着陆飞机的滑行距离也最短，即应尽量缩短到港飞机从跑道出口至机坪，离港飞机从站坪至跑道起飞端的滑行距离，尤其是离港飞机的滑行距离（因其载重较大），以提高机场运行效率、节约油料。在跑道条数较多、构形更为复杂时，要争取飞机在离开或驶向停机坪时避免跨越其他跑道。同时，尽可能避免飞机低空经过机场上空，以免发生事故而造成重大损失。

通常交通量不大的机场，大都只设一条跑道，此时，航站区宜靠近跑道中部。如果机场有两条平行跑道（包括入口平齐和相互错开）且间距较大，一般将航站区布置在两条跑道之间。若机场具有两条开口 V 形跑道，为缩短飞机的离港、到港滑行距离，通常将航站区布置在两条跑道所夹的场地上。如果机场的交通量较大，乃至必须采取三条或四条跑道，航站区位置通常位于各跑道的几何中心。

# 3.2　机场航站楼

## 3.2.1　航站楼的基本设施

航站楼，主要指旅客航站楼，即候机楼，是航站区的主要建筑物。航站楼的设计，不仅要考虑其功能，还要考虑其环境、艺术氛围及民族（或地方）风格等。航站楼一侧连着机坪，另一侧与地面交通系统相联系。旅客、行李及货邮在航站楼内办理各种手续，并进行必要的检查以实现运输方式的转换。航站楼基本功能是安排好旅客、行李的流程，为其改变运输方式提供各种设施和服务，使航空运输安全有序。

随着航空旅客激增，客运业务繁忙的机场陆续修建了规模宏伟、设备复杂、多功能的现代化航站楼。其主要设施有旅客服务设施、生活保障设施、行李处理设备和行政办公用房等。旅客服务设施有：航空公司售票、问询柜台，登记客票、交运行李服务柜台，安检、出入境管理、海关检查、卫生检疫等柜台，有线广播设备，进出港航班动态显示装置和旅客登机设施（如登机口、旅客集中休息厅、登机桥、自动客梯、升降登机车、可移动的旅客休息室）等。此外，还有为迎送旅客使用的迎送厅、瞭望平台等设施。生活保障设施主要有：旅客休息室、游乐室、餐厅、酒吧间、食品饮料自动出售设备及其他公共设施，如银行、邮局、书报摊、售品部和旅馆及出租汽车预订柜台等。行李处理设备有：行李分拣装置、行李车、传送带、行李提取柜台等。行政办公用房、航空公司业务用房等，根据业务需要设置，不对旅客开放。

### 3.2.2　航站楼规划设计的技术要求

航站楼是航站区最主要的建筑物。尤其对于国际机场而言，它扮演着国家门户的角色，代表着国家的形象。因此，在建筑上要求它具有一定的审美价值、地域或民族特色，并做豪华的装饰，以适应航空旅行这种迄今为止最高级的旅行方式。在航站楼建筑设计方面，我国历来比较注重其外形及立面的民族、地方特色或象征意义，同时更重视航站楼内部的功能、环境效应、艺术氛围及人与自然的和谐统一。毕竟航站楼是服务于航空运输的功能性交通建筑物，因此，其规划、设计、布局应本着方便旅客、利于运营和管理的原则来展开。通常航站楼规划设计的技术要求包括以下几个方面。

①确定合理的规模和总体布局概念（集中式或单元式），以便使航站楼设施与当前及不远的将来的客运量相适应。

②选择合理的构型，便于空侧与飞机、陆侧与地面交通进行良好的衔接，并具有未来扩建的灵活性和扩建时尽可能较低程度地影响航站楼运营。扩建的灵活性对航站楼来说非常重要。因为机场的建设不可能毕其功于一役，随着客货运量的增加，机场进行分阶段扩建在投资和运营等方面都有其合理性。

③航站楼设施要先进，流程要合理，流程应简洁、明确、流畅，不同类型的流程有良好的分隔，各控制点设施容量均衡协调，使旅客、行李的处理迅速、准确。

④航站楼结构与功能要协调，内部较大的营运区应具有可隔断性（采用大柱网），以适应灵活多变的布局。航站楼结构应便于各种建筑设备（供电、照明、供热、空调、给排水、垂直和水平输送设备、消防、监控等）的布置与安装，还应在采光、结构、建筑材料等方面注意建筑节能。

⑤适应商业化趋势，提供多方面、多层次的旅客消费、休闲、业务等服务设施；航站楼要合理进行功能分区，使相关功能区既具有相对独立、互不干扰的特点，又能实现方便、迅捷的联系；适应建筑智能化趋势，在投资许可的条件下，提高航站楼的智能化程度。

⑥航站楼的主要功能是便利、迅速和舒适地实现两种交通运输方式的转换。航站楼规划要体现这一点，一方面必须处理好它与机坪和地面交通运输系统的布局关系；另一方面必须安排好楼内各项设施的单元的布局，使楼内的各项设施与出入机场地面交通系统的通过速率匹配。

### 3.2.3　航站楼规模的确定

#### 1. 确定设计旅客量

航站楼的规模同空域、跑滑构型、陆侧交通等容量共同决定机场的容量，但起决定作用的是最短板的容量，如果空域和飞行区的制约不解决，单纯大规模扩建航站楼是没有意义的。航站楼规模不但是技术问题，还受土地、投资、机场管理、航空公司运行等制约，尤其是支线机场航站楼规模往往因为区域经济、地面交通、政府支持和自身经营管理导致迥然不同的结果。

航站楼规模是预测目标年旅客量得到的，要将每个功能区年旅客量预测量转化为设计高峰小时（30 分钟或 1 个小时）旅客量。设计高峰小时（也称典型高峰小时）旅客量不是全年绝对高峰小时的旅客量，需要权衡设施的经济性和设施服务质量，解决交通繁忙时航站楼设施的容量饱和和其他时段设施的容量过剩的矛盾。代表性定义有高峰月的日平均旅客量和一年中第 30 个高峰小时旅客量，后者的定义很明显，更加有意义，但这个数据的确定很难。随着数字化机场的建设，我们可以取得更加准确的数据。例如，我们预测自动旅客捷运系统的容量时提出尖峰时刻（15 分钟、10 分钟的旅客量）。可用公式推测高峰期旅客量，高峰日平均旅客量 ≈ 年旅客量/300；设计高峰小时旅客量 ≈ 年旅客量/3000（年旅客吞吐量 700 万人次的机场）≈ 年旅客量 ×（3/10000）（年旅客吞吐量 2500 万人次的机场）。

### 2. 运行特点

服务水平是指所提供服务的质量状况，是指进行活动或流程时的空间大小，平均每位旅客的空间越多则服务水平越高，进而建设费用及随后的维护费用越多。在任何区域任何服务设施实际提供的服务水平都是随着旅客量的变化而变化，服务水平也包含了流程是否合理及延误是否严重的含义。当交通量增长到接近饱和服务水平时，延误及延误的变化都会增加，导致流程的不稳定性增大。服务水平的不同等级就描述了这一事实，机场管理者需要在经济效益（要求较小的空间）和服务质量（要求较大的空间）之间找到平衡。

停留时间是旅客在某区域等待服务的时间，是航站楼规模计算很重要的因素，同一空间可以满足很多人较短时间的服务，也可以满足很少人较长时间的服务。面积 = 设计流量（人/小时）× 空间标准（平方米/人）× 停留时间（小时）。航站楼规模不仅可以通过设定服务水平规范确定面积需求，也可以通过在特定区域定义服务速度和停留时间来确定，可以通过加快服务速度和降低面积需求等多种途径来减小空间。例如，在值机时不称重行李可减少行李旅客 25～30 秒的时间，加快登机速度，加快边检速度降低面积需求。延迟值机开放时间、缩短关机门时间都能够缩短旅客等待时间，从而缓解航站楼规模的压力。

通道面积也影响服务水平及停留时间，较高水平的服务意味着有较少的拥挤和较低的容量。确定通道容量根据通道的宽度来定，单位宽度和单位时间内通过的人数（用人/米/分（PMM）表示），通道容量（每小时）=（有效宽度）×（标准服务水平）×60，有效宽度（米）=（设计流量/小时）/（标准服务水平 × 60）=（每分钟设计流量/标准服务水平）。通道的有效宽度是指行人可以有效利用的宽度，应当扣除边缘效应、对流效应及障碍物等影响，至少比通道的几何宽度少 1.5 米。

### 3. 行李系统等机场服务设施

人性化服务设施来源于所有类型的旅客在机场内可能发生的一切需求。每一项服务都涉及点位布局、设施规模、服务标准等基本的设计内容。大型航站楼商业面积占总面积的 8%～12%、其中空侧区域占 70%～80%。机场政务贵宾/商务贵宾、头等舱/公务舱旅客、航空公司常旅客、大型企业的贵宾接待等高端旅客；残障旅客、无人看护的老人/儿童、登机时间紧迫的急客、旅游团队旅客等在办票、检查通道、候机/登机等都需要提供专门的服务和设施条件。行李处理系统的形式，如手工操作、机械、自动化分拣、行李收集及装卸模式、行李车运行，分拣转盘、行李提取转盘的类型及尺度对面积亦有影响。

### 4. 设施共享

设施共享可大大降低航站楼设计规模。国内航班的进出港混流可以减少一层独立的到达楼层或通道，商业/服务设施可为进出港两种旅客所共享，旅客下机后进入混合区，直接去往接续航班的登机口，不必绕行至中转点也不必转换楼层。浦东机场在运营上采取按航空公司及其盟友分楼运行的模式，减少两座相距较远的航站楼之间的中转，其中T2航站楼国内部分所采用的进出港混流布置，还大大方便国内中转。还有可转换机位，即为国际和国内航班之间转换使用的机位，适合于国际航班国内段等运行特点。

### 5. 四型机场建设

民航局大力推广四型机场建设，物联网、大数据、云计算、人工智能在航站楼广泛应用，对航站楼的规模也产生了巨大的影响。新技术设备的识别准确率和处理效率要比传统人工操作方式更加精准、可靠，旅客停留时间和排队长度也更短，对人工服务的需求也更少，降低了旅客对功能区的空间需求。新技术的应用将导致航站楼各功能区通道、设备、人员等保障资源的减少，从而进一步减少航站楼功能区的面积需求。航站楼的本质是旅客在时间和空间的聚集，新技术实现了业务办理在时间和空间的分散化，并将部分航站楼功能从线下转移至线上，实现了部分航站楼功能虚拟化，减少了旅客在航站楼物理空间的聚集，有效减缓了旅客出行的业务办理高峰，降低了旅客对航站楼实体空间的依赖和需求。我们不能因为建设四型机场，却使航站楼的规模大大增加。表3-2所示为美国联邦航空管理局（Federal Aviation Administration，FAA）规定的航站楼各项设施的空间设计标准。

表 3-1　各项设施的空间设计标准（FAA）

| 国内航站楼设施 | 面积/<br>（平方米/高峰小时旅客） | 国际航站楼设施 | 增加面积/<br>（平方米/高峰小时旅客） |
|---|---|---|---|
| 办票大厅 | 1.0 | 健康 | 1.5 |
| 航空公司办公室 | 4.8 | 移民 | 1.0 |
| 行李提取 | 1.0 | 海关 | 3.3 |
| 候机室 | 1.8 | 农业 | 0.2 |
| 饮食设施 | 1.6 | 贵宾候机 | 1.5 |
| 服务和储藏室 | 1.6 | 流通、行李、公共设施、墙 | 7.5 |
| 特许经营 | 0.5 | | |
| 厕所 | 0.3 | 总计 | 15 |
| 流通机械维护墙 | 11.6 | | |
| 总计 | 24.2 | | |

## 3.2.4　航站楼的水平布局

航站楼的水平布局是否合理，对航站楼运营有至关重要的影响。在确定航站楼水平布局时，要考虑许多因素，主要有旅客流量、飞机起降架次、航班类型、使用该机场的航空公司数量、场地的物理特性、出入机场的地面交通系统等。

1. 航站楼水平布局合理性的影响因素

（1）集中与分散

所谓集中，是指一个机场的全部旅客和行李都集中在一个航站楼内处理。目前，我国大多数机场都采用集中式航站楼。但是，随着客流量迅猛增长，集中式航站楼的规模愈来愈大。同时，航站楼陆侧的停车设施规模也往往比较庞大。这样，旅客在航站楼内外的步行距离常常很大，有时甚至到了无法容忍的程度。为使旅客舒适地进行航空旅行，参照 IATA 的建议，目前普遍认为应将旅客在航站楼内的步行距离控制在 300 米左右。这样，当客流量非常大时，如仍沿袭集中式航站楼的概念就很难达到要求。于是便出现了分散（单元）式航站楼的水平布局概念。具体思路是：在一个机场，设若干个（两个或两个以上）分散式航站楼，每个航站楼的服务旅客类型相对单一化。例如，分设国内旅客航站楼、国际旅客航站楼，不同的航空公司使用不同的航站楼。美国达拉斯的福特·沃尔斯机场就是一个比较典型的具有分散式航站楼的机场，该机场共 14 个分散式航站楼。

形成分散式航站楼格局可能有两个缘由。有的机场一开始就设计成分散式的，如福特·沃尔斯机场、法国戴高乐机场、加拿大多伦多机场等；有的是随着客运量增加，扩建原有的航站楼不可能或不合适，又新建了航站楼如英国希思罗机场、法国奥利机场、西班牙马德里机场等。我国北京首都国际机场，1999 年新的航站楼竣工并投入运营，成为我国第一个拥有分散式航站楼的机场。随着 2008 年 3 月 26 日上海浦东国际机场的 T2 航站楼和北京首都国际机场的 T3 航站楼投入使用，分散式航站楼或单元式航站楼概念在我国得到进一步的发展。

没有一种方案能满足所有的要求。分散式航站楼的优点是加速了整个机场的旅客通过能力，每个航站楼及停车场等旅客的通过能力，使每个航站楼及停车场等设施都能保持合理规模，旅客在航站楼内外的步行距离也能保持合理的长度，等等。但是，分散式航站楼的突出弊端是：每个分散式航站楼都要配置几乎相同的设施，规模经济效益差。如果分散式航站楼之间相距较远（例如，福特·沃尔斯机场最远的两单元相距竟达 4.5千米），会给中转旅客和对机场不熟悉的旅客带来极大不便。为此，有时必须考虑能够沟通各单元的自动旅客捷运系统，这无疑又增加了额外投资，并使航站区交通变得愈发复杂。采用分散式航站楼时，航站区一般占地较大，不利于节约土地。因此，在决定采用分散式航站楼概念时务求慎重。只有大型枢纽机场在客运量确实太大（一般认为年客运量大于 2000 万人次）才有必要考虑分散式航站楼的水平布局设计概念。集中式航站楼的优点是显而易见的，它可以公用所有设施，投资和维护、运营费用低，便于管理，占地较少，有利于航站楼开展商业化经营活动。但当旅客流量很大，航站楼规模也很大时，可能会给空侧、陆侧的交通组织和旅客、行李在航站楼内的处理带来难度，进而影响旅客的通过能力和舒适程度。因此，集中式航站楼的关键是保持合理规模。

影响航站楼布局的基本形式的主要因素有以下几个方面。

①航空业务量的大小及其构成。

②机场构型及航站区与飞行区的关系。

③航站区的场地条件，几何形状、大小及地形地貌。

④近期旅客航站楼的建设规模及机场未来的发展前景。

⑤进出旅客航站的地面交通系统。

（2）航站楼空侧对停靠飞机的适宜性

航站楼空侧要接纳飞机。一般情况下，停靠飞机以上下旅客、装卸行李所需占用的航站楼空侧边长度，要比按旅客、行李等的空间要求所确定的建筑物空侧边长度大，特别是在飞机门位数较多时更是如此。为适应空侧飞机门位的排布要求，一般航站楼空侧边在水平面要作一定的延展和变形，以适宜飞机的停靠和地面活动。

（3）航站楼陆侧对地面交通的适宜性

由于航站区地面交通的多样性（汽车、地铁、轻轨等），在考虑航站楼水平布局时，必须使方案便于航站楼陆侧与地面交通进行良好的衔接。当进出航站区的旅客以汽车作为主要交通工具时，航站楼设置合理的车道边（长度、宽度）对陆侧交通非常重要。

2. 航站楼水平布局种类

为妥善处理航站楼与空侧的关系，人们曾提出过多种航站楼水平布局方案。这些方案可归纳为以下五种。

（1）线型航站楼

线型航站楼是一种最简单的水平布局型式。航站楼空侧边不作任何变形，保持直线。飞机机头向内停靠在航站楼旁，旅客通过登机桥上下飞机，如图 3-1 所示。楼内有公用的票务大厅和候机室（也可为每个或几个门位分设候机室，但此时要设走廊以连接各候机室）。

图 3-1　线型航站楼

（图片来源：https://www.163.com/dy/article/GP1DQP4K0552BZVE_pdya11y.html.）

这类航站楼进深较浅，一般为 20～40 米。在门位较少时，旅客从楼前车道边步入大厅办理各种手续后步行较短距离即可到达指定门位。当客流量增大时，航站楼可向两侧扩展，这样可同时增加航站楼的空侧长度（以安排门位）和陆侧长度（延长车道边）。但扩建后，如门位较多，必然使旅客的步行距离增加许多。在这种情况下，可以考虑将航站楼分为两个大的功能区，如国际区、国内区，各有一套办理旅客手续的设施单元和若干个门位。客流量少的小型支线机场普遍采用这种水平布局。

（2）指廊型航站楼

为了延展航站楼空侧的长度，指廊型布局从航站楼空侧边向外伸出若干条指形廊道。廊道两侧安排门位，如图 3-2 所示。这种布局的优点是：进一步扩充门位时，航站楼主体可以不动，而只须扩建作为连接体的指廊，因此在基本建设投资方面比较经济。缺点是：当指廊较长时，部分旅客步行距离加大；飞机在指廊间运动时不方便；指廊扩建后，由于航站楼主体未动，陆侧车道边等不好延伸，有时会给交通组织造成困难。通常，1 条指廊适合 6～12 个机位，2 条指廊适合 8～20 个机位。当机位超过 30 个时，宜采用多条指廊。

图 3-2　指廊型航站楼

（图片来源：https://share.gmw.cn/shuhua/2020-01/06/content_33459241.htm.）

（3）卫星型航站楼

这种布局是在航站楼主体空侧一定范围内，布置一座或多座卫星式建筑物，这些建筑物通过地下、地面或高架廊道与航站楼主体连接，卫星建筑上设有门位，飞机环绕在它的周围停放，如图 3-3 所示。

图 3-3　卫星型航站楼

（图片来源：https://www.cscec.com/zgjz_new/xwzx_new/gsyw_new/201812/2899261.html.）

卫星型布局的优点是：可通过卫星建筑的增加延展航站楼空侧；一个卫星建筑上的多个门位与航站楼主体的距离几乎相同，便于在连接廊道中安装自动步道接送旅客，从而并未因卫星建筑距办票大厅较远而增加旅客步行距离。

最早的卫星建筑都设计成圆形，旨在使卫星建筑周围停放较多数量的飞机，但后来发现，圆形卫星建筑具有一定的局限性，具体表现如下。

首先，不好扩建。扩建时，要么拆掉旧的再建一个直径更大的圆形卫星建筑，这显然是不合理也不经济的；要么采用在已有圆形卫星建筑旁附设圆形或者是矩形建筑。但是，如果飞机的起降架次没有达到一定的数量，建设第二个卫星厅不免有些浪费。

其次，在对圆形卫星建筑旁两架相邻飞机进行地面服务时，往往非常拥挤。通过对在圆形卫星建筑旁和矩形卫星建筑旁的飞机做地面服务时的情况比较，显然，矩形卫星建筑旁的飞机地面服务更好安排，更有秩序。

再次，未来的大翼展飞机必须停在距圆形卫星建筑较远的地方，才能满足飞机间距的要求，这样，登机桥就必须加长。

最后，远停的大飞机还会对其他飞机在机位滑行道或机坪滑行道上运行造成影响。

因此，现在许多机场已采用矩形卫星建筑。

（4）转运车型航站楼

这种布局下，飞机不接近航站楼，而是远停在站坪上，通过接送旅客的转运车来建立航站楼与飞机之间的联系，如图 3-4 所示。

图 3-4　转运车型航站楼

（图片来源：https://www.sohu.com/a/307961586_810345.）

这种方案的优点如下。

①可以高效率地使用航站楼，只需要有供地面转运车辆用的门位，而不需要有供飞机用的门位，因而可降低基本建设和设备（登机桥等）投资。如果采用可以升降的转运车，那么连触梯车的费用都可以节省。

②提高航站楼利用率，增加了对不同机位、机型和航班时间的适应性。

③航站楼扩展方便。

但利用转运车，使旅客登机时间增加，易受气候、天气因素影响，舒适感下降。

（5）综合式航站楼

采用上述三种或其中两种形式而建成的航站楼。国内大型机场目前的航站楼布局多为综合式，如图 3-5 所示。

图 3-5　综合式航站楼

（图片来源：http://www.studyofnet.com/728134637.html.）

## 3.2.5　航站楼的竖向布局

根据客运量、航站楼可用占地和空侧、陆侧交通组织等因素，航站楼竖向布局可采用单层、一层半、二层、三层等方案。

（1）单层方案

进出港旅客及行李流动均在机坪层进行。这样，旅客一般只能利用舷梯上下飞机。

（2）一层半方案

出港旅客在一层办理手续后到二层登机，登机时可利用登机桥。进港旅客在二层下机后，赴一层提取行李，然后离开。

（3）二层方案

旅客、行李流程分层布置。进港旅客在二层下机，然后下一层提取行李，转入地面交通。出港旅客在二层托运行李，办理手续后登机。

（4）三层方案

旅客、行李流程基本与二层方案相同，只是将行李房布置在地下室或半地下室。

在实际应用中，除去旅客流程和行李流程的设计外，还要考虑到餐饮、酒吧商店等特许经营，航空公司和联检机构必要的用房，有时把地铁和停车设施引入楼内。因此，航站楼的设计是一个非常复杂的过程。以上四种方式只是在竖向布局里的简化分类，在现实中，可能要复杂得多，但是都是在这四种的基础上进行演变。

## 3.2.6　航站楼的基本设施

航站楼的使用者可分为四类，即旅客及迎送者、航空公司人员、机场当局及有关工作人员、商业经营者。航站楼及设施应该最大限度地满足上述四类人员，特别是旅客及迎送者的各种需求。航站楼的基本设施包括以下内容。

**1. 车道边**

车道边是航站楼陆侧边缘外，在航站楼进出口附近所布置的一条狭长地带如图 3-6 所示。其作用是使接送旅客的车辆在航站楼门前能够驶离车道，做短暂停靠，以便上下旅客、搬运行李。旅客较少时，航站楼可只设一条车道边。客流量较大时，可与航站楼主体结构相结合，在不同高度的层次上分设车道边。例如，我国北京首都机场，就是分别在一、二层设到达、出发两个车道边。总之，车道边的长度、层次，应根据航站楼体型、客流量及车型组合等因素来确定。

图 3-6　车道边

（图片来源：http://www.jiaodong.net/news/system/2010/07/29/010912622.shtml.）

**2. 大厅**

航站楼大厅用以实现以下功能：旅客值机、交运行李、旅客及迎送者等候、安排各种公共服务设施等。

作为多数出发旅客的最初目标，值机柜台应一进大厅就能看到，如图 3-7 所示。旅客在值机柜台办理值机手续，将行李称重、挂标签、托运。

图 3-7　大厅

（图片来源：https://sichuan.scol.com.cn/cddt/202103/58093273.html.）

值机柜台和行李传送带的布置通常有三种类型，即正面线型、正面通过型和岛型。正面线型的背面是行李传送装置，这种柜台是最传统的，虽然它能直接看清旅客，但是等候的队列使得空间不能得到有效的利用，而且一旦旅客办理完手续就得往后退，以致穿过仍在等候的队伍。正面通过型的柜台提供一种使旅客单向移动而不后退的流动方式，虽然它不需要像正面线型那么宽阔的空间，但是需要纵深的大厅，因此，通常在设计阶段就要考虑。岛型柜台办理手续能更加有效地使用传送机，但是，等候的旅客与办理完手续准备离开的旅客又容易发生矛盾冲突。

值机区域的面积、办票柜台的数量、布置形式，与高峰小时客流量、旅客到达航站楼的时间分布、柜台工作人员办理手续的速度及行李处理设施水平等诸多因素有关。

大厅通常还设有问询台、各航空公司售票处、银行、邮政、电信等设施，以及供旅客和迎送者购物、消闲、餐饮的服务区域。

### 3. 安检设施

出发旅客登机前必须接受安检。安检一般设在值机区和出发候机室之间，具体控制点可根据流程类型、旅客人数、安检设备和安检工作人员数量等进行非常灵活的布置。目前，我国许多繁忙机场常常出现在安检口堵人的现象，以致使安检成为阻塞客流的瓶颈。因此，安检在选点、确定设计时要根据客流量认真筹划。

常用的安检设备有磁感应门（供人通过时检查）如图 3-8 所示、X 光机（查手提行李）、手持式电子操纵棒等。

图 3-8　磁感应门

（图片来源：http://caijing.chinadaily.com.cn/a/201909/23/WS5d8861a7a31099ab995e1a0b.html.）

### 4. 政府联检设施

政府联检设施包括海关、边防和卫生检疫，是国际航班旅客必须经过的流程。各国的管制要求和办理次序不尽相同。我国要求的次序是：出发旅客先经海关，再办票，然后经过边防；到达旅客先经边防，再经卫生检疫，最后经过海关。

（1）海关

为加快客流过关速度，航站楼海关检查通常设绿色、红色两条通道。红色为主动报关通道，绿色为无须报关通道。海关对旅客所携带行李一般用 X 光检查仪检查。

（2）边防

国际航班旅客进出港必须在边防口交验护照和有关证件。为严格检查，检验口通道一般只能容一人通过。

（3）卫生检疫

根据国际卫生组织规定，对天花、霍乱等十几种疫情，各国应严密监控，严禁患传染病的旅客入境。旅客入境时要填表并交验证件。

### 5. 候机室

候机室是出发旅客登机前的集合、休息场所，通常分散设在航站楼门位附近。候机室应宁静、舒适。考虑到飞机容量的变化，航站楼候机区可采用玻璃墙等做灵活隔断。候机室要为下机旅客提供通道，使之不干扰出发旅客。候机室还应设验票柜台。

当重要旅客较多时，应考虑在航站楼专设贵宾候机室。贵宾候机室要求环境幽雅、舒适，有时还会设保安装置。

### 6. 行李处理设施

航空旅行由于要把旅客和行李分开，遂使行李处理比其他交通方式要复杂许多。这在一定程度上也使航站楼设计复杂化，因为要配置许多设施才能保证旅客在航站楼内准确、快速、安全地托运或提取行李。

按照行李提取层行李输送装置的形状，旅客的提取行李装置可分为直线式、长圆盘式、跑道式和圆盘式四种布置方案。其布置情况，如图 3-9 所示。

图 3-9　旅客提取行李装置

（图片来源：https://baike.sogou.com/v63018184.htm.）

### 7. 机械化代步设施

航站楼内每天都有大量的人员流动。为方便人们在航站楼的活动，特别是增加旅客在各功能区转换时的舒适感，航站楼常常装设机械化代步设施。常见的机械化代步设施有电梯、自动扶梯、自动人行步道等。自动人行步道运行安全平稳，使用后可大大增加人的交通量并避免人流拥挤。断电停运时，可作为路面供人行走，如图 3-10 所示。

图 3-10　自动人行步道

（图片来源：http://www.rongfeidianti.com/news/431.html?qiravi=eujdh2.）

8. 登机桥（廊桥）

通常，航站楼在空侧要与飞机建立联系，登机桥就是建立这种联系的设备，它是航站楼门位与飞机舱门的过渡通道。采用登机桥，可使下机、登机的旅客免受天气、气候、飞机噪声、发动机喷气吹袭等因素影响，也便于机场工作人员对出发、到达旅客客流进行组织和疏导。

登机桥是以金属外壳或透明材料做的密封通道，桥本身可水平转动、前后伸缩、高低升降，因此能适应一定的机型和机位变化。

登机桥须由专职人员操纵。与机舱门对接后，通常规定桥内通道向上和向下坡度均不能大于 10%。

9. 商业经营设施

应该指出，对航站楼内是否应该开展商业性经营曾经是有争议的。反对者认为，机场的商业经营会干扰航站楼的正常业务，也使航站楼的建设投资无谓地加大。但是，随着航空客运量的迅猛增加，特别是率先在航站楼开展大规模商业经营的机场的巨大成功，许多人已改变了看法，认为在航站楼设计、经营中，确实需要更新观念。商业经营设施，既应作为对旅客服务的航站楼的一个有机构成部分，还应作为机场当局创收的一个重要渠道。目前，在商业经营卓有成效的机场，如哥本哈根机场、希思罗机场、新加坡机场等，都有项目完备、规模庞大的航站楼商业经营设施。商业经营收入一般都占到机场总收入的 60%以上，有的甚至高达 90%。机场航站楼商业经营的收益会完全消除或减少政府对机场的补贴，弥补机场在航空业务方面的经营亏损。

航站楼可以开展的商业经营项目繁多，如免税商场、银行、保险、会议厅、健身厅、娱乐室、影院、书店、理发店、珠宝店、旅馆、广告、餐厅、托幼所，等等。

一定规模的商业经营设施，势必对航站楼设计、运营、管理乃至建设集资等带来一系列的影响。

**10. 旅客信息服务设施**

主要指旅客问询查询系统、航班信息显示系统、广播系统、时钟等。

**11. 其他设施**

以上所列举的设施都直接与旅客发生联系。实际上，航站楼的运营还需要其他许多设施，如机场、航空公司、公安，以及各职能、技术、业务部门的办公、工作用房和众多的设施、设备。

### 3.2.7 航站楼的旅客流程

**1. 航站楼流程的组织原则**

在组织、设计航站楼内的各种流程和设施布局时，应遵循以下原则。

①避免不同类型流程交叉、掺混和干扰，严格将进出港旅客分隔；出港旅客在海关、出境、安检等检查后与送行者及未被检查旅客分隔；到港旅客在检疫、入境、海关等检查前与迎接者及已被检查旅客分隔；国际航班旅客与国内航班旅客分隔；旅客流程与行李流程分隔；安全区（隔离区）与非安全区分隔；等等，以确保对走私、贩毒、劫机等非法活动的控制。

②流程要简洁、通顺、有连续性，并借助各种标志、指示力求做到流程自明。

③在人的流程中，尽可能避免转换楼层或变化地面标高。

④在人流集中的地方或耗时较长的控制点，应考虑提供足够的工作面积和旅客排队等候空间，以免发生拥挤或受其他人流的干扰。

**2. 航站楼的旅客流程**

进行航空旅行的旅客，根据其旅行是否跨越国界，可分为国际旅客和国内旅客。国内旅客、国际旅客可进一步分为四类。

①出发旅客。这些旅客通过城市地面交通系统抵达航站楼，然后经过办票、交运行李等程序，准备登机离港。

②到达旅客。他们在机场结束航空旅行，下机后到航站楼，提取行李，再经有关程序后离开航站楼，转入地面交通。

③中转旅客。这些旅客只在机场转机，即由一个到达航班换乘另一个出发航班。这类旅客可再细分为四种：国内转国内、国内转国际、国际转国内、国际转国际。其中，国际转国内类旅客较多。

④过境旅客。这类旅客所乘航班只在机场作短暂停留，旅客可以下飞机到过境候机室休息，准备登机。

上述四类旅客中，中转旅客和过境旅客只在空侧进出航站楼，不与地面交通发生联系。过境旅客无行李的转运问题。

航站楼中，不同类型旅客所经历的程序是有差异的。

在上述流程中，安检是由公安部门实施的对旅客及所携行李、物品的检查，防止将武器、凶器、弹药和易燃易爆物品等危险品带上飞机，以确保飞机和乘客的安全。卫生检疫是对国际到达旅客及所携动植物进行检查，以防人的传染病或有害的动植物瘟疫、病菌等从境外带入，造成危害性传播。海关的职能是检查旅客所带物品，以确定哪些应该上税。出入境检查，由移民局或边防检查站负责执行，其主要职责是检查国际旅客出入境手续的合法性，其中最重要的内容是护照检查。

由于各国政府政策和控制力度的不同，不同国家机场要求旅客经历的程序和检查的严格程度也是有差异的。例如，欧洲大多数国家机场的海关，改善以后的检查过程几乎使人感觉不到强迫性。而在有些国家，机场海关检查是非常严格的。

旅客旅行目的的不同和旅客类型的差异等因素，都会影响航站楼的流程设计和设施配置。例如，因公旅行的旅客，一般对航站楼设施、程序及航班动态等了解得比较清楚。因此，他们在航站楼内逗留的时间较短，而且很少有迎送者，所带行李亦较少。而因私旅行（旅游、探亲）的旅客恰恰相反。另外，特殊旅客成分，如贵宾、残疾人等，也会对航站楼流程、设施等造成影响。

## 3.3　航站楼的机坪

航站楼空侧的机坪是民用机场运输作业的核心区域，此区域供飞机停放，上下旅客，装卸货物及对飞机进行各种地面服务（机务维修、上水，配餐、加电、清洁等），如图3-11 所示。机坪布局应根据机坪的类别、停放飞机的类型和数量、飞机停放方式、飞机间的净距、飞机进出机位方式等各项因素确定。

图 3-11　机坪

（图片来源：http://news.cnhubei.com/content/2021-12/02/content_14293768.html.）

### 3.3.1 机坪运行的特点

①机坪活动面积相对较小。
②机坪内活动车辆、人员较多。
③机坪作业有较强的时间限制。
④机坪工作环境相对较恶劣。
⑤机坪保障作业系统性强。
⑥机坪内工作单位多，职责界线不明确，管理难度大。
⑦大型机场机坪分属机场和航空公司。

### 3.3.2 机坪运行管理的内容

飞机在机位停靠时，许多地面服务车辆、设备要对飞机进行地面服务。常见的地面服务设备有加油车、空调车、发动机起动车、行李装卸车、清水车、食品车、电源车、牵引车、污水车、载货升降平台车、登机桥等。由于地面服务，站坪有时会显得很拥挤，对飞机及其安全运行不利。因此，必须对机坪运营工作进行有效的管理，这些管理工作包括机坪设置、机坪标志和标线、机坪固定设施、客桥的运行、航空器推出程序、机坪管理与机位管理、机坪清洁、航空器装卸监控、机坪泛光照明、机坪交通管理、航空器地面事故处理、不停航施工监控、航空器引导、航空器加油等。

### 3.3.3 提高机坪运行管理效率的措施

在高密度的航班运行状态下，拖车、登机桥、停机位等核心运行保障资源十分宝贵。在极端天气出现航班延误积压后集中出港时，地面保障压力更大。在确保安全的前提下，将机场核心运行保障资源进行统筹整合，提高各类核心资源的使用效率，是提升机场航班保障服务水平的重要前提。

#### 1. 航班推出预管理

通过增设流量管理席位对拖车资源进行实时统筹安排。该席位会根据每架航班的流控时间及可能延误的临界时间，借助推出预管理系统对同一滑行道口相互有影响的航班推出顺序进行自动排序，确定好的顺序信息将同步分享到资源保障部门，以便合理有序安排保障力量。例如，机场地面保障人员会根据航班推出排序提前准备好拖车，推出指示灯亮便可将无缝衔接航班推向滑行道，实施"航班推出预管理"，航班地面滑行时间（从收到推出指令到实际滑出）同比平均可缩短 20%，航班地面推出的等待时间减少，旅客出行体验显著提升。

#### 2. 优化航空器拖行方案

在机场机位有限的情况下，如何停放更多过夜飞机，第二天如何快速高效调配将飞机"腾挪"到出发的机位上，通过不断优化航空器拖行路线，制定航空器拖行绿色通道，以保证航空器可以快速拖行到位。同时，配合启用站坪滑行道上的缓压机位，及时释放有限的登机桥和机位资源。

### 3. 同进同出

在保证航班安全的前提下，充分利用滑行道的长度和宽度，通过在原本只允许一架航空器活动的滑行道上增设启动点、优化运行规则等方式，实现两架航空器在单滑行道同时一进一出或多架航空器同时按序滑出，双滑行道实现两架航空器同时一进一出或多架航空器独立并行滑出的新模式。白云机场数据统计说明，航班平均出港滑行时间同比下降 2.08 分钟，平均进港滑行时间同比下降 2.65 分钟。

### 4. 数字化、智能化技术的应用

（1）全席位、多功能机坪管制模拟机可以从机坪管制员实操培训、特情演练、运行环境变化适应等各个方面满足机坪管制员岗位培训需求。结合包括机场运行指挥员、地面保障人员、应急救援人员在内的其他领域实际工作需求，该模拟机完成了运行能力验证、应急救援演练、消防模拟沙盘等各项任务，更好地服务于机场综合运行保障体系。

（2）远程机坪管制指挥系统的增强型全景视频技术能对机场进行全面智能化、精细化的管控，在提升运行效率和安全水平的同时降低管理维护成本，促进区域资源整合。

航站区是机场的客货运输服务区，是为旅客、货物、邮件空运服务的。机场航站区包括站坪、连接体、航站楼、地面交通和停车场。

航站楼规划设计的技术要求包括确定合理的规模和总体布局、选择合理的构型、设施要先进、流程要合理、结构与功能要协调和适应商业化趋势。

影响航站楼规模的因素包括设计旅客量、运行特点、行李系统等机场服务设施、设施共享和四型机场建设。

航站楼水平布局有五种：线型、指廊型、卫星型、综合型和转运车型。

根据客运量、航站楼可用占地和空侧、陆侧交通组织等因素，航站楼竖向布局可采用单层、一层半、二层、三层等方案。

航站楼的基本设施包括车道边、大厅、安检设施、政府联检设施、候机室、行李处理设施、机械化代步设施、登机桥、商业经营设施和旅客信息服务设施等。

航站楼空侧的机坪是民用机场运输作业的核心区域，此区域供飞机停放，上下旅客，装卸货物及对飞机进行各种地面服务（机务维修、上水，配餐、加电、清洁等）。

**复习思考题**

1. 航站区的规划需要遵循什么原则？
2. 航站区的位置如何确定？
3. 航站楼的具体规划过程大致可分为哪四个阶段？
4. 集中式航站楼和分散式航站楼各具有哪些优缺点？
5. 航站楼水平布局种类有哪些？各自具有什么特点？

6. 在组织、设计航站楼内的各种流程和设施布局时，应遵循什么原则？

7. 航站楼的基本设施有哪些？

8. 机坪的运行特点有哪些？

自学自测　　　　　　扫描此码

# 第 **4** 章

# 机场货运经营

【学习目标】

- 掌握机场货运站的主要功能；
- 掌握影响货运站规模、设施水平的因素；
- 掌握进出港货物及有关货运文件的处理流程；
- 掌握机场货运设施的组成；
- 掌握主要空运集装器具。

 4-1

### 机场货运发展模式创新——供应链与产业链延伸模式

判断一个临空经济区是否成功，不单单看聚集了多少产业，关键是看能不能巩固和延伸产业链。未来的货运竞争必然是基于供应链的竞争，供应链的发展一方面要看链条痛点的解决能力，另一方面要看链条的延伸模式。

#### 案例1：杭州萧山国际机场医药物流园区

杭州萧山国际机场的第三方药品物流园区是全国机场首个专业化医药物流园区，包括3座6000平方米的现代化、标准化医药仓库。园区已逐步发展成为集药品仓储、运输、冷链于一体的第三方药品仓储基地，先后成为中国医药商业协会成员、浙江医药商业协会理事单位及中国冷链实验室协助单位。现已有杭州中美华东制药有限公司、杭州民生药业股份有限公司及赛诺菲等知名药企入驻，并成为赛诺菲中国南部物流中心所在地。空港专业化医药物流园区"筑巢引凤"效应，一度使其药品运输量增加40%。

#### 案例2：郑州新郑国际机场冷链项目

"华中冷鲜港项目"由河南航空货运公司和大连港毅都冷链公司合资组建，位于郑州新郑国际机场北货运区，占地面积为30多万平方米，年航空货运量10万吨级。设施齐全，库内有国内规模最大的法国原装进口 MAF 光电自动分选线，可根据用户的不同需求进行分包，解决采购商包装难题。项目定位：高端水果、生鲜肉及活鲜水产品等高值生鲜货物，为冷链客户提供到港后的迅速预冷及相关的仓储、物流、加工、配送及贸易服务等全程化、一站式服务。

杭州萧山国际机场通过对市场的精准调研，创新第三方药品物流新模式，弥补市场空缺，打造全国机场首个专业化医药物流园区，成功延伸产业链，已扩展到全省，效益喜人，为其他机场树立了榜样。郑州新郑国际机场在拥有进口水果等六个指定口岸和跨境电商业务前提下，在整个进口供应链中解决了包装痛点，补齐了短板，实现了供应链的完整。

当然，随着市场的进一步开放，机场的各种市场经营活动一定会受到同行的竞争挑战，国有企业内部的监管机制和规范化要求会导致效率低下，竞争优势逐渐减弱，而市场也因有国有企业强势参与而难以进一步开放。建议：在整个经济循环中，机场利用区域和资源优势，应创造并经营好对供应链产业链有利的平台和项目，补上短板，但在市场成熟后要计划适时退出市场，通过减少股份或以特许经营权的方式授权予民营企业，使市场更公平，以另一种方式促进发展。

总之，机场相关的供应链与产业链延伸，有效增加了航空货运的黏性，是机场货量持续增加的基石。各机场应重新梳理与机场有关的供应链、产业链的完整性和有效性，寻找链条中的痛点，把解决痛点作为开拓新业务的出发点，延伸供应链产业链，建立进入和退出机制，鼓励创新货运模式。

# 4.1　航空货运市场

民航局公布的数据显示：2021 年我国民航货邮周转量达到 278.2 亿吨公里，比 2019 年增长了 4%～8%；国际航线货邮周转量 207.6 亿吨公里，比 2019 年增长了 12.5%，远远高于全球 7.4%的增长率。2021 年中国货运航空净利润 33 亿元，中国国际货运航空股份有限公司（简称国货航）净利润超 30 亿元；国内最大的货运航空公司顺丰航空有限公司也在 2021 年取得公司成立至今的最高营业收入，母公司顺丰控股股份有限公司（简称顺丰控股）营收达到 2072 亿元。

航空货运的巨大潜力使行业发展模式发生了巨大的改变。2021 年年底，中国物流领域"巨无霸"——中国物流集团有限公司正式成立，以海陆空铁均覆盖的多种交通方式开始向物流领域全方位进军。各大航空公司积极向第三方物流转型，中国国际航空股份有限公司（简称国航）、中国东方航空集团有限公司（简称东航）、南航等传统航空货运企业加快改革的步伐，纷纷发展专业化航空物流公司。中国外运股份有限公司（简称中外运）、欧华国际等航空货运代理向供应链前后端开拓，向前直接面对大客户，向后开始包租飞机。京东、菜鸟网络科技有限公司（简称菜鸟）等大型电商公司开始加快自有货机机队建设，并先后成立货运航空公司。中国邮政集团有限公司、圆通速递、顺丰控股等不仅向航空承运端延伸，还在通过建设专门的货运机场加速成为综合性物流服务供应商，打造有货源组织能力和集成服务能力的航空物流企业。与此同时，地方政府也积极参与航空货运市场的布局。上海、北京、广东、河南、湖南、安徽等省市发布的"十四五"物流业或交通发展规划中均提到要大力发展航空物流，天津更是出台了专项的航空物流发展"十四五"规划。地方政府的引领为航空货运的稳定持续发展提供了强有力的组织保障。

除此之外，国内航空货运市场也开始了一轮收购。2021 年，顺丰控股以 174.55 亿港元收购嘉里物流（中国）投资有限公司（简称嘉里物流）51.8%的股份。嘉里物流以亚洲为基地，业务涵盖综合物流、国际货运代理、工业项目物流、跨境电子商贸及"最后一公里"配送等。对于顺丰控股来说，收购嘉里物流是其完善货运代理及国际业务的战略布局，标志着顺丰控股向国际型综合物流服务商又迈进一步。与此同时，航空智慧物流的推进也吸引了许多科技公司、平台公司及投资公司的多样化参与。可以说，如今的航空货运市场吸引了诸多的市场关注。

2021 年年底和 2022 年年初《"十四五"现代综合交通运输体系发展规划》《"十四五"民用航空发展规划》《"十四五"现代流通体系建设规划》《国务院办公厅关于促进内外贸一体化发展的意见》和《"十四五"航空物流发展专项规划》等规划和意见相继出台。上述规划和意见均明确提出要打造高效的航空物流网，加强国际航空物流能力建设，建设综合货运枢纽，发展专业化和智慧化物流服务。与此同时，多地政府也出台"十四五"航空货运发展规划。国家和地区的发展规划为"十四五"时期中国航空货运行业的发展指明了方向，明确了目标。民航局从行业主管机构的角度高度重视并大力推动航空货运的快速发展。《关于促进公共航空危险品运输高质量发展的指导意见》《国际货运航权配置规则》等针对性政策的相继出台也对航空货运的具体发展提供了指导。2022 年全国民航工作会议指出，要实施更加灵活的国际货运航权配置政策，设立货邮飞行时刻池，优化货邮时刻供给政策，推进枢纽机场货运保障设施能力建设，提升航空物流企业国际竞争力，加快提升机场货运保障能力，确保鄂州货运机场顺利投运。

在政策面的大力支持下，国内航空货运企业也在加速转型发展，并不断拓展延伸业务模式。随着以东航物流、南航物流、国货航、川航物流等为代表的企业进一步深化混合所有制改革，企业的发展活力有望被进一步激活。目前，这些企业都在加速推进货运专业化和一体化进程。京东物流集团（简称京东物流）等新兴企业的加速也将进一步盘活我国航空货运市场。根据京东物流的规划，公司将加快货运航空的开航步伐，并进一步拓展国际货运包机业务。另外值得一提的还有菜鸟。在入股国货航混合所有制改革的基础上，2022 年菜鸟将持续加码海外物流基础设施建设，开通更多跨境物流专线。

在运力紧张、运价飞涨的背景下，中外运、北京空港宏远物流有限公司等越来越多的中国货运企业开始在全球范围内租赁货运运力，深度参与航空货运市场的竞争。

## 4.2　机场货运站

航空货运是航空公司为托运人、收货人提供的运输服务。在服务中航空公司充当承运人的角色，而机场货运站是承运人与托运人、收货人进行货物交接、运费结算等的场所。目前，在航空货运中还经常有货运代理人的介入，货运代理人在承运人与托运人、收货人之间提供了必要且受欢迎的中介服务。由于货运代理人对货运过程和手续非常熟悉，他们介入后使承运人和托运人、收货人都免去了许多麻烦。

### 4.2.1　机场货运站的功能

在航空货运中，机场货运站为进入机场的世界各家航空公司及货主提供满足 IATA

标准要求的航空及联运货物地面服务，主要包括进出港及中转货物的收发货、安检、称重、分解，组装、存储、中转分拨、装卸飞机及航空文件处理、货物信息、作业信息管理、客户服务等。处理的货物包括散货、集装货及需要特殊运输条件的冷冻冷藏物品、保鲜物品、贵重物品、活体动物、易燃易爆、有毒物品和放射物品等。机场货运站的主要功能包括以下几个方面。

### 1. 存储

到港货物有时并不是马上被收货人提走，出港货物也并非一到机场即可搭上飞机。换言之，机场空侧、陆侧的货流量通常是不平衡的。因此，机场货运站应具有一定的存储能力、存储设备来协调空侧、陆侧的货流量。

### 2. 货物处理

货运站所收出港货物常常有很多小件，并发往不同的目的地。因此，货运站必须按目的地对货物进行分拣，然后根据货物类型将其转换成利于运输的大件如集装箱形式。对于进港货物，也要进行拆箱、分拣，以便不同的货主提货。除分拣、拆装箱外，对空运货物，货运站还要进行称重、测量、标签、清点、鉴别、包装、码放等工作。

### 3. 装卸运输

出港货物从货运站装上飞机，进港货物从飞机转到货运站，都需货运站动用一定的设备、人力进行装卸和运输。

### 4. 办理货运手续和货运文件

托运、提货、出库、装机、卸货、入库等均需在货运站办理各种手续和有关货运文件。如货物托运书、航空货运单、货邮舱单、装机单、贵重物品交接单、特种货物机长通知单、中转舱单、货物分批发运单等。

## 4.2.2 机场货运站的特点

### 1. 货流量大，货物种类多

大型机场货运站年货物处理量在 100 万吨以上，高峰小时处理量约 330 吨，所以对货物流转的顺畅性要求很高，对设备设施的自动化程度要求也很高。

### 2. 时效性要求高

航空货运的优势在于高效、快捷。近年来，铁路提速、高铁兴建、高速公路飞速发展，航空货运也面临着巨大的挑战。航空运输 95%以上的时间是用在地面处理服务上，所以机场货运站货物处理的时效性成为一个重要的因素。

### 3. 功能模块联系紧密，流程复杂

以一个国际货运站为例，主要功能模块包括进港、出港、中转货站、陆侧停车场、站台停靠交接区、空侧编组待运场地、集装器存放区、危险品库、办公楼等。此外，还要考虑超大件通道、内部车辆加油及维修、营业厅等功能。

### 4. 交通组织复杂

大型机场货运站货物流量大，是物流、人流集聚的空间，特别是陆侧交通物流、人流交叉问题较为突出；由于有安防要求，陆侧、空侧交通隔离，更增加了设计难度。

### 5. 安全监管要求高

航空运输对于空防安全要求很高，空侧、陆侧须严格分隔，所有货物均须进行 X 光机安检合格后才能装机运输，人员进入空侧要进行安检。国际货运站还要满足海关、检疫等监管要求。安全要求与业务流程往往产生一些矛盾点，需要综合协调设计。

### 6. 信息化重要性更为突出

机场货运站是一个实时处于运动状态的综合系统，要保证货物处理顺畅，各环节信息及时、准确地传递到位是一个关键的问题。

## 4.2.3　机场货运站设计的影响因素

尽管许多机场都具有一定的货运处理能力，但不同机场货运站的规模、设施水平却有很大差异。影响货运站大小和设备复杂程度的因素很多，主要有以下几个方面。

### 1. 货物种类

货运站收到的出港货物可分为两类：一类是大宗的小件托运物，这些货物须经货运站分拣、装箱或打包，再装上飞机；另一类是已装入集装箱的货物，这些货物在货运站只需很少的处理工作。这两类货物各占比例的多少对货运站的设计有重要影响。在 20 世纪 60 年代中期，许多机场在规划设计货运站时，低估了空运货物的集装化革命，仍把大宗小件托运物（散货）作为主要处理对象，并配置了相应的自动化、机械化设备。结果，当后来集装货物愈来愈多时，这些货运站显得非常不适应，致使大量投资没有产生预期的效益。

20 世纪 70 年代中期，联运集装箱开始出现。尽管联运集装箱在目前的空运货物中所占比例仍然较小，但如果将来能制造出重量轻、强度高的联运集装箱，肯定会促使这类货物进一步增加。届时，货运站的货物处理方式还会有较大变化，这是现在从事机场货运站规划设计时应该考虑到的。

散货在空运中完全消失看来也不太可能。一方面，由于散货空运也有有利之处；另一方面，许多机场的跑道不适合起降载有集装箱的大型飞机。

货运站所处理货物的集装化程度（散货或集装货物）对货运站选择设备的机械化程度有决定意义。而空运货物的种类，也对货运站设施配置产生影响。

（1）货物分类

根据运输时间要求，航空运输货物常分为以下三类。

①紧急货物：此类货物对运输时间、速度要求很高，如血清、血浆等。

②限期货物：此类货物本身有一定的时限性，也要求较快的运输，如鲜花、报纸等。

③计划性货物：货主在进行成本分析以后，觉得采用空运仍然合算的货物，发运的

速度对这类货物来说并不很重要。

（2）特种货物

根据货物本身的特点，空运货物还可分为普通货物和特种货物两大类。其中特种货物包括以下几种。

①生物制品。

②植物或植物产品。

③活体动物。

④骨灰、灵柩。

⑤鲜活、易腐物品。

⑥贵重物品。

⑦枪械、弹药。

⑧危险物品。

⑨其他。

（3）危险品

特种货物中的危险物品，按其危险程度分为九大类。

①爆炸品。

②易燃、有毒气体。

③易燃、自燃、遇水易燃固体物质。

④易燃液体。

⑤氧化剂和有机过氧化物。

⑥毒性物质和传染性物质。

⑦放射性物质。

⑧腐蚀性物质。

⑨杂类。

不同的货物，对货运站设施的要求也不同。例如，鲜活、易腐物品要求有冷藏室或冷冻室，危险品要求有危险品仓库，空运大量牲畜（属活体动物）时要求有饲养设施。

2. 货流特点

货流量及货流峰值是货运站设计的重要依据，对货运站运营也有重要影响。货流量的大小决定了货运站的规模和收益，而货流峰值特性对货运站的货物转运、仓储能力提出了要求。货运站要正常运营，其空侧、陆侧的货流量也须大致均衡，但这种均衡的要求并不是很严格。当空侧、陆侧的货流峰值不在同一时间发生时，可利用货运站的仓储能力进行调配、缓冲。货运站空侧货流峰值与载货飞机的到达、出发时刻有关，而陆侧货流峰值与收货人、托运人的提货、送货时间有关。一般情况下，这两个时间是很难吻合的。而且，在货运站设计之初，一定要对影响机场货流的各个因素进行详细的调查或预测，以便建成后的货运站规模和设施与实际货流特性相适应。

尽管设计中可以利用货运站的存储功能来缓冲空侧、陆侧货流冲突，但必须十分慎重地选择货物允许存储时间。一般来说，出港货物存储时间应不多于一天，到港货物应不多于四天。货运站可通过对超期存储货物收取罚金来保证库容的有效利用，促使收货人尽快提货、托运人准时交货。

3．运货飞机和地面运输设备特性

（1）经营方式

目前，各国航空公司经营货运的主要方式如下。

①全货运航空公司经营定期货班。

②全货运航空公司经营包机运输。

③客货兼营航空公司经营全货机。

④客货兼营航空公司经营客货混装型飞机。

⑤航空公司使用快速改装型飞机，白天运客、夜间运货。

（2）机型

运货飞机有以下四种类型。

①专用货机型。这类飞机通常是在客机基础上改型设计的，如波音公司研制的 B747-400F，欧洲空客公司研制的 A310-200F 等。

②客货两用型。这类飞机是为了适应航空公司需求，提高运输机的利用率，在客运的非高峰期由客机改装成的。例如，B727-320QC、B737-200C/QC 的飞机上都装有客货运设备和快速转换设备，能根据需要快速实现客运和货运的转型（图 4-1）。

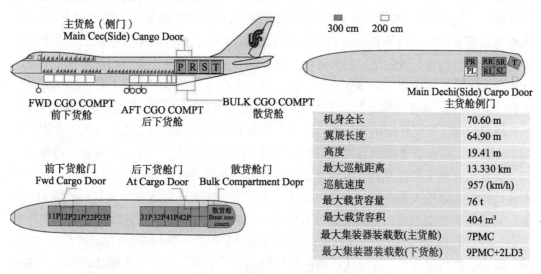

图 4-1　客货两用型的集装箱货舱

③军用运输机派生的民用货机型。C-130 是美国洛克希德公司研制的多用途战术运输机，Y-7、Y-8 是我国研制的军用运输机。这些飞机制造厂商由于看好民航市场而将军机的军用设备拆除，使其适用于民航货运。

④客货混合型。这类飞机既可载客，又可运货，如 B747-200M 等。

为适应货物运输，运货飞机在设计上采取了一系列专用设施。这些设施通常包括传输装置、限动锁紧装置和导向装置、拦阻装置、装卸装置、系留装置等。

　　与货物装卸有关的是传输装置和装卸装置。传输装置用于使货物在机舱内进行移动（横向、纵向）和转向。通过液压或电气操纵系统，能对传输装置进行自动控制，使货物在货舱内自由移动，实现货物的自动化装卸。飞机上的装卸装置主要用于散货或轮载设备的装卸。装卸装置通常包括吊车、绞盘和货桥。所谓货桥是连接飞机货舱地板与地面装卸车辆的跳板，以供各种货物或轮载设备从其上通过而进出货舱。

　　20 世纪 70 年代出现的宽体客机，促使客货混合型的运货方式得到了迅速发展。窄体飞机的货舱一般无法装载集装设备，只能装散货。而宽体客机不仅客舱有 2 条走道，飞机货舱也非常宽敞，可用来装载集装货物。例如，B747 宽体客机的货舱容积为 174 立方米，B707 货机的货舱容积也不过 226 立方米。由于越来越多的航线，尤其是远程航线上引入了宽体客机，且宽体客机又特别适合运输集装箱，于是采用宽体客机运输集装货物成为一种更好的选择。

　　当然，在航空货运中，货机方式仍被专营货运的航空公司使用着，而且许多客运航空公司，如德国汉莎、日本航空公司等，也有货机运营。但根据目前的发展趋势，越来越多的货物，正采用客货混装方式运输。而且实践证明，这种运输方式使客、货运相得益彰，有很好的经济性。

　　在机场货运站设计中，必须考虑飞机运货方式是以货机为主，还是以客货混装为主，并注意具体的载运货物的机型。因为不同的运货方式、不同的机型对货运站设施、装卸运输设备的要求也是不同的。例如，当运货方式大都以客货混装方式为主，装卸货一般都是在站坪进行。这就要求货运站尽可能靠近站坪，并采取装卸货与飞机乘客上下飞机、飞机地面服务同时进行的作业方式。为缩短装卸货时间，保证航班正点离港，必须配置合适的器具。例如，货运站主要为货机服务，则为避免与站坪作业的相互干扰，可专设货机坪，并使货机坪邻近货运库，以方便运输。与客运航站不同，那里的货物可以自行装卸。对货运站，机坪飞机上的大量的货物必须通过地面运输设备才能实现装卸和转移。

　　所以，对于繁忙机场的货运站，必须具备数量充足且型式合适（与飞机、货物相匹配）的地面运输设备才能做好货物的机坪处理。由于利润关系，机场和航空公司都不希望飞机在机坪做无谓的耽搁，所以货物机坪处理必须迅速。在进行货运站设计时，必须考虑地面货物运输设备的特性，因为它在很大程度上决定了货运站的货物处理能力。地面运输设备有很多型式，常见的有可升降平台车、叉车、吊车、传送带等。设计中还需注意，飞机制造厂商所提供的货机地面操作时间只是理论上的，实际的地面操作时间（卸货、装货、地面服务等）往往比厂商所给的时间长。所以，实际的货物处理时间，还是应该根据地面运输设备并结合经验来确定。

　　4. 货运站的机械化程度

　　一般人普遍认为，机场货运站应该高度机械化，但实际上不能一概而论。正确的设计思想是，货运站的机械化程度应与它的实际情况相符合。在有些机场的货运站，支付劳动力工资可能会构成货物处理成本的主要因素，故可大量投资追求较高的货物处理机械化程度。一般来说，只有货流量较大的机场，货运站采用高度机械化才是经济的。如果货流量较小，且货物又不适宜机械化处理，必然导致不好的经济效益。货运站通常有三种基本类型的机械化程度可供选择。

（1）低机械化程度

在有些机场，货流量较小，且劳动力价格低廉，此时可采用低机械化程度货运站方案。货物的地面运输大都靠无动力的滚动装置和人工来完成。这种方案相对占地较大。

（2）中等机械化程度

这是目前大多数具有一般或较高货流量机场货运站所采用的方案。货物采用可自由移动和升降的设备（主要是铲车、叉车）来转移、码放。这些设备既能处理散货，也能运输集装箱，叉车可升至五个集装箱叠放在一起的高度来码放或取出集装箱。但是，利用叉车来处理集装箱常常会造成集装箱的损坏，而且处理速度较慢。据统计，每年全世界机场货运站因叉式升降机所造成的集装箱损失达数百万美元。

（3）高机械化程度

此方案特别适合于集装货物多，且货流量较大的机场货运站。货运站的货仓采用固定的立体机械化货架，利用传输装置（transfer vehicle，TV）实现集装箱在货架上的水平货位移动，或利用可升降传输装置（elevated transfer vehicle，ETV）实现集装箱在立体货架上水平、垂直两个方向的货位移动。TV 或 ETV 系统的使用，有效地利用了货仓空间，减少了货运站的占地面积，同时提高了货运站对集装货物的处理能力。ETV 货运站的吞吐能力尤其大，能适应繁忙机场和宽体飞机的货运操作。图 4-2 为一个装有 ETV 系统的货运站。我国北京、深圳、天津等机场的货运中心，以及德国法兰克福、英国希思罗、日本成田等货运繁忙机场货仓都采用了 ETV。

图 4-2　ETV 货运站

（图片来源：https://www.sohu.com/a/560499468_121149297.）

## 4.2.4　货运站货物集散流程

机场的进港、出港货物处理，以及货物在货物站的集散要遵循一定的流程。尽管不同机场的流程内容或次序可能会有差异，但基本上是变化不大的。

出港货物先在货运站接收并办理各种手续（检查、清点、测体积、称重量、贴标签等），然后集中到待运区排队、预定舱位，或在货运站货仓作暂时性存储后再集中到待运区排队、预定舱位，最后将货物运到机坪装上飞机出港。进港货物从飞机上卸下后，先在飞机旁进行分类、清点、核对，然后国内货物运到货运站待发送；国际货物还须经过海关查验，待清关后转到货运站待发区。

航空公司间或同一航空公司不同飞机间的货物中转一般只需简单的处理手续（主要是办理交接），有时不用在货运站存储，但中转货物要动用货运站装卸、运输能力。在欧洲的许多大机场，中转货物的比例很高，且多采用机坪上的直接中转。如果机场中转货物较多，则在配备机坪运输机械时必须予以考虑。

货运站在对进出港货物进行处理时，对货运文件的处理也是货运站的重要职能。只有货运文件、货物的处理同时进行，才能保证货物运输的安全、有序、顺畅。对于涉及若干条航线、若干家航空公司，且货物种类繁多、货流量很大的机场货运站，要处理的货运文件的数量和种类是相当惊人的，而且必须处理得又快又准。为此，现代化的货运站一般都配有货运文件计算机处理系统。利用这一系统，货运站、托运人、收货人、货运代理人、承运人（航空公司）、海关等诸方面都能获得很大方便。由于货运文件计算机处理系统实行与航空公司和有关机场联网，可以很快地进行有关数据的交换，使文件处理、信息查询等工作变得非常简单。

## 4.2.5 货运站设计

如前所述，机场货运站具有多重功能。在货运站运营中，要与托运人、收货人、货运代理人、承运人、海关、机场当局等方面发生联系，其作业内容又涉及收发货、货物和货运文件处理、仓储、运输等多个项目，其工作范围不仅包括货运站内部，还涉及停机坪。货运站作为机场的一个有机构成部分，既要最大限度地实现机场的货运功能，还要与机场的其他功能区相协调，不对机场的总体运营、发展构成干扰或妨碍。因此，一个货运站要设计得非常成功，实属不易。由于机场货运站建筑设施不同于一般的工业、民用建筑，要有比较成熟和系统的设计理论和方法，更给货运站设计带来一定的难度。

为了较好地进行货运站的设计，主要应考虑以下几个方面的问题。

### 1. 货运站选址及布局

货运站布局时应特别注意有关流程的顺畅。站址应依据机场总体规划来确定，其具体位置应既不干扰旅客航站区，又便于机坪运货飞机的货运作业操作。货运站一般应设有供运货卡车、顾客汽车使用的停车场、综合办公楼（办理托运、提货、查询、海关等业务）、货仓（集装箱、集装板、散货、特种货物等）、装箱和拆箱区、运输车辆（叉车、铲车、拖车、升降平台车、吊车等）停放和维修区等。货运站的占地面积，通常可根据每年货物吞吐总量并结合已有货运站的经验数据进行估算。

### 2. 机场货运站构型

根据不同的用地情况和空陆侧关系，不同的货物处理量、种类及货物形式，交接车辆类型和作业方式，确定货运站的进深、空陆侧交接长度、站台形式及停靠车位数量、空陆侧场地等。常用的如一字形、N形、U形、M形、L形等，以及组合形式。

### 3. 货运站建筑设计

货运站建筑设计，必须充分而全面地考虑建筑物的使用功能。综合办公楼应考虑到各方面的业务需要和顾客的方便，与顾客有关的服务区，办理手续柜台应尽可能集中。货仓规模应与货流量和货流特性相适应，使之能发挥预期的调配空陆侧货流量的作用。货仓应适合所存货物种类，便于仓储设备的安装、运行和维修，便于货物的运输、码放、保护和监管。除配有一般的建筑设备外，货仓还要做好防火、保安等方面的设计。对特别繁忙机场的大型货仓，应注意使货仓的位置、进出口、仓储设备与货物运输工具、车辆等能进行良好衔接、配合，以确保出现高峰货流时货仓的吞吐能力。对特种货物，应考虑设计相应的建筑设施（如危险品库、冷库等）。

### 4. 交通组织

主要设计原则有：交通分离，不同种类、流向的车流、人流在空间、时间上分离，减少交通冲突；单向行驶，对于货运区内行驶车辆，尽量通过有效组织管理，实现单向车流，减少交叉，提高运行效率；交通连续，保证货运系统周转运送过程不产生交通方式上的间断。

### 5. 货运流程

在货运流程已确定的前提下，对于总体工艺布局，主要是研究在布局方案上货运流程实现的合理性、顺畅性，是否距离短、效率高，是否便于货物流转和人员办理业务。在布局设计时还要充分考虑各货运功能模块之间的衔接关系和业务联系，功能分区的整体性要好，要符合进出港作业的特点和需求。

### 6. 货物种类及货流量特性

货物种类及货流量特性即货物的集装化程度，各类货物（国内、国际；货物、邮件；超大、超重货物；中转货物；危险、鲜活易腐、牲畜等特种货物）的比例。货流量逐时、逐日、逐月的大小和变化的统计、预测及分析。

### 7. 运货飞机情况

运货飞机情况即运货飞机的机型组合、飞机作业方式（货机或客货混装）、每天运行架次、机坪上需同时处理的运货飞机的最大数量。

### 8. 货物处理的机械化程度选择

根据货物集装化程度、种类、流量，以及劳动力价格、货运站投资、员工业务素质和运货飞机等情况，确定货运站货物处理的机械化程度（高、中、低三种类型）。货物处理包括机坪处理（装、卸、运输）和仓储。

## 4.3　机场货运设施

随着运货飞机的发展和航空货运量的迅猛增加，货物集装化和装卸平台化业已成为一种趋势。伴随这一趋势，机场货运设施也发生了相当大的变化，许多机场配备了现代化的货运设备、机具，不仅极大减轻了货运操作中人的劳动强度，而且显著提高了机场的货物处理能力。

**1. 货运地面设备**

对于集装货物，机场货运站必须配置升降平台车、集装箱/板运输车、行李/货物拖车、行李/货物电动拖车、货箱升降叉车等地面设备。

货物升降平台车见图 4-3。该车可载运一定吨位的集装货物并使其升降。货物在平台上可作纵向、横向和水平旋转运动，且具有完善的锁定保险机构，从而大大方便了货物的装卸。目前，货物升降平台车的最大起升能力可达 50 吨，升降高度达 5~6 米，采用全液压驱动和控制。

图 4-3　货物升降平台车

（图片来源：https://www.aeroexpo.cn/prod/jbt-aerotech/product-168757-38183.html.）

**2. 集装器具**

空运集装器具主要包括集装箱、集装板/网、集装壳和特殊货物（如汽车、牲畜等）集装设施。

**（1）集装箱**

集装箱是最常见的集装设备，它本身具有一定强度，能对货物起到一定保护作用，如图 4-4 所示。集装箱的基本结构由箱底、箱顶、侧壁和货物进出口组成。集装箱底有 2 种型式，即集装箱板式和带叉车槽孔的框架结构型式。大容量飞机使用的空运集装箱按 ISO 4128 要求制作。为适应不同类型的飞机和货舱，IATA 还规定了一系列各种规格、型式的集装箱，以提高飞机货舱利用率。现代大型飞机除主货舱外，还有下货舱。为适应下货舱装货的需要，特别制作了底舱集装箱。空运集装箱在装卸时，可借助平台和飞机货舱地板上的输送装置（如滚棒）进行平动和转动，但不可吊起。

一般的空运集装箱，不适合远距离运输水果、花、冷冻食品、肉、鱼等易腐物品。为方便此类物品空运，特别制造了隔热集装箱。隔热集装箱带有制冷装置，可使箱内保持–25～20℃的温度。其标准为 ISO 8058 和 ARP 1523。

未来空运中联运集装箱的使用将愈来愈普遍。联运集装箱具有较高的强度，其使用会极大方便陆空联运和空港货运站的货物处理，并减少因空运集装箱易于损坏而带来的经济损失。空陆联运集装箱的标准为 ISO 8323。

图 4-4　集装箱

（图片来源：http://news.sohu.com/a/511993488_120099902.）

（2）集装板/网

集装板是用金属制成的具有较高强度的板状结构物。货物在集装板上码放，最后用集装板/网将码好的货物固定在集装板上，使其成为一体，如图 4-5 所示。集装板按结构可分为平板结构和夹层结构两种。集装板的标准为 ISO 4171，集装板网的标准为 ISO 4115 和 ISO 4170。

图 4-5　集装板/网

（图片来源：http://tianlin.fenlei265.com/b2b/dkjnJ4o-216-14495765.html.）

**快递公司独家运营模式下的杭州萧山国际机场快件运输枢纽**

快递公司的加入几乎解决了机场货运发展的全部主要问题，也成为机场货运迅速发展的主要渠道。尤其是拥有全货机的快递公司，如 UPS、FedEx 和 DHL 以及顺丰、邮航和圆通等直接对机场货量产生巨大影响。如何引进与合作是各机场迫切需要研究和实践的课题。除了按航班货量给予补贴、提供税收优惠等同质化手段，此案例也许会有些启发。

杭州萧山国际机场很早就意识到快件运营中心的重要性，在 2011 年 5 月就与顺丰速运签署了总投资达 10 亿港元的航空快件运输枢纽项目。机场出地，顺丰出钱，这种建设—经营—转让（build-operate-transfer，BOT）模式使机场得到了快件业务的持续增长，顺丰得到了独家运营权，有效保证了双方的长期紧密合作。

历时两年半建设，快件运输枢纽基地于 2015 年 7 月投入运营。位于机场东北部，占地面积约 200 亩，综合处理能力达 7.8 万件/小时，是目前亚洲规模最大、设施设备最先进的快件运输枢纽基地。实现集中审单、查验、自动分拣"一站式"快速通关，借助信息化、自动化、智能化的监管手段，实现快件监管高效化、发展规模化。当年货邮吞吐量就达 20 万吨。此举显著提升了机场的航空物流综合保障能力，也确立了其全国快件枢纽地位。

这种合作模式也存在不利一面，主要是机场各种货运发展资源容易被一家快递公司垄断，对引进其他快递公司产生不良影响，不利于在同行之间形成公平的竞争态势。建议：尽快引进 2 家或以上的快递公司或货运航空公司，货运资源共享，良性竞争，共同发展。

就快递公司网络和布局而言，UPS 等跨国公司很早就通过设置国际、区域转运中心在全球布局，实现空地联运，提供门到门、全程物流运输服务。顺丰作为国内航空货运先进代表，把深圳、杭州作为双枢纽；邮航已完成北京、南京双枢纽布局；圆通则以杭州为运营基地。除了北上广等少数机场被确定为国际枢纽外，区域枢纽尚未全面形成，建议：有条件的机场应深入研判自身货运发展形势，精准定位，探索与快递企业的合作模式，尽快建设自动化、智能化的快件运营中心，结合区位优势努力促成快递公司在本地设立转运中心，通过更多快递公司区域枢纽及网络的建立，引领机场货运发展新态势。

## 本章小结

航空货运是航空公司为托运人、收货人提供的运输服务，在服务中航空公司充当承运人的角色，而机场货运站是承运人与托运人、收货人进行货物交接、运费结算等的场所。

机场货运站为进入机场的世界各家航空公司及货主提供满足 IATA 标准要求的航空及联运货物地面服务。

机场货运站的特点包括货流量大、货物种类多、时效性要求高、功能模块联系紧密、流程复杂、交通组织复杂、安全监管要求高和信息化重要性更为突出。

影响货运站大小和设备复杂程度的因素包括货物种类、货流特点、运货飞机和地面运输设备特性和货运站的机械化程度。

货运站的设计应考虑货运站选址及布局、机场货运站构型、货运站建筑设计、交通组织、货运流程、货物种类及货流量特性、运货飞机情况和货物处理的机械化程度选择。

货运地面设备包括升降平台车、集装箱/板运输车、行李/货物拖车、行李/货物电动拖车、货箱升降叉车等。

空运集装器具主要包括集装箱、集装板/网、集装壳和特殊货物（如汽车、牲畜等）集装设施。

1. 机场货运站的功能主要有哪些？
2. 机场货运站的特点有哪些？
3. 影响货运站规模、设施水平的因素有哪些？
4. 货运站的设计主要应考虑哪几个方面的问题？
5. 现代机场货运设施通常由哪四大部分组成？
6. 货运站货物的集散流程是什么？
7. 空运集装器具主要包括哪些？

自学自测　　　　扫描此码

# 第 5 章

# 机场安全管理

## 【学习目标】

- 掌握全球机场安全的重要性；
- 区分世界机场安全与国家机场安全的差异；
- 掌握机场安全的基本组成；
- 熟悉旅客安全的发展背景；
- 了解机场中货物安全的内容。

### 比利时公布机场恐怖袭击第三名疑犯视频呼吁公众举报

【中新网 4 月 8 日电】综合外媒报道，比利时当局近期继续调查首都布鲁塞尔连环恐怖袭击，检方于当地时间 7 日发布了一批新的闭路电视片段，其中包括被称为"戴帽男子"的画面。同时，比利时检方呼吁公众提供这名疑犯的消息。

报道称，这名男子被认为是 3 月 22 日布鲁塞尔机场恐怖袭击事件的第三名嫌疑人。至少 17 人在机场的恐怖袭击中遇难。

从监控录像片段看到，这名戴深色帽、穿浅色外套的男子，曾被拍到与两名自杀袭击者在机场内同行。

据悉，这名疑犯在机场发动袭击后离开，徒步前往布鲁塞尔市中心，其间他曾经脱下外套并被疑打电话，其后闭路电视失去他的踪影。当局称疑犯脱下的外套是重要证物，但仍未找到。据估计，这名嫌犯在袭击事件后约两个小时在布鲁塞尔步行了数公里。

检方发言人范·德·希普特表示："我们特别呼吁那些可能对这名嫌犯拍过照片或视频的人提供信息。"他补充说，对所有提供线索者的身份都将保密。

警方呼吁公众提供协助，并希望民众或游客提供有关疑犯相片。

报道指出，布鲁塞尔上月遭到恐怖袭击，机场和地铁站都受到攻击，共造成 32 人丧生。

机场爆炸案有两名自杀炸弹客引爆炸弹身亡，但监视器显示有第三名嫌犯与他们二人同行，因此警方一直大力追缉这名在逃男子。

（资料来源：中国新闻网. 比利时公布机场恐袭第三名疑犯视频，呼吁公众举报[EB/OL]. (2016-04-08). http://news.cctv.com/2016/04/08/ARTIFCrmgjSxI7VYURd113ST160408.shtml.）

## 【案例思考题】

（1）面对恐怖袭击，机场管理者在安全管理上可以采取哪些预防措施？

（2）当恐怖袭击发生时，机场安全管理系统中哪些方式能够有助于维护旅客和机场设施的安全？

（3）通过案例分析，机场安全管理系统在未来发展过程中会出现哪些新技术和新方法？

## 5.1　国际民用航空组织国际法规框架

国际民用航空组织的监管基础可以追溯到 1944 年的《芝加哥公约》，该公约虽然取代了之前的政策，但是较少考虑民用航空安全的需要，只是呼吁需要为维护世界和平而对世界航空安全采取必要的措施。随后，劫机事件被视为影响航空安全的最重大问题之一，攻击民用航空的重点已经转移到摧毁飞行中的航空器。因此，一系列条约从不同角度分别处理了航空安全中各方面问题：涉及航空器内犯罪，特别是威胁到航空器及乘客的安全；定义了劫机的处理办法，讨论了可以引渡的罪行；增加了设立航空器破坏罪，保障国际民用航空免受非法干扰，确立了国际民用航空标准和推荐做法；讨论了发生在机场的针对民用航空的暴力行为，保护国际民用航空免受非法干扰，提出了针对民用航空暴力行为的制止手段。

#### 《芝加哥公约》

国际民用航空公约，通称《芝加哥公约》。公约 1944 年 12 月 7 日于美国芝加哥订立，1947 年 4 月 4 日正式生效。公约现有加入国约 150 个。中国为该公约缔结国。1971 年 2 月 15 日中国正式宣告承认该公约，1974 年 3 月 28 日公约正式对中国生效。公约规定：①缔约各国承认每一国家对其领空具有完全的、排他的主权；②航空器必须具有一国国籍，任何缔约国不得允许不具有缔约国国籍的航空器在其领空飞行；③国际航班飞行必须经缔约国许可并遵照许可的条件，非航班飞行则无须经事先获准即可不降停地飞入，飞经缔约国领空；④缔约国有权保留其国内载运权；⑤设立"国际民用航空组织"；⑥公约仅适用于民用航空器而不适用于国家航空器。《芝加哥公约》是有关国际民用航空最重要的现行国际公约，被称为国际民用航空活动的宪章性文件。

## 5.2　国际法规附件中的标准

机场安全政策具体列出了保障民用航空安全的若干标准和建议做法。这些标准包括建立一个全面负责航空安全管理的国家组织，要求每个机场都要有一个机场安全计划和负责机场安全的机构，成立机场安全委员会，遵守机场安全的设计要求。这些标准具体如下：第一，考虑到飞行的安全和效率，各缔约国应建立一个组织，制定和实施民用航空安全管理的条例和程序，以保护民用航空免受非法行为干扰；第二，各缔约国应要求每个为民用航空服务的机场，建立和提供一个书面的机场安全方案，以满足民用航空安全的要求；第三，各缔约国应确保每个为民用航空服务的机场有权力负责和协调机场安全程序的控制和实施；第四，各缔约国应确保在每个为民用航空服务的机场设立机场安全委员会，以协助机场履行保卫机场安全的职责，协调机场安全方案中的政策规定，监督机场安全程序的控制和实施；第五，每个缔约国应确保机场的设计要求满足民航安全管理的需要，包括机场安全公约中所必需的建筑和基础设施相关要求，将民用航空安全管理的措施纳入机场现有设施的设计和改造之中。

主要的民用航空安全管理标准在各个国家以不同的方式得到满足，而且这些国家的标准之间存在着显著的差异。

## 5.3 机场安全规划的结构

机场安全问题具有广泛的影响，远远超出了机场本身的管辖范围。机场安全规划应满足机场应急指南的需要，确保制止针对民航的非法行为，同时需要一些其他组织的参与，如机场管理局、航空公司、警察局和政府部门。

在国际上，国际民航组织要求各成员国启动民航安全计划，该计划可由各级组织的代表组成的航空安全委员会制订。每个机场本身要具有应对各类民航安全威胁的能力，就必须有一个明确的既定程序。国家发布的政策需要在各个机场采用的程序中体现出来，并被转化为机场的航空安全管理计划。机场和政府要做的不仅仅是事后对安全事故做出反应，还需要提前在机场和其他航空敏感区域提供人员、设备和培训来实施机场安全规划。在安全管理系统范围内和单个安全管理设施中，机场对安全管理操作进行测试、评估和修改，以确保达到机场安全规划的性能标准。

没有任何安全管理计划可以保证事故不会发生，因此机场需要随时准备和实施应急计划。

机场安全规划的性质审查必须由合格的安全人员和操作人员进行，评估应包括任何安全管理缺陷的严重程度及其与整个机场安全规划的关系。应特别注意，机场应该确定不令人满意的机场安全规划条件是否反映了个体的粗心大意或是整体系统性问题的存在。通过实施应用分析的方法，机场管理者可以评估安全管理系统的优点和缺点，根据对不断变化的安全管理环境形势进行评估，及时做出主要政策方向的改变。机场安全规划可以从根本上改变特定机场的安全威胁，避免因其他安全事件的广泛宣传引发机场的不安全因素。机场安全规划可以重新评估机场安全威胁等级，不仅要考虑威胁的级别，还要考虑威胁的细节，特别是确定犯罪分子使用的武器类型和采用的犯罪方法。机场安全规划的重新评估在预防意义上是有价值的，应该基于准确和及时的情报，在恐怖分子到达机场之前就了解到他们的意图、能力和行动。在这方面，国际之间的民航安全合作可以发挥重要作用，可以将国际航空安全的法律法规纳入本国的航空法律法规，用来实现国际民航安全情报的交流和分享。

# 5.4　机场安全计划

民航安全计划方案是按照国际民航组织的要求制定的，许多国家在自身方案的结构上有总体的相似性。各国在机场安全计划的实施方式上有很大的不同。主要区别在于政府参与航空安全的程度以及下放给各省市政府、地区机场管理局的程度。机场安全计划主要包括航空安全立法、机场的通信结构和物理描述、机场安全措施和控制安全设备、应对机场非法干扰行为的安全培训、机场安全的质量控制等。

国际民航组织要求每个成员国建立一个负责航空安全的组织，要求每个机场都制定一个机场安全计划。但是，它没有具体说明机场所涉及的关系或应遵循的程序。机场安全管理系统的建设是基于政府的职责，可以考虑地方政府的安排，以机场和地区风险的适当评估为基础，又可以基于多个专业机构的风险评估来改善机场安全管理系统的现有方案。机场安全管理系统由机场管理层、机场运营商和航空公司组成，根据机场的安全风险评估报告，制订一份机场安全计划，并对其进行定期审查。在机场确定安全保护需求之后，机场管理者和警察局可以签订一份安全服务协议，用于确定机场安全管理中的警务水平和资金来源。

# 5.5　国家参与航空安全

机场安全的总体责任是由各国政府承担和管理的。之前，乘客安检是航空公司和机场个体的责任，具体的检查和操作通常由私人保安公司进行。随着航空安全威胁的不断升级，机场、航空公司和政府联系得更加紧密，共同实施航空安全的管理和运作有关条例。

# 5.6　乘客和随身行李的安全检查

比起机场内的其他地方，乘客安检区被认为是最有效的预防空中非法行为的关键环节。如果让所有人普遍意识到机场安全程序时刻都在运行，恐怖袭击的发生率就会明显降低，这表明机场安全管理系统可以对潜在的犯罪分子达到一种威慑效果。机场管理者完全可以公开机场安全管理系统的实际运行情况，但不披露具体的细节和手段，一些国际机场特别注意在机场航站楼张贴这方面的公告。犯罪分子对机场安全管理的细节措施了解得越少，机场安全管理系统成功阻止所有袭击者的可能性就越大。理想情况下，机场安全管理系统贯穿于票务、乘客和行李登记及登机的所有过程。机场工作人员在检票阶段发现的任何异常行为，都能有效地阻止一起民航恐怖袭击的发生，因此机场应提醒工作人员时刻注意潜在的安全问题。在登机过程中，机场工作人员必须确保没有潜在的犯罪分子能够将任何形式的武器带到飞机上。由此可见，机场安全管理系统的存在能够减少民航事故的发生。

成功的机场安检需要首先明确空侧和陆侧的边界，并在整个航站楼内保持统一性，清晰地提醒乘客各个安全区的位置。机场安全管理系统必须非常严格地限制空侧入口的数量，提供给乘客使用的通道必须配备机场工作人员，不允许乘客直接通过工作人员入口通道进入安全区。如有特殊情况，乘客必须事先签字和证明身份后才能被允许进入。工作人员通道也应采用与乘客入口相同的安检级别。

## 5.6.1　集中和分散安检

机场对乘客安检的形式取决于安检点在候机楼的位置，安检的基本形式有两种：集中式安检和分散式安检。集中式安检是指乘客在进入隔离区之前都经由唯一的安检通道到达空侧，通常需要更少的安检人员和更复杂的设备。其主要缺点是未经筛查的乘客可能会从停机坪或无人值守的员工通道进入。分散式安检是指登机前将乘客划分至不同的区域，同时在多个登机口进行检查。一些机场管理者认为，这种在登机口的安检最大限度地保证了民航安全。然而分散式安检需要更多的工作人员和更多的检查设备，而且往往容易导致更多的登机延误，有时不得不需要对个别乘客进行盘问，从而影响安检队伍的整体秩序。然而，在一些拥有大量国际中转乘客的枢纽机场，要求对所有中转登机的乘客进行检查，这种在登机口的分散式安检是机场最可行的解决方案。因此，可以看到集中式安检和分散式安检的优点和缺点都十分明显。

集中式安检的优点主要有以下几点：第一，受到乘客的青睐；第二，在乘客数量一定的情况下，所需的安检人员和设备数量最少；第三，有助于引导乘客选择在机场商业区内消费；第四，更容易将乘客集中在一个位置。集中式安检的缺点主要有以下几点：第一，要求安检人员必须进入隔离区；第二，乘客的食品、私人物品和其他材料必须检查；第三，很难实现到达和离开乘客的准确分隔；第四，所有乘客只有一种安检标准，但是高风险航班有时需要更仔细的安检；第五，经过安检之后，再监控每位乘客总是很困难的。

分散式安检的优点主要有以下几点：第一，乘客分离和监视问题被消除；第二，工作人员和犯罪分子勾结的风险被最小化；第三，允许在高风险航班上采取特殊措施。分散式安检的缺点主要有以下几点：第一，必须提前召集所有的乘客；第二，间接导致机场商业区内的消费收入损失；第三，乘客需要在拥挤的登机口或候机室等待很长时间；第四，在乘客数量一定的情况下，需要更多的人员和更多的设备来处理；第五，如果航班时刻表临时变更，就会给机场工作人员带来问题；第六，由于同时使用多个登机口，机场工作人员的执勤变得困难；第七，潜在的恐怖分子可以更接近飞机，通过机场的紧急出口进入停机坪的风险大大增加；第八，恐怖分子能够识别出乘客群体，便于伪装聚集在乘客的队列和群体中，实现报复式袭击；第九，登机口前的等候区必须扩大容量，以接受更多的乘客等候安检，还需要增加必要的便利设施。

除了上述两种安检方式之外，机场还可以设立等待区。乘客等待区兼具两种安检方式的优点，尤其是如果机场有足够的空间，能在所有合适的位置都设立等待区，这可能是机场最好的选择。

## 5.6.2　安全检查站

机场安检站的布局需要符合交通安全管理局制定的标准，但不应视为所有机场都被强制要求，或者说安检站不是在所有机场都是必要的。机场安检站由单向或双向通道组成。在小型机场，安检站只需要一个单通道。在大型机场，安检站采用模块化布局，每个模块由一个双通道布局构成，包括安检设备。第一种是增强型步行金属探测器。当乘客走过探测器的拱门时，该设备会检查乘客的全身，乘客身上任何可疑的金属物品都会触发警报，需要机场工作人员进行更详细的人工搜索。第二种是手持式金属探测器。触发警报的乘客通常需要再次被手持式金属探测器检测。这种设备重量轻、易于操作，可以检测出金属物品。第三种是等待站。在增强型步行金属探测器处触发警报的乘客被转移到等待站，直到他们通过手持式金属探测器的二次检查。这些站点具有透明的墙壁，方便乘客能够看到他们的随身行李，该行李同时需要被 X 光机扫描。第四种是爆炸物追踪探测器。这一设备通常支持两通道的同时安检，用于确定乘客携带的物品中是否存在爆炸装置。第五种是爆炸物追踪入口。这一设备用于探测乘客身上潜在的爆炸物痕迹。该装置以步行通过的入口形式建造，有较强的能力来确定爆炸物的存在。有些乘客可能在增强型步行金属探测器安检时逃避探测，因此该设备要求乘客必须在爆炸物追踪入口处短暂停留一段时间，这样就可以检测出乘客身上的爆炸物、液体和毒品。在大小和外观上，爆炸物追踪入口与普通的增强型步行金属探测器非常相似。

在较大的安检站还需要增加 X 光设备，检查鞋子和在二次检查中扫描的其他危险物品。此时，机场针对被要求仔细搜查的乘客提供了私人检查区。

有些大型机场引进了全身扫描仪，根据技术原理的不同，这种仪器有两种类型。第一种是反向散射扫描仪。其使用电离辐射剂工作，辐射强度比在高空飞行 1 小时所受到的辐射低得多。第二种是太赫兹扫描仪。其使用无线电波来穿透衣服，可视为不产生辐射。当全身扫描仪被引入机场安检时，通过生成未穿衣服的乘客图像供机场工作人员检查，然而这种可能侵犯个人隐私的行为引起了一些乘客的不安和抵制。如果乘客拒绝使用全身扫描仪，那么其就需要接受全面的人工搜身，但是这项规定也引起了许多争议，有乘客认为触碰身体部位也是对个人人身权利的侵犯。

随身行李的安检机器，通常由训练有素的操作员监控，观察放在传送带上的行李实时穿过机器。该机器在其前后两端都放置桌子，以便乘客整理行李和其他要检查的物品，并在检查之后方便取回。

全世界机场的安检站在大小和布局上都是相似的，详细的操作手册涵盖了机场安全管理的规划、设计和操作，通用的安全管理准则也可从相关文件中获得。公开提供这种指导材料，将有助于机场安全管理设施在标准和效率方面更加统一。

许多针对民航的攻击都是经由旅客端渗透到民航系统中的。在较大的机场，特别是有国际业务的机场，通常采用了非常严格的安检措施，对乘客进行全面的安检。然而，全球航空安全的统一水平仍不高。乘客很容易认为在小型机场，尤其是只有国内航班的小型机场，安全措施明显不够，对乘客的安检远低于大型机场的标准。这是一个似是而非的论点，全球航空运输系统是相互关联的，如果一个洲际机场的安检不严格，就有可能把一名携带武器的犯罪分子带到另一个大洲。除非全球的乘客安检可靠性能够维持在确保全球航空安全的可接受安全水平，否则全球的航空运输机场就会被分为安全机场和不安全机场，这样是不可理解的，全球航空业执行的统一要求是对所有来自不安全地区的飞机都要采取安全措施。

## 5.7　托运行李安全检查

民航飞行中恐怖袭击的不断发生，使全球航空业警觉到机场安全管理的规则没有充分得到执行，因此航空业引入了关于托运行李安检和乘客未登机时托运行李安检的规则。所有托运的行李必须接受X光扫描，属于未登机乘客的行李，如果在飞机舱门关闭时已经装载，就必须立即卸下。这些规则要求航空公司和机场必须准确了解飞机货舱集装箱中所有行李的装载位置，以便在最短时间内快速卸载疑似危险的行李。

所有的托运行李都必须进行符合要求的安检。最初，这对于机场来说是困难的，因为行李处理系统通常没有足够的空间或能力，无法对已在办理登记手续时被接收的行李或已进入行李装载系统的行李进行检查。在许多机场，乘客被要求先办理登机手续，然后将行李带到安放在登机口附近的X光机前，行李在那里接受安检之后，才能被送入行李装载系统。大多数机场现在运行了串行的行李安检系统，有的机场要求行李要经过三级检查。第一级是X光扫描，如果通过，行李就可以装载；在第一级被剔除的行李将在第二级接受更详细的图像检查，通过的行李可以继续装货；未通过第二级检查的行李将在第三级接受详细检查，只有当第三级安检合格时，才允许行李继续前进。串行安检要求在行李安检系统中集成更高级的机器设备。但是在一些国家和地区，行李安检扫描只在值机柜台进行。

### 托运行李手续办理

（一）托运人办理货物运输，应在运单中向承运人准确标明收货人的名称或者姓名，货物的名称、性质、重量、数量和到站名称，并对其真实性负责。

（二）托运人应按照货物运输合同约定的时间和要求，向承运人交付托运的货物，并向承运人交付规定的运输费用。

（三）货物运输需要办理审批、检验等手续的，托运人应将办理完有关手续的文件提交承运人。

（四）托运人在托运货物时，不得在普通货物中夹带危险货物。

（五）在运输途中需要特殊照料的货物，托运人须派人押运。

（六）托运人持货物运单向承运人托运货物时，应遵守铁路货物运输的有关规定。

行李托运主要指在大专院校和部队（含军校）为学生、军人及旅行团办理行李托运的门到门运输服务。行李快运的服务标准、运到期限、违约赔偿同普通快运包裹。运输价格：行李快运的到站为公司直管站营业部和非直管站营业部（含无轨办理城市）的，在现行快运包干费基础上下浮 20%；到站未设中铁快运营业网点的下浮 25%。行李快运不享受现行的大宗货物包干费下调办法。

## 5.8　货物安全检查

自引入货舱安检以来，货物的安检也已成为机场安全管理的常规操作。如果只对乘客的托运行李进行检查，而不同时检查航班携带的货物，这是毫无意义的。X 光检查设备必须在单元结构中容纳非常大的包裹，并将集装箱中的内容进行彩色显示以快速检测出违禁品，如隐藏的武器、爆炸物和毒品。

## 5.9　机场建筑内部和整个建筑的出入控制

机场管理者必须认识到，机场的空侧系统是一个潜在的、易受恐怖袭击的区域，除了乘客之外，机场其他工作人员禁止进入或仅限于有身份认证的人员进入。所有机场的地勤人员、因特殊需要进入机场工作的临时人员以及航空公司的机组人员都应持有授权，才被允许进入机场的安全识别区。经机场安全识别区授权的通行证通常包括一张个人照片和由机场颁发的防篡改徽章，这个徽章应在安全识别区内始终保持展示。每个进入安全识别区的人员都必须接受基于指纹的犯罪记录检查，参观机场安全识别区的人员应持有特别通行证，并在任何时候都必须有机场工作人员陪同。大多数机场都制定了陪同参观安全识别区的详细规则，规定了每次护送人数的上限。

在机场的任何管辖范围内，如果想保证机场整个系统是安全的，那么对机场安全识别区徽章的发行必须经过严格的控制。机场应该从停止受雇或不再需要在该区域工作的人员处收回徽章，以防止犯罪分子通过出示已过期的身份证明，绕过登机前的检查将武器带上飞机。

在机场安全管理系统中，通常要求工作人员在通过入口点时，需要在计算机控制的通行证系统中输入个人识别号码，进一步保证机场安全识别区的安全。即使机场工作人员在停止受雇后或分配到非限制区域之后没有上交通行证，个人识别号码系统也可以立即将其从电子名单中删除。

依赖于生物特征识别的新机场安全管理系统正在试验和测试中，包括虹膜和视网膜扫描、指纹识别、语音和其他生物特征等。生物特征识别系统通过对个人的数字生物特征进行扫描，与存储的数字安全记录进行比对，决定该人员是否被允许进入。由于大多数机场安全管理系统要求出示安全识别区通行证，生物特征识别系统可以与安全识别区徽章一起保障机场的安全。

## 5.10　车辆出入和车辆识别

机场空侧通道的准入许可应仅授予必须在空侧执行任务的车辆，机场可以通过发放个人车辆通行证来限制车辆出入。个人车辆通行证应由机场安全部门负责和控制，而且这些通行证应是定期检查的，一旦该车辆不再需要执行任务，应立即取消对该车辆的授权。除了个人车辆通行证之外，车辆内的人员也必须具有个人通行证。通行证持有人必须定期接受机场安全部门检查，并随时更新车辆的登记信息。

## 5.11    运行区域的周边控制

在一个符合国际民航组织安全规定的机场中，安全区域与非安全区域的完全分开是至关重要的，区域边界控制的两个基本要素是围栏和通道门。

### 5.11.1    围栏

机场的空侧必须有足够多的安全围栏，以明确界定保护的区域，对机场入侵者提供威慑，延迟并阻止可能的非法进入，在门口提供多种功能的进入点等。需注意，机场安全围栏一定是具有对非法进入的真正威慑。机场安全围栏的高度必须足够高，由不可伸缩的坚固金属建造，通常结构顶部带有钢刺。另外，机场管理者必须小心保护安全围栏下通过的所有管道和下水道，以确保犯罪分子不可能从机场地下设施进入空侧。当然，机场安全围栏可以根据当地机场的实际环境条件进行调整和改变。

### 5.11.2    通道门

机场安全管理系统必须为机场活动区和空侧的其他部分提供受控出入的通道门。这些通道门的数量应保持在最低限度，可以通过钥匙或自动控制的方式进入。机场通道门需要有机场工作人员值守，配有照明设施和警报装置。供车辆出入的通道门配有带伸缩装置的车辆栅栏系统，可以阻止强行通过的车辆。

根据机场的规模、重要性和位置，机场通道门的周边控制还包括以下内容：安全照明巡逻、闭路电视监控、电子入侵探测系统、运动探测器，以进一步防范机场的安全威胁。

即使机场采取了强有力的措施来维护内部的安全，机场内的飞机和设施仍然可能受到来自机场外部的攻击，如来自机场安全围栏外空地上的导弹袭击。

强有力的证据表明，由于防止恐怖分子进入机场的安全措施得到加强，恐怖袭击将重新集中在机场安全性低的陆侧。例如，犯罪分子在航站楼实施自杀式爆炸。这表明虽然机场中某个区域的安全措施加强，但是犯罪分子可以把目标转移到另一个向公众开放的、更脆弱的机场区域。

## 5.12    飞机隔离停放位置和停放区域

机场安全管理系统应指定机场内一个孤立停放飞机的位置。当机场怀疑有犯罪分子蓄意破坏或非法劫持飞机时，该临时位置可用于停放危险中的飞机。这种飞机隔离区的位置应与正常飞机的停放位置、建筑物公共区域或机场公共设施保持较远的距离。机场应指定一个危险品处理区，用于处理或引爆在安检过程中发现的任何可疑装置。当然，危险品处理区应远离机场内的其他区域，如航站楼和停车场等。此外，机场还可以根据实际需要，秘密地指定几个隔离区域，用于处理不同类型的突发事件。

# 5.13　典型机场的安全程序示例

机场安全管理部门制定安全计划的一般指南，机场安全管理系统在建立之初需要发布建议大纲。需要强调的是，这样的大纲并不要求所有机场管理者严格履行，各个机场可以根据自身需要对其进行修改，以适应其当地环境的特殊要求，当然前提是要符合其管辖范围的政策要求。

机场安全计划的一般要求如下。

第一，客观性。机场的安全计划是根据国家法律法规制定的。计划中包含条款和程序的主要目的是通过法规和惯例提供防范民航非法干扰行为的制度保障，从而进一步保护民航的安全、运行和高效。

第二，机场的安全组织。机场的安全计划应包括负责机场安全官员的姓名和职务以及负责实施机场安全措施的组织。

第三，机场安全委员会。机场的安全计划要求必须建立一个机场安全委员会，该委员会负责机场安全措施和程序的制定与实施，并提供机场安全的咨询意见。机场安全委员会必须定期召开会议，确保机场安全计划的最新性和有效性，保证机场安全计划中的规定得到令人满意的实施，协调机场所有机构有关的安全措施，与机场外的安全部门保持联络，向机场管理层提供机场设施重组或扩建的建议。机场安全委员会的每次会议都必须有会议记录，并将分发给上一级有关部门。机场安全委员会应由与机场运营相关的公共和私营机构的代表组成。机场总经理通常将担任主席，在主席无法出席的情况下，由机场安保主任代理。机场安全委员会应提供所有委员的姓名等详细信息。

第四，机场活动。机场的安全计划应包括机场的基本信息、运营时间、位置图和平面图、空中交通服务、地面交通服务等。

机场的安全计划应提供空中活动区与安全区的定义和说明、保护这些区域的安全措施、限制区域和公共区域。

机场的安全措施还应包含进入控制措施。个人识别程序需要包括持有通行证的进入点、指定授予访问通行证的标准、用于识别的各种徽章标志、对不遵守进入规定的处罚等。车辆识别程序需要规定车辆被授权在哪些特定区域行驶，通行证的适用时间、车辆通行证的取消程序等。

机场的安全措施还应包含安全控制措施。对于乘客而言，包括在登机处或其他位置识别乘客身份、乘客安全检查的设备和程序。对于托运行李而言，包括使用安全设备进行行李检查、识别和处理危险的行李、处理错运行李的程序。对于货物和小包裹而言，包括使用安全设备搜查的控制程序、性质、可疑货物的处理措施、航空配餐的责任。对于机场贵宾而言，包括特殊乘客的私人或半私人安排制度、处理保密包裹的程序。对机场特殊人员而言，包括残疾乘客的程序、禁止入境者和囚犯的程序。对于武器而言，包括在国内外飞机上运送武器的规定、允许携带武器的授权。对于航空器的地面保护而言，包括非现役飞机的安全措施、飞机的位置信息。对于安全设备而言，包括设备操作和维护的责任、设备信息详细描述。

机场须考虑应对非法干扰行为的应急计划。机场的安全计划应提供非法干扰行为的目录、承担责任的部门名称。机场的安全计划应为机场工作人员提供培训课程或安全意识讲座，所有机场工作人员都必须参加，相关培训需要注意满足各级机场工作人员的特殊需要。机场的安全计划应提供机场的管理结构图，负责机场安全部门的组织关系图、机场和外围区域的安全管理地图。

# 5.14    安全管理体系框架

民航活动的安全一直是国际民航组织首要考虑的问题。国际民航组织必须确保民航在全世界范围内安全有序地发展。民航安全为什么如此重要？是什么让它有别于其他行业？是运输方式的问题，还是人员财产损失巨大的原因？在"9·11"事件发生之后，全球旅游业的盈利大幅下滑，人们担心恐怖袭击对于全球航空业的威胁。随着机场安全管理系统的不断升级，乘客对于民航安全的信心在一定程度上得到了恢复。

如果对出行的公众进行抽样调查，可以注意到，无论交通方式是公路、铁路还是航空，安全事故的直接和间接影响都是非常重要的。任何一次安全事故造成的生命财产损失都是十分巨大的，带来的次生后果可能更为严重，这取决于交通运输方式的不同。一些交通运输安全管理规则适用于所有的交通方式，但是需要有一套全面统一的标准来确保交通运输业的整体安全，公众急切希望所有从业者能够尽快制定出这类标准。

交通运输方式中的成本、收益、风险和机会等因素之间有很强的相互关系，尤其是在机场方面。世界上近半数的机场仍然没有被认证，这是由于随着时间的推移，机场规划和选址的特定标准发展得很快。虽然有些小型机场与相关标准有明显的偏差，但仍可对其进行认证，哪怕其只在某一点上符合标准。在某些特殊情况下，机场由于其物理位置和环境因素，可能永远不会符合最新的安全标准。

简而言之，机场可以根据成本与收益决定不参加机场认证。当然，航空公司可以选择不在这样的机场运营，但一般来说，他们仍然同意这样做，这是基于自身对风险的计算和接受度及商业目的。国际民航组织正在努力促使所有成员国的机场充分意识到风险管理的问题。特别是，国际民航组织认识到飞机在飞行中或往返跑道时潜在的灾难性，引导成员国将重点放在飞机的飞行操作和机场的地面操作上。

飞机自身容易损坏，而且维修费用昂贵。如果飞机的结构受到轻微损坏，没有详尽的检查报告，就很容易导致随后的飞行出现紧急情况。无论是航班返航还是乘客延误，任何飞行事故都可能导致巨大的间接成本。

## 5.14.1    规章制度

从监管的角度来看，国际民航组织的作用是为国际航空器的运营安全提供程序和进行指导，促进全球航空运输的规划和发展，主要通过制定标准和推荐做法来实现，并结合了成员国的实际操作经验。

机场的日常运行由空中交通的必要活动组成，包括飞机、乘客、行李、货物的跨区域移动。为了保证机场运营的成功，这些活动需要具有安全性、可靠性、高效性和环境可持续性。

重要的是，国际民航组织的成员国拥有决定其境内民航管理的特权，还可以对机场管理者规定不同程度的实际控制权，但是这一安排必然会影响机场管理者的实际服务范围和潜在收益。

## 5.14.2　国际民航组织标准和推荐做法

国际民航组织要求关于成员国机场的物理特性、材料性能、人员程序的任何规格必须符合国际航空安全规则中统一的规范，而且成员国必须根据公约予以遵守。在不遵守国际航空安全规则的情况下，成员国必须及时通知国际民航组织的理事会。因此，国际民航组织的公约是空中交通管理的标准规范。当然，当空中交通管理标准出现偏差时，国际民航组织必须通知到其他成员国。

## 5.14.3　国际民航组织附录（机场设计和运行）

国际民航组织根据当前或未来在机场运营的飞机特点，规定了机场结构的最低规格，将飞机根据翼展、主起落架跨度等进行分类。因此，小型飞机机场的统一标准和推荐做法可能在某种程度上不适用于大型飞机机场。

国际民航组织规定了成员国适用的认证机场运行要求，规定机场证书必须由有关部门根据适用于机场运营的条例签发。机场必须有一个安全管理系统，该系统应记录在机场操作手册中，说明机场安全管理的数据标准这些数据的报告将被标准化，以便不熟悉该机场情况的人员也能获得机场安全运行的基本信息。

国际民航组织规定机场中导航的技术细节、导航辅助设备和障碍标志、视觉辅助设备和电气系统等，介绍机场服务的主要内容和相关要求，包括紧急服务、停机坪管理、机场维护计划等。

## 5.14.4　国际民航组织对成员国实施安全计划的立场

国际民航组织的安全管理程序包含人员许可、飞机运行标准、适航性、空中交通服务、飞机事故和事件调查等。

国际民航组织要求成员国建立航空业的国家安全计划，以实现全民可接受的民用航空安全水平。国家安全计划是一个由成员国管理的安全管理系统，旨在提高航空安全性而制定的一整套法规和活动，包括成员国必须执行的具体安全活动、成员国颁布的法规和指令、成员国须履行的航空安全责任。

显然，有必要了解国家安全计划和机场安全服务提供商之间的关系。引入国家安全计划是因为人们越来越意识到安全规则将极大影响民航业的大部分活动,包括安全规则的制定、安全政策的制定和监督等。在国家安全计划的支持下,民航安全规则的制定是基于对成员国航空系统的全面分析,以及基于危险识别和安全风险管理制定的安全政策,集中监督重大安全问题或较高安全风险的领域。因此,国家安全计划提供了将不同国家的实际状态相结合的方法。

国际民航组织内部的成员国将协助其他成员国实施机场安全保护,合作开发安全数据管理的能力,从而在全球范围内建立民航安全管理所必需的合作伙伴关系。

## 5.15　安全管理系统和机场

### 5.15.1　将安全管理系统引入机场

安全管理系统并不新鲜,在许多将风险管理作为其运营不可或缺部分的行业中都有发现,如化学、核能、制造和建筑行业。从历史上看,安全管理系统主要面向人员的健康和安全,而不仅是设施的安全。在许多机场,现在采取了更全面的应用方法,不仅包括强制性的航空安全事项,还包括人员的职业健康和安全。安全管理系统在机场的具体应用比其他行业和环境更复杂,因为机场拥有大量不同身份的人员。传统的安全管理系统模式是基于一个场所内的单一管理者,管理者对所有活动都有直接控制权,也可以扩展到包括相关承包商,但基本没有涉及像机场这样复杂的管理情况。

事实上,所有机场第三方服务提供商都需要有一个有组织的方法来管理机场的安全, 包括必要的组织结构、责任、政策和程序。国际民航组织将上述方法和支持称为安全管理系统,该系统的实施一直是机场认证的强制性要求。根据国际民航组织的规定,安全管理系统至少应达到以下要求:第一,定义安全责任线,包括管理者的直接责任能力;第二,在机场实施成员国的安全计划,包括事故报告、安全调查、安全审计和宣传,制定适当的安全目标和程序;第三,识别安全隐患;第四,确保减轻机场的安全风险,制止安全威胁并及时采取安全补救措施;第五,对机场所达到的安全水平提供持续监控和定期评估。

安全管理的统一标准和建议程序通常针对两类受众群体:成员国和第三方服务提供商。在这种情况下,机场第三方服务提供商是指提供航空服务的任何组织,涵盖了在提供安全管理服务期间涉及的培训机构、维修机构、设计制造机构等。

国际民航组织的安全管理的统一标准和建议程序涉及三个不同的方面。第一,对国家安全计划的要求,包括可接受安全水平;第二,关于安全管理系统的要求,包括安全性能;第三,在提供服务期间,与安全管理相关的责任要求。

国际民航组织安全管理的统一标准和建议程序引入了可接受安全水平的概念,作为国家安全计划所保证的最低安全程度的方式,表现了第三方服务提供商的安全管理系统的评估绩效。

在建立成员国的安全管理标准时,国际民航组织对国家安全计划和安全管理系统进行了区分。国家安全计划是旨在提高安全性的一整套规章制度和活动,安全管理系统是一种有组织的安全管理方法。

国际民航组织安全管理的统一标准和建议程序要求成员国建立一个国家安全计划，以实现合理航空运营的可接受安全水平，这种可接受安全水平应由相关成员国自主确定。实际上，成员国在可接受安全水平的具体细节上可能有所不同。机场、航空公司、空中交通服务提供商必须对可接受安全水平的建立进行讨论分析，在某些情况下，机场往往会有不同的意见。

安全计划的范围很广，包括所有旨在实现航空安全的多项计划目标的安全活动。成员国的国家安全计划包括机场提供的必要服务、飞机维护的法规和指令等。国家安全计划包括对各种安全活动的规定，如事故报告、安全调查、安全审计等。以综合的方式实现国家安全计划需要完善的安全管理系统。

明确理解国家安全计划和安全管理系统之间的关系，对于成员国内部协调一致的安全管理行动至关重要。这种关系可以用最简单的术语表述，即国家负责制定和建立国家安全计划，空中交通服务提供商负责开发和建立安全管理系统。因此，根据国际民航组织规定，成员国应要求各个航空器经营人、空中交通服务提供商和经认证的机场经营人共同实施成员国批准的安全管理系统。

安全管理系统的概念可以分为几个部分：第一，安全是指风险被控制在可接受水平；第二，安全管理可以定义为资源的分配；第三，安全管理系统是指一系列有组织的事物，它们之间相互作用形成交付货物或服务所需的整体。虽然航空公司可能有自己独立的安全管理系统，但最终目的是让它们按照民航整体安全要求来实施管理，真正与机场安全管理系统融为一体。

安全管理系统是一组有组织的、相互关联的过程，用于资源的合理分配，以达到将风险控制在可接受水平之内。这种安全管理系统应识别实际和潜在的安全危害，确保实施必要的补救措施，保持可接受安全水平，提供持续监控和定期评估。

## 5.15.2　对当前可接受安全水平的评估

为了评估目前的可接受安全水平，有必要进行可接受安全水平的差距分析。一些安全管理系统和程序已经存在，事故记录和其他相关数据也是如此。要采取的简单步骤包括：现在有哪些安全管理系统？是否识别了所有与操作相关的危险？在已识别的危险中，是否对每个危险都进行了风险评估？是否有风险控制措施？存在哪些剩余风险缺口？这与机场的其他运营有何关系？是否与其他利益相关方有一些共同点？如何整合现有的安全管理系统和新的安全管理系统？

对当前可接受安全水平的评估可能会促进设备或基础设施的升级，或者政策、组织结构的改进。安全管理系统应该反映当前的情况，然后随着情况的变化进行相应的调整。

安全管理系统不仅仅是管理民航安全的合规性工具，还应反映出主动管理和降低风险的措施。

经成员国批准的安全管理系统还应明确界定安全责任，包括机场管理者的直接安全责任。国际民航组织制定了安全管理系统的概念框架，以及用于实现成员国国家安全计划目标的一些系统流程和活动。第一，监督应包括对每个认证的安全管理系统的审核；第二，国际民航组织通过安全监督方案，定期评估成员国国家安全监督方案的有效性，对可持续的安全监督方案加以补充，延伸到对成员国安全管理的审计；第三，成员国要求提交经过认证的机场手册，包含安全管理系统的详细内容。为了加强机场认证的有效性，国际民航组织规定，如果发现机场管理者的安全管理系统不完善，将考虑收回认证的证书。

国际民航组织正在编写新版规定，将收集分散在各类指南中的安全管理要求。同时，国际民航组织也正在优化其安全监督检查系统。

### 5.15.3　可接受安全水平

任何系统都有必要设定和测定绩效结果，以确定系统是否按照预期运行，并确定可能需要采取哪些措施来满足预期。可接受安全水平的概念是关于第三方服务提供商在开展核心业务时应达到的安全性能协议。在确定可接受安全水平时，有必要考虑风险水平、系统改进成本和公众的安全期望等因素。可接受安全水平因此成为监督机构、航空公司和机场确定航空安全性能的参考。

在实践中，可接受安全水平的概念可以用两种度量标准来表述：安全性能指标和安全性能目标，通过具体的安全要求来实施。

安全性能指标是对成员国安全计划的组成部分或运营商的安全管理系统的绩效衡量。因此，安全性能指标在航空业的不同部门之间会有所不同，如航空公司、机场和空中交通服务提供商。

安全性能目标是考虑对于单个运营商和第三方服务提供商来说，什么样的安全性能水平是满意的和符合实际的。安全性能目标应该是可确定的、可测量的和可接受的，并且与成员国的国家安全计划保持一致。

安全要求是用来实现安全性能指标和安全性能目标的实施手段，包括具体的操作程序、技术、系统或程序。

与使用单一指标或目标相比，不同的安全性能指标和安全性能目标将更好地洞察组织或行业部门的可接受安全水平。

可接受安全水平、安全性能指标、安全性能目标和安全要求之间的关系如下：可接受安全水平是总体概念，安全性能指标和安全性能目标是用于确定是否达到可接受安全水平的措施或度量，安全要求是实现安全性能指标和安全性能目标的手段。

很少有全国性的可接受安全水平，因为每个商定的可接受安全水平都应与单个第三方服务提供商的运营环境复杂性相匹配。虽然国际民航组织允许为国家安全计划建立自身的可接受安全水平，但是并不能免除作为成员国须遵守统一标准和推荐做法的责任。同样，为安全管理系统建立可接受安全水平，并不免除第三方服务提供商遵守并适用统一的标准、推荐做法和法规要求。

民用航空系统中安全性能指标的典型例子包括致命的航空事故、跑道偏离事件、地面碰撞事件、航空立法的发展、航空操作规程的制定、航空监管合规性水平。

民用航空系统中安全性能目标的典型例子包括致命航空事故的减少、严重事件减少、跑道偏移事件减少、地面碰撞事件减少、航空立法的完善度高、航空操作规程的合理性强、航空监管的严格化高。

高效的航空安全管理需要基础设施和航空服务作为支撑，包括机场、导航设备、空中交通管理服务等。一些国际民航组织成员国拥有并经营自己的空中导航服务，然而许多成员国已经在政府的统一监督下，将这些业务进行公司化运作。无论采取何种方式，成员国都必须确保维护和支持相关设施与服务，以履行其国际义务和满足其他成员国的需求。

如果监管职能和服务提供都由一个机构直接控制，成员国必须明确区分出监管者和服务提供者。

# 5.16　安全管理系统手册

## 5.16.1　概览

国际民航组织提供了安全管理系统手册的编制指南，提供了成功的安全管理计划和系统的相应理论，以及大量的支持材料，包括风险管理清单。

第一，应该有一个系统性的安全方法；第二，应该用主动管理来控制安全；第三，应该有一个责任明确的组织结构；第四，要有既定的程序要求；第五，应该有一个安全政策；第六，最终目标是保障民用航空的安全运行。

机场管理者有义务确保机场组织、设备和系统的安全，旨在控制危险并将风险保持在可接受水平。有效的安全管理系统应确保机场的安全水平不会因外部组织提供的活动、设备和物资而降低。例如，在停机坪作业中，大多数服务通常不是由机场管理者直接提供的。

国际民航组织要求在机场运营的各方都应遵守安全管理要求，并应参与到安全管理系统之中。换句话说，安全管理系统应适用于航空的所有层面和领域，包括机场的分包商、第三方服务提供商等。

## 5.16.2　安全管理系统手册的关键要素

第一项要素是政策、组织、战略和规划。颁布安全管理政策和安全管理流程；组织安全管理系统结构，包括人员配备和团体职责；实施安全管理系统战略和规划，包括设定绩效目标和资源分配。

第二项要素是风险管理。包括制定风险分析和控制框架，建立可接受安全水平，规定安全管理程序、设施和关键区域，识别危险和确定风险，针对高于可接受水平的风险制定解决措施。

第三项要素是安全保证。包括执行安全管理要求，提供持续的安全管理监控，检查安全管理设施，记录安全管理事故，接受安全管理事件投诉，排查安全管理缺陷故障，对安全管理系统进行内部审核。

第四项要素是安全宣传。包括创造积极的安全管理文化，有效传达安全管理信息，确保足够的安全管理培训，提升工作人员的安全管理能力。

安全管理系统需经过统一的协调和实施，其有效性需要通过持续的推广和培训来实现。

在这一点上，安全管理系统将转向这些主要安全领域中的每一个要素，并检查当前领域中最佳的安全管理实践。

### 1. 政策、组织、战略和规划

在已经运行的单个安全相关程序的基础上，实施安全管理系统并不容易，需要机场管理者非常坚定地承诺。机场管理者需要积极关注安全，并对其控制范围内的安全运营承担责任。这种承诺应该在组织的安全政策中得到体现，应提出具体的安全目标，即带有可测量指标的具体安全目标，以便在任务层面实施安全政策。机场管理者有责任审查安全指标，评估安全管理系统的性能，并决定安全改进的方法。

### 2. 安全政策

安全政策是一个组织对安全承诺的最高表达，安全政策应由机场管理者和工作人员共同制定，代表本组织的核心价值观，与其他政策同等重要。安全政策需要陈述安全目标，而安全目标又与组织的目标和运营效率相一致，与行业中符合要求的安全标准相关，须适用于工作场所的所有员工，能清楚说明机场管理者的职能和责任。安全政策一经确定，必须有效地传达给所有工作人员，并在以后接受定期审查，以确保其时效性。

### 3. 安全组织

安全是所有工作人员的责任，安全组织描述的具体安全责任是至关重要的，因为安全的主要责任必须始终保持在组织中。安全管理系统是管理安全的工具，除传统的组织外，安全管理系统还需要一个明确的安全组织才能有效运行，这包括管理代表、委员会和审计分析人员。安全组织结构有助于安全负责人与管理者之间的沟通，明确各自的权限、责任和职责，避免误解、重复和冲突，有利于进行危险识别和安全监督。安全组织必须得到上级安全委员会的支持，还需要建立一个外部安全委员会。一个运作良好的外部安全委员会能极大扩展安全组织内部的视野，并促使第三方做出安全承诺。

### 4. 安全规划

安全规划涉及多个相互关联的活动，包括资源分配、操作安全标准、组织安全目标、商定和衡量安全绩效指标、建立安全信息控制程序。一些具体例子包括获取与安全相关的手册、规范和条例，支持风险评估和事故调查的技术培训，管理安全信息和安全文件的行政支持。

### 5. 安全标准

管理者应始终牢记国际民航组织的安全标准和推荐做法，以及法规标准、规则命令的具体要求。作为安全认证的一部分，相关部门必须验证是否符合这些安全标准，将安全偏差写进报告并及时上报。在某些情况下，如果在经过正式的安全论证后认为安全偏差是可接受的，成员国则可以放弃符合某些安全标准。

安全标准中的路面状况、消防能力和导航设备类别等信息，必须在出版物中公布。当危险活动或潜在威胁影响到飞行员操作时，可以临时通知飞行员对安全标准和安全条件进行修改。

国际民航组织成员国的安全标准应设定总体安全目标，并包括具体安全活动的指导，如事故报告、安全调查、安全审计等，这些指令也可以成为安全标准，并应纳入安全管理系统。

### 6. 目标和指标

在给定安全标准或在没有明确安全规定的情况下，衡量安全的目标和指标是很重要的。对于基于性能的安全管理系统，需要包括意外事故、飞鸟撞击、异物碎片、跑道摩擦等。

事故和事件应该按以下类别报告：停机坪设备对静止飞机的损害，停机坪设备对移动飞机的损害，喷射气流造成的飞行设备损坏，燃料和其他溢出物污染，机组人员或乘客受伤。

航空事故主要指飞机运行期间发生的危险事件，该事件可能导致死亡或严重受伤，出现飞机结构故障或重大损坏、飞机失踪或完全无法恢复。

一些计量模型在航空安全事故反应性调查中发挥了关键作用，被许多安全管理者主动使用，用来帮助更好地还原事故的发生。

### 7. 安全信息和文件

如何管理和保护安全信息至关重要。安全管理系统本身应记录更新的、随时可用的安全信息，并存储到安全管理系统手册中。安全文件的要求十分广泛，包括培训记录、事故调查、后续行动、风险分析、缓解建议等。随着安全管理系统的成熟，数据库管理变得越来越重要，以便充分支持后续的安全分析和安全性能监控。

### 8. 风险管理

根据实际案例，风险被定义为合理可行的最低水平。事件的可能性及其潜在后果的组合，共同定义了该事件的风险。一些风险分析的例子将有助于具体解释这一过程。例如，在鸟撞事件中，机场管理者应记录下对机场造成危害的鸟类物种信息，包括鸟类的大小和重量、飞行方式等。根据这些信息，可以大致推测鸟撞事件发生的概率，估计鸟群对飞机的损坏程度。如图 5-1 所示，三业凤凰国际机场引进 20 门进口驱鸟煤气炮。

安全是根据风险来评估的，绝对的安全是不存在的，唯一的问题是一个系统是否有可接受风险水平。在进行可接受风险水平评估时，管理者必须考虑与危害相关的因素，分析风险发生的可能性和潜在后果的严重性。另外，虽然对一些安全威胁采用了风险控制，但是这些控制是否足够和合理，必须经过进一步的论证。

图 5-1　三亚凤凰国际机场引进 20 门进口驱鸟煤气炮

（图片来源：https://www.sohu.com/a/161768799_828779.）

由风险的可能性和后果可以产生三个级别的风险，即高到不可接受的风险、低到可接受的风险、采取某种缓解措施后降低到可接受水平的风险。在定义风险的级别时，同时需要考虑到成本和收益之间的比率。

如果满足以下三个条件，则认为风险水平是可接受的：风险小于预先确定的不可接受限值，风险已经降低到合理可行的最低水平，对系统的好处可以证明接受风险的合理性。

9. 危险识别

民用航空的危险部分包括高密度的交通量、混合的时段交通量、停靠飞机的脆弱性、野生动物危害、拥挤的停机坪区域、受设计限制的视线盲区等。

危险识别是特定于某个现场，不仅可能涉及实体的东西，而且可能与特定的过程有关。停机坪布局的特点是要求在停靠位置和有效滑行道之间的空间最小，这会使飞机的滑行路线变得复杂，飞行员的主动操作对民航安全变得至关重要。先进的地面引导系统和控制系统，可以用于控制和监视飞机、车辆在机动区域的运动。在军民两用机场，军事活动对民用航空有潜在危险，如军事飞行训练。由于多个航空公司同时占据一个机场，这可能会产生不同航班之间的进入准许、交通混合和应急响应等复杂问题。乘客对于交通模式、运营时间、文化语言方面的理解差异，可能引发机场地面的交通拥挤从而加剧危险的发生，并使机场工作人员的日常工作复杂化。

10. 风险缓解

国际民航组织安全手册描述了三个风险缓解级别。第一级是工程措施，消除了涉及设备、工具或基础设施的风险。第二级是控制措施，将风险降低到可管理的水平之内。例如，增加操作限制，张贴适当的标志，对旧设备进行预防性维护。第三级是人员行动，当发现风险既不能消除也不能控制时，必须教导工作人员如何通过程序和工作指令来应对风险。

引发风险的因素包括：引入未经培训的人员，施工项目使用临时通道，野生动物侵入跑道等。控制这些风险需要详细的工作计划，包括设施设备、路线规划、疏散程序、移交程序等措施。

对于何时应缓解风险，没有具体的规则，但应根据不同阶段结合实际情况来做出具体措施。例如，引进任何新设备或新工艺，改进飞行设备，对已有基础设施修改，着眼于风险规划，交付后试运行。实施风险管理需要考虑操作和维护之间的重复，不应影响现有设施的使用和维护，并考虑风险缓解之后谁会受到影响。

### 11. 安全保证

安全保证是一组旨在降低风险的操作控制活动。正常运行的安全保证活动范围是从航空规则的日常执行到安全管理系统的外部审核。

虽然没有任何事故是由单一原因造成的，但安全保证可以做出如下一般性的相互关联陈述：规章和程序有时得不到遵守；存在不遵守纪律的情况；工作人员警惕性缺失；天气等自然条件限制；设备技术要求不达标。

几乎所有这些安全保证都可以通过充分的监督来实施，使安全威胁在很大程度上得以缓解。

## 5.17　安全管理系统的实施

### 5.17.1　问题

尽管所有的利益相关者都觉得有必要根据国际民航组织要求，在整个机场范围内实施安全管理系统，但仍有一些因素会影响其有效性。

### 5.17.2　复杂性

国际民航组织要求机场和航空公司实施安全管理系统，但是这在各实体之间造成了重复情况。尽管民航业已在组织上有了结构化的系统，但还必须对其进行修改，以接入机场安全管理系统接口，这是机场认证过程所要求的。目前，许多成员国的机场已经报告了普遍存在的实施问题，一些成员国已通知国际民航组织自身在执行要求时会有调整。因此，机场安全管理系统的复杂性仍然需要定期观察，并在全球航空范围内进行安全评估，报告利益相关者不明确的责任问题，如规划和行动反应缺乏协调、管理培训不足等。

遵循僵硬的一刀切模式是不可能实施安全管理系统的。当地的地理环境和活动范围，将影响安全管理机构采用的部署方法，重点必须放在安全管理系统中所有要素的有效实施上，而不仅仅是形式化的简单管理。

在这种背景下，政府可以让机场收集初始数据，完成差距分析，编写安全管理系统手册。由于机场中大部分是大型航空公司的机场，政府需要认识到这一问题重要性和可扩展性，尝试发起一个试点项目：首先，让较小的机场参与其中，应用与大型机场相同的差距分析和安全管理系统手册开发要求；其次，政府确定在实施安全管理系统时遇到的挑战，并总结和吸取经验教训；最后，在许多机场参与项目之后，政府可以收集所有航空公司的研究结果作为报告。

一些机场愿意主动参与政府组织的计划研究，是因为它们很早就认识到安全管理系统的价值，希望在实施国家安全计划方面发挥作用。因此，政府在制定规则之前，需要考虑到一些机场已经在自身范围内实施了安全管理系统的实践，并在其安全管理系统的计划中纳入细节性的条款，如非破坏性碎片处理和野生动物危害管理。

因此，政府部门通过制定规则来确定并发布安全管理系统的实施条例。同时，试点项目的调查结果可以表明采用安全管理系统的流程，应尽可能使用和整合现有的程序，已确定的流程不会也不应该导致对现有机场的彻底改造。

### 5.17.3　安全宣传和文化

实施机场安全管理系统的一个关键因素与组织环境的文化有关。如果只是设计最好的系统却不能正常运行，它也是无用的。机场安全管理需要社会的支持和符合安全目标的文化环境来共同实现，因为文化环境是重要的，不管安全管理系统的清单和程序有多详细，它在很大程度上依赖于安全信息的自愿报告，离不开公众的积极支持。安全管理体系的文化在现实场景中有时被称为"生产文化"，这个术语描述了积极主动的安全文化环境。

积极主动的安全文化由以下元素确定：知情文化，即工作场所安全因素的知识；公正文化，即信任的氛围；报告文化，即愿意报告错误；灵活文化，即安全是所有人的责任，而不仅仅是领导者的责任；学习文化，即从安全数据中得出正确结论，及时采取纠正措施。

这种文化的发展不是一蹴而就的，它通常是管理部门有意识决策的结果。

### 5.17.4　沟通

沟通在任何安全计划的有效实施中都起着至关重要的作用。在机场安全管理背景下，沟通是多方面的。有趣的是，在航空飞行安全管理中，这一领域已经根据目的对通信进行了分类，这使得机场在计划和实施安全管理系统时更加有效，具体包括：交流提供信息，建立良好人际关系，遵循可预测的行为模式，始终保持对任务和监控的关注等。

有效的沟通是一条双行道，需要不断鼓励和跟进才能影响到所有利益相关者。同时让各方都参与进来，保证各方在安全管理系统中创造自己的所有权，这是创造安全文化的重要一步。

有效的沟通对于机场安全经验的传播至关重要，机场安全报告系统必须支持及时报告，并且报告信息应该快速、无过滤地到达组织的最高层。

### 5.17.5　人员的培训和能力

在实施安全管理系统时，需要考虑两大类培训：一是安全管理系统本身的培训，二是安全相关任务的能力培训。事实上，为了促进机场安全管理系统的发展，就人力资源而言，培训并不是唯一要考虑的因素，但相关组织在评估时对于工作人员执行任务和职责的能力也很看重，尤其是那些涉及核心运营的重点人员。

机场安全管理系统的人员培训应对照矩阵格式的组织结构图和职位描述，仔细分析系统的运营需求，确保每个职位的培训要求得到正确识别。在大多数情况下，被招聘的个人虽然已经具备该职位所需的知识、技能、资格和个人品质，然而上述内容可能不一定是特定于机场的，只属于特定职业的，需要实施专业的差距培训，如执行机场运营中的相关安全任务。

机场安全管理系统的培训应在所有级别的工作人员中都进行，并针对不同能力的人群进行专门的演示，培训过程需要记录和接受审计，还应进行多次复习培训。具体包括机场熟悉程度、机场通信技术、报告机场不安全情况等。

### 5.17.6　指导和资源

机场安全管理系统的指导材料可在国际民航组织的附件中找到，其中一些具体的实施建议，虽然被认为是某些国家的特定情况，但是已经作为全球各国机场合作计划的一部分出版发行，在某种程度上可视为行业实践和参考指南。

机场安全管理系统的电子资源作为一种差距分析和审计工具，在各个机场已经展开合作。机场管理者通过互联网等信息技术手段分享机场安全管理系统的文件和实施过程中的有关经验教训，一些国际机场已经在网站上发布了完整版的安全管理系统手册。

## 5.18　机场安全管理系统实施的关键成功因素

在民航业的安全管理中，成员国要求严格按照国际民航组织的安全标准和推荐做法实施机场安全管理系统，但是有些因素会影响在机场范围内实施安全管理系统的成功程度，有两个决定性因素尤为突出：集成技术和通信技术。

### 5.18.1　集成技术

在机场安全管理系统实施中，最重要的因素是集成技术，而其他因素如领导力、责任和义务虽然也很重要，但是如果没有真正的集成技术，无论是机场管理者内部还是其他第三方服务提供商外部，安全管理系统的实施都注定会失败。

集成技术的许多问题在于安全管理系统是由各种机场第三方服务提供商独立开发和实现的。这些问题的出现有着极其复杂的原因，因为目前没有任何一个安全管理系统对其他安全管理系统有着控制性影响。国际民航组织曾要求在机场中各方都应遵守机场管理者的安全要求，并应参与到机场提供的安全管理系统之中，然而现实问题仍然是如何与机场安全管理系统进行集成整合。如果机场按照国际民航组织的要求建立了自己的安全管理系统，那么没有合适的集成技术，其他第三方服务提供商尽管愿意却很难顺利加入其中。

安全管理系统的有效性需要通过机场管理者的协调来实现，通过机场管理者持续的推广和培训来支持。实现这一目标的途径需要通过与其他的第三方服务提供商进行协调。由于机场中每个安全管理系统都有各自的原则，对于机场管理者来说，现有的困难在于很难获得其他机场管理者的承诺，因为要把自己的信息和非敏感数据进行共享，并不一定符合机场的整体安全立场。

安全管理系统由一整套安全流程组成，涵盖多个领域和对象，包括航空公司和其他经认证的第三方服务提供商。正是由于安全管理系统这种复杂性，如果要控制或减轻系统的风险，确保操作的安全性，就必须以集成的方式对系统进行管理。

归根结底，机场管理者应满足机场安全管理系统实施的相关要求，包括按时提交机场手册来获得认证等。作为机场运行的一个重要组成部分，机场管理者必须向监管机构提交相关文件，以获得或保持其机场许可。

## 5.18.2 通信技术

随着机场对通信效率需求的增加，人们逐渐认识到通信技术在机场安全管理系统实施中的重要价值。虽然目前已经存在许多支持安全管理系统的软件，但这些软件通常是在与其他机场隔离的情况下创建的，需要使用通信技术作为一种解决方案。另外，由于机场安全管理系统不是真正自动化的，仍然依赖于通信技术给予支持。

为适应大量运营需求而开发的移动解决方案，是未来机场发展的趋势。通信技术具有实时数据共享的特性，有助于为机场安全管理创造效率。这样不仅提高了安全性，还产生了积极的收益，因此通信技术的价值是不可低估的，这是一个未来将会发生预期变化的领域。合并通信技术的解决方案将促使机场所有的第三方服务提供商使用一个公共通信平台，这可能为机场电子安全管理系统的出现提供一个真正的机会。

2001 年"9·11"事件震惊了世界，给全球的民航安全敲响了警钟。为了防止在机场安全管理系统中发生重大失误而造成严重航空事故，机场管理者应该始终保持警惕。除非机场安全预防措施得到应有的重视，否则针对民航飞机的恐怖袭击就会再次发生，给世界造成巨大的生命财产损失。

1. 简述国家机场安全的内容。
2. 分析机场安全的影响因素。
3. 简述机场实现旅客安全的解决方案。
4. 什么是机场中的车辆安全？
5. 如何实现机场中的行李安全？

自学自测　扫描此码

# 第6章

# 机场地面通道管理

## 【学习目标】

- 掌握机场地面通道的形成原因；
- 学习旅客通道的管理方法；
- 掌握工作人员通道的基本特征；
- 熟悉第三方服务提供商通道的管理方法；
- 了解行李通道管理的发展背景。

### 高铁磁浮公路地铁无缝衔接 长沙机场"换乘之王"5分钟内全搞定

【红网时刻新闻】2024年4月21日讯（记者 陈雪骅 通讯员 蒋维 赵紫薇）长沙机场改扩建工程又迎来突破性进展，4月21日凌晨3点，随着最后一方混凝土屋面板的浇筑完成，中国建筑第五工程局有限公司长沙机场综合交通枢纽（grand traffic center, GTC）项目西停车楼1-7区顺利完成封顶。因其"交通接驳方式最多、无缝换乘效率最高"的属性，该项目为长沙机场在国内赢得了"换乘之王"的美誉。

20日晚8时，红网时刻新闻记者在施工现场看到，塔吊林立，焊花飞溅，工程车穿梭不息，大型机器轰鸣作响，工人们正挥汗如雨，处处都能感受到项目建设的"热度"与"速度"。当晚，现场200多名施工人员及管理人员连夜奋战，至21日凌晨3时，顺利完成400余立方米混凝土浇筑，浇筑面积约为1200平方米，相当于3个篮球场的大小，视觉效果极富冲击力。

此次长沙机场改扩建工程使用的混凝土，全部来自一家品牌国企中建西部建设湖南有限公司。参与监理的湖南长顺项目管理有限公司赵振澜介绍，此次西停车楼封顶于混凝土浇筑前，采用了"密肋楼盖"新模式，它适用于跨度和荷载较大的多层建筑，具有性能好、省材料、造价低、施工效率高等优点，湖南省还是首次应用这项技术。

作为湖南省的"一号工程"，长沙机场GTC项目总建筑面积28.5万平方米（不含轨道交通站厅、站台面积），楼高30米。该项目拟建设为国内交通接驳方式最多、无缝换乘效率最高的现代化立体交通综合枢纽，其建设集成了4类轨道交通、5条轨道线路，可实现步行5分钟在300米内完成机场、高铁、磁浮、公路、地铁、城市交通等多种出行方式的"无缝换乘"，以其换乘方式之多、效率之高，堪称全国机场"换乘之王"。

据中建五局长沙机场GTC项目经理黄易平介绍，此次封顶的1-7区是西停车楼首块封顶的区域，GTC项目建成后，旅客从机场航站楼出口到停车楼仅需步行140米，3

分钟内即可到达。

重大项目建设是推动经济发展的主要抓手和强力支撑。长沙机场 GTC 项目部正结合现场实际，科学部署、有序施工，协调各方资源，并在班组之间开展"超英杯"劳动竞赛，为项目顺利完成节点任务提供有力保障，奋力按时按质按量完成项目建设，高标准建设打造湖南省窗口工程、精品工程、标杆工程。

下一步，项目部将制定科学合理、严谨可行的施工方案，倒排工期计划，排除天气等季节因素影响，在西 1-7 区喜封金顶的基础上，加快其他区上部主体框架施工，突破现场技术难点，确保现场施工多点开花，争取让长沙机场"换乘之王"早日落成，为民众提供更加便捷高效的换乘体验。

（资料来源：https://baijiahao.baidu.com/s?id=1730726987081951846&wfr=spider&for=pc.）

**【案例思考题】**

（1）机场低成本交通解决方案有哪几种？

（2）什么是出入机场地面交通系统中的点对点式交通模式？这种交通模式有哪些特点？

（3）轨道交通和公路交通相比，各自的优点和缺点是什么？结合案例进行说明分析。

# 6.1 区域性机场通道

"去机场"可能对于乘客而言始终是一个挑战，因为机场的位置一般都比较远，去往机场的道路可能会拥堵，机场的地面交通模式也很复杂和混乱。对于大多数旅行者，尤其是那些打算在高峰时间去机场的乘客来说，去机场可能是他们整个旅途中最烦人的一部分。同样，对于机场和航空公司的员工来说，每天往返机场也是异常困难和昂贵的。如何方便、准时地到达机场几乎成了机场地面交通的最核心问题，机场管理者和政府需要采取必要的举措以解决这个难题。

一种常见的办法是在机场和市中心之间建设高速轨道连接。现代车辆的概念加速了机场和目的地之间的交通，这引起了地方政府和建筑业的共鸣，激发了在世界范围内建立高速轨道系统的热情和决心。在这种情况下，许多城市建造了机场快线，或者在城市和机场之间修建了一条轨道。例如，上海开通了从浦东国际机场到市中心的磁悬浮高速列车。在一定程度上，这种流行的轨道交通设施是解决机场地面交通问题的有效方法之一。

机场管理者如果想恰当地处理机场地面交通问题，就有必要了解机场交通的性质、交通系统的成本和性能，掌握交通流量的性质、分布以及乘客的偏好，比较各种交通技术的可能性和不同情况下的首选方案，思考如何与现实中潜在的机场投资者的标准相匹配。

## 6.1.1 机场地面交通的特殊性

机场地面交通的用户通常由三类组成，每类用户都有着独特的出行模式和需求，因此机场管理者必须认识到机场地面交通不同于城市内部地面交通的特殊性。

出发和到达的旅客是机场地面交通的重要组成部分，这一类交通占机场总交通量的一部分比例。然而，这一比例在很大程度上取决于当地的具体条件。如果机场是一个中转枢纽，它将有着相对较少的始发和终达旅客，那么这些旅客占整体的比例较小。

由于日常生活中人们有着旅游、探亲等大量个人出行的需求，机场管理者很容易错误地关注了出发和到达的旅客在机场地面交通出行中的现实重要性。机场中旅客的数量可能是所服务城市地区人口的数倍。即使在航空运输不太频繁的地区，机场旅客的数量也很庞大，基本等于相邻城市的人口数量。

然而，只关于旅客数量也会具有一定的误导性，还需要考虑旅客出行的频率。出发和到达的旅客在每次个人出行时，往往只有一次出入机场的行程，因为他们的出发或到达都是单向的。始发或终达的旅客每人只往返机场一次，近似地对应一次车辆行程。但是如果某一车辆出现空载，则人均往返机场次数就多于一次；如果旅客们共乘同一车辆，则人均往返机场次数就少于一次。如果安排专车接送到机场或者禁止出租车在机场接人，旅客的出入机场可能会涉及多次的往返行程。

旅客在机场地面交通问题中具有突出的地位，主要是由于特殊的需求特征，而不仅仅是他们的数量。首先，旅客通常会集中在机场的正门；其次，旅客具有焦急的心理，他们害怕航班延误或耽误登机；最后，大多数乘客对机场的地面环境不熟悉，易于受到标志的误导而导致机场秩序混乱。

机场的雇员和员工每天都会准时地往返于机场，这种规律出入机场的行为是固定的。如果机场还是一家航空公司的维修或培训基地所在地，它将有更多的员工和商户。

与出发和到达的旅客形成鲜明对比的是，机场的雇员和员工数量相对较少。虽然在繁忙的机场中有数以万计的工作人员，但他们通常不到旅客数量的千分之一，这个数字很值得引起机场管理者的注意。

然而，一些雇员和其他商业人员也并不是每天都要往返一次，他们可能会因为工作原因多次往返机场。因为公司经常性地安排出差，平均到每个机场员工一年大约要出差多次，交通工具的首选肯定是飞机，这种高频率弥补了机场雇员和员工的低数量，并使雇员和员工的交通流量与出行旅客处于同一数量级。

机场的商业设施交通分散在机场周围的各个地方，如货物区和其他远离主客运大楼的设施。机场的雇员和员工在机场地面交通系统中的行动距离较远，而且行动轨迹各不相同。

补给、配送和其他商业车辆出入机场的行为是随机的，需要结合机场运营的实际情况进行分析。虽然与前两者有着显著的不同，但是这一类交通流量具有相同的数量级。这个事实纠正了以前机场地面交通系统中的错误观念，即只关注旅客而忽视其他交通流量。机场旅客只是机场交通问题的一部分，来自第三方服务提供商的商业运输车辆对机场地面交通系统的作用是不容忽视的。

杭州机场交通中心

**发展历史**

2022 年 9 月 16 日起，杭州机场交通中心的停车库、网约车上客区、T4 出租车上客区、B2 层地铁口同步试运行，汽车客运站预计一周后启用。

**机构简介**

机场交通中心是杭州机场三期项目的主要工程之一，位于新老航站楼之间，这样的布局使旅客换乘步行距离达到最短。交通中心总建筑面积 48 万平方米，地上 2 层、地下 4 层，集地铁、高铁、大巴、出租车、网约车、私家车等于一体，实现多种交通方式无缝衔接。其中，交通中心停车库为多层地下停车库，总面积超过 25 万平方米，共分为 4 层，设计停车位 4400 个，包含无障碍车位 112 个、充电车位 524 个，支持银联无感支付、ETC 支付、场内付等多种缴费方式。停车库内设有无障碍卫生间、哺乳室等服务设施。停车库未来还将推出智能停车导航和反向寻车导航功能，让旅客在家就能一键导航至停车位，免去找车位的烦恼，实现"一键畅停"。

## 6.1.2 机场地面交通的分布

机场地面交通分布的一般规则是只有小部分的交通流是去往或来自某一特定的目的地，大部分的机场交通流量分布在广泛的区域。这一事实对于正确理解机场地面交通问题是很重要的。

来自市中心的乘客仅产生一小部分往返机场的行程。第一，大都市地区的乘客很多居住在城市的边缘地带，或者位于至少离市中心有一段距离的公寓。无论旅客是商务出差还是个人旅游，通常是从他们居住在远离市中心的家开始整个行程。第二，来自外地的游客，虽然可能会到市中心去观光住宿，但是如果拜访朋友或亲戚，他们可能会去朋友或亲戚的家中。第三，即使是来自外地的商务旅客，也不一定会去市中心，因为他们要么前往分布在市中心周围工业区的公司，要么寻找离市中心较远的便宜酒店入住。一般来说，直接来自或去往任何城市中心的乘客比例都很小，机场行程中只有一小部分与市中心有关。

机场的员工和第三方商业交通主要流向城市边缘，这种交通将机场与城市边缘地区的住房和工业成本较低的公寓连接起来。唯一例外的是，这种交通可能会直接连接到市中心，因为大量机场商业活动与城市中心的商业贸易有关。

总的来说，只有少部分的机场交通流量会直达城市中心。当然，确切的数量取决于机场规划者如何定义城市中心和当地的实际情况。在任何情况下，与城市中心直接相连的机场交通比例都很小，机场交通的大部分流量都广泛分布在城市的各个区域。

直接通往城市交通中心的流量总是趋向于减少，这是因为大型枢纽机场的出现。大型枢纽机场虽然拥有最繁忙的交通，但一般都只作为航线中的换乘枢纽。这些机场有着相对较少的始发或终达乘客，自然也就意味着较少的交通流量出入机场而通往市中心。

## 6.1.3 机场旅客的偏好

事实上，乘客最关心的是如何准时到达机场，往往需要提前考虑出入机场的时间可靠性，错过一个航班可能影响很多后续日程例如接受延迟到第二天的下一航班，因更换航线或升级舱位而产生额外成本，错过事先安排好的商务会议或个人事项。

对于乘客而言，可靠性高的转机比飞机的速度更重要。为了处理不可靠的转机而按时到达登机口，乘客通常会留出大量的额外时间来准备转机。虽然乘客会预留一个时间缓冲区，使他们不会错过航班，但是预留额外的时间准备转机，相当于接受一个更慢的飞行速度，实际情况已经表明，乘客不愿意牺牲自己的额外时间来保证转机的可靠性。

总体来说，乘客希望机场地面交通系统能够广泛、迅速地把他们分配到大都市地区的各个目的地；而机场工作人员也同样需要一个便捷的地面交通系统，以便把他们从机场送到他们分散在郊外社区的目的地。如果机场地面交通系统仅服务于几个特定地点，而不能将机场交通网络与城市交通网络便捷地连接起来，就不能完全满足所有用户的机场地面交通需求。

交通工具的价格是乘客一个重要的考虑因素。相比于出行时间可靠性和交通方式可用性，它通常是旅客的第二选择因素。商务旅客愿意支付数百元乘坐飞机，也愿意支付往返于机场的地面交通费用，而家庭旅客可能会对机场地面交通的价格更加小心。此外，交通工具的价格对机场雇员和员工来说也是很高的，因为他们每天都要为往返的行程付费。简而言之，虽然少数用户愿意为更优质的交通服务付费，但是大部分用户不愿意负担高昂的机场地面交通费用。

对机场地面交通工具的价格考量将乘客和机场工作人员引向了其他类型的交通工具。当用户拥有私人汽车时，就会更愿意使用私人汽车出入机场，享受到更实惠和方便的机场地面交通服务。乘客们也更喜欢出租车，因为这类交通工具的价格都是统一的，每个乘客自然愿意支付相同的额外花销，出租车司机并不会因为路程差异而漫天要价。尤其是对于团体旅行的家人、朋友或同事，每次旅行的人均费用要低得多。当团体旅客考虑去机场的总交通费用时，出租车似乎是一种更经济的方式。

总体来说，机场地面交通系统的所有用户都需要一个可靠的交通系统，能够将他们快速分配在整个城市的各个地区。只要用户能够选择到廉价的地面交通方式，他们就不愿意为个人出行支付其他费用。

### 6.1.4 机场经营者的需求

机场管理者通常有义务推广轨道交通和其他形式的公共交通。一些主要机场面临着没有建设机场公路容量的能力，它们就必须发展轨道交通，否则将面临严重的交通堵塞问题。随着城市的发展，机场将不能仅依靠当地的高速公路来提供可靠的交通服务，还需要通过正确的方式与当地公共交通系统连接起来。机场管理者可以将机场道路管理系统接入到大都市的轨道交通和公共交通网络，把机场与多条轨道连接起来，建立与市中心公共运输网络连接的交通系统。此外，为了最大限度地利用机场的航空资源，轨道交通有时不是一种选择而是一种必需，一些岛屿机场都建设有通往陆地的轨道和海底隧道。

许多机场管理者面临着强大的现实压力来限制汽车进入机场。因为汽车通常承担大都市地区巨大的经济活动，禁止汽车进入机场意味着禁止更多的商业和贸易活动。一些政府和组织把这种限制令看作提高环境质量的重要途径，也看作是引导乘客积极选择公共交通出行的主要手段。因此,这些机场管理者正在不断开发区域性公共汽车服务,以限制更多的乘客开私人汽车前往机场。当然,机场管理者的经济利益也会因此受损,因为机场总收入的一部分来自停车费。

最近几年,许多主要机场安装了轨道交通系统。通过城市轨道系统或长途轨道系统,许多机场已经可以覆盖到不同的国家或城市之间的地面交通。越来越多的轨道交通系统开始进入现有市场,占据了更高的机场交通运输份额。

# 6.2  低成本交通解决方案

## 6.2.1  问题

高速公路是出入机场的主要方式之一。汽车、出租车、面包车和公共汽车在机场地面交通中占据主要地位,因为对于大多数去机场的人来说,汽车为他们提供了最方便的出行方式。乘客和机场员工意识到这种机场交通形式可以实现在整个大都市区分配交通流量的基本功能。此外,传统的公路交通还能通过提供更方便的租车服务或更昂贵的豪华车服务来迎合不同乘客的需求。

机场管理者意识到,除了超大型机场之外,大部分机场都服务于交通拥挤的地区,有着广泛的公路交通网络。与轨道连接相比,高速公路的建设相对容易,成本也较低。此外,高速公路也为机场创造了乘客的停车需求,停车费是许多机场的主要收入来源。不同城市间的高速公路无处不在,机场运营商通常只需要简单改造来连接到现有的地面交通系统。

机场管理者的现实问题是在什么情况下,应该采用何种出行方式作为一种辅助式地面交通系统。新建的轨道项目,无论是城际铁路还是城市内部轨道,都非常昂贵,其实用性也可能具有争议,甚至难以实施。新建的轨道项目在机场开工建设前需要讨论数年,有的在机场建造多年后才开通。这种直通机场的轨道系统非常显眼,但需要考虑在何时何地建造才更有意义。

## 6.2.2  点对点式交通

机场管理者在计划新建一个机场地面交通系统时,首先需要估计潜在的用户数量。如果只有很少的乘客和员工使用这个交通系统,就不能发挥其应有的运输功能。如果机场的交通流量较低,地面交通服务很可能是不频繁的,这将阻碍潜在乘客的加入。在这种情况下,交通工具的票价可能不足以支付地面交通系统的运营成本,更不用说支付初始交通系统的建造投资了,反而会造成巨大的财政损失。充足和可持续的交通流量对于任何机场地面交通系统的运营都是至关重要的。

替代性的机场地面交通系统通常很难与高速公路竞争,特别是在高速公路系统建立之后,这种地面交通系统通常以不利的条件进入机场地面交通市场。当这项新地面交通系统服务开始时,人们可能已经有了自己的汽车,出租车和公共汽车可能已经大规模普及，愿意加入新地面交通系统的乘客就会很少，机场很难对这个新地面交通系统提供持续性的服务。面对着随叫随到的出租车服务，新的机场地面交通系统服务将面临激烈的竞争。为了使新机场地面交通系统成功地运行实施，机场管理者需要仔细考虑如何使这种替代性交通服务更具有竞争力。

对交通运输方式的竞争性分析有助于确立机场新地面交通系统的相对优势，使机场关注乘客整个旅程中不同交通方式的时间、成本和便利性，实现家庭或办公室与机场之间的点对点出行。机场管理者需要考虑点对点交通的体验，因为乘客关注的是一次旅行的整个经历，而不仅仅是某段行程。机场新轨道交通系统的介绍往往集中于各站之间的速度，却忽略了点对点交通对于乘客的重要性。乘客通常不得不花费大量时间等待发车，在往返于不同车站时耗费大量的精力。如果乘客在列车到站前进入车站而没有延误，就能顺利地在短时间内实现长途往返。然而在通常情况下，乘客需要步行到车站等待列车，从列车站找他们想去的站台，这些操作增加了相当多的旅行时间和费用，忽视了点对点交通在机场地面交通系统中的含义。对于许多乘客来说，乘坐轨道交通的旅行可能比直接从家或办公室乘坐出租车更慢，因为他们不得不忍受换乘多辆车次带来的不便。

为了解拟建新机场地面系统的竞争地位，机场管理者需要仔细估计各种点对点交通方式中的时间和成本。除了与交通方式相关的直接成本，如出租车费、客车费，机场管理者还需要花费更多时间和精力来现场验证，如自己从酒店乘出租车到机场，等待购买返程的轨道车票之后再返回酒店。

机场管理者还应该考虑轨道或替代交通系统所有者的投资成本。事实上，乘客为公共服务支付的费用并不代表它的真实成本，公立机场管理者可能会将此视为大城市公共交通中正常补贴的一部分。然而，私营机场管理者必须始终关注投资成本，因为其自身将承担机场盈亏的风险。

## 6.2.3　轨道解决方案

点对点交通时间和成本的比较分析表明，在经济盈利的环境下，机场通道中的轨道交通系统可以与公路系统竞争。机场轨道交通系统的有利因素如下：第一，可凭借机场中大量的客流来抵消成本，通过提供优质的交通服务，减少乘客等待航班的时间，持续吸引更多的乘客；第二，现有的机场轨道交通系统证明，其能降低机场转机的成本；第三，依赖于各国铁路交通系统基础，其很容易连接到大都市的城市交通系统；第四，相比于机场轨道交通系统，汽车进入机场时容易存在交通拥堵，许多岛屿机场和偏远机场的出租车服务覆盖率也始终较低。

但是，同样的分析也表明，即使在大城市，大多数机场也很难证明轨道交通系统的合理性，因为它们太贵了。城市如果没有通往机场轨道交通系统的便捷通道，机场轨道交通系统的服务人群就会太少，导致机场管理者没有得到足够的回报，轨道交通系统最终就不具有成本效益，机场与轨道交通系统的转接对机场地面交通问题的解决贡献甚微，下一步需要为机场轨道交通系统的规划提供更详细的指导。

### 6.2.4 公路解决方案

对于大多数机场来说，公路是最便捷的交通方式，提供了一条最具成本效益的机场交通通道。公路交通系统可以灵活服务于整个大都市地区，而且无须巨额投资。机场管理者可以灵活调整这一系统中的车辆和路线，以满足各种乘客和员工的需求。这些交通工具可以是私人汽车和出租车，也可以是各种形式的公共交通工具，如客车和公共汽车。

虽然使用汽车的公共运输并不先进，也没有得到社会应有的关注，但是因为使用公路交通系统可以有效地将人们分散到整个大都市地区，与大而集中的轨道交通系统相比，它是小而分散的。基于私人汽车、出租车、公共汽车和客车的公路交通系统已经在许多国家和地区被证明是成功的。

机场管理者应对拥挤的地面交通需要付出巨大的努力。一个拥有千万名旅客的机场每天可能接待数万辆汽车，在高峰时间会同时接待数千辆汽车。这些数字给人的印象是必须努力建立适当的机场地面交通通道，三车道对于这样拥挤的交通是必需的。这里引用的数字只是说明机场所需公路的实际数量取决于当地条件。对于有许多乘客换乘的枢纽机场，乘客不需要机场的地面交通通道，所需的车道数量相对较少。在经济不发达或地形险峻的地区，当地居民要么拥有相对较少的私人汽车数量，要么习惯于使用公共汽车，甚至不愿意自己开车去机场。相反，有些经济发达或地形平坦的地区，拥有通往机场的高速公路比其他地方要更多。然而，这些差异只是程度上的问题，大型机场不可避免地需要与地区内高速公路网络进行广泛连接。

主要机场需要制定合理的策略来减少到达机场的车辆数量。尽管汽车能够为机场提供丰厚的停车收入，但它们也造成了大量的路边设施成本，如高架道路和车库的修建费用，以及对拥挤的客运大楼周围空间的过度占用。此外，私人汽车更容易造成空气污染，机场管理者需要鼓励使用其他形式的高载客车辆。在某些情况下，轨道通道可能是一个很好的方法。然而，各种各样的交通方式的综合使用，才是机场地面交通系统提供的最佳服务。机场管理者需要考虑每一种交通方式的可能性，并努力优化整体的地面交通系统，向潜在的不同客户群提供优质的交通服务组合。

## 6.3 停 车

现代机场地面交通系统需要很多停车位，但是机场应该如何提供停车位是一个整体问题。机场管理者需要考虑车位的数量以及为机场停车服务的方式。

传统上，机场管理者是根据乘客总量的比例来估算应该提供的车位数量。许多原因导致这种方法不再有效。第一，因为许多乘客只是在机场转机，他们不是潜在停车的顾客。第二，在某些情况下，轨道交通和出租车的存在减少了开车去机场的旅客数量；在某些情况下，私人汽车进入机场是被禁止的。第三，机场内的停车位会面临来自机场外长期停车场的竞争。尽管如此，在一些发达国家主要机场里机场的停车位仍然有着一定的数量级。乘客实际的停车需要或期望的停车位数量，取决于当地的实际情况，如人均的汽车保有量、城市公共交通的可利用度以及当地的环保政策。无论如何，各大机场的管理者都需要在地面交通系统中设立数千个停车位。

机场停车位是一项有利可图的大生意，因为它为机场创造了可观的收入。机场停车收入是机场总收入的重要部分，而在小型机场中停车收入的平均比例会更高。机场管理者需要认识到，机场的停车位始终面临着不同需求的乘客，拥有多个不同的细分市场，需要通过最优的停车场设计方案，最大限度地保证提供给每个乘客最便利的停车服务：每小时的短期停车场，用于接送到达的乘客；高级停车场，用于提供各种特殊服务；靠近客运大楼的结构化停车场，服务于短途旅行的乘客或愿意使用高级设施的商务旅客；长期、偏远、较便宜的停车场，主要在机场附近，由私人提供设施；出租车停车场，只允许出租车使用；员工停车场，服务对象为机场的员工。此外，机场管理者应该注意到，越来越多的用户愿意在车里等候接机，为这群用户建立专门的司机等待区是合适的和有利的。

## 6.3.1　短期停车场

使用每小时停车服务的司机，有时能接到航班抵达的乘客，有时也能去主动送乘客。这些司机想要在靠近客运大楼的地方停车，这样他们就不用长距离搬运行李。即使没有合适的位置停车，这些司机也会在机场客运大楼前的路边等候，在机场周围转圈，或者在等待区休息。因此，短期停车场既满足了乘客的交通需求，又有助于缓解客运大楼前人行道上的交通拥挤。

为了提供短期停车的空间，机场管理者需要预留出一些方便的区域，可以通过在停车场安装单独的入口和出口来实现，并且最好与日常停车区进行隔离，以在最靠近航站楼的入口处提供短期的快速停车服务。机场管理者可以收取较高的小时费，来确保为每小时停车者提供足够的停车位。这种高昂收费对于仅停留 1 小时左右的旅客来说是负担得起的，但对于想要 1 天或几天连续停车的乘客来说显然是不划算的。

专用于每小时停车的停车位数量可能会相对较少。因为人们每次在这些停车位停车的时间都很短，所以单独的停车位在一天之内会被不同的乘客使用多次。当乘客停留时间较短时，机场停车位的预容量就会显得较大。

短期停车场为机场运营商提供了两大好处。第一，短期停车场缓解了机场客运大楼前人行道上的拥挤。第二，短期停车场是有利可图的，因为每个车位的价格很高。机场管理者可以先将停车场的用户按照是否愿意支付高价进行划分，然后对机场的停车价格实施分区定价政策来获得额外的利润。

## 6.3.2　高级停车场

高级停车场是最近机场运营管理的一项创新。以前，机场经营者对停车场内的所有停车位采取统一的价格；现在，许多机场运营商选择向愿意额外付费的乘客提供一系列高利润的增值服务，包括代客泊车、预留免打扰或近距离的停车位、设立特别准入区域、提供汽车保养、设立自动化停车设备等类似服务。

### 6.3.3　结构化停车场

在繁忙的机场，多层停车场是一种现实需要。机场客运大楼附近的便利空间需求度很高，有效利用这一宝贵资源的方法是把停车场向高处建起来。最繁忙的机场往往有三层以上的车库，可同时停放数千辆汽车。

多层车库的制造成本很昂贵，内部停车设施的制造成本也很高。一旦将其他成本考虑在内，如自动付费站、入口和出口控制等技术成本，停车区设计、规划和项目管理的服务成本，多层车库的平均总成本很容易翻倍。在一些情况下，多层车库的改造成本可能会高得多，因为需要在不影响机场正常使用的前提下，对机场周边区域进行建设，并需与其他客运大楼连接起来，技术难度和施工难度都很高。因此，高昂的多层车库制造成本最终会转化为高价格，如何设置现实中多层车库的停车费取决于机场管理者的财务目标，但停车价格肯定是较高的。

结构化停车场通常服务于短途旅行的乘客，或能够负担得起这种昂贵设施的商务旅行者，对于打算停车一周或以上的用户来说成本可能过高。这一现实推动了机场管理者为长期使用停车场的用户开发更便宜的停车设施。

### 6.3.4　长期停车场

如果机场修建的地理位置趋于平缓，处于水平面的停车场更适合建立长期停车场，其停车价格也较便宜。在繁忙的机场，长期停车场必须与机场主客运大楼保持一定的空间距离。长期停车场的设施往往由私营管理者独自管理，与公立机场管理者形成竞争，在一定程度上限制了机场从停车中获得的利润。

### 6.3.5　出租车停车场

出租车公司通常需要大量的停车位，这些停车位分布在机场的各个角落，甚至在机场外较远地区的独立停车场。这种情况可能会使出租车司机感到困惑，他们必须找到进出这些停车场的路以及在机场中的具体区域和位置。另外，由于机场内不断有私家车或公共汽车接送乘客往返于客运大楼，这种出租车停车场需要专门的停车位，通常会导致机场的道路交通更加拥挤不堪。

机场管理者越来越多地选择建立统一的出租车停车设施。多层停车场是一个好的创新方案，不仅可以同时容纳几家出租车公司，还能够简化拥挤的机场通道。利用单向车道等交通设施，机场管理者可以单方向地指挥所有的出租车，减少机场地面交通中的混乱，也可以在客运大楼和出租车中心之间建立单向的换乘系统，或者与公共汽车系统和自动旅客捷运系统进行连接。基于更便捷的机场交通连接设施，这种停车场可能会在主要机场流行起来。

### 6.3.6　员工停车场

在最繁忙的机场，机场的员工可能需要数百甚至数千个停车位。许多停车位不得不分散在机场边缘，靠近货运中心、维修基地及其他远离客运大楼的地区。同时，如果条件允许，机场运营商必须为在客运大楼内工作的人员建立专门停车场，并在客运大楼和停车场之间建立公共交通通道，将公交汽车作为换乘的交通工具。

## 6.4  自动旅客捷运系统

主要机场通常都有一个公共汽车网络。免费的巴士服务于偏远的停车场和当地酒店，并且根据现实需要，在机场与酒店之间运送航空公司和机场的员工。众多的班车服务将机场与整个大都市地区的家庭和企业连接起来，便于乘客前往市中心和郊区的各种目的地。然而，这种交通可能会让乘客感到困惑，同时导致客运大楼前的道路交通拥挤不堪，因此机场管理者需要协调和组织这种地面交通网络。

为了处理机场周围地面交通系统的混乱，许多机场管理者已经开始投资自动化交通运输系统，以连接机场和周围的主要出入点，这些通常被称为自动旅客捷运系统。使用自动旅客捷运系统运送乘客成为机场地面交通系统中最重要的创新之一。它使机场管理者能够将飞机分散布局在整个机场，方便飞机的移动和停机位的分配，同时也能为乘客在航站楼内移动提供短距离的帮助，节省了乘客的旅行时间。具体来说，自动旅客捷运系统的发展引领了新建大型机场综合体在结构上的改进和功能上的创新，推动了机场中央大厅的广泛应用。

自从第一个机场自动旅客捷运系统开放以来，全世界大部分的大型国际机场都安装了自动旅客捷运系统。其中，不到一半是连接航站楼与机场内外其他设施的陆侧系统，而大多数是连接多个航站楼或航站楼和大厅之间的空侧系统。近年来，国内的机场越来越多地采用这项技术。自动旅客捷运系统的类型多种多样，从短距离单车道和双车道的班车系统到以环形和近环形运行的导轨系统不等。很多自动旅客捷运系统都拥有自推进式车辆，并且几乎所有自动旅客捷运系统的车辆都是轮胎式的。电缆推进式自动旅客捷运系统也正在建设中。个人捷运系统已经在成都天府机场投入使用，这套系统是亚洲第一个利用智能小车接送旅客，连接远端停车场和航站楼之间的线路。

本节主要讨论机场自动旅客捷运系统在特定陆侧和空侧的应用，其不同的设计要求及技术特征，以及其在机场规划中的作用。

**自动旅客捷运系统**

APM（automated people mover system），即自动旅客捷运系统，又可以称作自动导轨快捷运输系统（automatic guicle rail express transportation system，AGTS），是一种无人自动驾驶、立体交叉的大众运输系统，为城市轨道交通线路制式的一种，集合了多种传统城市轨道交通工具特点，其主要特征是列车的微型化。

## 6.4.1 技术特点

自动旅客捷运系统有一些共同的基本特征。第一个特征是自动化。自动旅客捷运系统能在没有司机的情况下运行,由中央计算机控制来确保该系统的安全高效运行。而且,自动旅客捷运系统的间隔时间很短,能够最大限度地减少乘客的等待时间。第二个特征是安全可靠。大多数自动旅客捷运系统的子控制系统是根据严格的故障安全原则设计的,其可用性接近 100%。一旦车上出现故障或紧急情况,自动旅客捷运系统的导轨系统设有临时应急通道,可以及时应对机场地面交通的突发情况。第三个特征是以乘客为本。自动旅客捷运系统考虑了特殊人群的需要,设立了有关残疾人的保障措施。例如,保护残疾人的轮椅在水平方向上顺利上车,为视觉障碍人士设置站台和车厢之间的电梯式间隙,车厢内部划分出无障碍的轮椅停靠位置等。自动旅客捷运系统也可以协助乘客运送行李,陆侧系统的所有行李可以直接运送,有时可以借助行李手推车,而空侧系统只接受手提行李。第四个特征是集成式系统。自动旅客捷运系统不是由多个制造商提供的单独子系统集合,而是由一个制造商公司负责制造大多数的子系统,在其设计和安装过程中集成它们,包括整车、自动控制、配电、音视频通信和维护等子系统。

所有自动旅客捷运系统都在专供其使用的导轨上运行,这与自动控制和安装在导轨上的高压供电相关。自动旅客捷运系统是由多车辆共同组成的列车,具体数量取决于机场的技术和能力要求,可以在水平或稍微倾斜的平面运行,也可以在电梯式结构上或隧道式结构上穿行。

像电梯一样,所有自动旅客捷运系统都由站台门和车门共同组成。在某种程度上,自动旅客捷运系统是一个安全性问题,特别是因为其与城市交通系统不同,许多乘客不熟悉这种交通方式,站台门和车门能够为乘客的安全提供双重保障。因为几乎所有的车站都会受气候条件影响,所以自动旅客捷运系统的站台门都需要进行定期维护。

机场管理者通常邀请外部承包商负责设计和建造自动旅客捷运系统的物理结构。车站通常与机场客运大楼和其他建筑的设计相结合,构成一个更大的建筑整体。土木工程公司首先设计常规的导轨结构和维护设施,然后根据特定的自动旅客捷运系统技术对物理结构进行调整。

自动旅客捷运系统在技术上不同于其他系统,这对于外部承包商的选择来说是个重要问题。第一,每个供应商都拥有各自的技术,这意味着除了特殊情况,初始的供应商将负责自动旅客捷运系统后期任何形式的扩展;第二,机场管理者应使用性能规范来选择自动旅客捷运系统,该规范应包含容量、服务水平、规范和其他的实际需要;第三,尽管交付之后机场会接管自动旅客捷运系统的运营控制权,但初始供应商应在初期负责运营和维护该系统,并根据实际需要无限期地持续维护该系统。

除了这些共同特征,自动旅客捷运系统还拥有其他的技术、模型和尺寸。车辆通常在导轨的上方行驶,但也有悬挂式的自动旅客捷运系统运行在特殊的导轨结构上。大多数车辆是自推进式的,并带有车载电机,但一些自动旅客捷运系统由类似于水平方向电梯的电缆牵引,或由线性感应电机牵引。大多数自动旅客捷运系统车辆的尺寸为公共汽车车厢大小,但也有一些更小的极端情况,这类自动旅客捷运系统使用 1~6 个小车厢的单轨列车，或只搭载 4~6 个乘客的个人捷运设施。

## 6.4.2　自动旅客捷运系统的供应商

自动旅客捷运系统的供应商在现实中是有限的，需要符合资质和进行预防性维护。个人捷运系统的特点是小型车辆，仅能容纳 4~6 名乘客，而且只提供直达的点对点运输服务，而不是基于路线的动态服务。最早的个人捷运系统出现在伦敦的希思罗机场。成都天府机场是亚洲第一个采用该系统的机场，国外其他公司也正在推动个人捷运系统的发展。个人捷运系统的使用过程有一定的限制。例如，要求乘客坐下来，限制车厢的总体容量和路线等。个人捷运系统也有一些优点。例如车辆更小，方便在狭小的机场环境内行驶；能提供直达的点对点运输服务等。

# 6.5　自动旅客捷运系统的陆侧

机场管理者可以将自动旅客捷运系统定位在陆侧或空侧，用于服务不同的对象，实现不同的功能，因此自动旅客捷运系统在任一实际场景中都具有特殊的设计要求。

自动旅客捷运系统的陆侧紧密连接了机场内部设施和地面交通系统。之所以被称为陆侧，正是因为它是由机场的所有用户共同使用，而不仅仅是机场的乘客、机组人员和雇员。自动旅客捷运系统的陆侧将不同的客运大楼、停车场和租车设施连接了起来。

自动旅客捷运系统的陆侧可视为公共汽车运输系统的替代品。虽然公共汽车运输系统具有成本低廉、易于实现和灵活的优点，但它也有许多缺点。例如，服务水平相对较低，尤其是在机场交通拥挤时；需要专业的司机，操作和维护费用昂贵；通常使用普通燃料，会对机场及周边环境造成空气污染；并不适合残障人士，大多数残疾人不得不借助外人的帮助才能上车，而无法实现无障碍上车。因此，自动旅客捷运系统的陆侧开发取决于机场管理者的长期目标，是否愿意花大价钱来获得更高水平的服务、更大的容量和更干净的空气。

自动旅客捷运系统的陆侧有一些不同的特性和要求，在设计时必须考虑以下内容。第一项特殊要求是速度。机场管理者需要考虑到这个系统经常行驶的距离和范围，陆侧系统的巡航速度对容量和行程时间都很重要。第二项特殊要求是座位。由于路线较长，陆路交通工具的座位数量往往比同样的航空交通工具多。这在一定程度上降低了陆侧系统的车辆容量，但提高了陆侧系统的服务质量。第三项特殊要求是行李。自动旅客捷运系统的陆侧负责运送乘客和行李，如果行李的数量和尺寸很大，就会降低车辆的载重。一些机场允许在自动旅客捷运系统中使用行李手推车，这将不得不限制车辆的载客量来保证安全性。另外，行李和手推车需要更宽的车门和更大的车厢来顺利移动。第四项特殊要求是导轨设计和定位。由于陆侧系统需要跨越道路和其他设施，通常采用高架结构。与常见自动旅客捷运系统的空侧相反，导轨布局通常为环形或近环形。第五项特殊要求是路线。直达路线虽然更可取，但在机场地面设施分散的情况下，自动旅客捷运系统的陆侧路线可能比空侧路线更复杂。陆侧系统在同一导轨上的多条路线，需要在不同地区设中间站点来节约成本，可以有一条同时为多个停车区、出租车公司和地铁站服务的路线，也可以有一条同时为机场外公路、轻轨和公共汽车站服务的路线。第六项特殊要求是技术。给定速度、尺寸和距离的要求，机场通常选择大型的、自推进式的自动旅客捷运系统。第七项特殊要求是信息。对于多航线和多站的自动旅客捷运系统，陆侧系统需要一系列的标志、站牌和地址播报装置，并在国际机场中通常使用多种语言进行标注。

机场管理者必须仔细考虑机场自动旅客捷运系统的可用性和成本效益，因为这个系统非常昂贵，其操作系统以及基础设施的成本十分高昂。相比在客运大楼和其他设施之间选择公共汽车路线，自动旅客捷运系统的巨大额外成本可能是不合理的。有些机场不得不因为设立自动旅客捷运系统而取消连接机场和城市轨道系统的班车服务。然而，大规模的乘客流动对机场运行的影响是必然的，自动旅客捷运系统能够有效缓解机场地面交通拥堵的现象。从某种意义上说，公共汽车无法承受运送大量机场乘客的负荷，还会造成地面道路拥挤和严重空气污染。

# 6.6　自动旅客捷运系统的空侧

自动旅客捷运系统的空侧针对通过机场安检后的乘客和其他人员提供服务。自提出围绕中场大厅重建机场的概念以来，空侧系统一直是许多机场设计的主要特征。自动旅客捷运系统的空侧通常连接中央客运大楼和一个或多个中场客运大楼，也可以位于客运大楼和停机坪下的隧道中，因为机场的客运大楼、道路和其他设施已经建造完毕。有时，自动旅客捷运系统的空侧也可以位于高架导轨上，车站建设在长条形航站楼的上方，在中央航站楼和卫星建筑之间设有高架导轨。

自动旅客捷运系统的空侧能够促进中场客运大楼的发展，减少飞机的滑行时间，为航空公司提供显著的运营优势，对于许多枢纽机场来说尤其有价值。机场和航站楼能够容纳飞机的最大尺寸，也影响了自动旅客捷运系统的空侧用途。如果飞机的翼展过大，就会导致登机口之间的距离过长，自动旅客捷运系统的空侧可以充分处理这一问题。相比于其他交通方式，登机口之间的距离越远，自动旅客捷运系统在容量和服务水平方面表现得越好。因此对于需要长距离运送旅客的大型机场，自动旅客捷运系统的空侧提供了极具吸引力的解决方案。

自动旅客捷运系统的空侧设计不同于陆侧设计。第一个不同之处是速度。自动旅客捷运系统的空侧速度较慢，因为距离通常要短得多。同时，由于更多乘客需要站着，空侧系统在较慢的速度下刹车，可以提高乘客的舒适性。第二个不同之处是座位。考虑到短途旅行和车辆容量的频繁需求，自动旅客捷运系统的空侧中座位数量是越少越好。第三个不同之处是行李。自动旅客捷运系统的空侧限制随身行李，用以增加车辆的容量。第四个不同之处是车辆容量。自动旅客捷运系统的空侧车辆通常比用于陆侧的同类车辆大，因为座位较少且只允许有随身行李。第五个不同之处是系统容量。由于乘客的集中出发和到达，特别是大型飞机容易造成枢纽机场的高峰，自动旅客捷运系统的空侧容量需求往往会更高。第六个不同之处是发车频率。自动旅客捷运系统的空侧通常具有较短的发车间隔时间，用以增加系统容量和减少乘客等待时间，这对于赶飞机的乘客十分重要。第七个不同之处是路线。自动旅客捷运系统的空侧路线通常比较简单，由位于航站楼和中央大厅之间的近环形线路组成。此外，自动旅客捷运系统的空侧也有双环形回路，使列车可以在相反方向运行，以保证从任何车站出发的行程都尽可能短。第八个不同之处是技术。自动旅客捷运系统的空侧技术可以是自推进式，也可以是有线驱动式。第九个不同之处是旅客隔离。某些国际机场的自动旅客捷运系统需要将到达旅客和离开旅客隔离开。不同于修建平行线路，机场可以让列车在某一个方向上为一群乘客服务，而当列车到达最后一站后，经过快速检查就可以在返程方向上为另一群乘客服务。

## 6.7　自动旅客捷运系统的规划

本节列举了自动旅客捷运系统规划的例子，这些规划案例最初构想是正确的，但最终由于政策和运营策略的变化而导致失败。机场管理者应该吸取这些教训，考虑自动旅客捷运系统的规划会影响机场运营的所有因素，这些因素反过来会极大影响自动旅客捷运系统的容量和性能，从而规划出能够灵活适应各种情况的自动旅客捷运系统。

### 6.7.1　容量和功能

机场自动旅客捷运系统的容量是每位乘客的空间和行李的函数。对于城市轨道交通而言，乘客空间容量是站立区域的面积，还要加上坐着的乘客的脚下空间。然而，机场自动旅客捷运系统的乘客都会有行李，如空侧系统的手提行李和陆侧系统的所有行李。因此，对于自动旅客捷运系统的空侧，需要保证足够的站立区域面积；对于自动旅客捷运系统的陆侧，需保证足够的站立区域面积，加上坐着的乘客的托运行李空间。此外，行李手推车的出现显著地增加了空间需求，一辆行李手推车所占用的空间基本上相当于两个站立乘客的空间。

尽管许多乘客不得不拿着大量行李在候机楼、停车场或租车设施之间穿梭，许多机场最初的规划是不允许在自动旅客捷运系统中使用行李手推车。另外一些机场管理者认为，通过在车站内提供行李手推车，可以提高列车对乘客的服务水平，并使机场产生额外的收益。事实证明，后者是成功的。但是，行李手推车还是具有一系列待解决的问题。由于列车系统容量减少，更小的车厢意味着每个车厢只能容纳一辆行李手推车，这可能会撞到其他乘客和他们的行李。狭窄的车门会造成行李手推车的进出困难，特别是当手推车上的行李过大时，就会导致列车不得不延长开门时间，甚至可能损坏车辆和站台门。

在设计和建造自动旅客捷运系统时，考虑其主要功能是为在多个客运大楼、远程停车场和出租车设施之间穿行的乘客提供便利的服务。然而，每个客运大楼通常为一家航空公司或一组关联航空公司提供服务，因此大多数乘客换乘是在不同客运大楼之间进行的。随着航空公司解除管制和机场枢纽化趋势的不断发展，航空公司现已在所有客运大楼之间开展了换乘业务，这就意味着乘客需要首先离开到达航站楼的安检区，然后乘坐自动旅客捷运系统的列车，最后到出发航站楼进行安检。经过客运大楼间的远距离奔波之后，乘客必然会对再次安检很不满意。由于在航站楼间换乘的时间过长，乘客延误航班的风险就会增大。尽管自动旅客捷运系统的导轨位于航站楼的空侧，但车站和列车运行通常仅针对陆侧服务而设计。自动旅客捷运系统不得不为空侧进行设计变更，然而在机场已经正常使用运行的情况下，机场管理者很难找到可接受的解决方案。此时，非自动旅客捷运系统解决方案似乎是可行的，利用机场摆渡车连接多个航站楼的空侧区域，确保乘客不会多次往返和误入安全识别区。

枢纽机场功能的变化也会影响自动旅客捷运系统的使用。最初每个客运大楼都有单独的航空公司，只承担从始发地到目的地的直达业务。自动旅客捷运系统的陆侧主要服务于往返于远程停车场和出租车设施的乘客和员工，只有相对较少的乘客转接到另一个航站楼。随着小型机场停止运营和航空公司不断整合，大型航空公司出现并同时占据多个客运大楼，机场需要对以前的自动旅客捷运系统和航站楼内的车站进行重新配置。由于航空公司大幅扩展业务，新的航线不断出现和旧的航线重新配置，机场员工和乘客的行动轨迹随之发生明显变化。自动旅客捷运系统的部分路线反而被传统的公共汽车取代，不再为机场的运营提供所有的地面交通服务。

由于对现有航站楼和道路设施已经进行了大量投资，一些机场决定不为新加入的航空公司改变整个机场的地面交通配置，而是建造一个高容量、双向的自动旅客捷运系统，为现有的航站楼和未来的航站楼提供服务。尽管这一系统非常昂贵，但比起改造机场的基础设施而言，机场通过引入新地面交通系统来服务于新出现的航空公司，使得自动旅客捷运系统也成为一个便宜的选择。

## 6.7.2　网络和路线容量

在一些机场，简单的地面交通系统只在两个地点之间运送乘客，其实际容量很容易估算。最大通行能力就是每辆汽车或列车的通行能力乘以每小时的发车次数。对于承载不同负荷的地面交通系统，持续时间内的实际通行能力必须远小于其最大通行能力。

自动旅客捷运系统的容量需求，对机场内卫星厅和中场大厅的登机口数量、大小、飞机到达和离开的高峰时间都是相对敏感的。而且实际机场中的任何变化都有可能出现，这就需要机场对自动旅客捷运系统进行更改，如延伸站点服务范围、增加车辆数量等。但这并不是万能的，对自动旅客捷运系统进行的任何扩展都应该小心谨慎。近年来，自动旅客捷运系统中一种灵活设计的方法是，车站和自动旅客捷运系统针对每个导轨上的两车厢列车设计，但在实际应用时根据系统在规划阶段做的乘客量估算以单车厢的列车运行。

不同于机场巴士，自动旅客捷运系统的有效载客量可能很难确定。这是因为，除了需要取决于每小时运载乘客的能力外，自动旅客捷运系统还必须容忍机场地面交通网络上各站点的延迟。因此，该系统必须在相当大的容量过剩下运行，以确保沿线的所有乘客都能成功上车，不会因上游乘客的超载而导致列车的空间不足，避免造成地面交通网络中更多的延误。

自动旅客捷运系统的一个关键问题是存在所有旅客服务不平等的可能性，这将导致自动旅客捷运系统对乘客来说是失败的。这种问题可能发生在任何有许多个停靠站的机场地面交通系统中，尤其是大型自动旅客捷运系统的空侧。在有多个停靠站的空侧系统中，在起点的乘客有可能坐满车厢所有的位置，排在后面站点的乘客将不能成功上车，可能需要等待很长时间，甚至错过自己的航班。这种情况可以延伸到整个自动旅客捷运系统中，起点的乘客可以用最少的时间获得良好的服务，在路线中的其他乘客可能会面临无法忍受的延迟时间，因为只有线路前面的乘客有更大的机会成功上车。如果仅考虑所有乘客的总体平均延迟时间，自动旅客捷运系统的服务可能还不错。然而在细节上，一些重要的乘客群体可能认为这个机场地面交通系统是失败的。

有的机场由于自身布局导致自动旅客捷运系统的运行并不是高效的。自动旅客捷运系统可以将客运大楼与中央大厅以近环形布局连接起来。如果各个中央大厅的客流量不平均，就会出现自动旅客捷运系统中有的线路是满员的，有的线路是空闲的。超载线路中的许多乘客别无选择，需要等几个小时才能上车。在等待期间，站台上可能会挤满乘客，这加剧了自动旅客捷运系统中乘客安全性的问题，并潜在地给站台上的自动扶梯等设施带来次生损害。自动旅客捷运系统曾考虑建立一个容纳额外车辆的车站解决上述问题。

自动旅客捷运系统中的信息传递十分关键。例如，载有出发乘客的出站列车需要即时得到乘客信息，机场通过广播来劝导部分乘客离开这条拥挤的路线等。然而，自动旅客捷运系统中信息传递的实际效果有限，许多乘客选择忽略此类警告，并且即使有乘客选择其他路线，这些离开乘客的情绪也会变得生气。

当自动旅客捷运系统的容量无法满足机场的乘客需求时，采用何种解决方案取决于机场管理者的选择。改变现有车站的结构，加长车厢结构以制造更长的列车都被认为是不可行的，特别是在任何施工期间，自动旅客捷运系统都必须保持正常运行，否则机场地面交通系统整体就会面临瘫痪。其他潜在的解决方案包括：每隔一辆列车空载运行，跳过某一拥挤的站台，不打开站台上的车厢门，提前保留列车上的空车厢等。然而，在任何一种情况下，如果不同航空公司同时到达高峰期，自动旅客捷运系统总的系统容量都是不够的，上述解决方案只是有助于平衡机场的乘客需求激增的影响。

如果一个有许多车站的自动旅客捷运系统接近满负荷运行，想要克服不平等的乘客服务问题是不切实际的。在自动旅客捷运系统中阻止乘客上车或者自动跳站，将是一种复杂的操作。在机场管理者与乘客进行现实博弈的过程中，上述举措并不是合理的。但是如果只是行李超载的话，这样的办法也许是有效的，因为行李不会抱怨，也不会延误，可以延迟时间分配。

对所有乘客都提供平等服务的解决方案是基于自动旅客捷运系统能提供充足的额外容量。由于机场项目的财政限制，这在自动旅客捷运系统规划阶段并不总是被接受的。当自动旅客捷运系统有多余的容量时，在线路起点的乘客将不会影响在线路后面的乘客。然而，自动旅客捷运系统产能过剩的正确水平并不容易界定，这在很大程度上取决于沿线的旅客分布以及各自目的地。有些自动旅客捷运系统在规划工作时确实保留了额外的系统容量，但没有考虑到在机场发生的实际运行情况。当航空公司改变时间表或者从一个中场大厅转移到另一个中场大厅时，自动旅客捷运系统的过剩容量也会改变。优秀的自动旅客捷运系统设计需要仔细的、专业化的检查，包括模拟许多不同的航站楼设计、航空公司运营策略等，由此共同提出对自动旅客捷运系统的设计要求。机场管理者面临来自经济和政治等多方面的约束，很可能会限制自动旅客捷运系统的实施，从而降低其面对突发事件的灵活性。因此在实际情况下，具有多站点的自动旅客捷运系统的实际容量可能很低。

自动旅客捷运系统在运营初期，可能不需要确保提供良好服务的能力。机场管理者可以将自动旅客捷运系统中的车站规模调整到最大容量，以便在需要时灵活扩展列车数量和长度。在这种情况下，提前建立大型车站的花费是必要的，这将使机场管理者能够根据需要灵活增加旅客运输能力，这种灵活的设计方法为自动旅客捷运系统之后的扩建提供了保证。

# 6.8 行李分配系统

机场行李分配系统非常巨大，主要的系统涉及数万米长的传送带和数千辆行李车。现代的机场行李分配系统本身就是一个重大项目。

机场行李分配系统可能涉及非常复杂的网络。机场行李分配系统需要通过收集、处理和分离不同的行李流，从多个登机手续办理处接收行李，通过安检后将它们收集运上飞机，到达之后分拣到各个目的地。当然，有些机场行李分配系统可能很简单。在较小的机场，简单的手推车解决行李的收集，集装箱处理行李的打包，人工分配到行李认领处。然而，在重要的机场，机场行李分配系统肯定是复杂的，机场管理者需要特别注意行李分配系统在机场运营管理中的作用。

机场行李分配系统通常由三部分组成。一是托运行李的安全检查。政府组织决定这一过程的细节要求。二是基于信息技术的控制系统。这类系统用于跟踪行李，并控制其在系统中的移动。三是传送行李的机械系统。这类系统的范围包括从登机手续办理处到飞机、转机之间的对接，以及从飞机到行李认领区。

## 6.8.1 安全检查系统

行李安全检查系统目前至少涉及两个不同的过程。第一，用 X 光机和其他设备检查行李。第二，对行李进行核对，确保放在飞机上的每件行李都属于飞机上的某个乘客。不同国家也根据实际需要引入其他流程，如行李的特征分析。

行李再确认系统是阻止犯罪分子在飞机上放置爆炸物的一种措施，该流程会将登机的乘客名单与登机托运的行李进行比对，确保没有乘客携带危险行李登机。这个过程已经在许多国际航线上实行，有些国家也要求在国内航线使用。为了有效实施这一过程，航空公司必须通过对登机牌的电子处理或其他方式快速识别所有已经登机的乘客。此外，航空公司还必须知道放在飞机上每件行李的所有者及其位置来实现行李核对，以便在出现异常时快速移除危险行李。航空公司和机场可以使用各自的方法来分拣行李，并把它们运输到飞机上。虽然细致的行李安全检查能够提升飞行的安全性，但是乘客可能会对此感到厌倦。

行李安全检查系统是通过 X 光机和其他仪器进行 100%筛查，大部分机场都将其视为标准。这个过程涉及精确度、速度和成本之间的权衡，对任何一个行李的彻底搜查都需要高度复杂的设备和人工检查相配合。现代化的行李安全检查系统十分昂贵，而且很笨重。人工的行李安全检查系统耗时太长，而且成本也很高，无法做到在每一件行李上实施。随着信息技术的进步和机场威胁的演变，行李安全检查系统的设计也在变化，再加上乘客和行李数量的指数级增加，行李安全检查系统必须定期进行改造。优秀的行李安全检查系统设计将适应这一现实所需的灵活性。大多数行李安全检查系统常常面临人手不足、空间不够的难题，对于行李扫描和行李分配系统的任何技术改进也都是极其困难的。

因此，行李安全检查系统不可避免地涉及多个步骤，具体操作的细节因地而异，并随时间而变化。一些机场正在转向三级筛选程序：第一级，机器自动检查，检查大部分行李；第二级，检查员观看屏幕图像，发现行李中的疑似安全问题；第三级，检查员手动搜查，直接排查行李中的安全隐患。

## 6.8.2　基于信息技术的控制系统

大多数机场行李分配系统需要依靠条形码标签来识别行李和它们的目的地，从而控制行李的流动。这些标签比较便宜，机场行李分配系统通过读取这些标签，使用标签上的信息将行李引导至正确的滑槽。行李控制系统的读取装置由安装在行李传送带上方的激光扫描仪组成，然而激光扫描仪并不总是在第一次尝试时就能成功，因此需要考虑行李控制系统中大量的冗余信息。现实机场行李分配系统的典型布局是在行李路径周围安装多个激光扫描仪器，并且保证每个激光扫描仪器都能多读取几次。

总的来说，行李控制系统中激光扫描仪的工作是有效果的，只要标签没有藏在行李下面、行李标签没有被弄脏、激光扫描仪做了定期清洁等。实际上，这也意味着激光扫描仪在行李首次托运时工作得最好，而在转运点就不那么理想，因为有更多的机械设备和行李搬运工将行李不停搬动，扔进或扔出集装箱，行李的标签在搬运过程中非常容易受损。在运行良好的行李控制系统中，极少数的行李如果在第一次循环时没有被正确读取，经过多次处理后，特别是在转运点，行李的错误率可能会更高。少数的行李不能被行李控制系统自动读取，必须采用人工读取。这个问题说明，行李控制系统需要人工辅助来分拣读错的行李标签。在任何情况下，自动化的行李控制系统都需要足够的冗余来最小化误读的可能性。尽管存在这些问题，条形码系统比其他行李控制系统更具成本效益。

另一种识别物品的方法是射频识别技术。这项技术使用无线电天线来读取附在行李或托盘上的单个芯片。这项技术还无法被证明对于一般机场是有经济有效的。射频识别技术在技术逻辑上需要克服一些困难，障碍物可能会阻碍或扭曲通信，或者芯片可能会从行李上脱落。成本也是射频识别技术系统的一个主要问题。虽然读取设备可能比条形码系统便宜，因为它仅由天线组成，而不是激光器阵列。然而，射频识别技术芯片的成本远远高于条形码标签。如果这一成本大幅降低，射频识别技术系统可能会取代条形码系统，否则它们将仅限于特殊情景下的应用。机场可以将射频识别技术芯片嵌入行李目的地的编码车辆，将其视为是一种运送行李的移动容器。

行李控制系统通过管理和设计可以实现编码行李信息，从而显著提高行李控制系统的性能。通过捕获行李的物理信息，行李控制系统可以将未到达的行李提前分类，缩短乘客到目的地容器提取行李的最终时间。另外，行李控制系统使得行李从一个航空器直接转运至另一个航空器成为可能，不再经过机场转运中心的行李分配系统。同样，行李控制系统允许乘客将行李直接带到登机口办理登机手续，这种设计消除了现场分拣行李的需要。这些特点取决于机场客运大楼的布局，机场管理人员应该在行李控制系统中寻找类似的灵活设计，以便更容易解决乘客的行李处理问题。

### 6.8.3　机械系统

行李机械系统需要将行李彼此隔开一定的距离，以便分拣机能够正确地将它们分开。行李不能彼此紧挨着，以方便它们在行李认领处被乘客尽快取走。最常见的是行李机械系统简单地将行李沿着传送带间隔开，机械转向器将行李拨向到其目的地，并在下一个行李沿传送带下来之前收回。或者，行李机械系统由单独的传送工具组成，通过连接在一起的倾斜托盘，将行李直接倾入斜槽。机场设计师需要咨询行李机械系统的专家，了解当前领域的最新发展情况。

每个行李之间的间隔要求对于行李机械系统设计和操作有两个重要的影响。第一，行李机械系统的机械装置需要很大的空间，间隔标准限制了每条行李传送带的容量，增加了行李机械系统的总尺寸。第二，对个人空间的需求意味着行李机械系统是一个高度复杂的排队系统。行李机械系统的间隔设计必须适用于分拣和筛选行李，并视不同实际情况调整，针对到达旅客的入境行李可以放置得非常靠近，就像乘客在行李认领设备上看到的那样。

行李机械系统需要将行李放置在物理的空间槽中，在一定程度上减慢了行李的处理速度，并可能在操作上导致行李的分配延迟。行李机械系统减慢了行李的登记过程，因为行李在系统中没有空位之前不能进入，有时需要等待空位。行李机械系统面临着行李队列合并的问题，尤其是当行李与不同登机手续柜台的行李队列合并时，都会发生一定的延迟。行李机械系统不具有相当大的过剩容量，导致某些乘客将不得不等待行李的到来，因为先来的乘客用完了所有可用的行李空间。理论上，行李机械系统的操作能够非常仔细地分配空间并避免过度延迟，但在现实中这是不可能的，因为一旦某一航班延误，所有行李的分配模式都将发生变化。

在机场转运中心分拣行李是一项非常具有挑战性的任务。行李必须从抵达的飞机上取下、分类、装上转接航班，所有这些都要求在尽可能短的时间内完成。行李机械系统对每个行李都进行这种分拣操作是不切实际的，在有限的时间内要分拣的行李数量将需要巨大的系统容量，许多机场在转接时也难以避免过度的时间延迟。为了解决这个问题，航空公司可以在机场预先将行李分拣到集装箱中，通过枢纽机场进行转接。在枢纽机场中，航空公司可以将这些集装箱直接运送到相应的中转站，绕过枢纽机场的行李机械系统。

如果转机时间很长，行李机械系统可能需要将行李存放几个小时。因此，有些机场提供一个由多层货架组成的行李存储区。这种庞大复杂的行李机械系统是由机器人服务的，而且成本比大多数机场搬运和分拣行李的工人工资高很多。因此这种昂贵的成本还不足以证明这种自动化的行李机械系统的合理性。

相比之下，行李机械系统向乘客递送行李则很简单。通常情况下，行李会直接放置到传送带上，然后送到行李认领设备处，乘客识别之后就可以提取自己的行李。

## 6.8.4　系统容量

行李分配系统的实际容量远低于理论容量，即使是最简单的行李分配系统也是如此。理论容量是指将传送系统的速度乘以系统上每单位长度的行李密度。这样定义是由于行李分配系统固有的不确定性、全天航班的高峰期波动、机场乘客在办理登机手续时处理行李的随机性造成的。

对于复杂的自动化行李分配系统，实际容量甚至更少，因为需要为每件行李设置等待插槽，为进出行李分配系统中的所有站点都提供可靠的服务。对于自动旅客捷运系统中的乘客，他们的行李必须等待空余的插槽，然后才能通过行李分配系统。除非行李分配系统有足够的额外容量，否则航班延误等突发事件就会导致所有要素的显著延迟。行李分配系统在处理行李传送时，需要在短暂的转机时间内传送所有转机行李，系统的可靠性是至关重要的。在这一点上，机场管理者必须认识到这样一个事实，即排队系统的不确定性通常随着人数增加而增加，这意味着对行李分配系统的需求限制了行李分配系统的有效容量。

机场管理者应该注意到，行李分配系统会消耗大量的能源，分布在机场较远区域的系统的多台机器同时运行需要很大的动力。虽然目前没有详细的数据进行论证，但据估计，行李分配系统将占据机场设施所用能源的一部分，这也为低能耗的行李分配系统的发展提供了机会。如图 6-1 所示，温哥华国际机场开始采用行李自助托运系统。

图 6-1　温哥华国际机场开始采用行李自助托运系统

（图片来源：https://m.sohu.com/a/232556254_245854.）

　　本章的主要观点是建立专用的、高成本的机场轨道项目并不划算。这是因为机场交通来往于机场服务的整个区域，私人汽车、出租车和公共汽车将继续主导机场地面交通市场。因此，停车设施在现在和将来都是机场主要的地面交通建设项目。在轨道交通已广泛使用的城市，直接通往机场的、高度分散的轨道网络运行效果良好。

　　自动旅客捷运系统类似于铁路，列车在各自的导轨上运行，是上一代机场客运大楼设计的主要创新，也是机场整体布局改进的重要基础。自动旅客捷运系统有助于机场建造更多的登机口，使飞机有足够的空间更自由地运行，同时也能减少乘客必要的步行距离。自动旅客捷运系统的技术已经变得容易掌握和高度可靠。

　　行李分配系统的技术也在不断发展，与之前的标准系统相比，这些系统已经变得高度科技化、复杂化和昂贵。最近的经验表明，新的机场要求行李分配系统在规划行李处理空间时更加宽敞和灵活。

　　事实上，随着航空公司调整、合并和改变其运营方案，以及地方法规的不断变化和乘客数量的迅速增加，机场地面交通系统设计可能会面临更多不确定性。这一现实应该促使机场管理者更灵活地开发机场的地面交通系统，使其在生命周期内适应不断变化的机场运营环境。

1. 简述机场地面通道管理的关键问题。

2. 旅客通道管理具有哪些基本特征？

3. 简述工作人员通道的管理方法。

4. 机场第三方服务提供商通道的服务范围有哪些？

5. 行李通道的管理方法是什么？

自学自测

扫描此码

# 第 7 章

# 机场成本与收入

## 【学习目标】

- 掌握机场的成本构成；
- 掌握机场收入的分类；
- 掌握我国机场收入的具体内容；
- 掌握影响机场收入的关键因素；
- 了解我国机场的划分等级。

### 我国机场非航业务的发展

　　根据我国民航机场 2018 年的生产公报数据，我国目前已有 235 座民航机场投入运营，全年旅客吞吐量已经超过了 12 亿人次，其中北京首都机场在全球排名第二，年旅客吞吐量破亿。机场不仅仅是人们航空出行的中转站，其规模还能够直观反映出一个城市的经济实力和发展前景。研究发现，当机场规模较小时，主要发展的是航空性业务，随着机场规模逐渐扩大，非航空性业务的收益点越来越多，其高附加值能够弥补航空性业务的亏损。根据 2018 年国际机场协会公布的数据显示，在全世界范围内的 3462 家大型机场，其非航收入占总收入的 49%，而西方发达国家成熟机场的非航业务收入能够达到 75%～80%。从各机场公布的年报来看，国内机场的非航业务也在全速发展阶段，但是其收益仍然和世界顶端机场存在较大差距。我国 6 家上市机场的非航收入占比基本都在呈逐年上升趋势，北京首都机场和上海浦东国际机场非航业务优势明显，已经超过了总收入的 50%。海口美兰机场的非航收入增幅最大，超过了 200%。白云机场由于在 2014 年更改了非航收入口径，因此落差较大，另外白云机场于 2018 年第二航站楼投入使用后，航站楼的折旧和维护等成本显著增加，加之民航局政策的调整，使得白云机场收益波动幅度较大。深圳与香港一河之隔，深圳宝安国际机场的非航业绩并不突出，并不排除会受到香港机场的冲击和影响。厦门空港旅客吞吐量饱和现象严重，其非航业务虽然不及首都机场和上海浦东国际机场，但是比其他机场要好一些。

　　（资料来源：章连标，郝飞燕. 我国机场非航业务与腹地经济的互动关系研究——从非航收入视角[J]. 商业会计，2017.7.）

# 7.1  机场的成本

机场的成本主要是指机场运营中所发生的相关费用，如人力成本，水电费用，服务过程中的物料消耗，设备设施的维修保养费，以及固定资产折旧费用及机场投资贷款的利息等。这些成本分为两类，一类为可控成本，一类为不可控成本，其中人力成本为可控成本，余下的为不可控成本。

## 7.1.1  人力成本

机场属于服务性行业，产品就是服务，所以营业成本中最重要的就是人力成本，人力成本在总成本中所占比重的高低不仅取决于机场的规模及整体管理水平，还取决于机场管理当局对机场运行业务参与的程度。而人力成本又是最难控制的，过度控制人力成本，会造成员工失去积极性，影响服务质量进而影响到机场的营收，而过度放松人力成本控制，会造成运营成本上升。那么如何把握这个度，是对机场运营管理层的重要考验。目前来看，优化服务流程，提高员工人均生产效率，是降低人力成本的最佳选择。如果管理层管理得当，人力成本得到有效控制，最终将体现在高毛利进而为股东带来更高的净利润。

## 7.1.2  折旧费用

机场的另一个重要的成本，就是固定资产折旧，折旧属于不可控成本。机场的折旧和一般制造业类企业的折旧是有区别的，生产制造类企业需要频繁地更新换代机器设备以应对新的需求、新产品、新的竞争。而机场的固定资产基本一次性建成，十几甚至几十年都不需要翻新。对于很早之前建立的机场，短期又没任何扩建，折旧就会趋于稳定和下降。

但是对于短期内新建设的机场，或者机场的部分扩建，就要另当别论。在建工程转固定资产后，折旧会在短期内占比很大，进而影响到表观利润。2008 年，北京首都机场和上海浦东国际机场的净利润大幅下滑均是新的航站楼投入运营，折旧费用和财务费用吞噬了利润造成的。

## 7.1.3  财务费用

机场的投资体制及国家的财政金融政策决定了这一成本的高低。在美国大中型机场的投资，主要靠政府发行机场建设债券，虽然债券一般由政府偿还，但机场必须支付债券利息，因此这类机场的财务费用的压力较大。在我国，不同时期的金融政策及国家给予的不同融资渠道也带来财务费用的极大差异。机场建设期间的利息计入固定资产成本，会增加以后的折旧费用进而影响净利润；机场建设完工投入使用后到期的债务所产生的利息，会直接增加财务费用进而影响当期的净利润，由于在借款合同中已经规定了利率的多少，所以这部分成本是不可控的。

### 7.1.4　营销费用与管理费用

机场不同于其他商品销售类企业，并不需要持续大量的营销，所以销售费用占比很少。管理费用的节约则取决于机场管理层。

### 7.1.5　其他运营成本

比如，水电、服务过程的物料消耗，设备设施的维修保养费用等，都属于可控范围，属于维持机场运营的必要成本，可以不作为考察的重点。

因此，分析机场的运营成本，只有关注两个要点，一个是公司对人力成本的控制是否有效，另一个是短期内是否有扩建，大幅增加了近几年的折旧费用。

## 7.2　机场的收入

### 7.2.1　机场收入的分类方法

1. 营运收入与非营运收入分类法

这种分类法是以与机场运营的关联性来区分。营运收入是指"与机场的运营和操作直接相关的那部分收入，包括操作区域、候机楼、租赁区和土地"。非营运收入是指"所有的与机场运营不直接相关的活动所产生的所有收入，这些活动即使是在机场关闭后也会继续存在"，如投资和证券收益及出租非机场财产和设备的收入。这种统计方式有利于反映机场对非关联产业的投资和收益，特别是当机场仍属于政府的全资机构，政府为扶持机场（改善机场收益）而允许机场从事盈利率高的矿产、汽车、加油站、证券投资等业务，该业务虽为机场当局所经营，但由于其行业跨度大，在一定程度上表现为转移其他产业的收益支持机场的发展，客观上其政策因素大于经营因素。

2. 航空性收入与非航空性收入分类法

（1）航空性收入

航空性收入是指机场为飞机、旅客、货物进出港提供服务而产生的收入。比如，南方航空的飞机使用了甲机场，就要向甲机场缴纳的相关费用。这些收入项目包括：航班起降服务、旅客综合服务、安全检查服务、航空地面服务、机场建设费返还等。根据机场的业务范围还可以包括通信导航费和航空燃油的收费。航空性收入是每个机场都必然产生的收入，是受政府价格管制的收入项。

①航班起降服务费是指航空公司的飞机使用机场的跑道起飞和降落，要缴纳的费用。

②旅客综合服务费主要是指机场为旅客提供的一系列服务而收取费用，包括办理登机牌、行李托运办理，以及做好指导乘客乘坐飞机的相关问询服务。

③安全检查服务费是指为航空公司的旅客提供安检服务收取费用。

④航空地面服务费是指为航空公司的飞机在地面提供的一系列服务所收取的费用，包括飞机内部清洁打扫服务费、机坪服务费、飞机库费、飞机停场费、机场交通管制费。

⑤机场建设费返还是指政府收取的机场建设费，包含在旅客购买的机票价格中，一般会返还 50%给机场作为收入。

（2）非航空性收入

非航空性收入是指机场除上述航空性收入以外的其他经营性收入，简单理解就是和航空公司无关的，即便没有飞机起降，依然可以运营收费的收入项目，是由机场管理当局可以自由定价和提价的，如租赁业务、地面运输业务、代理业务、航空配餐、住宿餐饮、广告业务、商品销售、加工修配、停车场、行李打包、特许经营权等。根据不同的体制形式、政策导向及机场经营战略，非航空性收入有些并不以自营的方式来体现，而是以特许经营权出让并获得相应收入来体现。非航空性收入则更多地取决于机场的经营规模、战略、手段、技巧等经营要素。非航空性收入既代表一个机场对其潜在的有效资源的开发水平，也是机场效益的重要组成部分。

①租赁业务收入，包括仓库的出租，办公场所对基地航空公司的出租费用。

②地面运输业务收入，包括货物和邮件暂时的寄存和运输的收费。

③代理业务收入，包括代理售票、代理保险等的收入。

④航空配餐收入是指提供飞机上的免费用餐收取的费用。

⑤住宿餐饮收入是指机场自营酒店和饭店的营利收入。

⑥广告业务收入是指机场广告位的广告招租收入。

⑦商品销售收入是指机场直营店铺的商品销售收入。

⑧加工修配收入包括飞机检修、维修的费用。

⑨停车场收入是指机场停车场的停车收费。

⑩行李打包收入是指提供包装盒为旅客打包的收入。

⑪特许经营权收入是指机场将某些业务外包给专业的公司或者集团来运作，收取固定或者浮动的费用，包括商店、餐饮业、银行、免税店等。其中，国内的免税店是保本加提成模式，除了固定的保底特许经营权转让费用之外，还要收取免税店商品销售的提成。

（3）影响机场收入的因素

影响航空性收入和非航空性收入最关键的因素包括飞机起降架次（万架次）、旅客吞吐量（万人）、货邮吞吐量（万吨）。

①飞机起降架次。飞机起降架次越多，航空性收入中的航班起降服务收入和航空地面服务收入，非航空业务中的加工修配业务收入就会相应增加。

②旅客吞吐量。旅客吞吐量越多，航空性收入中的旅客综合服务收入、安全检查服务收入、机场建设费返还收入，非航空性业务中的代理业务收入，航空配餐收入、广告业务收入、停车场收入、行李打包收入、特许经营权收入，都将相应增加，所以旅客吞吐量是影响收入最重要的因素。

③货邮吞吐量。货邮吞吐量越多，非航空性业务的地面运输业务收入将越多。

（4）机场营运收入的增长空间

一方面，机场营运收入中航空性收入受政府价格管制，非航空性收入可以自主定价，而这两类收入最终取决于客流和物流。尽管我国是名副其实的民航大国，但人均乘机次数仅 0.35 次，远低于国际发达国家的水平。从过往几年旅客吞吐量的数据来看，北上广深等一线机场所接待的旅客量每年保持着 5%～10%的增长，未来 10 年内不愁客源，流量将持续稳定增长。当然，不同地理位置的机场的客流与物流的增长趋势是截然不同的，这完全取决于国家赋予机场的战略地位，即属于国际交通枢纽、国内交通枢纽和补充性的中转站中的哪一种，直接决定了机场的客流与物流。同时，国内机场的非航空性收入仍处于起步和探索阶段，在营业收入中的占比不足 50%，而发达国家的非航空性收入高达 70%以上，是营业收入和净利润的主要来源。未来，国内机场非航空性收入占比的逐步提升是大势所趋，非航空性业务占比的提高，也将带动营业收入和净利润的大幅提升。

所以，未来机场运营收入的发展空间取决于两个要点，一个是客流、物流的稳步增长，一个是营业收入结构的变化。

## 7.2.2 我国机场的收入

我国机场的收入主要分为航空性业务重要收费（表 7-1）和非航空性业务重要收费（表 7-2）。

**表 7-1 航空性业务重要收费项目**

| 项目 | 内容 |
| --- | --- |
| 起降费 | 机场管理机构为保障航空器安全起降，为航空器提供跑道、滑行道、助航灯光、飞行区安全保障（围栏、保安、应急救援、消防和防汛）、驱鸟及除草，航空器活动区道面维护及保障（含跑道、机坪的清扫及除胶等）等设施及服务所收取的费用 |
| 停场费 | 机场管理机构为航空器提供停放机位及安全警卫、监护、泊位引导系统等设施及服务所收取的费用 |
| 客桥费 | 机场管理机构为航空公司提供旅客登机桥及服务所收取的费用 |
| 旅客服务费 | 机场管理机构为旅客提供航站楼内综合设施及服务、航站楼前道路保障等相关设施及服务所收取的费用。包括航班信息显示系统、电视监控系统、航站楼内道路交通（轨道、公共汽车）、电梯、楼内保洁绿化、问询、失物招领、行李处理、航班进离港动态信息显示、电视显示、广播、照明、空调、冷暖气、供水系统；电子钟及其控制、自动门、自动步道、消防设施、紧急出口等设备设施；饮水、手推车等设施及服务 |
| 安检费 | 机场管理机构为旅客与行李安全检查提供的设备及服务，以及机场管理机构或航空公司为货物和邮件安全检查提供的设备及服务所收取的费用 |

**表 7-2 非航空性业务重要收费项目**

| 项目 | 内容 |
| --- | --- |
| 头等舱、公务舱休息室出租 | 机场管理机构向航空公司或地面服务提供方出租头等舱、公务舱，用于向头等舱、公务舱乘客或常旅客提供候机服务所收取的费用 |
| 办公室出租 | 机场管理机构向航空公司或地面服务提供方出租办公室，用于工作人员日常办公使用所收取的费用 |
| 售补票柜台出租 | 机场管理机构向航空公司或机票业务经营商出租售补票柜台，用于办理售票、补票、改签等票务业务所收取的费用 |
| 值机柜台出租 | 机场管理机构向航空公司或地面服务提供方出租值机柜台，用于办理旅客交运行李、换取登机牌等登机手续所收取的费用 |

续表

| 项目 | 内容 |
|------|------|
| 地面服务收费 | 机场管理机构或地面服务提供方向航空公司提供包括一般代理服务、配载和通信、集装设备管理、旅客与行李服务、货物和邮件服务、客梯、装卸和地面运输服务、飞机服务、维修服务等所收取的费用 |

### 7.2.3　国际机场航空性收费定价

1. 国际机场航空性收费定价原则

国际民航组织为了实现国际机场航空性收费的标准化，曾在《国际民航组织关于机场和航空导航服务收费的政策（文件 9082）》中制定了机场航空性收费的五大原则，它们是：成本相关，即机场收取的航空费用必须与机场提供服务和设施的总成本存在确定的关系；单一预算（single till），即机场的航空性收入和非航空性收入应被视为一个整体，设置航空性收费时必须考虑非航空性收入，来自高营利性的非航空性业务的收入要用来弥补机场的航空服务成本；非歧视（non-discrimination），即机场向所有使用其设施的航空公司设置收费的基础应相同；磋商（consultation），即机场应就收费结构、收费水平及可能影响这些收费的任何新进展与航空公司和其他重要消费者磋商；规制（regulation），即机场和航空公司之间任何有关收费结构水平的争端应由一个独立的规制机构仲裁。目前，这些原则仍被许多国家采用。

2. 国际机场航空性收费定价方式

根据上述定价原则，各国从不同的机场体制定位出发制定了相应的收费管理办法。虽然不同国家的机场收费管理办法各有特点，形式各异，但归纳起来通常有以下三种定价方式。

①回报率定价方式，即由政府规定一个合理的投资回报率，只要机场的整体经营结果。在特定阶段内回报率不超过这个标准，则机场可以自行确定收费标准。这一办法的主要优点是简洁明了，易于操作，且减少了机场的经营风险与压力。而主要缺点在于容易导致机场因忽略投资成本而产生过度投资，以及缺乏开拓非航空性收入的积极性，可能造成机场经营的高成本转嫁给机场使用者。

②服务成本定价方式，即航空性收费价格随服务成本的变化而调整。这一办法有利于保障机场的收益，但缺点是各项服务成本的难以确定性，以及不利于机场当局对服务成本的控制。

③价格上限定价方式，即按特定的公式计算并制定出机场一揽子服务的收费价格，以此价格标准为最高限价，可以自行确定。通常这一限价的管制期限为 3～5 年，期满后根据机场或机场使用者的要求重新调整。目前，国际上多数机场采用了这种定价方式。虽然这样的定价方式有可能带来机场为追求效益而对投资采取较为保守的态度等负面情况，但总体上适应了机场商业化的发展方向，赋予机场在价格上更大的灵活性，有利于机场通过提高经营管理水平增收节支，提高机场的投资收益，同时也有利于创造机场在竞争中求发展的总体环境。

### 7.2.4　我国机场航空性收费定价

1. 我国机场航空性收费的定价依据

①民航局 1986 年 4 月 6 日发布的《民用机场管理暂行规定》第十一条规定："使用机场的单位和个人，应当遵守国家法律、法规以及机场管理规章，并按规定向机场管理机构交付机场使用费和服务费。机场收费标准，由民航局有关部门制定。"

②1993 年 3 月 11 日发布的《全民所有制民航企业转换经营机制实施办法》（1993 年民航局令第 32 号）第十条"落实企业产品、劳务定价权"第四项规定："起降费、航路费、地面服务费，按国家核定的标准执行。并根据机场、航路设施、设备改善成本支出增加和国内航空运价调整等情况进行调整。对于保证外航飞行的国际机场，可按国际同等条件的地面服务收费标准与外方签订协议收取。机场的其他价格、租金和收费标准，可参照民航局或当地标准，或以签订协议方式确定。"

③自 1996 年 3 月 1 日起施行的《中华人民共和国民用航空法》第六十八条规定："民用航空器使用民用机场及其助航设施的，应当缴纳使用费、服务费；收费标准，由国务院民用航空主管部门会同国务院财政、物价主管部门制定。"自 2002 年 8 月 1 日起生效的《外商投资民用航空业规定》（CCAR-201)第八条规定："外商投资的民用机场企业，其航空业务收费执行国家统一标准。"

④2002 年，民航局、中华人民共和国国家计划委员会和中华人民共和国财政部联合发布了《关于调整国内机场收费标准的通知》，规定从 2002 年 9 月 1 日起，飞机起降服务费、地面服务费实行新的收费标准。

⑤2017 年 3 月 31 日，民航局下发《关于印发民用机场收费标准调整方案的通知》（民航发〔2017〕18 号），规定自 2017 年 4 月 1 日起，按照保证安全、提高效率、鼓励竞争、促进通航的要求，发挥市场在资源配置中的决定性作用和更好发挥政府作用，进一步提高机场综合保障能力和服务质量，决定调整机场收费标准。

2. 我国机场收费等级

机场收费等级是按照飞行区等级、通信导航目视助航系统、停机坪面积、航站楼面积、旅客吞吐量、货邮吞吐量六项指标划分的。

3. 我国机场航空性收费项目收费标准

国际及港澳航班航空性业务收费项目的收费标准基准价见表 7-3，内地航空公司内地航班航空性业务收费项目的收费标准基准价见表 7-4。

全球机场的航空性收费，由于投资体制不同、成本不同及战略定位要求不同，从项目及标准上表现出较大的差异。从收费项目上看，有些国家的机场收费项目多达十几项，除主要收费项目外，还包括灯光费、噪声费、中转系统费、救援和消防服务费等。而有些国家的机场只有四五个项目，即以最常见的起降费、停场费、旅客服务费为主。从收费类别上看，有些机场仅按服务项目收费，而有些同时加征各种使用税。从收费价格水平上看，由于各机场收费的项目设置内容不完全相同，机场的总体收费水平具有一定的不可比性，但从主要收费项目看，还存在较大差异。

表 7-3　国际及港澳航班航空性业务收费项目的收费标准基准价

| 项目<br>标准<br>机场<br>类别 | 起降费/（元/架次） | | | | | 停场费/<br>（元/架次） | 客桥费/<br>（元/小时） | 旅客<br>服务费/<br>（元/人） | 安检费 | |
|---|---|---|---|---|---|---|---|---|---|---|
| | T：飞机最大起飞全重 | | | | | | | | 旅客行李/<br>（元/人） | 货物邮件/<br>（元/吨） |
| | 25 吨<br>以下 | 26～<br>50 吨 | 51～<br>100 吨 | 101～<br>200 吨 | 201 吨<br>以上 | | | | | |
| 一类 1 级<br>一类 2 级<br>二类<br><br>三类 | 2000 | 2200 | 2200+40x<br>(T-50) | 4200+44x<br>(T-100) | 8600+56x<br>(T-200) | 2 小时以内免收；超过 2 小时，每停场 24 小时按照起降费的 15%计收，不足 24 小时按 24 小时计收 | 单桥：1 小时以内 200 元；超过 1 小时每半小时 100 元。不足半小时按半小时计收。多桥：按单桥标准的倍数计收 | 70 | 12 | 70 |

注：1. 起降费：飞机每起飞和降落 1 次为 1 个起降架次。以飞机出厂时技术手册载明的飞机最大起飞全重为准；最大起飞全重不足 1 吨按 1 吨计算，超过 1 吨则四舍五入计算吨数。

2. 停场费：飞机停场时间按空管部门提供的飞机降落到起飞时间计算。

3. 客桥费：客桥的使用时间是指客桥与飞机舱门对接至撤离的时间，客桥不包括桥载设备。

4. 旅客服务费、旅客行李安检费：机场管理机构以《飞机载重表和载重电报》为数据源；对于从离港系统中提取的数据，机场管理机构必须与《飞机载重表和载重电报》进行核对。

5. 货物邮件安检费：按出港航班《飞机载重表和载重电报》中重量计收。

表 7-4　内地航空公司内地航班航空性业务收费项目的收费标准基准价

| 项目<br>标准<br>机场<br>类别 | 起降费/（元/架次） | | | | | 停场费<br>（元/架次） | 客桥费<br>（元/小时） | 旅客<br>服务费/<br>（元/人） | 安检费 | |
|---|---|---|---|---|---|---|---|---|---|---|
| | T：飞机最大起飞全重 | | | | | | | | 旅客<br>行李/<br>（元/人） | 货物<br>邮件/<br>（元/吨） |
| | 25 吨<br>以下 | 26～<br>50 吨 | 51～<br>100 吨 | 101～<br>200 吨 | 201 吨<br>以上 | | | | | |
| 一类 1 级 | 240 | 650 | 1100+22x<br>(T-50) | 2200+25x<br>(T-100) | 5000+32x<br>(T-200) | 2 小时以内免收；超过 2 小时，每停场 24 小时按照起降费的 15%计收。不足 24 小时按 24 小时计收 | 单桥：1 小时以内 100 元；超过 1 小时每半小时 50 元。不足半小时按半小时计收。多桥：按单桥标准的倍数计收 | 34 | 5 | 35 |
| 一类 2 级 | 250 | 700 | 1100+23x<br>(T-50) | 2250+25x<br>(T-100) | 5050+32x<br>(T-200) | | | 40 | 6 | 40 |
| 二类 | 250 | 700 | 1150+24x<br>(T-50) | 2350+26x<br>(T-100) | 5100+33x<br>(T-200) | | | 42 | 7 | 41 |
| 三类 | 270 | 800 | 1300+24x<br>(T-50) | 2500+26x<br>(T-100) | 5150+33x<br>(T-200) | | | 42 | 7 | 42 |

注：1. 起降费：飞机每起飞和降落 1 次为 1 个起降架次。以飞机出厂时技术手册载明的飞机最大起飞全重为准；最大起飞全重不足 1 吨按 1 吨计算，超过 1 吨则四舍五入计算吨数。

2. 停场费：飞机停场时间按空管部门提供的飞机降落到起飞时间计算。

3. 客桥费：客桥的使用时间是指客桥与飞机舱门对接至撤离的时间，客桥不包括桥载设备。

4. 旅客服务费、旅客行李安检费：机场管理机构以《飞机载重表和载重电报》为数据源；对于从离港系统中提取的数据，机场管理机构必须与《飞机载重表和载重电报》进行核对。

5. 货物邮件安检费：按出港航班《飞机载重表和载重电报》中重量计收。

## 7.2.5　机场的非航空性收费

机场非航空业务的收费更多是根据市场的需求与机场可提供资源量的大小由机场与客户协商确定的，一般不在机场收费规制的范围内，因为机场提供的非航空服务是竞争性的。国外理论界认为，即使某些机场在提供非航空服务时具有一定的市场实力，其市场实力也来源于地租。许多实行商业化管理的国外机场，为了维护自己的品牌和声誉，吸引更多的航空公司和旅客，会自动降低其非航空性收费，根本无须政府出面干预。非航空性业务重要收费项目的收费标准基准价见表 7-5。

表 7-5　非航空性业务重要收费项目的收费标准基准价

| 项目 | 机场类别航班性质标准 | 一类 1 级 | 一类 2 级 | 二类 | 三类 |
|---|---|---|---|---|---|
| 头等舱、公务舱休息室出租/（元/平方米·月） | 内地航班 | 700 | 600 | 500 | 400 |
| | 国际及港澳航班 | 800 | 700 | 600 | 500 |
| 办公室出租/（元/平方米·月） | 内地航班 | 600 | 300 | 200 | 100 |
| | 国际及港澳航班 | 市场调节价 | | | |
| 售补票柜台出租/（元/个·月） | 内地航班 | 10000 | 9000 | 7800 | 7000 |
| | 国际及港澳航班 | 10900 | 9900 | 8600 | 8000 |
| 值机柜台出租/（元/个·月） | 内地航班 | 11000 | 10400 | 9000 | 7000 |
| | 国际及港澳航班 | 12000 | 11440 | 9900 | 8000 |

注：1. 头等舱、公务舱休息室及办公室出租收费不包括水、电、暖、空调等收费。

2. 售补票柜台含售、补票柜台及用地。

3. 值机柜台含离港系统前端设备、值机柜台、电子秤、皮带机及值机柜台用地。

### 支线旅游机场的成本控制启示

上饶三清山机场距离市中心 8 千米，2013 年底动工建设，2017 年 5 月建成通航，属 4C 级支线机场，规划 2025 年旅客吞吐量 75 万人次。上饶三清山机场依托所在地丰富的旅游资源及重要交通枢纽地位，充分发挥空铁联运优势，2019 年旅客吞吐量 2 年内就突破 50 万人次。旅游业占国内生产总值（gross domestic poduct，GDP）比重分值，位列全国前五。上饶市继续保持在中国旅游城市吸引力排行榜前列（前 12 位）。

机场目前货物运输量偏少，旅客吞吐量是影响航空收入的最直接因素，关系到折算旅客分摊的人均管理成本。机场吞吐量增加，航空收入增加，在固定成本支出不变的情况下，实际摊薄和节约了成本。机场充分认识到这一点，将考虑旅客、航空公司等关联方利益看成考虑机场的利益，积极协调市政府，打造机场与景区景点之间方便、快捷的交通网，提高交通配套设施的旅游衔接度，解决旅客落地旅游"消费难、消费贵"问题。

　　机场首先打通高铁站，实现"到机场等于到了高铁站，马上就要到景区"。机场重点打通主要景区，实现"到机场等于到了景区"。机场还探索旅游包机服务，实现"到了机场等于到了旅游城市"。

　　机场由经营型向管理型转变是大势所趋，对资金不足、人手紧缺、条件有限的支线机场来说，转型尤其必要。一是航空地面服务由暂时代理转向最终退出，二是有偿转让（特许经营权、租赁）经营性业务。

　　机场全部的业务由航空性业务和非航空性业务两大板块组成。不同的板块业务有不同的成本特点。航空性成本和非航空性成本构成了机场成本总的结构框架。航空性业务是管理性业务，对应管理性成本；非航性业务是经营性业务，对应经营性成本。支线机场航空运输量和旅客吞吐量小，（航空性业务）固定成本总值小，因而总成本受到（非航空性业务）变动成本的影响较大。做到航空性业务专业化精细管理，非航空性业务专业化市场经营。非航业务专业化经营是方向。

　　建设绿色机场，成本控制的实施向规划设计施工最前端延展，一是利用天然光（采光）、天然热（地热）降低电耗，二是利用天然水（雨水）降低自来水耗。2019年2月，上饶三清山机场凭借实现节能24%、节水42%、材料节能38%的优势，通过中国首家优秀高能效设计（Excellence in Design for Greater Efficiency，EDGE）绿色建筑机场项目认证。同年，上饶三清山机场的"绿色机场"建设项目获评世界银行"非常满意"评级。

　　（资料来源：汪镓琦. 支线旅游机场的成本控制启示——以A机场为例[J]. 价值工程. 2020，6.）

## 本章小结

　　机场成本主要指机场运营中所发生的相关费用，如人力成本，水电费用，服务过程中的物料消耗，设备设施的维修保养费，以及固定资产折旧费用及机场投资贷款的利息等。

　　航空性收入是指机场为飞机、旅客、货物进出港提供服务而产生的收入，例如南方航空要收费的飞机使用了甲机场，就要向像甲机场缴纳的相关费用。

　　非航空性收入则是指机场除上述航空性收入以外的其他经营性收入，简单理解就是和航空公司无关的，即便没有飞机起降，依然可以运营收费的收入项目。

　　我国机场的收入主要分为航空性业务重要收费和非航空性业务重要收费。

## 复习思考题

　　1. 机场的成本包含哪些部分？

　　2. 为什么说人力成本是机场成本管理的关键？

　　3. 影响机场收入的关键因素是什么？

　　4. 什么是航空性收入？什么是非航空性收入？具体内容分别是什么？

　　5. 我国机场是如何划分等级的？

扫描此码

自学自测

# 第 8 章

# 机场管理模式

【学习目标】

- 掌握机场所有权形式的类型；
- 理解机场私有化的原因；
- 掌握我国国内机场的经营管理模式；
- 掌握我国机场民营化改革的方式。

### 利用机场营利——以民营化为契机构建"繁华地带"

日本富士山静冈机场（简称静冈机场）虽在 2009 年就已对外开放，但受交通不便等因素影响，一直处于赤字状态。从 2019 年春季开始，机场通过实施民营化来解决这个问题。通过公开招标和竞争，最终三菱地所股份有限公司和东京急行电铁株式会社获得了静冈机场的 20 年运营权。但其所有权依然归静冈县所有，滑行跑道和机场建筑的运营则由民间公司管理。两公司提出规划，宣布"在 20 年间，将实现机场旅客倍增"。两公司的目标是"构建繁华地带"。譬如，在室外建造一个开放空间，让人们即便不坐飞机，也想来玩。此外，还计划建一个地方性食材市场，把机场西侧的土地作为活动广场，同时也在考虑建设宾馆和航空博物馆。

（资料来源：张君. 机场运营管理[M]. 北京：化学工业出版社，2021.）

【案例思考题】

（1）面对财务赤字状况，日本静冈机场在管理上做了哪些工作？

（2）通过案例分析，日本静冈机场如何利用机场资源进行营利？

## 8.1 机场的所有权形式及机场私有化

改革开放以前，我国民用机场管理模式十分单一，完全由中央政府集中管理，改革开放以来，由于地方政府积极参与机场建设，单一管理模式被打破。机场民营化是世界民航业继放松航空公司规则后出现的又一大全球性趋势。自 20 世纪 80 年代开始，一些国家开始对机场实施民营化，希望通过竞争和引入民营部门的组织形式来提高机场效率，同时减少政府的财政收入，并分散机场投资和管理决策。20 世纪 90 年代，机场民营化的势头日渐上涨。

## 8.1.1　机场的所有权形式

### 1. 政府直接管理的公有形式

机场归国家政府所有，政府专门设立相关部门——民用航空部或局，通常在国家交通运输部下，并且由政府直接进行管理。

### 2. 通过机场当局管理的公有形式

机场归国家所有，但政府不直接进行管理，而是通过机场当局进行管理，其目的就是建立一个更具专业的组织来执行、完成长期计划，而政府作为政策控制中心，负责战略政策的制定。

### 3. 公有与私有的混合形式

机场设施有些归国家所有，有些则由私有组织企业控制。例如，有的机场飞行区等设施是公有的，而航站区因为是由航空公司投资兴建，归其所有和运营。随着机场投融资渠道的变化，有些机场卖掉一部分股份，就造成了这种模式的存在。

### 4. 完全私有的机场

机场完全归私有集团和个人所有。英国机场集团公司出售全部股份，是机场私有化的一个典型代表。

国际机场理事会(ACI)关于机场所有权的政策载于《国际机场理事会的政策手册》，其中提到：机场应被允许在多种类型所有权形式下经营。各个机场的所有权类型及私有资本的参与类型因当地情况而各不相同。任何一个机场的所有权类型应当便于允许机场开展业务的灵活性，并确保机场使用者的利益通过在机场经营中实施健康的经济原则而受到保护。

特别重要的是，机场无论采取何种所有权形式，它必须增进机场经营的安全、效率和保安；还应责无旁贷地担负起为所在地区服务的责任；它还应便于取得充足的资本投资，作为全球经济推动力的国际航空进行融资。既促进自身经济活动，也成为发展贸易和旅游、增加投资和促进繁荣的门户。

## 8.1.2　机场私有化模式和关键问题

### 1. 机场私有化模式

机场私有化模式并非机场独有，一些模式在交通运输部门的很多领域广为应用，具体包括以下几种。

①永久特许经营权模式：建设机场的私有公司对所有权、融资和经营负有永久责任，政府管理安全和服务质量，有时对价格或利润也进行管理。

②购买—建设—经营模式：私有公司向政府购买现有机场，并作为私有设施加以扩大或改进。开发不足、情况恶化或拥挤的机场适合采用这种模式。

③建设—经营—转让模式：这可能是迄今为止应用最广的模式，简称 BOT 模式。

私有公司获得可在长达 50 年的时间内为设施融资并建设和经营设施的特许权。期满后，设施归还给政府。

④建设—拥有—经营—转让模式：与建设—经营—转让模式类似，不同之处在于私有公司在建造期间获得设施的所有权。

⑤建设—转让—经营模式：私有公司负责设施的设计、融资和建设，一旦建造完毕，所有权即归还给政府。然后，私有公司向政府租赁设施，并在长久的租赁期中取得收入。这被称为售出并租回，因其税收方面的益处而常被采用。

⑥环绕增建模式：属政府所有的现有设施由私有公司扩建。对机场而言，这包括对诸如候机楼或停车场的私有权。这形成了政府和私有公司对机场有效的联合所有权。

⑦租赁—开发—经营模式：私有公司租赁现有设施，然后根据与政府签订的长期分享收入的契约进行开发，而政府保留所有权。

⑧全部或部分股份发售模式：1987 年英国机场管理局以 100% 的股份在伦敦证券交易所上市是完全私有化的一个例子，BAA 成为第一个完成私有化改造的机场管理公司。部分股份发售的例子是，丹麦政府于 1993 年将哥本哈根凯斯楚普机场（简称哥本哈根机场）25% 的股份卖出，于 1995 年再卖出 24%。2015 年，法国第四大机场图卢兹布拉尼亚克机场（简称图卢兹机场）出让部分股份给地方投资者。

⑨管理契约模式：一座机场由另外一座机场管理或由交通运输部门的其他公司管理。例如，匹兹堡国际机场（简称匹兹堡机场）零售商店由英国机场经营者管理，百慕大国际机场（简称百慕大机场）由温哥华机场经营者经营。在签订此种契约的同时，负责管理的公司往往持有企业的股份。

⑩合资模式：以澳大利亚机场私有化为例，其形式通常是，有丰富机场管理经验的机场或公司购买少数股份并签订长期管理合同，当地或国际金融机构购买大部分股份。合资的另一种常见形式是，机场和建筑公司或工程公司（有时还和金融机构联手）合力建造和管理一座新机场或改造现有机场。例如，奥格登航空和米兰国际机场合伙中标，赢得了对阿根廷 33 座机场的 30 年特许经营权。

2. 机场私有化的关键问题

国际机场理事会在 1995 年举行的主题为"机场私有化：魔方还是潘多拉盒子？"在拉美和加勒比地区会议上，首次对机场私有化和商业化举措进行了探讨。这次会议及之后的其他会议所阐明的主要问题如下。

①人们普遍承认，私有化能提高经营效率，对市场机遇能做出更及时的符合企业法则的反应，虽然这并不意味着政府所有的机场效率一定很低，尤其是当他们遵循商业原则经营时。

②人们认为，私有化能够为机场建设融资带来不同于传统的新的资本来源。不利的一面是，股份的销售可能会导致机场新的所有者受立即获利和为股东分红的需要的驱使而采取短期思维，从而忽略将利润重新投资于基础设施建设的重要性。

③在向公众负责的问题上，人们也表示出类似的关切。一些产业界观察员设想会出

现这种情况,即机场设施的私有化经营可能会削减本可为有关社区带来巨大利益的扩展项目,不愿意在主要基础设施项目上投资,从而对所在地区的经济产生消极影响。另外,公共经营的机场是假定以社区利益为出发点的,因为其董事会通常由社区或国家领导人组成。

私有化机场仍然需要由国家或地区政府部门加以管理,这是显而易见的。在这方面正涌现出大量管理哲学,特别是在澳大利亚、奥地利、加拿大、新西兰和英国。在这方面,国际机场理事会大力支持会员机场在最早阶段就参与国家或地方制定新规定的审议。还应当在此指出,国际机场理事会代表会员机场参加国际民航组织航空运输管理专家组,该专家组处理国际性的管理问题。国际机场理事会主张给予机场经营人最大经营灵活性的管理体制。

一些国家,如阿根廷,已采取将整个机场系统私有化的举措。整个系统中有些设施有利可图,而另外一些获利微薄或无利可图。这种情况不可避免地导致机场对系统采取交叉补贴。欧洲联盟 1997 年关于机场收费指令的建议案对交叉补贴这种进退两难的情况做了精辟的总结:一些成员国已为覆盖全国或部分地区的机场网络或集团建立起单一的管理体系。在这些网络中,多数小机场除非得到国家、地区或地方的财政援助,有时需要同一网络中较大机场的支持,否则将入不敷出。与成本挂钩的原则并不排除这种相互支持的体系,并且该建议并不对这种体系的运转表示质疑,只要来源于较大机场的补贴取自商业收入或合理的利润额度即可。

一些机场担忧,作为市场力量的自然后果,私有化很可能导致机场收费的增加。然而,出人意料的是,也有私有化之后航空收费下降的例子,如英国机场经营者。这是由于英国机场经营者在陆侧产生了高收入,以及采用了和消费者价格指数挂钩的方式来限制机场收费的管理体制。但是,也有私有化之后航空收费确实增加的例子。人们可以理解,航空公司不愿意承担多个机场体系下交叉补贴的重担,尤其是当体系中可能只有一个大型国际机场时。

另一个常见的问题是,私有机场所有人可能会从事与机场核心业务无关的项目或业务,从而可能带来危害机场运行的风险。尽管这种情况尚未发生,但国际航协已对这种可能性表示关注。此外,向股东负责的机制通常能够约束董事会不至于采取冒失行为。在此方面应当指出,国际民航组织和国际机场理事会的政策均未要求机场在陆侧收入增加时减少机场收费(称为单一钱柜原则)。国际机场理事会在此方面的政策是,机场有权根据其自身财务自给自足的考虑来制定经济政策。按照这种原则,各机场可自行决定其收费水平和结构。举例来说,国际机场理事会的一些会员在机场拥挤时段采取高峰收费,这一概念已被国际民航组织接受。

在一些国家,虽然国家行政部门已批准机场私有化战略,但是在施行战略之前,可能仍然存在需要克服的巨大法律和行政障碍。例如,美国联邦航空局已表明在今后几年将五座机场私有化的意图,但仍有诸多法律问题亟待解决,包括新实体的税收地位,以及私有化之后的设施可能需要向美国联邦政府偿还以前的拨款和贷款。

# 8.2 机场的经营管理模式

世界上大型机场经营管理模式主要有四种。

①中央或地方政府所有，并组织专门机构进行管理和组织运营。目前，世界上的大部分机场采用这种管理模式。例如，约有 2/3 的美国机场都采用该管理模式。

这类机场的所有权（或股权）划分也不尽一致。有的归中央政府所有，有的归中央政府和地方政府共有，有的仅属地方政府所有。并由相应的所有者组建或共同组建行政色彩浓厚的机场管理局（委员会）负责机场日常管理和运营。

德国的法兰克福机场，联邦政府（交通部代表）拥有 25.9% 的股权，黑森州政府拥有 45.2% 的股权，法兰克福市政府拥有 28.9% 的股权。

美国的洛杉矶、亚特兰大等机场属所在的市、郡政府所有，并由地方政府组建机场管理局（委员会）进行运营管理。

②组织半政府、半市场性质的机场管理局（或称空港委员会、空港公团、机场管理公司等）对机场进行管理和组织经营。

这种模式是 20 世纪 60 年代以后逐步发展起来的。迄今为止，实行这种管理模式的机场仅限于一些业务量大、收入多、能获得利润的国际和国内主干线机场，如美国的纽约—新泽西地区的三个大型机场等。

根据这种模式组建的机场管理局是一个介于政府和营利性企业之间的组织，属于公共法人性质，拥有一定的经营自主权。其职责是通过企业和市场途径而非行政途径，管理和发展机场，与航空公司建立业务关系，确保机场安全运营等。

采用这种管理模式的机场产权结构与第一种模式下的机场相类似。其股权主要为各级政府所有，即各级政府对机场实行控股，其中有极少数机场的部分股权为社会团体所有。

③由社团、企业、私人等所有者代表、专家组成机场当局，对机场进行管理和运营。属于这种管理模式的机场绝大多数为小型机场，投资规模和业务量都很小。

④私有化后改组的机场公共控股公司对机场进行管理和运营。

英国的希思罗、盖特威克、斯坦斯特德、普雷斯特威克、爱丁堡、格拉斯哥和阿伯丁七大机场由于业务量大，收入稳定，每年都有盈利，不需要政府补贴，所以进行了私有化运作。

1987 年英国机场管理局改组为英国机场公共控股公司后，政府保留的权力如下。

①控股公司设立一个"金股"，由运输部掌握，行使法规审批和股权转移控制权。

②每隔 5 年，由垄断与兼并委员会对英国机场公共控股公司及其子公司的经营情况进行一次审查，并就违反公众利益的行为向英国民用航空管理局提出建议，同时对以后 5 年的机场收费标准提出建议。

私有化后，英国机场公共控股公司通过营利性企业的途径，每个机场各组建一个子公司，负责七个机场的经营管理。七大机场的再投资也由英国机场公共控股公司自己筹措，政府不给补贴，但可以向控股单位申请补贴。

# 8.3　我国机场管理模式

目前，我国各机场在寻求发展的同时形成了诸多类型的机场管理模式，民航业内外进行了多种多样的概括与描述。从机场运营管理架构的角度进行概括，可总结为以下 6 种模式。

## 1. 省（区、市）机场集团

这是一种以省会机场为核心机场，以省内其他机场为成员机场的机场集团组织架构。2002 年国务院 6 号文件批准的《民航体制改革方案》明确指出：机场实行属地化管理。机场下放后，原则上以省（区、市）为单位组建机场管理公司，实行企业化经营。实践中，除北京市和西藏自治区，其他省（区、市）中成立省机场管理集团公司或管理公司的共有 24 个省（区、市），其中分为 2 种不同的情况。

第一种是成立了省（区、市）机场管理集团公司或管理公司，并且由机场公司统一管理本省（区、市）内所有的机场。属于这种情况的有上海、天津、黑龙江、吉林、江西、湖南、广西、海南、云南、新疆、陕西、青海、宁夏 13 个省（区、市）。

第二种是成立了省（区、市）机场管理集团公司或机场管理公司，但机场公司只管理省（区、市）内部分而不是全部机场，属于这种情况的有重庆、河北、山西、内蒙古、辽宁、安徽、湖北、广东、四川、贵州、甘肃 11 个省（区、市）。

以省（区、市）为单位将全省的机场统一管理，存在很多优点：一是省（区、市）政府可以把全省（区、市）的资源调动起来扶持省（区、市）内各机场的建设和发展；二是可以从全省（区、市）的角度统一规划机场布局，统一考虑全省（区、市）机场的建议，避免各地市各自为政；三是把全省（区、市）的航空运输和机场的建设统筹考虑，一体化发展，更好地服务于全省（区、市）的经济社会发展需要；四是能够发挥省（区、市）机场集团公司的优势，在管理、人员、资金等方面形成规模优势，以大带小，有利于省（区、市）内小型机场的生存和发展。省（区、市）机场管理集团最大的优势在于省（区、市）内资源的统一。当然，这种模式也会在一定程度上造成机场所在地的地市政府缺乏扶持机场建设和发展的主动性和积极性。

## 2. 跨省机场集团

各地在以省为单位成立机场管理集团以后，出现了省机场管理集团之间兼并与收购的情况。首都机场集团先后收购了天津滨海国际机场、重庆机场和贵州、湖北、吉林、江西等省的机场，参股了沈阳和大连机场，并委托管理了黑龙江和内蒙古机场集团，目前成员机场达到 35 个，分布于 10 个省份；陕西机场集团于 2004 年和 2006 年分别与宁夏、青海机场公司实施了联合重组，并更名为西部机场集团，2007 年又接管了甘肃天水机场，目前拥有陕西、宁夏、青海、甘肃 4 省（区）的 11 个机场。

这是一种超越省机场管理集团的运营管理架构，它是几个省的机场管理集团通过资产重组，组建为一个跨省的机场集团。虽然这种模式仍然是机场集团的组织形式，但其管理范围已经超出了 2002 年国务院 6 号文件确定的以省（区、市）为单位的管理区域。

跨省收购的主要目的是在资源配置、航线网络、人力资源等方面发挥超省机场集团的更大规模效应。这种模式体现出的优势表现在以下几个方面：一是集团公司将成员机场的地面服务、商贸、广告等非航空性业务进行实行了一些一体化经营和管理，发挥了专业化公司的规模优势；二是在人员使用和资金运用方面，统一调配，统一运作，提高了运营效率；三是利用机场集团的管理优势，一定程度地提高了小型机场的管理水平。但跨省机场集团的模式存在以下不足：一是降低了成员机场所在省、市政府投资机场建设和扶持机场发展的积极性；二是机场集团归当地国资委管理，当地的国资委没有动力和义务把机场集团的资金投入到其他省份机场去；三是集团将成员机场的非航空性业务采用专业化公司的模式实行条条管理，航空性业务则由各成员机场分块管理，不利于机场的安全运行和服务水平的提高；四是当地政府把机场交给省外的跨省机场集团管理后，没有了机场建设投资的压力，往往要求机场建设的标准要高、规模要大，超出了适度、合理的范围，同时也给跨省机场集团造成资金等方面很大的压力。

### 3. 省会机场公司

这是一种在没有以省为单位成立机场管理集团的情况下，省政府只负责管理省会机场，其他机场由所在地市政府管理的模式。属于这一模式的有江苏、山东、河南三省。南京、济南、郑州这三个省会机场分别由该省的国有资产监督管理委员会管理，而其他省内机场则由所在地市政府管理。

省会机场由省政府管理，优势在于能够调动全省的资源和力量来扶持省会机场的建设和发展。但这种模式的不利之处是：我国各省会机场一般都是本省业务量最大的机场，省会机场资源优势明显，管理水平也较高，而省内其他机场大部分是小型机场，资源匮乏，经营困难，管理水平也不高，如果不利用省会机场的优势来带动这些小型机场，势必造成这些机场难以很好地发展。而且，省政府直接管理省会机场，也不利于充分发挥省会城市建设发展机场的积极性。

### 4. 市属机场公司

目前，全国共有 31 个机场由所在地市政府管理，分别是深圳、大连、青岛、厦门、宁波、泉州、烟台、威海、临沂、大同、运城、邯郸、温州、舟山冶州、衢州、义乌、连云港、无锡、徐州、南通、盐城、绵阳、南充、攀枝花、宜宾、泸州、万州、阜阳、黔南、安顺等机场。这些机场公司通常只管理本地一个机场。但有两个特殊情况：一个是大连机场，大连机场集团除管理大连机场外，还受托管理 2007 年建成通航的长海机场；另一个是厦门高崎国际机场，2003 年，由于福州机场亏损严重，厦门高崎国际机场集团收购了福州机场及福建省的龙岩机场。厦门市不是省会城市，厦门高崎国际机场却收购了福州机场，这种情况比较特殊。

市属机场公司这种模式，在不同的城市，情况也不相同。如果机场所在城市的经济实力强，当地政府又重视和大力扶持机场，机场就发展得好，如深圳、大连、青岛、厦门、宁波等机场。但是若机场业务量普遍较小，机场所在地经济欠发达，地方政府的财力也有限，往往是心有余而力不足，客观上欠缺足够的资源来支持机场。

### 5. 航空公司管理机场

目前全国有 14 个机场分别由 4 家航空公司管理：海航集团管理了甘肃机场集团（兰州、敦煌、嘉峪关、庆阳机场，不包括天水机场）和海口、三亚、东营、宜昌、安庆、满洲里、潍坊 11 个机场；深圳航空公司管理常州机场；南方航空公司管理南阳机场；厦门航空公司管理武夷山机场。这 14 个机场中，除海口、三亚和兰州机场外，其他 11 个机场都是小型机场。

从目前航空公司管理机场的情况看，航空公司管理机场，有利于小型机场利用航空公司的优势来增加航线航班，培育市场，提高机场的业务量，促进小型机场发展。对于大中型机场，这种优势就不太明显。相对而言，把机场交给航空公司管理，不利的方面较多，主要有：一是机场交给航空公司，机场所在地政府容易产生"但求所在，不求所有"的思想，投资建设机场的积极性就容易受到削弱；二是对于航空公司投资管理机场，法规规定航空公司的股权不得超过 25%，这是法律形式的限制。

### 6. 委托管理机场

在受委托管理的机场中，按照受托方的情况，目前有以下两种。

一是内地机场委托内地机场进行管理。例如，黑龙江机场集团和内蒙古机场集团委托首都机场集团管理，鄂尔多斯机场委托内蒙古机场集团管理，克拉玛依机场委托新疆机场集团管理。

二是内地机场委托港资管理。这种情况目前只有珠海机场 1 家。2006 年 10 月，珠海市国资委与香港机场管理局（Airport Authority Hong Kong，AAHK）合作，双方共同出资组建国内第一家合资的机场管理公司——珠港机场管理有限公司，其中珠海市出资 1.62 亿元人民币，持股 45%，香港机场管理局出资 1.98 亿元人民币，持股 55%。珠港机场管理有限公司不拥有机场的资产，只受托管理珠海机场，期限为 20 年。

机场被委托有利于被委托机场利用受托机场的经营机制和管理优势来提高经营管理水平（包括安全、服务、效率等）。但委托管理也因受托方往往缺乏主人翁意识，探索、规划所管理机场长远发展战略的积极性不高，容易产生短期行为。

### 7. 香港机场管理模式

香港机场的所有权由香港特别行政区拥有，香港特区政府设有专门政府机构——民航处来管理整个航空业的发展，其中航权和空中管制都是由民航处直接管理，机场则交给香港机场管理局管理。香港机场管理局（AA）是香港特别行政区政府全资拥有的法定机构，代表香港特区政府管理香港机场的运作。直接与香港机场管理局存在业务关系的机构或公司主要是民航处、航空公司和各个具体业务经营公司。香港机场运营管理模式的特点具体如下。

（1）政府投资宏观管理

香港机场由香港特区所有，由香港特区政府统一规划、统一投资兴建。香港机场管理局既有代政府对机场实行监管的职能，又在经济上独立于政府，采用市场化运作的模式对机场进行经营，其经营所得一方面用于偿还贷款，另一方面为机场扩建积累资金。

（2）法定授权，土地资源管理

香港特区政府制定的《机场管理局条例》对机场建设与管理进行全面定位，明确了香港机场管理局对机场范围内所有业务的领导与管理地位，从而保持了机场业务运作的整体性。香港机场的土地使用权为政府无偿划拨，由机场对土地资源进行有效的规划、控制和运作，香港机场管理局代表政府集中统一经营、管理机场范围内的土地使用权，为机场的长远发展奠定了坚实的基础。

（3）BOT专营及特许经营

香港机场管理局以专营权合约方式把与机场相关的业务授予其他专业化公司进行经营，以授予特许经营牌照方式转让商业零售业、餐饮业、广告业的经营权。香港机场通过招标等方法，选择资质好、服务优秀、价格低廉的多家运营者，以BOT方式批出经营项目，由获得专营权的企业负责有关设施的融资、设计和建设，并在固定年限内以商业原则营运该设施，期限结束后，由香港机场管理局无偿收回土地使用权，并获得地上设施的所有权。香港机场内的航油、货运、机坪服务、飞机维修等投资额较大的经营项目均以此方式转让。机场通过专营权收费或租金获得收益。

8. 澳门国际机场管理模式

澳门国际机场所有权属于澳门特别行政区政府，澳门特区政府设有专门的民航管理机构——民用航空局来管理民航业，澳门民用航空局把对机场产权、专营权的管理交给了澳门国际机场专营股份有限公司（简称专营公司）。但是专营公司主要负责对机场专营权的经营管理，并不进行机场日常业务运作的具体管理，而是把具体管理事务交给了机场管理有限公司（简称管理公司）。机场管理有限公司负责对在澳门国际机场获得各种业务专营权的经营单位（包括航空公司）进行管理和监督。

（1）澳门国际机场经营管理模式

专营公司由澳门特区政府、澳门旅游娱乐有限公司及一些中资及港澳投资者所持有，其中澳门特区政府占55.248%，澳门旅游娱乐股份有限公司占37%。机场管理公司（ADA）最初由中国航空（澳门）有限公司（前身是澳门航空服务公司）和葡萄牙机场公司合资设立，经营了17年。

（2）专营公司和管理公司的职能

机场专营公司主要负责机场专营权的经营管理，以及对外代表澳门机场的事务，所有澳门国际机场有业务经营活动的公司都由专营公司来挑选和确定。

机场管理公司负责整个澳门机场的日常经营管理，负责监督业务特许经营公司的运作和服务标准。机场管理公司的业务管理范围主要有：机场现场管理，包括站坪服务、机构服务等方面的管理；航站楼管理；空中交通管制和航班信息；机场和航行维护；保安和安全管理；商业和财务管理。

专营公司通过对服务标准和费用的控制监督机场管理公司，专营公司定期进行调研，评定服务标准，对于专营公司的费用开支，每年都给予一定的预算，人力成本方面则按照员工的数量给予相应的工资总额。

（3）澳门国际机场管理模式的特点

澳门机场管理模式的最大特点就是分专营公司、管理公司、具体业务经营公司三个层次，相较于香港机场而言，多了一个层次，而且三个层次的公司的产权是没有隶属关系的。机场专营公司与机场管理公司之间的关系就是"地主"与"管家"之间的关系。

# 8.4 国外机场管理模式的特点

## 8.4.1 美国机场管理模式的特点

### 1. 公益性，政府所有

美国作为世界航空第一大国，机场由政府投资、建设和管理，归政府所有并定位为不以营利为目的。机场管理企业化程度较低，多为事业化机构。政府负责制定机场发展规划、开辟航线、机场设施的出租和日常维护工作，以最优惠的条件吸引航空公司，为公众提供便利的机场设施。

### 2. 管理型，专业化经营

在商业资源的开发上，机场以减少自身经营活动为原则，与航空公司职能界限清晰，机场不直接参与客货运输的经营活动，使机场公正地对待航空运输经营竞争，机场经营性业务的社会化程度相当高，将绝大部分的商业资源交由专业化企业经营，非航空性收入高达总收入的 70%~80%，甚至 90%。

### 3. 政府投资建设，补贴促进发展

机场的利润收入只能用于机场的建设投入。政府对机场给予税费减免，并返还部分从机场商业等经营收益中征收的税费来支持机场的发展，各级政府和联邦航空局对机场的建设和经营给予资金补贴。机场建设投资一般靠地方政府发行债券来筹集，再由财政统一安排偿还。机场运营亏空由政府补助。这些措施为绝大多数中小型机场的生存和发展创造了条件。

## 8.4.2 日本机场管理模式的特点

### 1. 政府建设，分类管理

日本机场管理由各级政府直接承担，主要分三类：第一类是主要国际机场，如东京成田机场等，为中央政府投资建设、拥有，由运输省通过民航局进行管理、指导；第二类是国内干线机场及少数国际机场，如东京羽田机场等，为中央政府投资建设、拥有，由机场管理执行委员会、运输省和地方空港公团建立机构共同管理；第三类是国内专线机场，为地方政府投资建设、拥有，由地方空港公司管理。机场建设中政府所占份额及政府对地方公共团体补贴率随机场等级不同而有所区别，即收益率越低，补贴率越高。

### 2. 商业化融资

日本政府通过商业化模式来提高机场的融资效率和管理效率。例如，东京成田机场就是由政府设立"新东京国际空港公团"来具体负责机场的日常运营的，受政府委托管理带有公共性质的事务，并进行商业化运作，但不以营利为最终目的；关西机场由于机场投资巨大，在相当长的时期内还难以盈利，但其流量大，具备商业化和企业化的基本条件，所以能够吸引投资，由"关西国际空港株式会社"进行运营，投资者是当地的大财团，而这些财团的发展对关西机场具有一定的依赖性。

## 8.4.3 英国机场管理模式的特点

### 1. 多元化所有

英国机场管理模式有四种：一是地方政府和议会所有和管理的机场，如曼彻斯特机场、伯明翰机场等；二是英国机场公共控股公司所有并管理的机场，如伦敦的希思罗机场等七个大型机场；三是民航局直接管理和组织运营的偏远机场；四是由私人经营的小型机场。

### 2. 政府主导的多元化投资建设

英国机场作为国家控制的重要基础设施。采用拍卖经营权、招标租赁、BOT 等方式转换其经营模式，允许私人投资兴建并拥有，以此拓宽机场建设投融资渠道，改善经营管理水平，促进机场建设全面发展。例如，伦敦希思罗机场产权名义上归政府所有，但由英国机场集团公司、英国航空公司、英国汇丰投资银行等进行管理，其中投资近 20 亿英镑的第五航站楼工程完全按照市场化模式根据投资比例组建有限责任公司进行运作。伦敦城市机场作为小型商务机场完全是由私人投资兴建的，经包装上市后将募集的资金用于机场的扩建和导航设备的更新。

### 3. 政府限价，商业化管理

按照英国法律规定，中央政府对希思罗、盖特威克及曼彻斯特三大机场的航空收费项目实行价格管制，以保护航空公司和小型机场的利益。三大机场把制定有竞争力的机场收费价格作为吸引航班和旅客流量的主要手段，确立了"制定合理的机场收费标准—吸引更多的航班和旅客流量—大力发展商业—从商业中获取更大利润"的基本模式。随着管理的完善和生产规模的扩大，机场航空业务已成为吸引旅客和其他商务客户的基本手段和工具，商业经营成为机场获取利润的主要来源。

## 8.4.4 其他欧洲机场管理模式的特点

### 1. 政府控股，企业化经营

欧洲机场普遍实行企业化经营，具体做法是在政府绝对控股的情况下，全面开发、运营机场业务，力争为社会公众提供所有服务，包括建设航空城、空港经济区。德国法兰克福机场、荷兰阿姆斯特丹史基浦机场是典型的例子。

### 2. 板块清晰，资源多样化管理

德国法兰克福机场主营业务板块有航站楼管理、零售业务、地面服务、安全管理与安检、货运管理五大板块。每个板块中所承担的业务领域广阔、延伸深远，各板块之间的业务领域划分清晰，服务覆盖了机场与航空公司相关的整个物流链。法兰克福机场管理有四大特点：一是保持机场核心资源的绝对控制权；二是所有权与经营权相分离；三是大力加强资本管理和资源管理；四是对货运设施采取自建租赁和 BOT 模式进行统一管理。

### 3. 准确定位，建设机场城市

荷兰阿姆斯特丹史基浦机场的定位为管理型机场，分为非执行董事会和执行董事会。机场引进了几十家地面代理公司和商业公司实行特许经营，在保证质量和价格的条件下互相竞争，提供几乎所有的配套服务，机场仅按照法律和合同规定进行检查监督。因管理体系完善，机场每个项目都创造了良好的效益，特许经营收入占机场总收入的 60% 以上。史基浦机场集团一个最重要的目标是通过建立和发展机场城市，为相关利益者创建可持续的价值，发展高效的，有航空、铁路、公路等多种运输形式的枢纽，能提供 24 小时的服务并具备相应的设施。

## 8.4.5　新加坡机场管理模式的特点

### 1. 政府直管，行业监督

新加坡樟宜机场是由新加坡民航局（CAAS）直接管理。该局的主要职责是在民航和机场运营的安全、质量和服务上确保高标准，确保机场运营的良好业绩，管理和促进航空运输的发展，预测航空业的需求变化并采取相应有效的策略，使新加坡樟宜机场成为一个全球主要的航空枢纽。新加坡樟宜机场没有行使机场业主职能的机场管理局，由 CAAS 下设的航空货运部、机场紧急事务部、机场管理部和商业部等几个直接与机场业务相关的部门代行机场管理局的职能。

### 2. 专业化经营，良性竞争

民航管理局不参与任何经营，机场运营交由专业化公司。例如，把机场的所有地面服务业务的经营权交给两家专业化公司且获得的专营权几乎一样，既避免形成独家垄断，也不会出现由于多家竞争而陷入恶性竞争的情况，在机场内形成良好的竞争局面。而机场管理当局对各项具体地面服务都制定了服务标准，保证服务质量。

纵观世界机场的管理，各航空大国将机场定位为不以营利为目的，其机场的运行管理无一不是建立在政府主导的基础上的。由政府所有并监管、政府投资规划建设、政府优惠政策给予经营补贴、政府引导资源开发，等等。机场始终是政府通过不同形式的授权赋予一定的职能，代表政府行使对机场这一基础性的公共设施的经营或管理。而机场的经营和获利主要是在依靠政府土地授权的基础上，通过专营、特许经营等方式收取专营权或特许经营权费实现，并以此保持机场公平的平台，提高机场范围内专业化管理水平和优质服务水平。

# 8.5 机场民营化

## 8.5.1 机场民营化的背景

我国民航机场在 2003 年之前一直基本实行垂直一体化、政企不分的管理格局，即民航局—民航地区局—民航省局体制，民航局既制定行业政策，又通过地区局、省局间接管理民用机场，省局直接经营所属省内机场。民航局、地区局、省局都下辖有公安机关。

为推进民航业的发展，实现机场的有效管理和经营，民航局采取了一系列的措施。

2002 年 8 月 1 日，《外商投资民用航空业规定》开始实施，指出"外商投资民用机场分二类项目（民用机场飞行区，包括跑道、滑行道、联络道、停机坪、助航灯光；航站楼）；外商投资民用机场，应当由中方相对控股；外商投资飞机维修（有承揽国际维修市场业务的义务）和航空油料项目，由中方控股；货运仓储、地面服务、航空食品、停车场等项目，外商投资比例由中外双方商定；外商投资的民用机场企业，其航空性业务收费执行国家统一标准，非航空业务收费标准由企业商请当地物价部门确定"。

2003 年 9 月，国务院批复民用航空局《省（区、市）民航机场管理体制和行政管理体制改革实施方案》，按照该方案，93 家机场移交地方政府管理（首都机场集团所属机场、西藏自治区的机场仍由民航局管理），民航各省局撤销，相应组建民航安全监督管理办公室，作为民航地区管理局在各省（区、市）的派出机构，负责所辖地域内航空公司、机场等民航企事业单位的安全监管和市场监管。机场移交地方政府管理后，原则上以省（区、市）为单位组建机场管理公司，实行企业化经营，统一管理省（区、市）内机场。原民航局所属机场公安机构划归地方公安部门管理。

2004 年 1 月 18 日，民航局党委《关于贯彻落实党的十六届三中全会精神若干问题的决定》提出深化民航改革的目标和任务是："抓紧建立和完善民航行政管理体制，转变政府职能，强化安全管理、市场管理、空中交通管理、宏观调控及对外关系五项职能；建立健全民航法律、法规体系，逐步实现民航运营与管理的法制化；建立统一开放竞争有序的航空运输市场体系；进一步提高对外开放水平；推进民航企业股份制改造，实现投资主体多元化，建立现代企业制度和规范的法人治理结构；健全有利于实施'科教兴业'和'人才强业'战略的有效机制，放宽市场准入。引导、促进国有投资主体和非国有投资主体按照国家产业政策和民航法规规定，投资公共航空运输、通用航空、民用机场和其他民用航空相关项目，促进支线航空、航空货运和西部航空的发展。调整通用航空公司的审批法规，放宽准入条件，简化审批手续。""引导和推进机场建立新的管理模式，由直接经营型向管理型转变，实现良性发展。开展机场委托管理、机场特许经营的研究，并进行试点。"

2004 年 1 月，国家发改委会同有关部门制定了《关于贯彻落实十六届三中全会〈决定〉精神 推进 2004 年经济体制改革的意见》，提出 2004 年要着力推进七大领域改革。其中提到：进一步调整和完善所有制结构，继续推进国有企业改革。……积极推进国有企业改革。加大外资和民间资本参与国有企业改制改组的力度，大力发展混合所有制经济，以调整完善产权结构为重点，积极推行股份制。……深化垄断行业和公益事业改革。继续推进电信、电力、民航等行业的改革，选择适宜的企业和业务范围引入非公有资本、改善资本结构；加快民航企业规范的现代企业制度建设步伐，完成航空运输服务保障企业的公司制改制；在大型机场进行机场地面服务保障业务与机场脱钩并引入竞争机制试点。……深化行政管理体制改革，加快政府职能转变。

2004 年 12 月 9 日，在全国发展和改革工作会议上，国家发改委明确了 2005 年我国六项主要任务，其中第四是深化经济体制改革，加快垄断行业管理体制改革步伐，完善电信、电力、民航改革措施，扩大市场准入范围……

2005 年 4 月 1 日民航局发布了《国内投资民用航空业规定（试行）》，并从 2005 年 8 月 15 日开始施行。该《规定》明确了民用运输机场是自然垄断部门，并鼓励各国内投资主体多元投资，非国有投资主体可以参股。并明确与机场相关的投资对象包括：民用运输机场、通用航空机场，以及航空燃油销售储运加注、飞机维修、货运仓储、地面服务、航空食品生产销售、停车场、客货销售代理、计算机订座系统服务、航空结算及其他相关项目。

这一系列政策的实施有力地支持了国内外资本和企业投资机场建设或参与机场经营管理，在一定程度上带动了我国机场的民营化改革。北京首都机场、上海虹桥机场、广州白云机场、深圳宝安机场、厦门高崎机场成功上市；东北人王文学自筹经费建设绥芬河东宁机场；民营企业北京泛华圣大道路技术有限公司投入 500 万元，获得九江庐山机场 20 年的经营权；温州人王均瑶控股宜昌三峡机场；广州白云国际机场股份有限公司与广东华濒实业集团有限公司共同投资成立白云机场商旅服务有限公司……都是机场民营化的积极尝试。同时，珠海机场采用委托管理的方式由珠海机场与香港机管局合作成立的珠港机场管理有限公司进行管理，期限长达 20 年；上海浦东机场采用委托管理的方式委托生产运行保障管理项目，如机场供电系统、供冷供热系统、助航灯光外场维护、道面维护检修绿化保洁等，这些都由一些专业化单位进行生产、维护与管理。2006 年 4 月，民航局批准在北京、上海、深圳和厦门四个城市的五家机场对非航空类商业活动进行剥离，试点施行特许经营模式。

## 8.5.2　机场民营化的概念

### 1. 民营化

"民营化"一词较早出现于日本。西欧国家在 20 世纪七八十年代出现的国有企业私有化浪潮很快波及日本，称作公共企业民营化。公共企业民营化有三种含义：一是公共法人通过组织变更而转化为股份公司形式的公共企业，并将部分政府资本逐步卖给私人；二是公共法人通过组织变更而转变为民间所有认可法人；三是公共法人或股份公司形式的公共企业通过组织变更而成为私人企业。

在美国，世界民营化大师萨瓦斯（E. S. Savas）认为，民营化是一种政策，即在引进市场激励以取代对经济主体的随意的政治干预，从而改善一个国家的国民经济。这意味着政府取消对无端消耗国家资源的不良国企的支持，从国企撤资，放松规制以鼓励民营企业家提供产品和服务，通过合同承包、特许经营等形式把责任委托给在竞争市场中运营的私营企业和个人。萨瓦斯将民营划分为 3 类 11 种方式，即政府撤资（出售、无偿赠予、清算）、委托授权（合同承包、特许经营、补助、凭单、法令委托）、政府淡出（民间补缺、撤出、放松规制）。在萨瓦斯的眼里，民营化旨在改善政府作为服务提供者的绩效，包括打破不必要的政府垄断，在自来水供应、街道清扫、垃圾收集处理、公园和树木维护等公共服务供给中引入竞争。萨瓦斯的民营化概念的核心在于更多地依靠民间机构，更少依赖政府来满足公众的需求，本质是在公共服务中引入竞争机制。毫无疑问，这也正应成为我国建立和完善社会主义市场经济体制应有的追求。

休斯认为，民营化可以被理解为把公有资产还给私营部门，通常通过股权移转的方式将活动的控制权从公共部门转到私营部门手中，从而使政府从整体上降低介入程度。他同时指出，公用事业、自然垄断企业民营化争论较多，焦点在于民营化之后的规制程度。例如，有人认为，自然垄断企业民营化应配以放松规制，公用事业民营化应配以政府的价格规制。民营化的好处是可以增强信息公开，减少政府补贴，减少政府借贷。

我国学者唐亚林、曹前长、庄永海认为，民营化是指由市场或民间部门/私人部门参与公共服务的生产及输送的过程。也就是说，政府部门通过合同出租、业务分担、共同生产或解除规制等方式，将部分职能转由民间部门/私人部门经营，而政府只需承担财政筹措、业务监管及绩效成败的责任。

我国学者单东指出，民营化并不是对公有制的否定，"民营经济的民有，就是马克思、恩格斯所指的劳动者在联合协作创造财富过程中的个人所有，也就是联合起来的社会个人的所有制"，这是公众所有，即真正意义上的公有。民营经济中的股份制，含有"社会所有"的意义。

对于民营化的研究非常多，但是，综观各个学者的观点，主要基于以下几种理解。

①民营化是一种理念。所谓民营化理念就是改善政府的要径和社会治理基本战略的信念。民营化不仅是一个管理工具，更是一个社会治理的战略。它根植于这样一些基本的社会理念。即政府自身和国有经济主体相对于其他社会组织适当的角色。

②民营化是一种政策。即引进市场激励以取代对经济主体的随意干预，从而改进国民经济。这意味着政府对经济不良的国有企业不再支持，鼓励民营企业提供更多的产品或服务。

③民营化是一种过程。这种过程是更多发挥和依靠民营部门提供产品或服务的过程；是推进市场化的过程，通过民营化进一步推动改革的深入，在更大程度上发挥市场在资源配置中的基础性作用。

### 2. 机场民营化

中国民航大学张永利、张小全认为，国民经济的创新性、灵活性和高效率能够为机场的建设和发展带来生机；民营资本的介入有利于吸引世界水平的高素质管理人员，迎接激烈的国际竞争；民营化可以缓解我国机场建设中的资金压力。机场的民营化改革是一项利国利民的大好事，势在必行。文伟认为，世界上机场民营化主要存在以下几种形式：永久特许经营权、购买—建设—经营、建设—经营—转让、建设—拥有—经营—转让、建设—转让—经营、租赁—开发—经营、全部或部分股份发售、管理契约、合资。

机场民营化就是政府通过减少介入与干预但不减弱监督的职责，或者通过管理权与经营权的分离来达到鼓励竞争、打破垄断的局面，最终使机场的经济效益得以提高的过程，其方式主要有：委托管理、特许经营、出售、放松规制等。

### 8.5.3　机场民营化改革的动因

机场民营化是世界民航业继放松航空公司规制后出现的又一大全球性趋势。

自 20 世纪 80 年代开始，一些政府开始对机场实施民营化，希望通过竞争和引入民营部门的组织形式来提高机场效率，同时减少政府的财政投入，并分散机场投资和管理决策。90 年代，机场民营化的势头日渐上涨。航空运输服务需求的快速增长促使越来越多的政府考虑将机场出售给私人企业家，以扩展机场基础设施，满足客流量的增长。

有学者认为，未来机场发展的资金将不再由政府供应，而主要来自私人。而民营化除了解决资金，也能带来以下一些效应。

①私营部门的创新性、灵活性和高效率能够为机场的建设和发展带来生机。私营部门介入机场的运营管理有助于提高机场的运营效率、降低运营成本，提高竞争能力。

②民营资本的介入有利于吸引高素质管理人员，迎接激烈的国际竞争。目前，我国主要大型机场在基础设施条件、经营管理模式和理念等方面，还不能适应国际航空枢纽运营的需要。私营部门的介入有利于建立灵活的机制，提高我国机场的整体管理水平和国际竞争能力。

③有效减轻国家级地方的财政负担：民营化后不仅能减轻国家和地方政府的财政负担，同时也转嫁了潜在的风险给私营部门。通过民营化，政府可以获得巨大的资金收入，减少财政补贴，节约的大量资金可以转为其他公益事业的投资，而且政府可以获得更多的营业收入。

④政府直接参与投资和经营容易陷于纷繁复杂的微观经济事务中，既不利于政府履行其维护市场秩序和宏观调控的职能，也不利于企业之间的公平竞争。

⑤实现资源的优化配置：民营化消除了政府对企业经营的直接干预，企业可以根据市场的需求，灵活决定经营策略，合理配置资源。

### 8.5.4　我国机场民营化改革的实质

①经营权参与。通过签订各类承包合同，形成公共部门与私营部门共同担负某项服务的责任，如经营业绩协议、管理合同、服务合同和特许经营。

②所有权参与。通过将现有企业实行股份化的形式，将部分或全部资产的所有权转

移给私营部门，或者私营部门通过参股的方式参与新建的项目。

在实践中，一个项目也可以采用经营权参与和所有权参与的混合形式。

### 8.5.5　我国机场民营化改革的方式

机场的民营化浪潮在席卷欧洲、美洲、亚太地区机场的同时，也对我国机场业的发展产生了极为深刻的影响，主要体现在机场股份制改造、机场集团公司的产生、机场管理的输入与输出、机场转型、灵活的投融资渠道的建立五个方面。

#### 1. 机场股份制改造

我国机场的股份制改造几乎与世界机场的民营化同步发展，且进展较快。早在 20 世纪 90 年代，厦门、深圳等地方机场就率先上市；此后，上海虹桥国际机场、北京首都机场、广州白云机场及海口美兰国际机场也相继上市。目前，大连、沈阳、成都、西安等地的机场也都在积极筹划。我国上市和即将上市机场的数量已在世界上名列前茅。我国机场的成功上市，一方面为机场建设募集了必要的资金，另一方面促进了机场现代企业制度的建立与完善。

#### 2. 机场集团的产生

我国的机场集团始创于 20 世纪 90 年代，其最初是机场股份制改造的必然产物。我国上市机场的资产主要为国有资产，中央或地方政府是股份公司的最大股东。这样，机场集团公司作为国有资产所有者的代表，就应运而生。显而易见，机场集团公司必须经国资部门正式授权，才能真正成为国有资产所有者的代表。集团公司的本质特性决定了其负有国有资产保值增值的职责。此外，机场属地化改革，将以省（区、市）为单位组建机场管理公司，这样，我国就产生了一批由多个机场组成的机场集团。这些机场集团并未实行股份制改造，但从政企分开及有利机场集团发展的角度考虑，机场集团公司作为国有资产所有者的代表，同样也需要得到国资部门的正式授权。

#### 3. 机场管理输入与输出

（1）境外著名机场管理公司的输入

英国机场管理局（BAA）、国际联盟地面服务公司（AGI）、新加坡樟宜机场（SIN）、哥本哈根机场（CPH）等机场管理公司早就对我国民航机场虎视眈眈，近几年来与我国乌鲁木齐，武汉，大连、海口、青岛等地机场频繁接触。北京首都机场的设计和规划邀请了法国巴黎机场的加盟，巴黎机场管理公司购买了北京首都机场 9.9%的 H 股，并参与了北京首都机场的管理和咨询。2002 年年底，SIN 和萧山国际机场签订协议，参与其经营与管理。2003 年，CPH 公司购买了海口美兰国际机场 20%的股份，而且协助海口美兰国际机场进行商业化管理，并且签订了长期咨询合同。2003 年，法兰克福机场（FRA）与上海机场集团签署了合作备忘录；此后，香港机场管理局也与上海机场集团达成了合作协议。

（2）国内著名机场的管理输出

首都机场集团拟打造我国机场业的航空母舰，其拟参股、控股沈阳、大连、西安、武汉、重庆、昆明等地重要机场，并希望零收购江西、贵州、甘肃等省的中小型机场及旅游型支线机场。上海机场集团拟整合长三角的机场资源，利用自身的优势，赢得长三角各大机场的管理权限。

我国机场业的管理输入与输出，已将我国的大中型机场卷入到世界机场业激烈竞争的大潮中。

### 4. 机场转型

机场转型，即机场从经营型向管理型转变。也就是说，以前机场非常重视经营性项目，如客货运收入、候机楼零售业收入、停车费及旅游方面的收入，而现在机场采取特许经营权转让的方式将自己不擅长、不精通的经营性项目转给在这方面更具有经验的公司和企业承包（见表 8-1），自己则以输出管理为主。

表 8-1 机场经营性项目的管理

| 经营项目 | 经营主体 |
| --- | --- |
| 机场规划、建设、航线开拓、经营战略、机场安全 | 由机场当局直接负责 |
| 机场地区新兴资源的开发，如保税区、物流区等 | 机场当局应负责协调培育市场，然后再通过各种方法进行管理与经营 |
| 在市场上具有相对垄断性的机场特有业务资源，如安检、现场运行管理、航空地面代理业务等 | 由专业化公司经营 |
| 对于社会分工已非常细化、竞争充分的行业，如广告、商业、通信、油料、汽车运输等业务 | 如机场无竞争优势，则采用特许经营权转让管理方式；如机场有较强竞争优势，可考虑自营或联营 |
| 对于机场核心业务，如候机楼管理、航空货运、配餐、停车场业务 | 机场当局可采取控股或参股经营方式 |

管理型机场的最大特点是所有权与经营权分离，行使所有权的运营当局要逐步摆脱具体的生产经营事务，主要承担机场总体规划安全监督、服务与运行效率监管、航空市场与服务项目拓展、机场商业开发、机场设施建设、机场国土资源管理等职责，着力抓好制定各种专业规范和标准、特许经营的制度，成为机场"游戏规则"的制定者和监督者，成为机场运营的决策中心、资本运营中心和调控中心，而经营权通过特许经营等业务外包形式交与专业化公司，吸引专业化公司成为机场运营的利润中心。专业化公司主要从事机场业务的生产经营与服务，通过主动走向市场，开拓发展，创造良好的服务和经济效益，实现机场运营价值的最大化。

根据国际民航组织编写的《机场经济手册》上的内容，国际机场最常见的特许经营项目有：航空燃油供应，食品、饮料的特许供应经营，各种商品，银行/外币的兑换，航空配餐服务，出租车服务，汽车租赁，机场广告，公共汽车和旅客班车，免税店，美发店，自动售货机，旅客汽车旅馆，货运公司，货运转运公司或运输代理商，纪念品商店等。目前，全球多数机场将《机场经济手册》中的许多项目都以特许经营的方式外包出去，并且这已经成为通行的做法，机场的收入来源大部分来自特许经营权费。随着机场逐步从日常经营性项目中退出，这种以特许经营权方式的契约外包趋势将会更加普遍。目前国内大型商场机场在货运业务方面主要也是承担着地面代理功能，基本不再承担货运市场营销的职责。机场的主要任务是规划并且建设货运基础设施，包括仓库、停机坪、物流中心、货物加工区、货运代理人仓库和办公设施等，目的是以良好的基础条件来吸引航空公司。

所以，机场由经营型向管理型转变同样属于机场民营化改革的内容。

#### 5. 灵活的投融资渠道的建立

在机场改革过程中引进了投资者。比如，广州白云国际机场商旅服务有限公司（简称白云机场商旅），其由广州白云国际机场股份有限公司和广东华澈实业集团有限公司共同投资成立。其中，前者注入资金 1350 多万元，占总投资额的九成，后者占总投资额的一成。白云机场商旅成立于 2002 年 7 月 1 日，是白云国际机场股份有限公司旗下的唯一经营航空运输类商旅服务的公司，致力于为企业集团、加盟服务点和商旅人士提供尊贵、快捷、舒适、无缝隙的一体化商旅服务。广州白云国际机场提供的"易登机"服务，主要是为旅客提供个性化商旅服务，即为有需要的旅客提供从订票、办理所有值机手续、酒店旅行安排、贵宾休息、专门安检通道、专车接送飞机等地面一条龙服务。该项商旅服务品牌运营一年多以来，规模不断扩大，影响力波及全国同行。这种服务公司的成立和有效运营就意味着我国机场建立了灵活的投融资渠道，为机场服务的发展奠定了竞争和市场化的基础。

## 8.5.6 国外机场民营化改革

在西方国家，机场民营化改革已经持续了有 20 多年，在民营化改革的道路上，他们摸索出了一条属于自己的道路。综观世界范围内的机场民营化改革，属英国、美国、南非、德国最为典型。

#### 1. 英国

BAA 是 1965 年成立的一个国有机场管理机构，主要经营伦敦三个机场（希思罗机场、盖特威克机场、斯坦斯特德机场）和英格兰四个机场（普雷斯特威克机场、格拉斯哥机场、爱丁堡机场和阿伯丁机场）。

1985 年，英国政府的航空政策白皮书宣布了对 BAA 民营化的方案。白皮书列举了几条对 BAA 实现实施民营化的理由，其中包括要缩减公共机构的规模，以及借此促进政府创新性的管理等。同时，白皮书又指出，即使在民营化后，一些关键的职能仍然由公共部门负责执行。CAA 将同以往一样对航空安全和航空线路进行规制，运输部将负责航空保安（反劫机和反恐怖分子），负责环境事务的国务秘书将继续管理航空噪声和环境事务，而公共规划部门仍将负责主要机场的扩建事项。

1987 年，根据白皮书的宗旨，英国政府对 BAA 进行了民营化。同时 BAA 在伦敦证券交易所上市。而拥有其他民航机场的一些地方政府也开始鼓励民营化。1990 年，利物浦的地方政府将其机场 76% 的权益售给了英国飞机制造公司。该公司也希望能通过接管机场设施来跨入欧洲航空市场。

英国政府在对 BAA 进行民营化的同时，也对 BAA 进行规制以防止其垄断地位的滥用。比如，对航空服务的收费（包括为飞机降停和乘客提供的各类直接服务）将采用英国早些时候在电信业和煤气业的民营化中所规定的算法：零售物价指数（retail price index，RPI）减去劳动生产率期望增长值（X）。在这种算法下，允许以每年零售物价指数减去劳动生产率期望增长值后的差值作为收费增长率。对 BAA 而言，它可以按这个定价公式来向每一位航空旅客收取一个平均的费用，但对具体的航空公司而言，对特定的服务可自行设定费率（比如，按照每降落一次或每一个乘客来计算），只要收费的平均情况符合定价公式就行。这个定价公式每 5 年将按照 MMC，即英国反托拉斯领导机构推荐的意见进行修订。

然而，BAA 的商业活动并不受"RPI 减 X"定价公式的限制。因而 MMC 和 CAA 将会在 5 年一次修正其定价公式的时候，把民营企业的商业政策作为参考依据。另外，CAA 也被授权能对其他规制条件的实施情况进行检查，并且 CAA 还被授权要设法确保民营化后的 BAA 在履行政府间和国际航空条约时使政府的形象得到维护。比如，不管对哪个国家的航空承运人都只能收取同样的费用，并且收费与成本之间的比例关系要合理等。

经过 20 年的发展，BAA 成为全球领先的机场管理集团，不仅在机场的运作管理方面独树一帜，还在零售、房地产等非航空领域积极拓展业务，非航空业务的营业收入几乎占到其总收入的一半。BAA 拥有员工 1.1 万人，是一家真正跨国经营的机场集团。在英国，BAA 拥有 7 个机场，既有伦敦希思罗机场这样的全球枢纽，又有把守工业重镇的阿伯丁机场；在海外（如澳大利亚、意大利、美国），BAA 在 7 家机场拥有股份及租赁经营权，在 4 家机场拥有零售业管理合同。BAA 的业绩可以从以下数字中可见一斑：2004 年，集团总收入高达 19.7 亿英镑，税前利润 5.39 亿英镑；英国境内机场的旅客吞吐量达 1.334 亿人次。

BAA 是英国机场民营化的一个典型代表，从 BAA 的民营化，可以看到英国机场民营化改革的成功之处。

### 2. 美 国

在美国，机场民营化改革的发起人一般是某些地方政府而不是联邦政府，出现这种情况大概是由于几乎所有的主要机场还是由地方或地区政府拥有并经营的，尽管联邦政府也从多方面参与那些机场的运营与管理。比如，FAA 负责空中交通管制系统，并对机场向航空公司和乘客的某些收费进行规制。FAA 所有业务活动中大概一半的经费来源于机场向用户的收费，而这些款项绝大部分来自商业航空机票价格中 8% 旳联邦税；其余的开支则由商业航空公司的运营管理来担负。

同英国的情况一样，在美国，人们反对机场民营化改革的原因通常来源于人们对潜在的滥用垄断问题的担心。比如，奥尔巴尼国际机场的一些航空公司和地方领导人，对英美洛克希德公司的提案之所以持反对态度，对 FAA 会滥用垄断的担心是很重要的一个原因，尽管这不是最根本的原因。实际上，在美国机场民营化改革所引起的垄断风险相对还是比较小的。比如，即使像奥尔巴尼国际机场这样的一个通行机场，也还存在着与其他机场和其他运输方式之间的竞争。又如，奥尔巴尼国际机场的许多航空客流是去纽约的，这样汽车和火车就自然而然成为它的竞争对手。1991 年从奥尔巴尼飞往纽约（拉瓜迪亚机场）大约需要 1 小时，花费 149～238 美元，而火车需 2.5 小时和 38 美元，并且火车还提供从市中心到市中心的直接服务，从而更适合商业人员的出行，这是由于该国家交通运输体系的完善和政府对交通运输系统的建设的支持。

而且，由于美国航空客货运量的规模和密度，已使得国内集散中心和辐射网络的发展规划成为一个富有吸引力的发展战略，因此很多美国机场都在激烈竞争，以成为航空中心港。而航空中心港对机场的收费及所能提供的服务是极为多变且异常敏感的。比如，美国东南部的几个城市都能很容易地替代夏洛特机场从而成为地区的航空中心；丹佛机场、芝加哥机场、达拉斯沃恩堡机场、明尼阿波利斯机场、圣路易斯机场及其他城市的机场都在竞争越洋航空中心的地位。一些研究结果还表明，在美国，当只有一家航空公司控制一个机场时（比如，西北航空公司在明尼阿波利斯机场，或美国航空公司在匹兹堡机场的情况），它就能够从抵离该机场的乘客的票价上收取更高的费用。一般来说，航空公司仅能对那些始发或终点是被其"控制"的中心机场的乘客收取更高一些的费用，但它们不能对在这些机场换乘的乘客这样做，因为对前者而言，乘客几乎没有选择权，但对后者而言，乘客会有很多的选择机会。然而，任何一个机场一般并不能对所有飞机的起落按一个标准来收费，因为一架飞机总会带有当地的和换乘的乘客。在这个问题上FAA 拥有广泛的权限，可要求任何一个接受联邦政府资助的机场必须确保他们的机场能够按公平、合理的原则来为公众提供服务，并且不能对任何类型、种类和等级的航空用户带有不公正的歧视。此外，地方政府还将保留对机场收费的规制权利，并以此作为出租或出售机场的先决条款之一。

3. 南非

1990 年，南非交通部的《国内航空运输政策》文件首次提出将 9 个国有机场、空中交通和导航服务商业化。该文件建议，国家的主要任务应该是制定有关产业政策，设置和监督安全和技术标准，而不是直接经营这些服务。

南非当时的民航局局长指出了商业化之前南非机场管理制度的不足：交通部负责 9个国有机场及其空中交通和导航服务，虽然这些服务是分开提供的，但交通部对其实行收支一条线，而且机场收费也不是根据成本设置的，空中交通和导航服务完全是免费提供的；机场的资本投资由中央财政预算，造成基础设施投资不足。

为了解决这些问题，并响应南非政府 1987 年提出的放松规制和商业化的经济政策，1991 年，南非政府启动了探索最合适的机场商业化的研究项目。1992 年 7 月，南非交通部发布了一个来源于这项研究的政策文件——《国有机场、空中交通和导航政策》。这份文件的关键内容如下。

①成立机场有限公司（APC）接管 9 个国有机场。

②成立独立的空中交通和导航服务有限公司（ATNSC）接管并负责南非空中交通和导航服务。

③成立一个规制机构管制委员会，规制 APC、ATNSC 这两个公司提供垄断性服务所得的收入，并监督其服务标准。

④改组交通部，使其主要负责政策制定和技术、安全标准管制。

与此同时，南非政府对 APC 和 ATNSC 也设置了规制，规制框架是根据这两个公司成立时国会通过的《机场公司法》和《空中交通和导航服务法》，政府与公司达成的备忘录、公司法等设置的。这两个公司还须遵守南非 1979 年通过的有关公平贸易的《维护和促进竞争法》。安全规制的依据是 1962 年通过的《航空法》。这些法律也分别界定了相关各方（公司、作为股东的政府、作为技术和安全管制机构的交通部、作为经济管制机构的管制委员会）的职责，并明确了它们之间的关系和各自的功能。《机场公司法》和《空中交通和导航服务法》规定，公司提供的垄断性服务收费必须得到管制委员会有效的许可。管制委员会必须明确被管制服务的收费标准和质量标准。同时，用户的投诉也是进行有效管制的反馈机制。

在服务标准方面，为了防止公司降低其提供的垄断服务的标准来缓解提高效率和减少成本的压力，南非对 APC 进行服务标准规制。这种规制包括两个层次：最低标准（商业化前已有的标准）和合意标准（IATA 或海外机场制定的国际标准）。对 APC 来说，以下服务标准要受到规制：机场经营的时间；地面服务标准（乘客和行李处理服务，停车场设施、洗手间设施和电话等其他设施）；航空服务标准（机场容量、停机坪和辅助服务）。管制委员会通过监督机制来确认公司服务是否达到了标准。公司必须每三个月向管制委员会报告其服务标准的执行情况，同时，管制委员会也要履行其本身的服务标准监督职责，以确保报告的信息是正确的，或者查证用户的投诉。

在规制之前，南非政府采取了三个关键的改革步骤。首先，将机场等的经营责任从政府规制功能中分离出来。其次，将经营责任从行政功能中分离出来，机场不再受政府的财政预算、人事安排和其他方面的控制。最后，设立了一个独立性的经济管制机构替代市场力量，规范不可能或难以产生竞争的机场、空中交通和导航服务市场。采用这些措施的目的是提高效率，减少财政补贴。

1993 年 8 月 3 日，APC 和 ATNSC 开始接管各自的服务。同时成立的管制委员会对这两家公司颁发了第一张收费许可证。

### 4. 德国

在德国联邦政府决定抽回在机场的投资资本之后，机场民营化在德国就成了热门话题。汉堡机场的改革于 1995 年提上日程后，并于 1998 年中期开始民营化。德国经济事务部采取措施有效利用了汉堡机场现有的基础设施，解决了汉堡机场容量、环境等问题。机场收费规制的总目标是纠正市场失灵，最大化社会经济福利。经济事务部在 1995 年提出了以下具体规制目标。

①制定有效的机场收费体系。机场收费水平和结构应能避免垄断租金，基地机场及时根据市场需求做出投资决策，并保护环境。

②提高效率。以最优投入提供机场服务，提高机场生产率。

③保证市场进入自由。规章制度应保证机场准许竞争性服务（如地面服务）市场的自由进入。

④提供激励投资的稳定环境。特别的政治干预和变化的基础设施计划不应妨碍机场投资环境的稳定性；减少经济政策的不确定性；确保机场投资决策能尽量与竞争性市场类似。

⑤保证规制的高效率和低成本。规制计划应易于实施，且能最大限度地降低规制成本；既得利益集团的游说不应影响规制；关于规制目标、过程、数据和决定的文件应向公众公开，保证机场收费规制的透明。

由于德国还没有立法成立独立的规制机构，价格上限规制必须通过机场目前的管制机构——经济事务部航空处（Aviation Section of the Ministry Economics Affairs，以下简称航空处）——与机场签订的管制合同实施。双方都同意第一个价格上限合同为期五年，到期后可延长也可中止合同。从这个合同来看，汉堡机场价格上限规制包括以下两个关键内容。

（1）预算分离

航空处认为，单一预算原则给机场带来了消极影响，如将规制扩展到了市场可能有效运转的领域（机场地面服务和非航空性活动），并不能为汉堡机场提供开发非航空性收入的激励，故在管制合同中以预算分离替代了原来的单一预算原则，将规制限制在机场所从事的航空性活动领域。价格上限只包括起降费、停场费和乘客设施费，由于机场的地面服务和非航空性活动属于竞争性商业范畴，它们不包括在规制范围。

（2）质量监督和磋商

新的规制框架还包括用一定的服务指标来衡量的质量监督体系，且将质量监督与磋商联系在一起。航空处要召集航空服务的主要用户——航空公司和乘客举行听证会，征询和交流机场的航空基础设施、收费和服务质量问题，每年一次召集机场非航空性服务消费者（如旅行社和汽车租赁商等）举行听证会每年一次。

为了提高机场规制和经营效率，德国理论界针对汉堡机场近几年的规制和经营实践，提出了一些建设性主张。例如，建立一个独立的机场规制机构等；通过加快私有化进程、交叉所有权控制、将过去的军用机场改为民用、起降时间拍卖和开放天空等促进竞争，进一步改善机场经营效率。

 案 例 分 析 8-2

## 欧洲机场的民营化

1965 年，英国政府成立了 BAA，授权它代表政府管理和运营希思罗、盖特威克、斯坦斯特德和普雷斯特威克 4 个机场。5 年后，英国政府又将爱丁堡、阿伯丁和格拉斯哥 3 个机场交给 BAA 管理和运营，开始了机场的商业化运营。

然而，由于国有企业固有的弊病，BAA 的运营效果并不令人满意。1986 年，英国政府通过了旨在进行机场民营化改革的"1986 年机场法案"。根据这一法案，英国政府于 1987 年通过伦敦证券交易所以首次公开募股（Initial public offering，IPO）的方式将 BAA 的所有产权公开出售，获得资金 12.25 亿英镑，成为历史上第一个有影响力的机场民营化案例。随后的 10 年间，英国政府又进行了一系列的机场民营化改革，相继出售了利物浦、贝尔法斯特等机场的部分或全部产权。如今，英国的绝大多数机场都已经通过类似的方式实现了民营化。

英国机场民营化的成功，极大地激励了欧洲的其他国家，意大利、德国、丹麦、法国等纷纷效仿。截至 2001 年，已经有 12 个欧洲国家的 37 个机场实现了民营化。其中：英国 20 个，德国 4 个，意大利 4 个，奥地利、丹麦、瑞士、希腊、比利时、法国、瑞典、挪威和土耳其各 1 个。在这 37 个机场中，有 14 个是通过 IPO 的方式实现民营化的。其余机场则是通过拍卖的方式全部或部分出售给了国际战略投资者。这些机场包括了欧洲客运量前 25 位机场中的 13 个，占 2000 年欧洲旅客运输周转量的 35.1%。

不管是从所涉及机场的重要性和数量，还是从所涉及机场运营商的重要性和数量来看，欧洲在这场机场民营化的浪潮中都处于领先地位。

世界机场所有权形式主要有以下几种：①政府直接管理的公有形式；②通过机场当局管理的公有形式；③公有与私有的混合形式；④完全私有的机场。

世界上大型机场经营管理模式主要有 4 种：①中央或地方政府所有，并组织专门机构进行管理和组织运营；②组织半政府、半市场性质的机场管理局（或称空港委员会、空港公团、机场管理公司等）对机场进行管理和组织经营；③由社团、企业、私人等所有者代表、专家组成机场当局，对机场进行管理和运营；④私有化后改组的机场公共控股公司对机场进行管理和运营。

国外机场管理模式包括美国、日本、英国、其他欧洲机场管理模式、新加坡机场管理模式等。

机场民营化是机场的一大发展趋势，是政府通过减少介入与干预但不减弱监督的职责，或者通过管理权与经营权的分离来达到鼓励竞争、打破垄断的局面，最终使机场的经济效益得以提高的过程，其方式主要有委托管理、特许经营、出售、放松规制等。

1. 世界上机场所有权形式有哪几种？

2. 世界上大型机场经营管理模式主要有哪几种？

3. 什么是民营化？

4. 机场民营化改革产生的动因是什么？

5. 机场民营化改革的实质是什么？

6. 我国机场民营化改革的方式有哪些？

7. 国外机场如何进行民营化改革？

8. 机场由航空公司直接或间接管理的优缺点有哪些？

自学自测　　扫描此码

# 第 9 章

## 机场特许经营

【学习目标】

- 掌握机场特许经营的含义和模式；
- 掌握机场特许经营的分类；
- 掌握机场特许经营的实施模式；
- 理解我国机场实施特许经营的益处；
- 了解我国机场特许经营存在的问题。

### 厦门高崎机场

在实施机场特许经营方面，厦门国际航空港集团有限公司充分发挥自身能动性，在没有地方政府相关文件的支持下，在多个项目中成功地尝试了特许经营：①2003 年，厦门国际航空港集团有限公司成立了全资子公司——地勤公司。此后，集团公司不再承担机场地勤服务，而是每年向地勤公司收取特许经营费，目前虽然只是在账面上象征性地收取，但形式上已具备了特许经营的特征；②在货站和配餐项目上，厦门高崎国际机场非常成功地实施了机场特许经营。在货站、配餐项目谈判阶段，集团公司就在合同中明确以特许经营权和土地使用权作价入股，占51%的股份，期限为30年，期满后相关的土地使用权和特许经营权不列为清算资产，由集团公司无偿收回，从而较好地解决了特许经营期满后的相关后续问题；③候机楼内的商业项目采取全面招标的方式来实施机场特许经营。

（资料来源：吴蕊. 国内外机场特许经营权初探[J]. 商业文化：学术版，2007（4）：87-88.）

【案例思考题】

（1）在实施机场特许经营方面，厦门国际航空港集团有限公司做了哪些工作？

（2）通过案例分析厦门高崎机场在机场特许经营方面的经验和特色。

## 9.1　机场特许经营概述

从长远来看，机场的主要精力应该放在规划和建设机场、建立机场安全与运营协调机制、开发增值业务或新业务上，对商品零售、餐饮、停车、汽车租赁、广告及宾馆等实行特许经营，甚至可以收取这些商家一定比例的销售提成。实施机场特许经营是实现机场经营模式转变，形成具有专业化、商业化的管理型机场的有效途径。

## 9.1.1　机场的专业化管理

经济社会和技术的发展推动社会生产的专业化分工协作，这同样表现在机场业内。民航消费需求的增长及行业内外竞争的加剧，对机场各项服务的质量要求越来越高，成本要求则越来越低。这必然要求各机场或相关服务企业（机构）按照比较优势的原则，选择发展最具优势的那方面业务，做到"术业有专攻"，以保持竞争中的优势地位。

机场的生产链条很长，涉及的专业很多。服务上涉及机场运行管理、航空地勤服务、机场安全、消防及应急救援、航空商务、商业零售、物业管理、餐饮、娱乐、酒店、地面运输等专业；工程上涉及航空机务、土建、机电、园林园艺等。任何一个机场要靠自己的力量承担所有的业务操作都是困难的，而且十分不经济。国外在相对完善的市场经济环境下，绝大多数机场或多或少地依靠专业化协作的力量，采取业务外包的方式来保障机场优质高效及低成本运行。

国外的机场专业化服务已进入成熟的发展阶段。机场的多数业务都实行特许经营权的转让或外包。例如，候机楼内的业务及候机楼的管理，通常由互不隶属的地勤公司、保安护卫公司、机电维修公司、保洁公司、园林园艺公司等承担各种不同的管理业务。大量的商业零售、餐饮、娱乐业务，机场经营者只负责签订协议和监督协议的执行。在航空业务方面，国际上越来越多的机场也以特许经营的方式交由专业地勤公司来负责。2013 年全球航空业辅助服务收入达到 426 亿美元。全球航空业辅助服务项目大部分为专业的地面服务商所承担（其余为航空公司自营或机场承担）。外包给专业公司不仅能提高质量，而且能节约 10%~20%的成本。因此，专业化经营是必然的。专业化经营推动了资源的优化配置及核心竞争力的形成。此外，这些专业地勤公司都有很强大的业务网络，有助于所在机场引进航空公司开辟新的航线。

## 9.1.2　机场特许经营的含义

### 1. 机场特许经营的概念

特许经营是指经营权所有者以合同约定的形式，允许被特许经营者有偿使用其名称、标志、专有技术、产品及管理等方面的经验，从事经营活动的商业经营模式。也可以把特许经营定义为一个商业机会，即经营权所有者有机会获得成长，形成连锁经营而无须投入大量资本，被特许经营者则可得到一种行之有效的手段来经营业务。其中，赋予他人权利的个人或企业称为特许人，被赋予经营权并根据一定的方法生产或销售产品或服务的个人或企业称为受许人。特许经营的核心是特许权的转让，它是将无形资产完全用有形资产体现出来的一种方式，推出的是一个活生生的样板店，而这种样板店经实践证明都可盈利。在特许经营中，投资者获得的是准入经营权，而不是成功的经营模式，但这种准入经营权又与一般意义上的经营权不一样，它包含着特许权拥有者无形资产的影响力。

机场特许经营的概念来源于国外民航业,在国外机场的各项业务中广为应用,并成为机场收益的重要组成部分。通过开展特许经营,可以把机场大量客流货流、飞机流的市场资源优势转化为机场的经济效益优势。机场特许经营作为机场的一种新型经营模式,是机场提升经营能力和盈利水平的有效手段,是机场经营发展的重要趋势之一。

机场特许经营是指政府授予机场经营管理权后,机场通过招标或其他方式将机场具有经营权的某些资源或项目转让给其他企业经营,并收取一定的特许经营费用。机场管理当局对于机场范围内的业务项目通过公开招标或其他方式与选定的业务项目的运营商签订特许经营协议,受许人即取得某业务项目的经营权,并通过协议明确特许经营期限、特许经营权费标准,以及机场管理当局与受许人之间的权利义务关系等。机场管理当局是指机场的所有者,在我国一般为政府投资或授权的机场管理当局,机场管理当局作为机场所有者的代表,享有机场的经营管理权利。

在国际民航组织航空运输委员会编写的《机场经济手册》中,对机场特许经营权主要有以下方面的描述。

①机场从非航空活动中所获得的收入主要来自以下几方面:特许权受许人缴纳的酬金;出租土地和房屋所得的租金;等等。

②机场之所以通常设立某些特定类型的特许经营活动,并不是因为这些活动能给机场带来潜在的收益,而是因为它们能提供给旅客或机场工作人员必不可少的服务。出于诸多方面的考虑,机场应优先选择那些可能会产生最多净收入的特许经营项目,同时要确保这些项目对公众的便利性,类似两者之间必须协调。

③国际机场最常见的特许经营项目有:航空燃油供应,食品、饮料的特许经营,各种商店,银行/外币兑换,航空配餐服务,出租车服务,汽车租赁,机场广告,公共汽车和旅客班车,免税店,美发店,自动售货机,旅客/汽车旅馆,货物转运公司/运输代理商,纪念品商店。

在机场的业务中,既有特许经营,也有特许专营。这两种方式在机场的非航空业务和航空业务中所占比重不同:对于非航空业务来说,既涉及特许经营,也涉及特许专营;而对于航空业务来说,主要是特许专营,几乎没有特许经营。

## 2. 机场特许经营权的资源基础

机场资源是机场特许经营权的基础。机场资源是指机场通过资本投资形式建设、经营形成的航空运输保障服务资源体系,主要包括机场的基础设施资源、信息服务资源、服务环境资源,以及由上述资源派生出来的商业市场资源。这些资源是机场所特有的资源。

机场资源有其特殊性,主要表现在以下几个方面。

①机场资源是一种资源体系。只有通过有机结合和整体联动运行,才能发挥资源效应,也只有机场才具备统一调配和使用机场资源的能力。

②机场资源具有特殊的资源地位,在相当长一段时期内,在一定区域的地区市场内,机场资源是唯一或有限的。

③机场资源与运力资源一样,具有创造航空运输市场价值的营利性。

开发航空客货运输市场的必备条件如下：必须有承运人为航空客货运输市场提供运力资源，必须有机场为航空客货运输行为提供最基本的服务保障平台资源，两者缺一不可。两种资源共同作用，才能产生航空市场效益。

机场资源能促进航空市场健康发展和繁荣，并且具有可再生的特性。通过完善与丰富机场资源，可以创造更好的航空运输服务环境，推动航空市场的进一步发展和繁荣。

**3. 国外机场特许经营的现状**

**（1）机场特许经营运作是机场业发展的必然趋势**

近年来，国外一些先进机场的盈利能力增强，其非航空业务发展迅猛，非航空业务收入占比高达 60% 以上，美国的一些机场甚至达到 90%。同时，国外机场不断积极探索管理模式和运营模式，使特许经营在国外机场运营中得到广泛的应用，成为机场收入的重要来源。机场特许经营不仅被应用于非航空业务，还以专营权的方式渗入机场的部分航空业务。

例如，新加坡樟宜机场就是通过转让特许经营权来获取收入的。BAA 则从另一个方面提供了一个特许经营权的例子。从发挥公司特长出发，BAA 通过向世界其他国家机场购买特许经营权来管理和经营，如澳大利亚、意大利等国家的机场。由此可见，机场特许经营运作是机场业发展的必然趋势。

**（2）特许经营是机场的一项重要收入来源**

国外机场特许经营作为一项重要的收入来源，在机场总收入中占据较大的比例。以新加坡樟宜机场为例，有大大小小 360 家零售店，以及 140 家餐饮店、24 小时开放影院、植物园、露天泳池等。数据显示，2016 年新加坡樟宜机场非航空业务收入占总营业收入的 60%，而其非航空业务收入主要来源于机场特许经营。

**（3）国外机场的经营权分配方式**

①土地使用权完全归机场经营者所有。以新加坡樟宜机场为例，由机场经营者筹资、开发建设机场，机场经营者拥有机场的土地使用权并对机场进行整体规划。各驻场单位，包括航空公司、油料公司、飞机维修公司等则向机场经营者租赁土地，自行建设或租赁房屋，用于满足公司自身的需求。

②机场经营者拥有完整的机场经营权。在新加坡，所有机场经营权全部为机场经营者所有机场按照市场法则或者自己从事相关服务，或者通过转让特许经营权的方式，将相关业务转让给第三方经营。在新加坡樟宜机场，航空公司、油料公司、飞机维修公司、候机楼商业和地勤公司分别从事不同的专项经营业务，这些公司均向机场经营者缴纳特许经营费。特许经营费构成机场经营者稳定的、重要的收入来源。值得一提的是，在新加坡樟宜机场，即便是由新加坡航空公司控股的主要为新加坡航空公司服务的地勤公司，也必须向机场经营者缴纳特许经营费。

③单项业务，特别是地勤服务业务，必须由两家以上的企业经营。例如，在新加坡樟宜机场有 2 家地勤公司，主要从事飞机飞行区服务、客运代理业务、货站经营业务、航空配餐业务。地勤公司必须保证中立地位，从而保证向航空公司提供公平、公正的服务，避免单个股东经营造成垄断的局面。

### 9.1.3　机场特许经营的分类

由于机场各项业务的性质不同,其特许经营运作也呈现出不同的特征。国际上一般区分为机场特许经营和机场特许专营两种模式,二者在机场的不同业务中所占的比重不同。机场特许经营主要应用于非航空业务中,在航空业务和机场建设项目中主要采用机场特许专营模式。当然,这种划分只是相对的,不能将其截然分开。

#### 1. 机场特许经营

在机场特许经营模式下,经营者取得经营牌照或经营许可,主要提供以获取经济收益为目的的机场非航空业务项目,如机场内零售、餐饮、出租车、汽车租赁、机场广告、公共汽车、旅客班车、免税店、美发店、自动售货机等一系列经营项目。这些项目的特点是竞争性较强、特许时间较短、灵活性较大、可以引入多家运营商经营。

例如,香港机场管理局面向商业零售、餐饮业等经营者发放的特许经营牌照,是由其租赁场地或已建设施的民事许可,与租赁商场内场地经营的合同无本质区别,经营期限一般较短。

在机场非航空业务的特许经营中,机场管理当局可以选择多家运营商从事机场的业务,自己则对机场业务进行整体规划。机场特许经营的运营商可以在一个机场进行特许经营业务,也可以在多个机场拓展业务。

机场非航空业务特许经营来源于启用机场必备设施或设备所带来的稳定客流、货流,以及机场延伸区的商业机会等经营资源,性质上趋近于商业特许经营。

#### 2. 机场特许专营

机场特许专营是机场特许经营的一种特殊形式,其特点是有一定程度的排他性,是严格控制经营者数量的特许经营。机场管理当局在实施特许经营时承诺在一定期间、地域或运量条件下控制经营者的数量,仅由一个或固定数量的几个经营者经营,以保证受许人的利益。受许人拥有一定程度的排他性经营权,机场管理当局则收取相对较高的特许专营费。同时,机场管理当局对专营商提供的服务类型做出限制性或引导性规定;专营商只能提供机场规定的服务,并接受机场的监管。

机场特许专营主要应用在航空业务和机场建设项目中,如停机坪、航油、跑道、滑行道、机务维修、航空货站等具有投入大、回收期长、主要使用机场土地等特点的业务,一般都被列为机场特许专营项目,被授予较长的经营期限。

例如,香港机场将部分航空业务包括机场地面服务代理、航空燃油、航空配餐服务作为机场专营项目来运营。又如,成田机场管理局拥有园区内部的主要物流设施(如货站、货物大楼和仓库等),拥有专营权的日航、国际航空物流货站公司(IACT)负责向航空公司提供服务。作为回报,日航和 IACT 每年向机场管理当局缴纳专营费,这一费用和其他设施出租的费用占成田国际机场收入的 31%。

机场大型建设项目通常采取特许专营的形式。在机场大型建设项目的融资过程中,机场管理当局将较长期限的土地使用权和项目经营权通过合同授予专营商,从中收取特许专营费。这些大型项目由被许可企业建设、经营,期限届满后土地使用权及其地上设施归机场管理当局所有，这种模式的经营期限一般较长。

例如，香港机场通过招标的方式，将机场内的货运站、酒店的建设权和运营权授予运营商。又如，新加坡机场管理当局运用专营权对机场物流园区（ALPS）除仓储外的其他所有航空货运业务活动进行管理。机场的 8 座货站、2 座速递货运中心由 2 家地面代理机构——新加坡机场货运服务处（SATS）和樟宜国际机场服务处（CIAS）投资兴建并运营，机场负责提供土地。SATS 和 CIAS 在运营期间须付给新加坡机场专营权费。

机场特许专营模式的优点是可以有效利用各专营商的能力和专业技术，特别是在一些核心业务上的专业能力。例如，货站业务的运营者需要具备强大的专业技术支持和多年积累而来的行业经验。同时，利用专营权能很好地将运营风险和责任转移给专营商。这种业务模式被世界各大机场广泛采用，也是最主要的一种管理模式。

# 9.2　机场特许经营的发展

机场特许经营的形成和发展，有其深刻的历史背景和鲜明的时代特色。在民用运输机场发展的初级阶段，机场普遍的经营模式是自营。随着经济社会的发展，民航业在国民经济中的地位和影响力与日俱增，机场的经营模式发生了深刻变革。机场的概念不再仅限于为航空公司提供飞机起降和停放，为旅客提供乘机和转机服务，其经营意义已经扩展为集客流、物流、食品配餐、商业零售、转口贸易甚至旅游、酒店、房地产开发和物业管理等多种经营资源于一体的综合性经营模式。在这样的经济发展情势下，机场特许经营应运而生。

## 9.2.1　国外机场特许经营的发展

机场特许经营是国际机场业发展的必然趋势之一，国际民航组织鼓励机场以特许经营的方式开发机场资源。在国际民航组织出版的《机场经济手册》和《理事会致各缔约国关于机场和航路航空导航设施收费的声明（9082 号文件）》中，有如下规定。

机场应当在机场设施内尽可能地开发非航空商业活动，以取得特许经营收入和租金。

与经营航空运输服务直接相关的航油加注、机上配餐、飞机地面服务可以实行特许经营，其他非航空活动也可以实行特许经营。

特许权受许人为获得在机场经营商业活动的权利应向机场缴纳酬金。

其费用应当覆盖机场为有关特许经营活动所花费的成本（提供机场及其必要的辅助服务项目，包括相当数额的资本投资利息与资产折旧及维修、经营管理费等的全部经济成本）。

特许经营在国外机场运营中得到广泛的运用，成为机场收入的重要来源，在机场总收入中占据较大的比重。例如，新加坡樟宜机场 2002 年特许经营收入占机场总收入的42%。随着机场特许经营模式的成熟和范围的扩大，机场特许经营收入还将不断增加。同时，由于受不同地理位置、商业环境的影响，不同机场的不同市场定位，特许经营业务的范围也存在差异性，其特许经营收入模式和比例也有不同。

表 9-1—表 9-3 分别列举了比利时布鲁塞尔机场特许经营项目比重、美国华盛顿机场特许经营项目比重、美国波士顿机场特许经营收入。

表 9-1　比利时布鲁塞尔机场特许经营项目比重

| 种类 | 百分比/% |
|---|---|
| 零售业 | 49 |
| 停车场 | 9 |
| 餐饮业 | 8 |
| 其他 | 34 |

表 9-2　美国华盛顿机场特许经营项目比重

| 种类 | 百分比/% |
|---|---|
| 零售业 | 9 |
| 停车场 | 50 |
| 餐饮业 | 6 |
| 汽车租赁业 | 28 |
| 其他 | 7 |

表 9-3　美国波士顿机场特许经营收入

| 种类 | 百分比/% |
|---|---|
| 航空业务收入 | |
| 起降费 | 18 |
| 最终租金（客运与货运航线） | 21 |
| 非航空业务收入 | |
| 特许权（商店、餐厅、免税店等） | 14 |
| 机动车停靠和租用费 | 23 |
| 设计和公用事业（如电的转售） | 11 |
| 税费收入 | |
| 乘客设备费用 | 13 |
| 机场总收入 | 100 |

资料来源：马少华. 机场特许经营权[M]. 北京：中国商业出版社，2005.

由上述分析可见，特许经营收入已成为国外机场重要的收入来源，成功的特许经营有效维护了机场的经济权益。同时，国外先进机场采取的特许经营，广泛渗透于机场运营的各项业务，很好地支持了机场精简高效的组织模式和专业化管理的发展方向。

## 9.2.2　我国机场特许经营的发展

### 1. 我国机场特许经营的现状

目前，我国国内机场在特许经营方面尚处于初级阶段，机场特许经营尚未广泛开展。国内少数机场进行了特许经营的积极探索，取得了一定成效。

按照我国民航局机场司的规划，今后国内各机场应将其具有经营权的某些经营性资源或项目以公开招标或其他竞争方式，转让给其他标准的专业化服务提供商进行经营，并收取一定的特许经营费。只有具备一定资质的企业通过竞标才可以获得特许经营权，机场收取的特许经营费包括两部分：场地出租费和资源使用费。国内机场目前实施特许经营的业务范围主要包括机场地面服务和机场商业活动。

2005 年 3 月，民航局批准在北京、上海、深圳和厦门四个城市的五家机场对非航空商业活动进行剥离，试点施行特许经营模式，并适时向全国范围推广。事实上，2005年2月，首都机场集团公司已将此前并购的天津、南昌、武汉、重庆、贵阳五个机场以及首都机场的餐饮、广告和商业零售三项业务与机场主业分离，分离出的三项业务由三家专业的独立公司实行一体化专业经营，成为机场特许经营模式的先行者。

上海浦东机场按照投资多元化、经营市场化和管理社会化的思路，将新机场能源中心、天然气系统、供配电系统、给排水系统等技术密集型项目和楼宇物业管理、绿化养护、职工食堂等专业性较强的项目，以及候机楼保洁、场内道路清扫、垃圾焚烧站等劳动密集型项目共34个保障项目，通过招投标推向社会，委托专业厂家和运营商来经营。

深圳宝安机场分别在1991年、1993年和2003年通过深圳市政府文件，规定了机场建设是政府投资，政府为机场一些服务项目创造了营利的基本条件，而且这些项目又带有独家经营性质，为此授权机场代表政府收取特许经营费，用于归还机场建设本息。

### 2. 我国机场实施特许经营的益处

当前阶段，我国机场实施特许经营有以下益处。

首先，实施机场特许经营可以有效解决机场长远发展的投融资问题，特许经营通过让渡机场自然垄断资产的使用权，能够吸引民间资本、信贷资本和国外资本投入机场改造和发展。

其次，实施机场特许经营可以在机场经营中引入竞争机制。经营者为取得机场特许经营权，必须以优质的价格和服务进行竞争。特许经营者对机场的投资只是获得了一定时期资产的使用权和收益分配权，没有永久所有权，不能获取垄断利润，必须通过降低成本和提高质量来获取利润。此外，特许经营者时刻面临着外部的竞争，必须确保产品和服务质量符合规定，以防因违规被剥夺特许经营的资格。

最后，实施机场特许经营可以维护社会公众的利益。在经营过程中，机场管理当局可以通过价格与服务约定来确保经营者履行业务，满足社会公众需要。如果特许经营者出现违背公众利益的违约行为，机场管理当局可以随时督促其修正错误，直至收回特许经营权。

## 9.3　机场特许经营模式

一些机场经营者自己也控股公司，从事一些特许经营业务，是特许经营者。它们既可以从事本机场的特许经营业务，也可以将业务扩展至其他的机场。它们在参与本机场特许经营权的竞标时，很容易导致机场特许经营权的垄断。因此，一方面，政府要进行反垄断；另一方面，要进行立法，建设良好的公平竞争环境，强制性地让一项业务必须由2家以上的特许经营商来经营。而机场经营者可以兼并其他的机场，并对各个机场的特许经营业务进行整合，强力打造自身的经营理念。不同的机场可以拥有不同的经营理念。

## 9.3.1　机场特许经营的主要发展模式

机场经营者和特许经营商可以运用各种方法来开展特许经营业务,以下介绍四种机场特许经营发展模式。

①机场经营者致力于发展本机场的特许经营,打造本机场的核心理念。

②机场特许经营商,如广告商、停车场商、餐饮商、免税店等,它们在所有的机场竞标特许经营权,在竞标成功的机场实施经营,这样其本身可以发展成为某项或某几项业务的特许经营品牌商及总店。厦门高崎国际机场的免税店经营、曼彻斯特机场的特许经营便是如此。

厦门高崎国际机场:为了超越厦门高崎国际机场免税店的辉煌历史,充分发挥厦门高崎国际机场的免税业务潜力,厦门高崎国际机场对本机场的特许经营业务进行了竞标,竞标中胜出的中免公司通过友好协商,与厦门高崎国际机场经营者共同决定发挥各自公司优势所在,采取强强联合、优势互补的方式,在免税业务方面进行紧密合作,充分利用机场经营者在航空业务客源拓展方面的优势和中免公司在免税店运营、管理方面的优势,以特许经营为契机,共同发展厦门高崎国际机场的免税业务。为此,双方签订的特许经营协议,并由中免公司在厦门当地成立的厦门东免免税品有限公司,于 2004年 8 月 17 日正式从机场经营者手中接过了厦门高崎国际机场免税店为期 5 年的经营权。

曼彻斯特机场:在曼彻斯特机场,候机楼内的商店、餐厅、酒吧,以及机场内的酒店、汽车租赁、航空配餐、行李分拣公司、货运代理等均是采用招标的方式选定的,但并不是谁报价最高谁就中标,因为投标者的素质、服务水平、商品价格的合理性等因素对机场的形象和利益都有影响。因此,在招标前,机场要事先选出服务水准合格的投标人参加竞标,通过竞争选出对机场更有利的投标者,从而获得更大的利润。在租金的收取上,曼彻斯特机场与参与机场商业经营的客户建立了灵活的契约关系:有的按占地面积收取固定租金;有的按销售额的一定比例提成;有的客户的产品则采取试销的方式,只收取其少量的保证金;对于少数确实经营有困难的经营者,机场主动给他们提供必要的帮助。

机场严格规定候机楼内所有商品的价格不得高于市区同类商品的价格,以确保机场的商业竞争力;同时,争取更多声誉好的品牌公司进入候机厅,这样不仅能防止商业暴利,也能给机场带来良好的商机。

③机场经营者实施资本运作,对其他机场进行兼并或管理,打造与本机场同样的核心理念,或者按照本机场的经验、流程、方法、技巧等,与其他机场的环境、历史等相结合,打造所兼并或管理的机场。例如,北京首都机场、欧洲机场及中国香港机场。

北京首都机场:首都机场集团公司正在打造中国机场业的航母编队。2002 年,在民航局和天津市政府的合力下,刚下放到天津市名下的天津滨海国际机场又以“无偿划拨”的形式投入了首都机场集团公司的怀抱;2003 年 9 月,沈阳桃仙国际机场股份有限公司正式挂牌,沈阳桃仙国际机场股份有限公司占 61%的股份,首都机场集团公司出资 24 亿元占 35%的股份;2003 年 11 月,刚成立的江西机场集团公司携旗下 5 个机场一起加入首都机场集团,成为该集团的下属子公司;2004 年 3 月,武汉天河国际机场及宜昌、襄樊航管站，顺利与首都机场集团公司完成资产重组，组建湖北机场集团有限公司，并成为首都机场集团公司子公司；2004 年 4 月，首都机场集团公司整体兼并重庆机场；2004 年 7 月，吉林省民航机场集团公司、贵州省机场集团有限公司正式加入首都机场集团公司；2005 年 12 月，首都机场集团公司托管内蒙古自治区民航机场集团有限责任公司；2006 年 4 月，首都机场集团公司托管黑龙江省机场管理集团公司；2012 年 3 月，贵州省机场集团有限公司重归贵州属地化管理。首都机场集团公司虽然完成了兼并，但是并没有把自己的管理方式融入所兼并的机场。这一点与国外机场管理公司的做法有所不同。

政府将机场经营权出售给私营的机场管理公司，已成为国际上通行的机场管理模式。国际机场管理公司正通过收购、兼并及签订管理协议等方式扩大自身的经营规模，有效发挥机场管理的协同效应，从而形成机场管理公司的规模日渐扩大、机场之间组成大集团的趋势。这样，既有利于发挥不同机场各自的比较优势，也有利于航空公司的运营，从而吸引机场最重要的客户——航空公司入驻。

欧洲机场：英国机场集团目前共经营管理 19 个机场。法国巴黎机场管理公司（ADP）、丹麦的哥本哈根机场、荷兰的阿姆斯特丹机场等专业化机场管理机构均有一定规模的境外机场管理业务。

机场经营者实施委托管理，把机场相关的业务通过授予专营权的形式转让给其他专业公司进行经营。例如，中国香港机场就利用这种方法来进行机场的特许经营。

中国香港机场：香港机场管理局代表香港特区政府行使香港机场的所有权，所有到香港机场进行经营活动的公司必须通过香港机场管理局租赁场地。香港机场管理局把与机场相关的业务都通过授予专营权的形式转让给其他专业公司进行经营。除航空公司外，目前共有 22 家专营服务商在香港机场提供各种服务，主要包括航空货运，航空油料、飞机维修、航空配餐、海运码头、商用航空中心、航空油料供应、加油服务、地勤支援设备维修服务、机场禁区汽油及柴油加油服务、干冰供应服务、氮气供应服务、停机坪飞机服务等。

④机场经营者投资或直辖的机场特许经营商，竞标本机场经营者所管理或兼并的各个机场的特许经营权，以及竞标与本机场经营者无任何关系的其他机场的特许经营权，如新加坡航空有限公司的地面服务公司。

新加坡樟宜机场的经营者把机场的所有地面服务业务的经营权交给了两家公司：新加坡机场终端服务有限公司和樟宜机场地勤服务私人有限公司。两家公司几乎经营同样的业务，在机场内形成良好的竞争局面，提供的服务必须达到标准，否则就可能失去专营权。如此一来，机场经营者面对的只是这两家公司，只要管理好这两家公司即可，可以用大部分的精力去策划机场的整体形象和发展策略。

## 9.3.2　机场特许经营的业务范围

机场特许经营的实施主要涉及以下项目：确定特许经营的业务范围、招标选取运营商、对运营商的管理。

1. 机场特许经营的业务界定模式

（1）机场特许经营业务的界定原则

机场特许经营业务范围界定的基本原则是：机场管理当局应首先明确机场自身的定位与核心业务，对于机场核心业务之外的业务都可以考虑实施特许经营。即机场只保留核心业务职能，对于能够市场化的非核心业务都可以作为机场特许经营项目加以运作。

（2）机场特许经营的除外项目

机场特许经营项目只包括经营性的商业活动，不包括训练、实验飞行、专机、急救救灾、军事训练或执行军事任务、飞机校验、院校训练飞行等非商业经营性的机场业务。同时，一些机场范围内的特殊业务不适合采用特许经营。例如，机场范围内的安全、消防、救护等对机场业务的良好运作及未来持续经营至关重要的职能，根据国外机场的经验，往往是由机场直接经营，而不采取特许经营的方式。又如，对于候机楼物业这类能够通过维护机场垄断优势并获取高收益回报的核心资源，国外机场往往也不采取特许经营的方式。

（3）机场特许经营的主要业务范围

综合国际机场的现状，特许经营被普遍应用于以下业务。

①免税零售业务。绝大多数机场通过招标或者出售零售网点的方式实行零售业务的特许经营。这种方式一般都签署租赁协议或以特许经营协议的形式实现。需要强调的是，在协议中对租金的约定往往是与承租商收入相关的，即不采取单纯的固定租金模式，而是采取固定租金加营业收入提成的动态模式。这里，租金的实质就是特许经营权费。

②候机楼内餐饮娱乐业务。与免税零售业务类似，国外许多机场均将候机楼内餐饮娱乐项目列为特许经营项目。国外机场的餐饮营业面积分布很广，在候机楼的面积比例较高，同时候机楼内的娱乐项目经营种类繁多，如博彩、游乐园、电影院等。因此，国外机场通过对这些项目的特许经营权转让，可以获取十分高的经济收益。

③地面代理业务。在国外机场，地面代理业务一般是由专业化代理公司和该机场主要航空公司组建的地面代理公司共同承担，机场管理当局一般不直接参与该项业务的经营。为同一机场承担地面代理业务的经营者数量可以达到 3~4 家，各经营者之间相互竞争。但无论是专业化地面代理公司还是由基地航空公司组建的地面代理公司，都必须向机场缴纳一定的特许经营费。此外，机场还与地面代理公司建立了良好的特许经营合作关系，该机场一旦管理输出至其他海外机场及地面，代理合作伙伴的业务也会随之延伸到海外机场，地面代理业务的特许经营既是国外机场的稳定收入来源，也成为机场国际化扩张的业务保证。

④广告业务。国外机场，尤其是美国的机场，一般将机场区域内的广告业务转交给专业化的广告公司经营。在明确机场广告经营权归机场所有的前提下，专业化广告公司必须向机场缴纳广告特许经营费。

⑤机场建设项目。在机场实施建设初期，国外机场的大部分工程都会采取机场特许专营+BOT 模式来建造。

2. 航空发达国家和地区机场特许经营的业务范围

如表 9-4 所示，不同国家和地区机场的特许经营业务范围不同。

表 9-4  不同国家和地区机场的特许经营业务范围

| 机场 | 特许经营范围 |
| --- | --- |
| 美国机场 | 包括租车广告、候机楼的食物饮料、免税店和通信等，其中租车业是美国机场特许经营的重点。与航空活动相关的经营活动，如旅客和飞机的地面服务、货运、配餐、维修等，不作为机场特许经营项目 |
| 欧洲机场 | 主要涉及机场航站楼内的商业活动，包括免税店、零售商业、餐饮、银行、广告、电信服务、汽车租赁、博彩、商务中心和酒店等 |
| 新加坡樟宜机场 | 航空公司、油料公司、飞机维修公司、候机楼商业经营和地勤公司，分别从事不同的专项经营业务。其他如零售、餐饮、免税店等都是作为特许经营业务来经营 |
| 中国香港特区机场 | 专营权设施、商务服务。其他如办公室、酒店、酒店式住宅、会展场地、零售和休闲等设施 |
| 中国澳门特区机场 | 地勤服务、清洁业务、工程管理部门、通信、导航设备和电子维修项目、机场大部分护卫工作、客运、停机坪、货运、地勤服务及飞机维修服务 |

资料来源：马少华.机场特许经营权[M].北京：中国商业出版社，2005.

（1）美国机场特许经营业务范围

在美国，大多数航空运输机场归地方政府所有，其运行和管理体制受各地方政府政策和立法的影响较大。但由于各州立政府都将机场定位为公用事业，强调机场的社会公益服务属性，美国各机场特许经营的概念和范围大致相同。

美国机场对特许经营的定义为：在机场内部通过经营方和机场管理当局签署协议，从事面向公众的营利性商业活动，经营方须向机场管理当局支付租金运行费用和特殊经营费等。

美国绝大部分机场将特许经营的业务范围界定为机场商业活动的特许经营。机场管理当局通过招标和其他竞争方式选择机场商业服务的提供者，双方在协议中规定特许经营的期限、收费方式、服务标准（包括安全标准）和监管办法。美国机场特许经营业务范围主要包括租车、广告、候机楼内的餐饮、零售、通信服务、出租汽车及免税店等。

在美国的大部分机场中，与航空业务相关的经营活动，如地面服务、货运、配餐、维修等一般不作为机场特许经营项目的内容。在美国机场，地面服务业务主要包括航空器服务、旅客服务、货运、配餐、航空器航线维护等。美国机场从来不从事与航空活动直接相关的服务，都是由航空公司自营或自主选择专业化公司来完成地面服务，目前只有少部分美国机场，如洛杉矶、纽约、丹佛和波士顿等地的机场将地面服务列入机场特许经营范围。

（2）欧洲机场特许经营业务范围

欧洲机场特许经营的业务范围主要涉及机场航站楼内的商业活动，包括免税店、零售商业、餐饮、银行、广告、电信服务、汽车租赁、博彩、商务中心和酒店等。

例如，英国曼彻斯特机场的特许经营主要集中在非航空业务操作上。位于英国西北部的曼彻斯特机场是英国第三大机场，是世界重要的航空港，目前有 95 家航空公司在此运营，直航英国内外 170 多个目的地。曼彻斯特机场的非航空业务收入是在增强机场综合服务功能的基础上，通过商业性开发取得的，主要来自零售、特许经营、停车场、行李处理、值机柜台出租、燃料与电力供应、通信及服务的提供等方面。

在欧洲,地面服务业务主要包括旅客作业、行李作业、货物和邮件作业、停机坪作业、航空器服务、燃油作业、航空器维护、飞行运行和机组管理、地面运输和配餐服务等。欧洲机场之前都从事地面服务业务,但自 1996 年欧盟理事会发布第 96/97 号指令起,情况发生了改变。该指令要求自 2001 年 1 月 1 日起,旅客年运输量不低于 200 万或者货物运输量不低于 5 万吨的机场必须全面开放地面服务的市场准入,以消除地面服务业务上的壁垒,推进欧盟内部地面服务市场自由化。现在,欧洲机场基本已经退出机场地面服务领域。

（3）新加坡机场特许经营业务范围

在新加坡樟宜机场,特许经营包括机场特许经营和机场特许专营两大部分。机场特许经营实际上就是机场商业特许经营,包括零售业、餐饮业和服务业（含广告、外币兑换等）。机场特许专营涉及机场的地面服务业务,是机场特许经营的一部分。航空公司、油料公司、飞机维修公司、候机楼商业经营和地勤公司,分别从事不同的专项经营业务。

例如,新加坡樟宜机场的物流园区就是以专营和出租相结合的方式进行经营的。其专营权项目涉及除货运仓储外的一切机场货运业务,具体包括货站、地勤、航空膳食、飞机清理、飞机维修等。在新加坡樟宜机场,被授予专营权的物流实体有 SATS、CIAS 和飞机工程公司。新加坡樟宜机场的物流设施大多是由专营商自己建造的,机场当局只提供土地。新加坡樟宜机场的国有化程度很高,机场内开展经营的各专营商也大多有政府背景,和机场一样都受政府调控。

（4）中国香港机场特许经营业务范围

香港机场的特许经营涉及各个方面,其中包括一些航空业务的专营权授予。

专营权设施:主要包括 2 个航空货运站、飞机燃油供应系统、航空配餐业务、地勤服务设施等;还有机场酒店、机场免税店、机场客货运代理中心等需要机场批出经营牌照的设施。

商务服务:商用航空中心为机场使用者提供酒店接待、旅行团预订、各类服务租赁、自驾汽车租赁、巴士票务和其他商业服务等,但不包括保险、货品销售、博彩、接送及交通服务。

其他特许经营业务还包括:办公室、酒店、酒店式住宅、会展场地、零售和休闲设施等。

（5）中国澳门机场特许经营业务范围

澳门机场虽然规模不大,但其经营管理模式基本采用国际先进机场的运作惯例。澳门国际机场专营公司获澳门特区政府赋予机场产权、特许专营权的管理,是澳门机场的投资主体,也是澳门机场的业主。

在澳门机场,包括地勤服务、清洁服务、工程管理部门、通信、导航设备和电子维修项目,机场大部分护卫工作、客运停机坪、货运、飞机维修服务等业务都被划为专营业务之类,交由专业化的公司经营。该公司隶属于总部设在苏格兰的明捷航空服务有限公司,为澳门机场提供客运、停机坪、货运、地勤服务及飞机维修服务等。

3. 我国内地机场特许经营的业务范围

参照国际民航组织航空运输委员会 1986 年编辑的《机场经济手册》和国际民航组

织理事会发布的《理事会致各缔约国关于机场和航路航空导航设施收费的声明（9082号文件）》中，对机场业务结构的划分和对"特许经营"业务的建议，结合我国内地机场现有业务构成状况及调整趋势分析，可以对我国内地民用机场特许经营适用的机场业务范围界定如下：主要包括两大类业务，一类是机场地面服务业务，一类是机场商业活动。

机场地面服务是指在正常的航空器运行状态下，航空器进出机坪所必需的服务，机场地面服务是附着在机场各种设施设备之上的各种劳动（或者服务），其中包括航空器航线维护，但是一般不包括航空器维修。机场地面服务的范围主要包括：一般代理，配载和通信，集装设备管理，旅客和行李服务，货物和邮件服务，登机桥、客梯、装卸和地面运输服务，飞机服务，维修服务，航空配餐和航空油料。

机场商业活动是指除机场地面服务以外的机场所有经营性商业活动，包括餐饮业、各种商店（含免税店）、银行外币兑换、出租车服务、汽车租赁、停车场、机场广告、机场与市区间的公共交通服务、汽油机动车服务站、美发理发店、旅馆、非饮食自动售货服务、货物集散和仓储服务、纪念品售卖服务等。

总体来说，在机场范围内开展以上业务可以采取特许经营的模式。

### 9.3.3　机场特许经营招标

1. 机场特许经营招标程序

很多国家和地区的机场成立专门的机构，通过招标选择受许人，通过合同管理特许经营业务。

（1）机场特许经营招标的基本程序

机场特许经营权的法律性质属于民事权利转让，在转让方式上应采取公开招标的方式，招标要按照国家招标投标法规定的程序进行。机场特许经营权由机场资源的法定代表实施授予，法定代表一般为机场管理当局。机场管理当局通过市场化的招标方式来选取运营商，整个招标过程完全公开透明。

机场实施特许经营的一个基本前提是，机场管理当局与具体业务经营脱钩。机场管理当局不参与任何直接经营活动，与具体业务经营单位彻底脱钩，不存在任何股权或直接利益关系。

机场管理当局通过公开招标，按业务选择具体的经营单位。由承运人和运营商向机场管理当局提出申请，机场管理当局根据经营准入标准及规则对申请人的资质进行审核，对于符合经营准入标准及规则的申请人，机场管理当局与其签订特许经营合同并发放许可证，申请人即获得了某项机场业务的特许经营权。受许人必须按限定的业务范围在规定期限内从事特许经营活动，并向特许人交纳特许经营费。

（2）机场特许经营招标的资质要求

机场管理当局在甄选特许经营合作伙伴时，对运营商的资质都有严格的要求，往往较多考虑对方的运营能力和资信程度。机场特许经营项目的运营商要具备经营该项目所需的业务能力和提供优质服务的能力，并具备项目要求的特殊条件。

对特许经营运营商的资质考察内容一般包括两个方面：对受许人的经营现状、存在问题及发展趋势进行分析和预测；对受许人进行资信调查。

（3）机场专营权招标

机场专营权项目比其他机场特许经营项目的运营商挑选具有更大的难度，期限与要求更加严格，并且需要详细测算出特许经营权转让的收益回报。

例如，香港机场所有获批专营权的运营商均是经验丰富的专业化公司，且全部是经过公平严正的遴选过程而取得机场业务专营权的，香港机场特许专营业务的经营期限一般为 5～20 年。而其他的机场特许经营业务（如零售、餐饮、租车等）的特许经营期限一般为 2 年左右。

2. 航空发达国家和地区的机场的特许经营招标

航空发达国家和地区的机场的特许经营招标过程如表 9-5 所示。

**表 9-5　航空发达国家和地区的机场的特许经营招标过程**

| 机场 | 项目 | 受许方式 | 对运营商的资质要求 | 受许年限 |
|---|---|---|---|---|
| 美国机场 | 部分特许经营业务 | 通过招标选择受许人，通过合同管理特许经营业务。对受许人资质、装修方案、人员培训、人员最低工资及安全管理等提出要求 | | 5～15 年 |
| 欧盟机场 | 地面代理服务 | 竞标 | 符合地面服务提供者应达到的标准 | 最长 7 年 |
| 新加坡樟宜机场 | 餐饮、零售、免税等业务 | 刊登招标广告，说明商店类型和经营标准 | 符合总体定价要求、服务要求和用人要求的企业都可以提交投标书 | 合同为期 3 年，满足条件的可以续约 2 年 |
| 中国香港机场 | 机场货运站台 | 竞标，4 个专营牌照，目前已批出 2 个。在货运站投入运作的前 5 年内，可批出第 3 个牌照。在第 5～10 年，可批出第 4 个牌照 | 获批专营权的经营商均是经验丰富的专业公司，全部经过公平、严正的遴选程序而取得专营权。香港机场管理局在各个专营权的批出项目上，都会附带条件，以行使其监管职能 | 20 年 |
| | 飞机燃油供应系统专营权 | 竞标，1 个牌照 | | 16 年 |
| | 航空配餐服务专营权 | 竞标，3 个牌照 | | |
| | 飞机基地及外勤维修专营权 | 竞标，分别为 1 个牌照和 2 个牌照 | | 20 年/10 年 |
| | 停机坪服务管理 | 竞标，3 个牌照 | | |
| | 机场酒店专营权 | 竞标 | | 25 年 |
| | 机场货运代理中心专营权 | 竞标 | | 20 年 |

资料来源：马少华.机场特许经营权[M].北京：中国商业出版社，2005.

（1）美国机场的特许经营招标

在美国，大多数机场在特许经营的招标过程中，都是成立专门的机构，通过招标选择受许人，通过合同管理机场特许经营业务。通过这样的程序来保证机场特许经营活动的公开、公平和公正。

美国机场在商业特许经营活动的招标过程中，会在受许人资质、装修方案、人员培训、人员最低工资及安全管理等一系列方面提出相关要求。

（2）欧盟机场的特许经营招标

欧盟机场的地面代理服务业务专营权是通过招标的形式获得。机场地面服务业务的投标要约应当在欧盟官方杂志上公布，任何对此感兴趣的地面服务提供者都可以参加投标。在与机场使用者委员会协商后，机场管理当局有权自主选择地面服务提供者。选定的地面服务提供者服务时间最长为7年。机场管理当局、机场使用者委员会和地面服务提供者之间每年至少进行1次磋商，磋商内容包括地面服务的价格及提供服务的组织形式。

（3）新加坡樟宜机场的特许经营招标

新加坡樟宜机场不直接从事经营餐馆和商业，而是通过招标出租营业场地，把这些餐饮和商店交给业主经营，感兴趣的业主可以通过公开竞标的方式取得在机场的经营权。通常做法是，机场主管部门CAAS首先在报纸上刊登招标广告，并在招标书中说明商店类型（如体育用品商店）和经营标准（如总体定价要求、服务要求和用人要求等），感兴趣的企业都可以提交竞标书。竞标成功的商家需要与民航局签订为期三年的合同，有时还可以续约两年。租约期满后如果没有续约，CAAS将对经营场地进行新一轮招标。

竞标设店不仅引来众多的商家，同时也引入了市场竞争机制使顾客有了多种选择。那些商品价格至低的商家将被淘汰，遭顾客投诉的违规商家因存有案底，中标的机会降低，只有那些达到经营标准并受顾客青睐的商家才能在机场长久经营。竞标设店的另一好处是，机场管理部门同机场内餐馆和商店的经营者没有直接的经济利益关系，他们之间的利害关系在于：商店和餐馆服务的好坏直接影响到机场的信誉，影响到机场能否吸引顾客在机场转乘和中转。这样一来，旅客利益一旦受到商家侵害，就比较容易得到机场管理当局的保护。

（4）中国香港机场的特许经营招标

香港机场专营权的批授一般要经过三个阶段：市场评估、拟订业务计划和洽谈。香港机场专营权的期限有5~20年不等，具体专营年限取决于项目的投资成本和业务性质。

在中国香港机场获批专营权的经营商均是经验丰富的专业化公司，全部经公平、严正的遴选程序取得机场业务的专营权。同时，香港机场管理局在各个专营权的批出项目上，都会附带条件，以行使其监管职能，使提供的服务既安全又具有成本效益和竞争力。

（5）英国曼彻斯特机场的特许经营招标

在英国曼彻斯特机场，候机楼内的商店、餐厅、酒吧，以及机场内的酒店、汽车租赁、航空配餐、行李分拣公司、货运代理等，均是采用招标的方式选定运营商。但在运营商的选取中，并不是报价最高者就可中标。因为投标者的素质、服务水平、商品价格的合理性等因素对机场的形象和利益都有影响，因此在招标前，曼彻斯特机场要事先遴选出服务水平合格的投标人参加竞标，通过竞争选出对机场更为有利的投标者，从而保证机场能获得最大的利益。

（6）中国澳门机场的特许经营招标

澳门国际机场也是通过招标的方式来实现特许经营运营商的选取。例如，澳门机场的非禁区清洁服务、飞机停泊辅助系统维修、旅客捷运系统维修、手推行李车管理服务、客运大楼银行服务等业务的经营权都通过特许经营招标来授予。

## 9.3.4　机场特许经营的谈判及合同订立

### 1. 机场特许经营的合同谈判

在机场特许经营合同签订之前，双方的洽商、谈判尤为重要。一旦选定运营商后，机场特许经营的特许方和受许方将会就具体经营事宜进行谈判。在谈判中，双方需要涉及以后的合作方向、利润分配、权益保护、管理权限、合作时长、合同签订、合约解除等众多问题。尤其在机场专营权项目的谈判上，因涉及工程较大，所以历时将较长。

### 2. 机场特许经营的合同订立

航空发达国家和地区的机场特许经营是依靠正式合同来维系的。例如，我国香港特区、我国澳门特区、新加坡、欧盟等地的机场特许经营合同在内容和特征上具有以下共性。

（1）法律法制先行

强调法制，依法对特许经营合同加以规范。机场在订立各种特许经营合同时，会对各种管理模式进行深入研究，并指出如何管理、如何立法。特许人在签订合同之前，要向受许人披露足够的信息。机场特许经营也不例外。

（2）机场管理当局拥有主动权

国外及我国香港、我国澳门地区机场的特许经营合同的条款基本上是特许人制定的。运营商必须服从特许经营合同的约定，同时可以在谈判中强调这些合同条款的要求。对合同的起草成为特许人的一项法定义务，但同时也构成特许人的优势。航空发达国家和地区的机场的许多特许经营合同是由特许人聘请律师精心拟定的，在拟定过程中，一些机场会非常强调自己的特权。

（3）合同内容强调双方的权利和义务

一般特许经营合同的内容都包括合同债权和合同债务，即合同权利与义务。在航空发达国家和地区的机场特许经营合同法律关系中，运营商有权要求使用机场管理当局的有形资产和无形资产，并有权要求被培训指导。机场管理当局有权要求运营商支付相应的费用。由于机场特许经营合同的内容十分广泛，因而合同具有一定的复杂性。

（4）合同内容注重解决特许人与受许人的冲突

航空发达国家和地区的一些机场对特许经营合同的制定有专门研究人员，重点研究如何调整特许人与受许人的冲突，并根据各国和地区的实际情况提出具体解决方案，规范特许经营合同，完善合同管理法制。

（5）合同内容强调保护各自的商业机密

机场运营要保证整体形象，各个受许人也要保持自己的独立性，在各自的具体运营中存在一些商业机密，这是受到法律严格保护的。航空发达国家和地区的机场在订立特许经营合同时，关于商业机密都有相关详尽的条款。

### 9.3.5 机场特许经营的管控

1. 价格管控模式

对商品和服务的价格管控是机场特许经营管理的重要内容之一，其主要模式包括以下几种。

在机场特许经营的管理中，对于某些业务，机场管理当局会实行价格控制，采取由机场管理当局定价，或机场管理当局与运营商共同制定价格等方式来实现机场的价格管理。

在机场特许经营的管理中，通过引入竞争机制来实现价格管控的手段很常见。对于某项业务，机场管理当局选择两个以上运营商同时提供服务，并采取措施鼓励竞争，以防止价格垄断。

机场管理当局还可以通过成立旅客投诉机构来处理旅客与运营商之间的矛盾，也便于对运营商的服务质量及价格进行监管。

航空发达国家和地区的机场在特许经营的实施过程中，都对受许方的商品和服务价格进行监管。我国在实施机场商业和地面服务的特许经营时，可借鉴其价格监管标准和监管方式。

（1）美国机场特许经营的价格管控

对于在机场范围内开展特许经营业务的受许人，美国机场都要对其商品和服务的价格及服务质量进行监管。在美国的大部分机场，受许人在开始营业时必须向机场管理当局提交商品和服务价目表，以后价格发生任何变动都必须经过机场管理当局的审核。从美国各个机场的实际情况来看，一般机场内商品和服务是市场价格的100%~130%。机场管理当局要求价格变动必须经过审核，受许人须提出三个以上的相同商品的市场价格作为参考，在经过30天左右的审核后，才能允许提高价格。同时，美国大部分机场设有专门的客户服务部门负责服务质量管理和处理旅客投诉。

（2）我国香港机场特许经营的价格管控

香港机场为了维持公平竞争的原则，对一些专营公司实行财务管制计划。价格管制的办法主要是通过设立内部收益率上限和价格上限来控制其价格。如发现有妨碍竞争的情况，机场管理局有权提早取消专营权。

例如，对航空货运站，香港机场鼓励当局对货物实行收费定价。价格必须由机场管理局与专营公司共同定出，并且该价格管制机制实施六年，然后机场管理局再重新评估。

（3）新加坡樟宜机场特许经营的价格管控

为最大限度地保护旅客利益，CAAS在新加坡樟宜机场推行了两项消费政策：一是旅客在购买商品后30天内可以凭发票要求退货并全额退回货款，而且不必说明理由；二是旅客在购买商品后如发现其价格高于新加坡樟宜机场指定的市内参考商店同种商品的价格，有权要求商家双倍返还差价部分。CAAS经常在新加坡樟宜机场组织一些促销活动，旅客在机场购物就餐的同时还有机会赢取各种商品或可在机场使用的购物券。这些政策造就了新加坡樟宜机场的优质服务，吸引旅客在机场购物消费。

（4）英国曼彻斯特机场特许经营的价格管控

确保机场的商业竞争力是英国曼彻斯特机场特许经营的主要目标。在零售业管理上，曼彻斯特机场严格规定候机楼内所有商品的价格不得高于市区同类商品价格，以确保机场的商业竞争力。同时，机场当局争取更多声誉好的品牌公司进入候机楼，以给机场带来良好的商机。

2. 质量管控模式

综观航空发达国家和地区的机场对特许经营运营商的服务管理，一般是通过机场管理当局在运营商招募和经营管理中制定统一的服务标准，由机场管理当局充当服务设计者来实现的。

同时，航空发达国家和地区的机场都会成立旅客投诉机构，以处理旅客与运营商的矛盾，也便于对运营商的服务质量进行监督。

（1）美国

在美国的大部分机场，对于地面服务，均是由机场管理当局在与航空公司和地面服务商签署代理协议之后，按照联邦和地方法律的要求对服务商的资格、人员培训、薪酬标准、服务标准及人员背景（主要是安全方面的背景）进行审查，审查合格后办理经营许可。

为保证旅客能够享受优质的服务，机场管理当局一般设有客户服务部门负责对商户的服务质量进行管理。该机构负责处理旅客投诉等问题，并根据情节轻重对运营商予以罚款。

在机场管理当局对受许人的管理上，美国机场一般会参照当地政府对机场班车、出租车、商业经营上的有关指令，要求受许人按照特许经营招募方案的要求提供服务。机场管理当局会对达不到服务标准的商户提出警告和处罚，甚至与其终止合同。

（2）中国香港特区

在机场特许经营业务的质量管控中，香港机场管理局主要是通过对各项特许经营权项目实施定期监察业务伙伴表现的手段，以此确保在机场内经营的运营商能够依照国际标准及行业标准提供相关服务，并达到航空公司及有关方面的要求。

（3）欧洲

欧洲的大部分机场在商业特许经营的质量管控中，机场管理当局按照相关标准和合同对商业活动的价格、服务质量及运行安全等方面进行定期监督检查。

在地面服务特许经营的质量管控中，欧洲各国政府及机场管理当局都十分重视对地面服务市场开放后的监督检查工作。各机场都制定了整套的地面服务监督检查制度，主要内容包括面地服务提供者是否有违反相关规定的安全问题，以及地面服务提供者是否在其核准的经营范围内进行经营等。对地面服务过程中发现的问题要求提供商及时予以纠正，其处罚手段从罚款直至吊销其经营执照。

（4）新加坡

在对机场特许经营运营商的管理上，为了保障运营商的服务质量，新加坡樟宜机场制定了一系列的服务标准。

新加坡樟宜机场一向以其优质高效的服务在国际上享有盛誉，是国际机场协会推举的"最佳国际机场"。新加坡樟宜机场的服务是 CAAS 的知名品牌和荣誉来源，餐饮等商业服务是其中的重要组成部分。因此，对于餐饮等商业服务，新加坡机场管理当局通过旅客调查和定期检查等方式，严格监督合同的执行情况，确保商家合理定价，并达到民航局的卫生及服务水平。在商业特许经营领域，新加坡机场从整体规划、布局、安全、服务质量、价格和销售额等方面对商家进行监管，以保证机场在商业方面的竞争力，保障广大机场商业消费者的利益。在地面服务专营领域，新加坡机场通过制定各种标准来监督地面服务的运作，标准包括安全、效率（时限）和服务质量等方面。例如：登机手续要在 10 分钟内办好；行李差错率不超过 0.04%等。机场一旦发现受许人提供的服务未达到标准，就会与其商谈并制定改进措施。如果改进不力，受许人就可能失去专营权。

在对物流园区的管理上，新加坡机场制定了货运区"一关三检"的标准：机场设有一个集中的海关和安全检查站，检验进出机场的货物，贸易许可办公室帮助办理进出口许可和其他贸易文件，动植物检疫小组检查从新加坡过境的动物和植物。海关通过虚拟电子交易平台将航空货运商和海关、贸易发展局等其他单位连接起来，货运商发出的申请可以在 30 分钟内得到处理。

## 9.3.6 机场特许经营的收费

1. 机场特许经营收费的原则和模式

（1）机场特许经营收费的原则

特许经营收费是机场收入的重要组成部分，国际民航组织在机场收费体系中认为，机场应当在机场设施内尽可能地开发非航空性商业活动，以取得特许经营收入和租金。

但是，机场特许经营收费的目的不仅是为机场管理当局带来高额收入。根据《机场经济手册》所述：在试图通过提高特许经营费来增加机场收入时，建议谨慎行事，以避免特许权受许人的零售价过高。因此，特许经营并非机场公司为获取不合理的高额收入所增设的收费项目，其数额仍需要根据市场规律合理地确定。降低特许经营费，有利于提高机场的竞争能力，并吸引更多的航空公司。因此，国际机场有降低特许经营费的趋向。

（2）机场特许经营收费的模式

在机场特许经营收费中，普遍流行收益共享机制。特许经营费的收取，通常采取最低保障费额与按营业收入的一定比例计费相结合的形式，目的是使机场管理当局与特许经营商在一定程度上实现风险共担、收益共享，共同做大做强机场的市场。

2. 航空发达国家和地区机场特许经营收费

在航空发达国家和地区，各个机场根据自己的不同情况而采用不同的收费方式和收费比例。同时，在不同的业务项目中，收费方式也存在差异。

（1）美国机场特许经营收费

美国的机场管理当局对于商业特许经营费的收取一般采取年最低保证金和营业额比例提成相结合的办法。每月受许人在规定日期前向机场管理当局上交年最低保证金的1/12，每月月末根据营业额，补缴规定提成比例的剩余部分。受许人使用机场设施设备、租用机场空间和停车场、办理人员通行证、使用物业保洁等服务，必须按照规定缴纳相应费用。

具体来看，美国各个机场的商业零售特许经营提成比例一般为营业额的 10%~14%；食物和饮料的特许经营提成比例为经营收入的 10%~18%；免税店特许经营提成比例较高，一般在收入的 30%以上。广告收入是机场特许经营的重要部分，广告特许经营提成比例一般会高达营业额的 60%。机场向出租汽车行业征收的特许经营提成比例一般在营业额的 10%左右，或者每部车的特许经营执照费用为每年 1400 美元左右。通信服务的特许费用是比较高的，通信收入提成比例一般为 30%~50%。

在向地面服务提供商收取特许经营费的少数机场，地面服务的特许经营费收取比例为 5%~10%不等，有的机场（如旧金山机场）还采用收取固定费用（向每个服务商每月征收 580 美元的管理费）。同一机场在具体的地面服务项目上，特许费的收取也有一些小的差异，以燃油加注为例，加油服务商除向机场缴纳每加仑 1 美分的费用以外，还按照营业额的 10%交费。在收费对象上：有的机场（如纽约、丹佛和波士顿等地的机场）向独立的地面服务提供商和航空公司的非自营服务收取特许经营费，有的机场（如旧金山机场和匹兹堡机场）只向独立的地面服务商收取特许经营费；有的机场（如洛杉矶机场）对所有的地面服务商收取特许经营费。

在不收取地面服务特许经营费的大多数美国机场，机场只向地面服务商收取场地租金、物业费用、停车场费用和相关员工的通行证件费用等。

（2）欧洲机场特许经营收费

在机场候机楼内的商业特许经营业务上，欧洲机场的做法是采用按照保底金与营业额提成取最高的方式收取费用。在机场地面服务方面，按照欧盟的指令，各国机场制定自己的关于地面服务的设施细则，但没有统一的地面服务收费标准，且收费名目也不一致，包括场地租赁费用、设备费用和相应的消耗费用等。但是有一点很明确，欧洲各个机场都没有征收地面服务特许经营费。

（3）新加坡机场特许经营收费

新加坡机场特许经营收费包括两大类：机场商业特许经营费和机场专营权费。

机场商业特许经营费包括三项：基本租金（又称最低保证金）、机场服务费和销售提成。基本租金根据招标店铺的位置、面积、用途确定；机场服务费包括冷气、清洁、管理等费用，根据招标店铺的面积、位置、所需服务的种类确定；销售提成根据每月该店铺的总销售额提取，提成比例根据店铺的用途不同有较大差异（香烟、酒和化妆品免税店的比例是 50%，餐饮的比例为 20%~30%，花店约为 10%，电器店为 8%~10%，电脑店约为 6%）。对每个受许人，基本的租金和销售提成二者中，机场选择数额高者收取其中一种。

机场专营权费：目前新加坡机场的地面服务由两家独立于机场的地勤公司经营——SATS 和 CIAS。机场向两家收取的专营权费均为总收入的 10%。应当特别指出，为保证公平和有效竞争，对新加坡航空控股的 SATS 给新加坡航空提供的地面服务，机场同样收取 10%的专营权费。

（4）巴黎机场特许经营收费

巴黎机场集团公司处于欧洲，必然会受到欧洲法规的约束。早在 1997 年 6 月，欧洲委员会就出台了一个关于机场收费的指令。这个指令遵循了国际民航组织关于机场收费的规定，并且采纳了以下几个原则：与成本挂钩的原则，透明度的原则、非歧视性原则。

第一，不提供服务，不得收费。这个原则确定了机场收费的前提，确定了机场收费的限制范围。机场收取的费用是针对那些机场提供的服务收取的；没有提供服务的，不得收取任何费用。

第二，收费额应与所提供的服务成正比。在明确了机场收费的范围后，收取多少费用比较公平合理是任何机场定价必须解决的问题。这一原则确定了机场收费的定价标准是以所提供的服务为基础，并且两者成正比关系。

第三，同一种项目的收费对所有用户一视同仁。由于机场收费面对的是众多的机场用户，既包括航空公司，又包括特许经营受许人等；既有国内用户，也有国际用户。因此，对于同一种服务项目，不论享受服务的对象是国内的，还是国际的，也无论是大型航空公司还是小型航空公司，机场收取的费用是一致的，没有差别对待。

以上三个方面反映了巴黎机场集团公司机场收费和定价的基本原则，也是世界各国基本都认可的原则，但是该指令已于 2001 年 12 月被撤销。不过，其中的非歧视性原则实际上基本等同于上述原则之三，即机场的收费和定价不得针对不同的用户实行歧视性差别对待。这一原则仍然为大多数欧洲机场所采用，具体讲就是：关于机场收费的任何决策必须符合非歧视性原则，国内航班和国际航班之间，在机场起降费方面不得再有区别对待。

从机场收费和定价的基本原则可以看出，巴黎机场集团公司是以机场所提供的服务作为收费的基准点。而机场收费的价格是按照提供此类服务所发生成本来确定的。巴黎机场集团公司的机场服务成本是按照五个方面来确定的：资金的分期偿付（包括财务费用）、维护费用、运行成本、管理成本、行政管理成本。机场收取的费用主要包括起降费、停场费、旅客服务费、灯光费、飞机燃油销售费及其他收费。

（5）我国澳门国际机场特许经营收费

澳门国际机场的特许经营权费包括特许经营单位所占用的场地租金、特许经营费和营业额提成。例如，经营航空油料业务的南光集团，澳门国际机场专营公司目前只向其收取前两项，第 3 项加油提成费暂时不收，但在合同中保留加收的权利。

澳门国际机场管理有限公司又是如何向业主收取管理费的呢？它们的办法是采用成本加成计算法，按其实际发生的所有费用的 5%向专营公司收取管理费。为了避免此举可能导致管理费用猛增，双方合同均详细约定了管理费用的内容、产生渠道和变化幅度等，如管理费用无端上涨，则说明双方合同还有不完善的地方，需及时改进。

### 3. 我国内地机场特许经营收费

我国内地还没有一致的特许经营费模型,对于能否在收取租金的同时收取特许经营费,我国内地机场业存在着不同看法。

机场特许经营权由机场根据各自情况自己决定,那么在费用的收取上也应体现自主原则。对于未列入特许经营范围的经营项目,一般以租金的名义收取房屋、土地或设施的租赁费;而对于列入机场特许经营范围的经营项目,则可根据各项目的不同情况,既可以将租金包含在特许经营费中统一收取,也可以在租金以外,按营业额或利润的一定比例另行计算、收取。

### 首都机场特许经营案例

#### 一、首都机场的发展历史

首都机场于 1958 年投入使用,目前有三座航站楼、三条跑道、两个塔台、137 条滑行道、314 个停机位,年设计旅客吞吐量为 7600 万人次。

10 余年来,北京首都机场始终是国内飞机起降架次及旅客吞吐量最大的机场。1996—2006 年,首都机场日均飞机起降架次翻了两番,从 1996 年年初的 333 架次/天增加到 2005 年最高 987 架次/天。而在此期间,中国国内民航飞机的数量仅增加 1 倍,从 1996 年年初的 410 架增加到 2005 年年末的 860 架。首都机场的旅客吞吐量始终占到全国机场旅客吞吐量 16%～17%。

#### 二、航空性收入平稳增长

1999—2004 年,首都机场航空性收入的复合增长率为 15%。增长主要来自两方面。一是机场航空业务量在此期间快速增长,飞机起降架次的年复合增长率为 13.1%。二是机场收费的调整:2002 年 9 月,飞机起降费和旅客过港服务费都有小幅调整,总体费率上调。

从 2005 年首都机场收入构成来看,航空性收入(包括旅客过港费 23%,飞机起降及相关收费 27%,机场建设费返还 20%)仍然是公司收入的主要来源,占公司收入的70%,而非航空性收入(包括特许经营收入、停车场收入、资金收入等)只占 30%。

#### 三、非航空性收入成为新的利润增长点

非航空性收入主要包括地面设施使用费,地面服务收入,免税店、租金、配餐、餐厅、广告、停车场、维修收入等。

1999—2004 年,首都机场非航空性收入的年复合增长率是 7.3%,增长率显著慢于航空性收入的增长,主要原因是非航空性业务原来主要为自营,效率较低,增长主要来自营业面积的增加。例如,1999 年,2 号航站楼启用,使得 2000 年非航空性收入同比增长了 45%;2004 年 9 月,1 号航站楼的重新启用,使当年非航空性收入同比增长了39%。这种缺乏内生增长的营业模式有其内在的缺陷,随着首都机场特许经营权业务的逐步展开,非航空性收入将步入稳定增长阶段。

### 四、首都机场非航空业务的特许经营

2005 年，民航局将首都机场、上海浦东机场、深圳宝安机场、厦门高崎国际机场定为特许经营权的试点单位。首都机场的特许经营业务开展走在全国前列。

2005 年 1 月 1 日，首都机场处置了北京机场饮食服务公司的股权，该公司主要业务是经营餐厅和食品商店；2005 年 1 月 26 日，将零售和广告业务的相关资产和负债转让给关联方；2005 年 12 月 22 日，将地面服务、航空配餐、航空保安、绿化环保、动力能源等机场内配套业务进行资产重组。

2005 年 12 月 27 日，首都机场公布了特许经营费实施公告，具体内容如下。

（1）机场定位向管理者方向转变，转让经营性资产包括：地面服务公司，60%股权，以净资产定价，目标价格 1.34 亿元；航空配餐公司，60%股权，以净资产定价，目标价格 1.36 亿元；其他如保安、清洁和动力能源等资产。

（2）实施特许经营权，提升机场的垄断性资源价值，包括以下几个方面。

①征收地面服务特许经营费：向机场内所有提供地面设施使用和地面服务的供应商收取，"按照飞机起飞全重 4 元/t 收取"。该项收入将随着飞机起降架次的增长而增长。按地面服务公司的最大起飞全重每吨 4 元征收，收入 6000 万元左右，无相应成本。

②征收航空配餐特许经营费：按配餐供应商的营业额 4% 征收，收入 600 万元左右，无相应成本。该业务将随着机场内旅客吞吐量的增长而增长。

③广告：按照广告收入的 70% 收取。随着机场客流量的增长，广告受众人数将迅速增加，机场内广告的价值将随之上涨。

④免税店和餐饮：按照"收入分成"和"保底收入"孰高的原则收取。"保底收入"按照 2004 年免税和餐饮利润水平的 80% 确定。

截至 2005 年年底，首都机场非航空业务中除柜台租赁、停车场、维修业务外，全部以特许经营权的方式进行运营，公司仅收取特许经营费，同时不必负担相应业务的成本。未来对货运站业务、航空煤油业务等也有可能收取特许经营费。转变为特许经营之后，公司仅靠转让特许经营权就可以获取利润，同时避免了直接经营风险。虽然收入会有较大幅度下降，但同时无须负担相应的成本，非航空业务利润将有较大幅度增长。

### 五、特许经营带来非航空性业务效益提高

2005 年 1 月起，首都机场实施非航空业务调整策略，不再自营若干非航空业务，而是将其投予专门运营商特许经营，从中收取特许经营费。特许经营的范围主要包括零售、广告及餐饮。同时首都机场还获得民航局批准，作为试点机场，自 2005 年 1 月 1 日起对部分地面服务业务、航空配餐业务实施特许经营。为配合这一策略，首都机场于 2005 年先后将与上述业务相关的资产、权益与负债进行了剥离。

实行特许经营的成果显著。一方面，2005 年零售餐饮和广告收入较 2004 年降低了 2.97 亿元（表 9-6）；另一方面，以 2004 年的可比口径计算，实行特许经营后，首都机场经营成本降低了 4.35 亿元（表 9-7），这意味着即使不考虑 2005 年与 2004 年相比的

收入与成本增长，由于零售、广告和餐饮业务实行了特许经营，也至少使首都机场增加税前利润近 1.4 亿元。

表 9-6　首都机场实施特许经营后零售广告和餐饮业务收入的变化　　单位：万元

| 业务类别 | 2004 年 | 2005 年 | 2005 年较 2004 年增加 |
|---|---|---|---|
| 零售 | 514 103 | 165 489 | −348 614 |
| 广告 | 110 469 | 120 441 | 9972 |
| 餐厅 | 111 708 | 42 554 | −69 154 |
| 合计 | 625 811 | 328 484 | −297 327 |

表 9-7　首都机场零售广告和餐饮业务实施特许经营
后成本的变化（2004 年可比口径）　　单位：万元

| | 含零售餐饮广告业务的成本 | 不含零售餐饮广告业务的成本 | 实行特许经营，导致成本减少 |
|---|---|---|---|
| 折旧 | 458 939 | 452 912 | 6027 |
| 员工费用 | 369 342 | 304 409 | 64 933 |
| 水电动力 | 166 465 | 163 912 | 2553 |
| 修理及维护 | 124 423 | 118 585 | 5838 |
| 货品及材料成本 | 335 391 | 36 457 | 298 934 |
| 其他 | 440 907 | 384 382 | 56 525 |
| 合计 | 1 895 467 | 1 460 657 | 434 810 |

从首都机场案例来看，特许经营的实施作为机场转变经营模式的主要方式已经开始在我国逐步展开。目前几大枢纽机场已获得民航局的特许经营权试点资格，而相应立法工作也正在进行。作为国际广泛推行的机场经营模式，特许经营的实施将更能体现机场的资源价值，并且能够推动机场航空延伸服务业务的发展，从而带动机场整体估值水平的提升。

## 我国香港机场特许经营案例

我国香港机场在国际机场管理领域享有较高声誉，其对机场特许经营权的管理可以代表国际先进机场成熟的通行做法。作为国内机场与国际上机场管理惯例接轨的"窗口"，香港机场的做法对我们有着很好的借鉴意义。

从香港机场的运营来看，除航空公司外，目前共有 22 家专营公司在机场提供各种服务，包括航空货运、油料、维修、配餐、地面服务等，特许经营权已经得到充分实施，机场资源利用率非常高；从 2004 年实际的特许经营收费来看，机场禁区辅助服务专营权和零售特许经营权分别为机场贡献了 10.9 亿港元和 16.9 亿港元的收入。

### 一、香港机场特许经营资源的分类

香港赤腊角机场工程包括三部分。一是香港机场管理局设施：政府注资 366 亿港元、举债 132 亿港元负责建造和营运机场，主要为特许经营权设施。二是专营权设施，主要包括 2 个航空货运站、飞机燃油供应系统、航空配餐、机务、地勤服务设施 5 项，还有机场酒店、机场免税店、机场客户、运代理中心等需机场批出经营牌照的设施。三是政府设施：含空中管制气象服务、消防、出入境、海关、警察和邮政服务设施。香港机场对专营权设施和特许经营权设施均实行机场专营和特许经营管理，由香港特区政府立法，香港机场管理局作为香港机场的业主依法实施。

## 二、关于专营权管理

香港机场专营权管理可分为两个阶段：第一阶段为机场建设期及运营前期，普遍采用"一般模式"——货运站模式，机管局仅收取专营商一定的土地租金或特许权费，其特点是香港机场管理局无风险，且有稳定回报；第二阶段为机场投入营运后的"发展模式"——物流中心模式，香港机场管理局用土地与专营商以合作伙伴关系共同发展，其特点是低风险可能有较大回报。

第一阶段，"一般模式"。香港机场管理局在各个专营权的批出项目上，都会附带条件，以行使其监管职能，使提供的服务既安全又具有成本效益和竞争力。机场各项服务专营权的年限在 5～20 年不等，所有获批专营权的专营商均是经验丰富的专业化公司，全部经公平公正的甄选过程而取得专营权。

例如，机场货运站共设 4 个专营牌照，目前已批出 2 个。一家为香港空运货站有限公司，投资逾 80 亿元，货运市场占有率约 80%，由怡和、太古、九仓、和黄、国泰、中国航空及中信泰富等财团组成，并由中银、汇丰、日本兴业等 12 家银行组成的财团承担 66.2 亿元的项目融资。另一家为"亚洲空运中心有限公司"，由 CIAS、SATS、招商局、嘉利集团、联邦快递等联合组成，投资达 8 亿元，货运市场占有率为 20%。以上两家专营公司牌照年限为 20 年，由获牌照公司自行融资、建造、管理及运营。但其货物收费定价，必须由香港机场管理局与专营公司共同定出，并且该价格管制机制维持 6 年，而后香港机场管理局再重新评估。如发现有妨碍竞争的情况，香港机场管理局有权提早取消专营权。而且协议规定，在货运站投入运作的头 5 年内香港机场管理局可随时批出第 3 个牌照，在 5～10 年可批出第 4 个牌照（年限设置原则是，当一个牌照的业务量接近满负荷时，考虑批出下一个牌照），这样香港机场管理局持有不断引入竞争并维持运作活力的特权。货运站一旦运行，香港机场管理局则向两家经营者收取货物处理收入的 10% 作为回报。可见，香港机场管理局既要代表政府对介入机场事务的各个财团行使监管权，又要以灵活的手法进行商业运作。以下是香港机场在建设期批出的其他专营项目。

飞机燃油供应系统专营权：18 亿港元，有三个财团竞投一个牌照。最后由加德士石油公司、国泰航空、中国航空、华润石油化工有限公司、埃索石油气（香港）有限公司、科威特国家石油公司、中石化石油公司、美孚石油公司、蚬壳石油公司共 9 家财团联合组成的香港航煤供应有限公司投得，专营权运营商或保证其有 15% 的回报。需融资 17 亿港元，其中：15.47 亿港元为 16 年期的有息贷款；1.2 亿港元为建造期债券；0.24 亿港元为循环信贷，属融资项目。

航空配餐服务专营权：共 3 个牌照，20 亿港元。最大一家为国泰航空饮食服务公司，需投入 16 亿港元，香港机场管理局根据不同的航线情况收取配餐服务总收入的

3%~5%作为专营费。此外，香港机场管理局亦按占用土地面积，每年向专营者收取每平方米 750 美元的地租。

飞机基地及外勤维修专营权：香港飞机工程有限公司（上市公司）投资 15 亿港元，投资为期 20 年的飞机基地及外勤维修专营权。此外，飞机外勤服务（含飞机外勤维修）专营权分别由两家投得，一家为新加坡的泛亚太平洋航空服务公司，另一家为和黄与中航组成的中国航机服务有限公司，期限为 10 年。

停机坪服务管理：3 个牌照，5 亿港元，由 3 家投得，分别为香港机场服务有限公司、怡中航空服务有限公司、明捷航空服务（香港）有限公司，香港机场管理局向其收取总收入的一定百分比作为专营费，并收取其在客运大楼的写字楼及储物场所的租金。

机场酒店专营权：20 亿港元，有 8 家酒店业财团参与竞投，最后由香港富豪酒店集团投得。香港机场管理局以地皮招租的形式获利，共 25 年的酒店营运分租期，酒店本身 10 年回本。

机场货运代理中心专营权：19 亿港元，由新鸿基地产为首的财团投得，获分租 20 年的专营权。

香港机场在经营期通过招标批出的专营项目数量更多，如非禁区清洁服务、飞机停泊 辅助系统维修、自动旅客捷运系统维修、手推行李车管理服务、客运大楼银行服务等经营权。

第二阶段，"发展模式"。香港机场在运营之后，发现珠江三角洲有大量小货船的货物在香港转口运至欧美，香港机场管理局即向港府申请在机场海域开设小码头项目。在获批 50 年经营权后，再通过竞投形式由珠江海空联运有限公司获得该项目的特许专营权，由该公司投资、建设、经营，期限为 50 年。机管局一分钱不出，只用土地为条件，以合作伙伴方式与其共同发展，不仅可向运营商收取总收入一定百分比的专营权费及一个固定的牌照费，还可能获得以土地为条件的分红。管理者、经营者均对合作的"双赢"表示满意。

2001 年 2 月，香港机场管理局与商贸港香港有限公司签订协议，采用 BOT 投资模式兴建及运营物流中心，项目投资 5.3 亿港元，租约为期 25 年，另有 2 年为建造期。根据协议，商贸港香港有限公司将负责设计、建造、运营及管理物流中心，在租约期满后，再将该中心转让给机管局。该中心位于机场岛的南商业区，占地达 1.38 公顷，总建筑楼面面积达 4.14 万平方米。至此，香港机场管理局正式涉足航空物流事业。

香港机场物流运营合约是一种创新的批准经营方式，是在香港机场管理局特许批准下的专营，香港机场管理局根据《机场管理局条例》以审慎商业原则管理所有资产，包括土地与专营权，以合作伙伴关系共同发展，它不涉及经营财团的亏损，只在财团营业金额上分成。换言之，香港机场管理局是以最低风险批准经营权，全部投资由财团负责，香港机场管理局是以利润分成来体现土地价值和增值。

### 三、香港机场特许经营权管理

对特许经营设施，香港机场管理局一般进行特许经营权管理，管理方式基本上与专营权管理的一般模式相同。例如，2001 年年底在机场客运大楼，离港城设置商业服务柜台为机场使用者提供酒店接待、旅行团预订、各类服务租赁、自驾汽车租赁、专利巴士票务和其他商业服务等，但不包括保险、货品销售、博彩、接送及交通服务，通过公开招标能够运营以上任何一项商业服务的机构，服务期为 2 年。同时，2001 年年底客运大楼商业服务柜台也完成招标。

香港机场目前正孕育南面、东面和北面三大新的商业社区，其中：南面商业区占地 30 公顷，主要为货运相关设施发展区；东面商业区，占地 10 公顷，为商业园发展区；北面商业区占地 45 公顷，为办公室、酒店、酒店式住宅、会展场地、零售和休闲设施。这些区域相关经营项目也都分别处于招标中。

### 四、香港机场特许经营的立法

香港机场非常注重利用特许经营权对机场资源的开发，专门以立法形式制定了《机场管理条例》（简称《条例》），明确了特许经营权的管理和使用。如《条例》规定除军事、警务和海关缉私飞机以外的航空活动，包括从事旅客服务、票务售卖服务、办理旅客登记及登记手续、办理行李托运手续、办理行李领取及处理手续、办理行李及货物装卸程序、办理飞机地面服务等，均可通过特许经营方式实行外包。在机场从事航空业务运作的单位使用机场飞行区、停机坪、客运大楼、货运大楼等机场设施应按照规定向机场管理当局提出申请，经批准后方可实施，获批准的单位必须严格遵照获同意的文件和航班计划实施执行，提高机场利用率和服务水平，并规定按时向机场管理当局缴付特许经营的费用。

机场的生产链条很长。服务上涉及机场运行管理、航空地勤服务、机场安全、消防及应急救援、航空商务、商业零售、物业管理、餐饮、娱乐、酒店，地面运输等；专业工程上涉及航空机务、土建、机电、园林园艺等。多数机场或多或少地依靠专业化公司协作的力量，采取业务外包或特许经营的方式来保障机场优质高效及低成本运行。

机场特许经营是指，政府授予机场管理当局以机场的经营管理权后，机场管理当局对于机场范围内的业务项目通过公开招标或其他方式，与选定的各业务项目的运营商签定特许经营协议，受许人即取得某业务项目的经营权，并通过协议明确特许经营期限、特许经营权费标准，以及机场管理当局与受许人之间的权利义务关系等。机场管理当局是指机场的所有者，在我国一般为政府投资或授权的机场管理当局。机场管理当局作为机场所有者的代表享有机场的经营管理权利。

随着社会经济的发展，民航业在国民经济中的地位和影响力与日俱增，机场的经营模式发生了深刻变革。机场特许经营应运而生。

我国机场实施特许经营有三大益处：首先，实施机场特许经营可以有效解决机场长远发展的投融资问题；其次，实施机场特许经营可以在机场经营中引入竞争机制；最后，实施机场特许经营可以维护社会公众的利益。

机场特许经营的实施主要涉及以下项目：确定特许经营的业务范围、招标选取运营商、对运营商的管理。

机场资源是机场特许经营权的基础。在机场的业务中，既有特许经营，也有特许专营。由于机场各项业务的性质不同，其特许经营运作也呈现出不同的特征。国际上一般区分为机场特许专营和机场特许经营两种模式，二者在机场的不同业务中所占的比重不同。

1. 什么是机场特许经营？
2. 机场扩大特许经营收入的途径是什么？
3. 机场特许专营权包括哪些项目？具有哪些特点？
4. 什么是机场的专业化管理？其优点有哪些？
5. 机场资源的特殊性表现在哪些方面？
6. 如何实施机场特许经营？

自学自测　　扫描此码

# 第10章

# 机场服务质量管理

【学习目标】

- 掌握机场服务质量的特性和标准内容;
- 掌握机场服务质量的编制原则;
- 熟悉机场地面服务的一般程序。

### 珠海机场"阳光行李"等项目入选民用机场典型服务案例

2021年7月,珠海机场推出的"阳光行李"和"行李管家"两项特色服务项目,以其独具特色的人文关怀和真情服务理念,成功入选中国民用机场43个典型服务案例。

近年来,珠海机场严格贯彻落实民航局提出的"真情服务"要求,以实际行动践行"我为群众办实事",通过变被动为主动,准确识别旅客的需求关键点,先后推出"阳光行李""行李管家"等特色服务项目,进一步丰富行李运输服务模式,满足各种旅客群体的出行需求。

"阳光行李"服务是珠海机场在行李装卸方面践行"人文关怀"的特色服务品牌,通过改进行李装卸运输模式、改造设施设备和完善服务细节,在原行李服务标准的前提下不断提升优化,打造"准点、便捷、友善、安全"的服务,让旅客的行李从托运到提取全程得到"管家式"服务,全方位提升旅客的服务体验。

"行李管家"服务是珠海机场践行"真情服务"的特色服务品牌,"做旅客行李的好管家,航司优秀的代理人"是珠海机场旅客服务部行李室的服务目标。"行李管家"服务是在工作中主动发现旅客需求,细心揣摩。2018年,珠海机场以通过修好行李箱解决一起行李运输破损赔偿事件为契机,在业内首创"李箱维修"特色服务。2019年又推出"迟运行李提前处置"服务,不仅获得旅客满满的赞誉,更是得到代理航司及局方的一致认可,2019年在千万级机场服务质量评选时,被评审组推荐入选民航优秀服务案例。

未来,珠海机场将始终在服务工作中秉持以人为本,践行真情服务,推动实施各项便利服务,在人文机场建设中不断提升服务品质,打造具有珠海机场特色的服务品牌,为旅客营造温馨、舒适、便捷的乘机体验。

【案例思考题】

(1)珠海机场在2019年的千万级机场服务质量评选时,为何能荣获"民航优秀服务案例"称号?

（2）你认为，珠海机场在接下来还可以从哪些方面提升服务质量？

# 10.1　机　场　服　务

## 10.1.1　地面服务

机场服务也称机场地面服务，是指从旅客离港之前或到达之后，在机场内航空公司、机场当局、联检单位等为旅客提供的所有服务，包括导乘服务、值机服务、问询服务、联检服务、安检服务、购物就餐服务、贵宾服务、登机服务、行李运输、行李查询服务等。服务包括以下几个方面。

①在需要时，为便于承运方开展各项业务活动而安排担保。

②与当地主管部门取得联系。

③向公众表明服务方是作为承运方的服务代理而提供服务。

④向有关部门提供承运方的航班动态。

⑤代承运方垫付机场、海关、边防、检疫及其他联检单位收取的费用，以及其他各种现金费用。如旅客食宿、地面运输费等。

⑥特殊旅客服务。

⑦特殊餐食的信息传递服务。

⑧为承运方代表提供办公室，费用另行商定。

从内容上看，地面服务包括旅客服务、货邮服务与飞机服务三大部分；从技术与安全的视角看，地面服务高价值或高成本的内容主要是机务维护、特种设备（投资、使用与维护）两大部分，矛盾的核心是特种设备的投资、使用与维护；从作业区域来看，地面服务可以简单地划分为航站楼内的客运服务、飞行区的机坪作业（行李装卸、货邮装卸、运输、特种车辆等）、货站的货运服务三大区域。

本节所指的地面服务是指机场管辖范畴内的为旅客提供的服务项目，它包括导乘服务、红帽子服务、问询服务、广播服务、小件寄存、贵宾服务、不正常航班服务、休闲娱乐购物服务、行李运输服务等。

## 10.1.2　地面服务的重要性及特点

服务亦是一种有价值的商品。对于机场地面服务而言，这一定义同样具有适应性。举例而言，在办理值机业务时，机场所提供的一些服务对客户而言具有便捷性，这种便捷性包含了机场地面服务人员的劳动，自然也需要给予员工报酬。所以，机场地面服务就需要考虑到盈利与成本的问题，从而构成了民航业的一个重要盈利来源。因此客户的服务满意度与机场地面利益有着密不可分的联系。且机场地面服务是航班运行的重要组成部分，也是航班良好运行的前提，既关系到航空安全，也对航空公司及航空消费者服务的效率和水平有重要影响，必须重视对旅客在机场期间的地面服务。无论是航空公司、联检单位还是机场，都要认真做好地面服务。综合整个地面服务流程的表现形式，本节将地面服务的特点概况为四个方面。

### 1. 服务的无形性

对于服务而言，无形性既是对其过程的描述，也是一种观念。民航业要更好地获取利润，就需要为顾客提供一种可供识别的服务，从而在顾客那里留下深刻的印象，这也是民航业区别于其他行业的一个重要特点。服务的无形性对于顾客而言，由于在选择何种服务提供商时，他们无法通过感知进行比较，并且服务过程存在一定的不确定性，所以顾客通常按照第一印象来进行选择。

### 2. 服务的开放性

对于服务而言，它的生产与消费同时发生。正因如此，服务不会被存储下来。换言之，地面服务系统具有开放性。机场在提供地面服务时，必须全方位地考虑来自顾客的各种需求信息。以客户办理登记业务为例，对机场而言，这可以看成顾客获取回报的过程。与其他行业相区别，机场地面服务无法进行事先的检测，因此就需要一些可以衡量的指标进行测评，从而维持高水平的服务质量及顾客的感知。

### 3. 服务的整体性

通常而言，机场地面服务的经营活动和营销活动需要进行整合。一方面，机场在提供地面服务时，顾客能够参与整个服务过程，这就使整个服务体系变得更加开放，对机场地面服务系统应对环境变化的能力提出了更高的要求。另一方面，服务的生产过程与消费过程处于同一时间且无法分离，也就是说，服务的提供与感知合二为一，这也是顾客做出选择的重要依据。那么，对于机场地面服务而言，营销和运营必须有机结合，通过营销手段与运营流程的紧密结合来应对顾客的需求。同时，机场地面服务提供商还应该借助各种手段来获取更好的营销效果。

### 4. 服务对象处于弱势地位

对于民航顾客来说，其处于弱势地位主要是由于对他们的需求回应不足。想要获得更高程度的顾客满意度，地面服务提供商就应该尽量为顾客提供完善的硬件设施。例如，通过智能化终端为顾客提供自助打印登机牌的服务，减少顾客等待时间。这样一方面可以向顾客敞开服务过程，另一方面能降低运营的成本。对于民航业来说，尤其要重视机场各项硬件的服务设施，以弱化客户处于弱势地位的感受。

## 10.1.3　旅客的分类

机场的旅客来自社会各个阶层，来自不同国家，由于每个旅客因职业、健康状况、生活方式、风俗习惯及旅行目的不同，会对机场的服务提出不同的要求。故有必要对旅客进行分类，了解他们的需求，开展有的放矢的服务。

### 1. 按航线分为国内航线旅客和国际航线旅客

乘坐国内航线（包括国际航线国内段）进行旅行的中外旅客称为国内航线旅客；乘坐国际航班的中外旅客称为国际航线旅客。国内航线旅客办理乘机手续比国际航线旅客简单，不需要边防、海关和防疫机构检查。

**2. 按旅客身份分为重要旅客（要客）和普通旅客**

要客一般是指我国党和国家领导人、外国政府首脑，以及我国政府中的正、副部长，省、自治区、直辖市一级的党政领导人，外国政府的部长、副部长，外国大使及国际上知名人士等。接待要客主要是保证座位、专人迎送、主动征询意见和要求，安排到贵宾室休息并优先登机等特殊服务。

**3. 按年龄可分为婴儿、儿童（包括无人陪伴儿童）、一般旅客、老年旅客**

2～12 周岁的是儿童，2 周岁以下为婴儿。无人陪伴儿童是指年龄在 5～12 周岁的无成人陪伴、单独乘机的儿童。这是近年来民航延伸服务内容，为使儿童独自乘机旅行而推出的一项特色服务。无人陪伴儿童到达机场后由民航派专人帮助其过安检、候机，并引导其上飞机。近年来一些航空公司继"无人陪伴儿童"服务，又推出了"无人陪伴老人"服务。老年旅客体弱多病，服务员应主动了解其困难和要求，提供必要用具（如担架、轮椅、行李车等），安排老年人进入休息室，提供方便（例如，先或后验票上机），给予热情照顾（搀扶、帮助提行李、推轮椅、抬担架等）。

**4. 按国籍分为外国旅客和中国旅客（包括港澳台同胞）**

外国旅客是具有境外护照在国内旅行的旅客（包括长期侨居国外，但未加入居住国国籍的华侨）。港澳台同胞是指居住在我国港澳台地区的中国人。

**5. 按民族分为一般旅客和少数民族旅客**

少数民族旅客是指除汉族以外的 55 个民族的中国人。对少数民族旅客要认真贯彻党和国家的民族政策，尊重少数民族的风俗习惯。

**6. 按组织形式分为团体旅客和散客**

团体旅客是指人数在 10 人以上（包括 10 人），航程、乘机日期和航班相同的团体。他们购票一般开一张团体票。团体旅客行李运输是一种特殊服务项目，应与一般旅客分开，单独进行办理。

旅游团体行李收运，除严格执行一般行李和普通团体行李收运的规定外，还要进一步明确旅游部门和航空运输部门的责任。旅游部门对旅游者交运的行李，必须先由旅客自己上锁和加封。各环节应检查上锁和封条及破损情况，发现有问题应在交接单上详细注明。

其他按旅行性质可分为公务旅客、旅游旅客、旅行旅客；按购买机票的等级可分为头等舱旅客、公务舱旅客、经济舱旅客。

## 10.1.4　地面服务工作一般程序

地面服务工作程序，一般可分为准备阶段、实施阶段和结束阶段。

**1. 准备阶段**

（1）在起飞前一天，服务员分班组开会，掌握飞行动态（包括航班、航线、飞机号、起飞到达的时间、旅客人数等），掌握旅客信息及有无特殊要求，分配任务，明确第二天上班时间（负责国际出港航班的服务员，应在起飞前两小时上班；负责国际进港、国内进出港航班服务员，应在班机到达或起飞前 1 个小时上班）。

（2）上班后要了解本场天气情况，复核飞行动态；明确分工，打扫各个地方的卫生，并进行一次安全检查。要准备好贵宾室、头等舱服务室的开水和饮料，洗净并摆好茶具。所有准备工作，应在旅客到达前半小时结束。

2. 实施阶段

（1）对出港旅客的服务工作有以下内容。

①服务员应准备好小喇叭、对讲机、行李条、航班指示牌、特殊旅客单、顺号表、高端指示牌，提前 45 分钟到达指定登机口，打开电脑输入程序，做好准备工作，并了解该航班有无特殊旅客，认真核对航班号及飞机号。

②服务员应在登机桥口拴挂好指示牌后，提前上飞机了解各部门机上保障工作进展情况，随时报告配载员，以便尽快登机，缩短过站时间。

③配载员通知登机后，通过区域广播，组织后舱旅客优先排队登机，2 分钟内安排第一位旅客登机（如遇广播系统故障，应及时使用小喇叭广播登机）。

④登机口和机舱口服务员应认真核对登机牌上的航班号、日期及目的地，防止漏刷、漏撕、错数登机牌、错撕登机牌，维持现场秩序，及时卡"三超"（超大、超重、超件）行李。

⑤登机口服务员应注意观察现场情况，控制登机桥登机人数，避免登机桥堵塞。机舱口服务员应注意观察旅客登机情况，控制客舱人数，避免客舱堵塞。

⑥旅客人数不符时，应通过电脑查找出未登机旅客姓名，通过区域广播和广播室广播提醒旅客，查看旅客是否有托运行李，如有应及时报给行李分拣员将行李拉出。

⑦服务员上航班过程中如遇到特殊情况，应及时将信息反馈给当班组长或配载员，做到信息畅通无阻。

⑧旅客登机完毕后，登机口的服务员应与当班组长、配载员及机舱门口的服务员进行核对，杜绝错乘、漏乘。

⑨登机完毕后，如机上要求托运行李，服务员应及时通知行李分拣员快速托运行李，并将行李件数、重量报配载员。

⑩登机人数核对准确后，上报配载员，经配载员同意关舱后方可通知乘务员关舱门，服务员须等舱门关妥后方可撤离。

⑪记录关舱门时间及出港人数，填写航班正点考核表，并在航班离站后保存好登机牌副联。

⑫如航班减掉旅客，服务员应在登机门等候旅客。如到离港时间旅客未出现，再通知服务总台，引导旅客到值机柜台办理相关手续并做好解释工作，在记录本上记录。

（2）对进港旅客的服务工作有以下内容

①登机桥接机

掌握航班到达时间、停机位，提前 10 分钟到达指定停机位（18:00 以后的航班要开登机桥灯）。飞机停靠登机桥，在登机桥开动，警示灯闪亮时，禁止上下走动。登机桥停靠稳妥之后示意空乘下客。服务员从机舱内拿业务袋取出舱单并及时了解该航班有无特殊旅客，如有应与乘务长交接。服务员引导旅客前往到达出口，目送旅客下扶梯，另一位服务员在扶梯处引导旅客，直到旅客全部安全走完（服务员须先于旅客到达自动扶梯）。在各记录本上记录数据。

②远机位接机

掌握航班到达时间、人数、停机位，提前 15 分钟到岗，联系摆渡车。注意观察外场车辆及飞机行驶情况，注意客梯车是否停放好，能否安全下客（四脚是否停稳，平台是否到位，并测试尾部是否能承受压力），如未停放好应及时通知客梯车师傅停放到位（如已停放到位则示意空乘可以下客）。服务员从机舱内拿业务袋取出舱单并及时了解该航班有无特殊旅客，如有应与乘务长交接。面对客梯车，引导旅客乘坐摆渡车，注意旅客下梯安全，扶老携幼，维持外场秩序。旅客上车完毕后，检查摆渡车车门是否关闭妥当，示意司机能否发车。服务员与旅客同车前往到达出口，引导旅客提取托运行李，并引导特殊旅客与其家人进行交接。在各记录本上记录数据。

3. 结束阶段

①航班结束后，服务员应按分工对各服务场所（包括值机大厅、候机大厅、休息室、电话亭、盥洗间、登机桥、工具间等）进行全面细致的安全检查，并彻底清扫。如发现旅客遗留物品，要及时报告，并进行处理。

②认真做好交接工作（清点物品、交代遗留事项）。

③对当天服务工作情况进行讲评。一般可结合第二天的生产准备会进行。

## 10.1.5　地面常规服务

1. 接待

在较大旅客导乘和规模的国际机场里，可在机场入口处设立旅客导乘岗位，热情接待中外旅客和引导旅客办理各种乘机手续。导乘员也可由行李服务员（红帽子）替代，有的机场在候机楼休息大厅设立流动岗位，穿着醒目制服或身佩红绸带、举着"Follow me"牌子的流动导乘员，为不知所措的旅客解决各种困难。

导乘员的职责是热情接待中外旅客，帮助旅客搬运行李，介绍候机楼内各类服务设施，宣传旅客乘机须知，解答和解释旅客提出的各种问题，引导旅客办理各种乘机手续，引领要客、头等舱旅客到指定地点休息。

在候机楼工作的导乘员在上岗前，要做好仪表仪容的自我检查，做到仪表整洁、仪容端庄。上岗后，要做到精神饱满，面带微笑，全神贯注，随时做好迎送宾客的准备。见到宾客到达机场，应主动上前彬彬有礼地问候，表示热忱的欢迎，对外宾用外语，对内宾说普通话，语言清晰。凡遇老、弱、病、残、孕的旅客要适度搀扶，倍加关心。对第一次乘坐飞机或第一次来当地旅行的旅客，要热情介绍候机楼各种服务设施，方便旅客办理乘机手续，积极宣传民航各种乘机规定，避免产生误会。

对要求帮助搬运行李的旅客，应主动帮旅客从车上卸下行李，问清行李件数，同时记下旅客乘坐到机场的车辆号码，以便万一有差错时，可据此迅速查找行李下落。对旅客的行李物品要轻拿轻放，对贵重易碎的物品，切忌随地乱丢或叠起、重压。在帮助旅客提携行李物品时，既要主动热情，也要充分尊重旅客的意愿。凡旅客坚持自己提携的物品，不能过分热情地去强行要求帮助提携。

主动引领旅客到值机柜台前办理乘机手续，把旅客要求托运的行李，放到传送带。离开旅客时，把行李物品当面向旅客交代清楚，禁止向旅客索取小费。若遇旅客问询，应礼貌地给予回答。如不能确切地告知，应请同事帮忙或请问询处解决，绝不可将错误的或不确定的信息传递给旅客。办完乘机手续后，要引领要客或头等舱旅客到休息室休息，也可主动帮助旅客提携随身行李。送旅客乘电梯或扶梯时，应礼让旅客先入电梯，不得自己先行，到达时也应示意旅客先步出电梯。

对漏机、误机的旅客，尤其对听不懂中、英、日语言的外宾，更要主动提供帮助，引导他们顺利登上飞机。在旅客因误解、不满而投诉时，要以诚恳的态度听取旅客意见，不得中途打断，更不能回避，置之不理。

### 2. 问询台服务

每日值机柜台开启前到岗；检查电脑、电话等设施设备是否处于正常状态；如有故障要及时报修或调用备用设备，确保问询工作顺利进行。确保问询柜台始终有工作人员在岗，若有特殊情况需要离开，必须在柜台上放置"请稍等"指示牌。

根据旅客提出的要求及时给予帮助；遇到无法解决的特殊问题，应该及时汇报。必须在国内或国际最后一个出发航班登机结束后，才可关闭柜台。旅客在现场提出投诉时，应该耐心解释并记录相关情况，及时向上级反映；如有必要可向旅客提供企业投诉电话。

精通民航基础知识；掌握国际航空运输概论和旅客行李运输、客票等相关业务知识；初步了解旅游地理基础知识；熟悉民航旅客心理学基础知识；熟悉本部门各个岗位工作程序，并且了解相关部门及联检单位的业务知识；熟悉《中国民用航空旅客、行李国内运输规划》和《中华人民共和国民用航空法》的内容及规定。

遇旅客问询应主动站立，5米之内与旅客目光交流，努力做到表情自然、和蔼亲切；主动向旅客问好，细致、耐心地回答旅客的问题，礼貌地向旅客道别；回答旅客问题时，应使用文明礼貌用语，做到语言简明清晰、语气温和、速度适中，忌用专业术语、服务禁语；回答旅客问题时，注意肢体语言（手不可放在口袋里或双手抱在胸前），避免出现有损企业形象的举止；必须双手交接旅客递交的票证和其他物品。接听电话时铃响不超过3声，做到口齿清晰、速度适中、用语规范；回答旅客问题时，应简明清晰、语气温和并使用文明礼貌用语，忌用专业术语、服务禁语；努力提高电话接通率，禁止利用问询电话拨打私人电话。

### 3. 旅客遗失物品招领

凡机场内发现的旅客遗失物品，应一律送交问询处，由问询处服务员在旅客遗失物品登记本上登记后招领（没有问询处的候机楼应指定专人负责登记处理）。招领的办法有：①由广播室广播招领；②可以设立旅客遗失物品招领柜陈列招领；③张贴公告招领。

旅客遗失的现金，10 元以上的，如一时无人认领，应交本部门财务代管。旅客遗失的机要文件，如一时无人认领，应交公安部门代管。旅客遗失的物品，如有可疑之处，应报告公安部门处理。在国际候机楼发现的旅客遗失物品，要及时与海关联系，确认是否是走私、偷税、漏税物品。

旅客遗留的鲜活、易腐物品，如一天以内无人认领，应报告运输服务部门领导酌情处理，处理情况要在旅客遗失物品登记本上记录。对半年以上无人认领的物品，应统一制作报表，按"无法交付货物的"处理规定处理。旅客领取遗失物品，必须说明遗失物品的特征，凭有效身份证明，在旅客遗失物品登记本上签收。

### 4. 广播服务

公共广播系统是机场候机楼必备的重要公共宣传媒体设备，是机场管理部门播放航空公司航班信息、特别公告、紧急通知等语言信息的重要手段，也是旅客获取信息的主要途径之一和提高旅客服务质量的重要环节。

候机楼广播系统由基本广播、自动广播、消防广播三部分组成。广播系统应采用当今先进的计算机矩阵切换器，对各种音源进行管理和分配，并限定它们的广播范围和广播权限，使所有的广播呼叫站都在设定的范围内工作，避免越权广播。

广播系统有自动语言合成功能，在航班信息或航班动态信息的控制下，按时间顺序和不同的广播分区进行广播，无须操作人员的干预而自动进行。同时，航班信息的广播可与航班信息的显示同步。

广播系统设有噪声控制处理器，设置地点应包括国际、国内值机办理大厅，迎客大厅，国际、国内隔离区候机厅，通过获取现场噪声信号自动调节音量和提高声调，增加语言的清晰度。

候机楼广播系统的功放设备应设有自检、备份功能，系统能自动检测功放故障，并自动将故障功放单元的负载切换至备用功放上，并显示报警，从而提高系统的可靠性，使广播不致中断。

广播分区划分应结合工艺流程，按照建筑物的自然隔断形成的不同功能区域来划分。机场候机楼应设广播室和指派专门的广播人员。广播人员应在第一个班机起飞前 1 小时进入广播室做好准备工作（整理卫生、了解航班动态和航路天气并做记录、检查和试开广播设备等）；工作期间，广播人员不得擅自离开工作岗位，以致影响紧急事项的广播。除特殊情况需另行处理外，正常情况在全部航班结束后半小时，广播人员方可关闭机器，离开广播室。广播室严禁无关人员进入，不得寄存非工作人员的私人物品。

播音应以普通话为主，当地方言为辅。在有外宾出入的机场，应加英语或日语广播；在少数民族集中的地区，还要用民族语言广播。播音员要口齿清楚，发音准确，声调和谐，音量适当。目前许多机场安装了电脑自动广播系统，输入有关变动数据（如航班号、登机时间、到达时间等），电脑系统就会用标准的普通话进行播音。

广播人员应懂得一般电工知识，学会正确使用广播设备和进行一般性维修工作，要爱惜广播器材，及时维护。

候机楼广播主要包括以下内容：请旅客办理乘机手续的广播、请旅客登机的广播、预报航班飞机到达时间的广播、报告航班飞机进站的广播、对到达航班旅客的广播、请旅客提取行李及搭乘民航客车的广播、航班不正常时的广播、临时性广播、天气预报广播和旅客须知广播等。

为了活跃和丰富旅客文化生活，可穿插播送一些内容健康、曲调清新的音乐节目，转播中央人民广播电台、当地人民广播电台的节目。转播节目时，广播员一定要调准频率，监听无误后方可转播。

广播词的一般形式有以下几种。

（1）请旅客办理乘机手续的广播词

各位旅客，你们好！

当你们来到机场以后，请先在（地点）办理乘机手续。根据我国政府规定，乘坐民航班机的旅客不得随身携带武器，有携带武器的旅客，请交付托运。为了确保飞行安全，旅客不准随身携带易爆、易燃、腐蚀、毒害和放射性物品，也不得把上述危险物品放在行李内交运。如旅客携带有上述物品，请与民航工作人员联系，妥善处理。请办好乘机手续的旅客，保管好行李牌、登机牌，系好手提物品，通过安检后到候机楼休息，等候广播通知登机。候机楼内设有餐厅、商场，随时为您服务。谢谢。

（2）请旅客登机的广播词

由（始发站）飞往（经停、终点站）的旅客们请注意：

您乘坐的航班现在开始登机。请带好您的随身物品，出示登机牌，由 4 号登机口上飞机。

祝您旅途愉快。

（3）预报航班飞机到达时间的广播词

迎接旅客的各位请注意：

由（站名）到（本站）的航班飞机，预计_____点到达本站。飞机到达时，我们将广播通知。谢谢。

（4）报告航班飞机进站的广播词

请各位注意：

由（站名）到（本站）的航班飞机，现在已经到达本站。谢谢。

（5）对到达航班旅客的广播词

由（站名）到（本站）的旅客，请到（地点）提取你们所交运的行李物品。需要搭乘民航客车进城的旅客，请到_____上车。需要转乘飞机到其他地方去的旅客，请与服务员联系。谢谢。

（6）航班不正常时广播词

①飞机延误。

旅客请注意：

我们抱歉地通知，由于<1. 本站天气原因 2. 本站暂时关闭 3. 通信原因>，由本站始发的所有航班都<1. 不能按时 2. 将延误到_____时_____分以后起飞>，在此我们深表歉意，请您在候机厅内休息，等候通知。谢谢！

②飞机取消

由（站名）至（站名）的旅客请注意，我们抱歉地通知，由于……原因，由（站名）至（站名）的……航班飞机，决定取消飞行，起飞时间改为＿＿＿点＿＿＿分。需要搭乘民航客车进城的旅客，请和问询处联系。谢谢。

（7）临时性广播词

①催办手续。

乘坐航班前往（站名）的旅客同志（先生），请马上到（地点）办理乘机手续。

②找人。

同志（先生），请马上到服务中心去，有人找您。

③失物招领。

各位旅客请注意，我们在（地点）捡到（物品）。遗失物品的旅客，请到（地点）认领。

从（站名）来的旅客请注意，我们在（航班号）航班飞机上捡到（物品）。遗失物品的旅客，请到（地点）认领。

"旅客须知"按规定的条文广播。

"天气情况"的广播按具体拟定条文广播。

以上广播词，各机场应根据具体情况做合理的变动，但各种人工播音，包括临时性广播，都要拟好广播词后进行广播，以避免差错和造成不良的政治影响。

### 5. 小件物品寄存服务

各机场应积极开展小件物品寄存服务工作，遇班机延误、取消或中断飞行时，为始发、联程旅客寄存小件物品提供服务。

服务人员必须熟悉小件物品存放的手续、规定，热情为旅客服务，对旅客寄存的小件物品作必要的 X 光安全检查。锁扣不完善，捆扎不牢固，包装不合要求者，请旅客改善后交存；对于过大过重的物品、贵重物品、易碎、易燃、易爆等危险物品及容易污染环境的物品，应婉言谢绝，不予寄存。收存小件物品时，要逐件系挂寄存牌的上联，下联交给旅客，作为领取物品的凭证。收存物品时，需轻拿轻放，做到不摔、不压，要按编号放置整齐，不得互相堆压或码放过高。小件物品存放后，旅客不得随意调换行李内的物品。如需要调换，应请旅客先办理领取手续，再重新存放。旅客凭牌领取行李时，要认真查验上下联编号，经核对无误后方可交付。

服务人员不准动用寄存的旅客物品。服务人员不得带无关人员进入寄存处，提高警惕，防止坏人利用小件物品寄存进行破坏活动。服务人员要妥善保管"小件物品寄存牌"、收款单据及现金，严格执行交接班制度。小件物品寄存按件收费，收费后要给旅客正式收据。服务人员应在每天工作结束前结账，并填写小件物品寄存收款记录，人民币与外汇的收入，分别在有关栏内填写清楚。要及时向财务部门上缴钱款。

如果遇到旅客遗失寄存牌，应请旅客说明寄存物品的内容，经核对无误，请旅客出示身份证明后方可领取。如旅客寄存物品被我方丢损，首先向旅客道歉，并积极查寻或修复。如寻找无结果或无法修复，应按照损失行李的有关规定，作价赔偿。如寄存物品90天无人领取，则按旅客遗失物品处理。

### 6. 候机楼的清洁卫生

搞好候机楼的清洁卫生，是关系到中外旅客和候机楼工作人员健康的大事。候机楼清洁卫生工作好坏，是衡量机场服务工作好坏的重要方面，也是体现我国社会主义精神文明的重要方面。

候机楼清洁卫生，在当天航班全部结束后，要集中力量打扫一次；在有旅客活动时，要随时巡查清扫。打扫卫生时，要注意文明礼貌。严禁在旅客面前用清洁工具嬉笑玩闹；需要旅客挪动位置时，要先向旅客招呼致意，待旅客让开后，再进行工作。

对候机楼清洁卫生工作有以下具体要求。

①每天旅客到达前，应开窗通风，保持室内空气新鲜。设有空调设备的候机楼，通风后及时将门窗关上。

②凡旅客所到之处，要做到一切用品摆放整齐。茶几、沙发、书报架、工作台面、宣传牌等无尘垢。

③地板要清洁光亮。在每个航班或相对集中的几个航班的旅客离开候机楼后，要打扫一次，做到无烟头、无纸屑、无果皮、无污迹。有条件的地方，地板要定期打蜡；使用的地毯要保持平整松软，无杂物，无污点。

④屋顶、吊灯、墙壁无蛛网、无积尘。

⑤门窗及各处玻璃要光亮、明净。低处玻璃随时擦拭，高处玻璃要定期擦拭。门帘、窗帘要定期洗涤，及时更新。

⑥楼梯要做到栏杆、扶手、阶梯干净无尘土、无污迹。

⑦公用电话间墙壁、黑板、地面、电话机要擦拭干净。

⑧烟灰缸（筒）、痰盂、果皮箱要及时清理、擦净。

⑨消灭蚊、蝇、蟑螂、老鼠。

⑩盥洗间的卫生设备，要经常保持完好状况，定期检查和维修。对发生损坏的，应及时修好。

⑪盥洗间的窗台、墙壁、地面、玻璃、镜子、洗手池要保持洁净，做到无积尘、无积水。大小便池要及时冲洗，做到无臭味、无脏物、无锈碱。旅客流通量较大的候机楼，应有专人管理盥洗间的清洁卫生。

⑫候机楼室外地面、楼梯要定时清扫，做到无杂物，无烟头、果皮和纸屑。

⑬候机楼清扫出来的垃圾，要倒在指定的地点，并及时运走。

⑭候机楼内陈设的盆花，要及时修剪、更新；候机楼外栽种的树木、草坪和花卉，也要适时培土、修整。

### 10.1.6 机场特殊服务

（1）特殊任务

特殊任务即安全保障，是指重大国际会议、重大外事活动、全国两会期间、两岸包机等大活动的保障工作。重大活动安全保障任务数量多、要求严格，要抓责任、抓关键、抓细节，严密组织，精心准备，密切配合，确保安全保障工作的圆满完成。

（2）特殊旅客

特殊旅客包括要客、无成人陪护儿童/老人、病残旅客、孕妇、婴儿、盲人、犯人及受载运限制的旅客。在特殊旅客运输过程中，机场当局及承运人航空公司都要给予特别礼遇或给予特殊照顾。

（3）特殊情况

做好机场的特殊情况紧急救援工作，必须建立有效的机场应急救援响应机制，要果断处置各种紧急事件，特别是与航空器有关的紧急事件，避免或减少人员和财产的损失，减少对机场正常运行的影响。

（4）航班延误的处理

只要有航班，就有可能出现航班延误的现象，民航系统中的政府部门、机场当局及航空公司都只能努力减少航班延误发生的概率，但是很难消除此现象。

## 10.2 机场服务质量管理

### 10.2.1 航空运输服务质量

1. 质量定义

众所周知，评判质量的优劣，从不同的角度审视，会有不同的标准和不同的评判结果。生产者看质量，认为产品是否符合各项生产技术指标、功能要求和产品特性等技术性标准；消费者看质量，认为产品是否满足他们需求的功能和产品性能等方面的要求。换言之，产品质量是"产品或服务满足明确或隐含需求能力的特征和特性"的总体反映。

对于产品质量来说，不论是简单产品还是复杂产品，都应当用产品质量特性或特征去描述。产品质量特性依产品的特点而异，表现的参数和指标也是多种多样的。一般认为，判断产品质量好坏归纳起来可从六个方面加以考虑，即产品的性能、寿命（即耐用性）、可靠性与可维修性、安全性、适应性、经济性。

产品的使用性能是指产品在一定条件下，实现预定目的或者规定用途的能力。任何产品都具有其特定的使用目的或者用途。

产品的安全性是指产品在使用、储运、销售等过程中，保障人体健康和人身、财产安全免受能力。

产品的可靠性是指产品在规定条件和规定的时间内，完成规定功能的程度和能力。一般可用功能效率、平均寿命、失效率、平均故障时间、平均无故障工作时间等参量进行评定。

产品的可维修性是指产品在发生故障以后，能迅速维修恢复其功能的能力。通常采用平均修复时间等参量表示。

产品的经济性是指产品的设计、制造、使用等各方面所付出或所消耗成本的程度。同时，亦包含其可获得经济利益的程度，即投入与产出的效益能力。

产品的质量表现为不同的特性，对这些特性的评价会因为人们掌握的尺度不同而有所差异。为了避免受主观因素影响，在生产、检验及评价产品质量时，需要有一个基本的依据、统一的尺度，这也就是我们在产品质量鉴定报告中所经常引用的以"GB""YD"等打头的产品质量标准。

1996 年，民航局根据《中华人民共和国民用航空法》和 ISO 9004—2《质量管理和质量体系要素——第二部分：服务指南》，制定了《公共航空运输服务质量》，作为我国民航运输产品质量评估的国家标准。它为全面提高航空运输服务质量，提供了法律依据。2004 年 3 月，民航局要求航空公司向社会公布顾客服务承诺条款，确保消费者合法权益不受损害。2006 年 10 月 16 日，民航局颁布了《民用机场服务质量》(MH/T 5104—2006)，该标准自 2007 年 1 月 1 日起正式实施。《民用机场服务质量》作为行业推荐性标准的颁布实施，填补了我国民用机场没有统一的服务质量标准的空白。2007 年 2 月12 日《公共航空运输服务消费投诉管理办法》正式实施。新修改的《公共航空运输服务质量》和《公共航空运输服务质量评定》两个国家标准也于 2007 年 9 月 1 日开始实施。这是民航局为贯彻中共中央关于构建社会主义和谐社会的重大战略，创造和谐的航空运输环境，切实维护航空消费者的合法权益，进一步加强消费者投诉管理而推出的重要措施。

民航运输和其他运输方式一样，它并不生产具有实物形态的物质产品，而是提供一种使旅客和货物在一定时间内发生空间移位的服务。提供这种服务的过程就是民航运输生产产品的过程，也就是顾客的消费过程，在乘客到达终点站并提取了行李或货主提了货物之后，这种服务（或生产，或产品的消费）过程也就随之结束。因此，航空运输产品是无形的，既不能储存，也不能转让，是一个过程。这个过程是从顾客咨询、订座、购票开始，到最终到达目的机场并离开机场为止的全过程。

2. 民航运输服务质量的特性

民航运输服务质量是指"提供民航运输产品或服务满足顾客需求能力的特征和特性的总体反映"。由于民航运输产品的生产和消费的特殊性，其产品质量的衡量标准和指标与其他有形物质产品不同，民航运输生产的产品质量是以安全为中心的优质服务。

（1）民航旅客运输服务需求特性

旅客对航空运输的需求决定了航空运输企业设计和提供的产品或服务特性。从不同的角度来看，旅客对航空运输服务有不同的需求。总的来看，旅客对航空运输服务的需求可以体现在以下几个方面。

①对航空运输安全性的需求，主要是指旅客在旅行过程中对自身生命、财产等得到安全保障的要求。

②对服务的时间性要求。指旅客对各项服务在时间上的要求，如旅客对航班正点、办理乘机手续、候机和登机时间、行李提取速度的要求。

③对服务人员的文明和服务态度要求，指服务过程的文明程度，包括亲切友好的气氛、良好的服务态度、周到而又人性化的服务。

④对服务过程中使用的设施、设备的要求，包括旅客所使用的地面和机上设施的舒适程度，如机场候机楼和机舱的设施舒适、环境的整洁美观等。

⑤对产品和服务的功能性要求，指旅客对出行目的地、始发到达时刻、航班密度、航线安排等的需求。

⑥对运输服务的经济性要求，指旅客对运输服务费用或价格的合理性要求，以及在一定的价格水平上航空运输企业能够为旅客提供的服务价值的要求。

⑦对运输服务信息要求，指旅客对航空运输企业提供的产品和服务信息的全面性、准确性和及时性，主要是指航线航班信息、价格信息的准确性和及时性的要求。

对于硬性技术和设施、设备角度而言，顾客需求的重点是安全性。对于航空运输的组织管理而言，重点是保证航班正常性、可靠性的需求。从软性服务而言，热情、友好、专业、文化敏感是影响服务质量的重要因素。

（2）不同类型旅客的需求特性分析

为了满足旅客的需求，航空公司的产品和服务必须满足不同旅客对航空运输的差异化需求。因此，研究和分析航空公司的目标市场（如航线）的旅客构成、旅行目的及不同旅客需求的特性，是设计航空公司产品、服务及其服务提供过程的基础，也是航空公司服务质量管理的出发点。

①旅客构成及其需求的差异性。从旅客的旅行目的来看，旅客构成主要包括商务或公务出差旅客、休闲度假旅客、探亲访友旅客、其他（如学习、就医等）；从购票的资金来源看，主要分为自费旅客和公费旅客。

商务旅客和休闲旅客对于服务的期望存在一定差异。商务旅客一般对时间更为敏感，但对价格不太敏感，他们通常到达机场的时间较晚，而对办理登机和联检等手续的快速方便性要求更高，对休息室的环境、航班的准时起飞和优质的行李服务等也有更高的要求。

短途旅客和长途旅客对机场地面服务的需求也有一定的差异。由于短途旅客在航班两端机场内花费的时间占整个旅行的比例较高，甚至有可能超过飞行时间，因此短途旅客对机场地面服务和条件的要求较高；相反，长途旅客对机上服务要求更高。

②旅客和航空公司关注的主要因素。旅客选择承运人和航班时考虑的主要因素是航班时刻、票价、服务质量、安全纪录、机型、航空公司的形象、航班正点等因素。

目前，许多业内人士开始认识到，飞机本身不再是形成航空公司优势的来源，航空公司的优势更主要来自为顾客提供更加便捷、舒适、可靠和高附加值的产品，通过发自内心的服务建立与顾客之间更加亲密的关系，通过增加旅客忠诚度来留住顾客。

在满足顾客需求方面，不同类型的航空公司正在形成自身的服务质量定位和差异化竞争。例如，低成本航空公司定位于满足顾客的基本需求——点对点式的直达服务、低廉的价格、简便的网上购票等；而传统航空公司致力于通过提供增值服务来满足顾客对舒适性、个性化的质量需求，通过为顾客提供周到、细致、发自内心的服务提高顾客的忠诚度。

民航系统是较早被中国质量管理协会指定为研究和开发用户满意度指数的试点行业。2002 年，中国民航协会用户工作委员会成功地进行了中国民航用户满意度指数测评试点，取得了宝贵的经验。从 2004 年开始，"旅客话民航"用户评价活动全面采用用户满意度指数测评方法。

近年来，民航系统坚持"以人为本"，采取了一系列的有效措施，不断提高服务质量：第一，进一步完善消费者事务工作体系和制度，各地区管理局、航空公司和机场已经建立和完善了受理旅客投诉机制；第二，组织制定了《民用机场服务质量》（MH/T 5104—2006）；第三，在航空运输企业中积极推行顾客服务承诺制，各航空公司、大部分机场均公布和实施了《顾客服务承诺》；第四，继续狠抓航班正常工作；第五，加强服务质量监督，定期向社会发布航空公司航班正常率、旅客投诉率和货物/行李运输差错率，并且在民航各单位共同努力和社会各界的推动下，民航服务质量有明显提高。

为了更好地助力民航强国建设，早日满足《国务院关于促进民航业发展的若干意见》对民航服务工作的要求。2013 年，民航局机场司决定立项开展民用机场服务质量评价研究工作，由中国民航科学技术研究院负责评价标准的制定及评价的具体实施工作。2013 年，该项目对全国 30 座机场进行了评价，包括 21 座千万级机场和九座中小型机场。30 座机场的服务质量评价综合得分为 83 分，评价结果较好。

自 2014 年起，评价工作改由中国民用机场协会、中国民航科学技术研究院和中国民航报社 3 个单位共同主办。2014 年参加机场服务质量评价的机场共有 20 座，机场服务质量综合得分为 79.97 分。其由旅客满意度、评审员评价的旅客服务和安全服务三项得分加权而来。其中，旅客满意度得分为 86.92 分，处于良好水平。这 20 座机场包括年旅客吞吐量超过 1000 万人次的天津滨海国际机场，11 座年旅客吞吐量在 500 万～1000 万人次的机场，以及 8 座年旅客吞吐量在 100 万～500 万人次的机场。2014 年参评机场的服务质量综合得分略低于 2013 年参与评价的 30 座机场的综合得分，但 2013 年参评机场的旅客满意度得分是 85.61 分，略低于 2014 年参评机场。

根据机场旅客吞吐量不同，服务质量评价参照国际惯例，因地制宜地将全国机场划分为五个等级，即年旅客吞吐量超过 2000 万人次的机场，年旅客吞吐量在 1000 万～2000 万人次的机场，年旅客吞吐量在 500 万～1000 万人次的机场，年旅客吞吐量在 100 万～500 万人次的机场，以及年旅客吞吐量 100 万人次以下的机场。为了全面提升我国机场整体服务水平，机场服务质量评价主办方根据参评机场获得的综合得分，设置了带有综合性质的大奖——服务质量优秀奖，并根据旅客满意度得分情况首先设立了旅客满意优秀奖作为单项奖，具体获奖名单见表 10-1。

表 10-1 2014 年机场服务评价获奖机场

| 机场服务质量优秀奖 | 旅客满意优秀奖 |
| --- | --- |
| ①北京首都国际机场股份有限公司 | ①上海国际机场股份有限公司 |
| ②上海机场有限公司虹桥国际机场公司 | ②杭州萧山国际机场有限公司 |
| ③重庆机场集团有限公司 | ③成都双流国际机场股份有限公司 |
| ④西安咸阳国际机场股份有限公司 | ④武汉天河机场有限责任公司 |
| ⑤厦门国际航空港股份有限公司 | ⑤长沙黄花国际机场 |
| ⑥天津滨海国际机场 | ⑥哈尔滨太平国际机场 |
| ⑦大连国际机场股份有限公司 | ⑦南昌昌北国际机场 |
| ⑧青岛国际机场集团有限公司 | ⑧南宁吴圩国际机场 |
| ⑨元翔（福州）国际航空港有限公司 | ⑨银川河东国际机场 |
| ⑩内蒙古呼和浩特白塔国际机场有限责任公司 | ⑩云南机场集团有限责任公司丽江机场 |
| ⑪合肥新桥国际机场 | |
| ⑫长春龙嘉国际机场 | |
| ⑬内蒙古包头民航机场有限责任公司 | |
| ⑭西宁曹家堡机场 | |
| ⑮珠港机场管理有限公司 | |
| ⑯大庆萨尔图机场管理有限公司 | |

中国民用机场协会表示，评价工作的开展和对评价成绩优秀的机场予以分类表彰，是为了更便于全国机场依据自身发展实际，对照相应服务标杆，提升自身服务水平。中国民用机场协会计划利用 3～5 年的时间将服务质量评价工作推广到全国所有机场。

中国民航协会用户工作委员会也表示，通过对民航用户满意指数模型主要模块的分析可以看出，2014 年用户切身感受到的民航服务价值、服务质量、民航企业形象等都有所提高，用户抱怨率也比去年降低很多。这些数据表明，民航企业在服务质量提高方面做出了很大努力，得到了消费者的普遍认可。同时，用户预期质量的提高，说明用户对民航服务的期望和要求更高了，需要民航企业继续努力，追求更高的服务水平和服务境界。

机场的调查结果表明，机场旅客满意度最低的选项在总体中占比为 3.49%。这 3.49%选项中各项选择频次占样本量的百分比如表 10-2 所示，17.57%的旅客对不正常航班机场餐饮服务表示非常不满意。

表 10-2 2014 年旅客对机场不满意项目比重 %

| | | | |
| --- | --- | --- | --- |
| 不正常航班机场餐饮服务 | 17.57 | 安全检查的轮候时间 | 2.20 |
| 不正常航班机场休息条件 | 13.38 | 机场人员服务 | 1.99 |
| 不正常航班对旅客情绪安抚水平 | 11.72 | 城市文化特色 | 1.66 |
| Wi-Fi 上网服务 | 10.45 | 机场卫生间 | 1.53 |
| 机场餐饮价格 | 9.35 | 行李转盘提醒 | 1.45 |
| 不正常航班机场信息通报 | 8.75 | 行李推车 | 1.30 |
| 机场商品价格 | 8.21 | 自助值机设备 | 1.13 |
| 机场停车场收费 | 7.38 | 机场环境卫生 | 1.13 |
| 电源插座数量 | 6.44 | 机场指示牌 | 1.07 |
| 机场大巴发车频率 | 3.89 | 自助值机等候时间 | 0.45 |

随着国民经济的高速发展，民航运输的地位也日益提高。飞机已成为人们出行的一种大众交通工具，在人们心目中的形象日趋加强。民众对民航服务的期望值非常高，民航服务引起社会的高度重视。

## 10.2.2 坚持 ISO 9001 认证是机场进步的一个标志

### 1. 认证的意义

ISO 9001 认证是质量管理体系认证由国际标准化组织 ISO 推出。那些以"ISO"开头的标准，如 ISO 14001、ISO 45001 等，就是由它制定的。而 ISO 9001 则是 ISO 9000 体系里四大核心标准中的一个，是企业实施质量管理体系的具体要求。因此，ISO 9000 认证和 ISO9001 认证，其实表达的都是同一个意思，更多的是人们约定俗成的说法。

我国许多机场已经通过 ISO 9000 质量标准第三方认证，上海虹桥国际机场于 1998 年 7 月 2 日通过了 ISO 9002 质量标准第三方认证，成为中国民航机场行业首家获得该项资格的企业。近两年来，很多国内的机场都成功地通过了 ISO 9000 认证，如首都机场、白云机场等。

国际标准化组织认可，可以把机场的"服务"当作一种产品来看待。既然是产品，就会经历被设计，然后交付给客户的过程，同样"服务"这种产品也能够被持续性地管理。一旦"服务"这种产品被大众认同接受，在质量上有所保证，那么"服务"就会变成树立机场品牌的一个重要决定因素。因此，所有通过认证的机场都应该有持续性的、高质量的服务水准。一旦没有满足客户的需求，那么"服务"这个产品就应该被认定为质量不合格。

机场安全管理体系应与 ISO 认证有效融合。对于机场而言，安全是头等大事。机场的安全管理体系的前提就是假设机场在诸多方面存在安全隐患，而机场员工就是要在这些安全隐患变成重大问题前，一一把它们消除。机场应该在内部培育出强有力的安全文化，这样就能有效消除不确定因素，降低风险，减少人力和金融成本。

机场可以借助 ISO 9000 标准去建立机场的安全管理体系，制定好机场的规范化管理手册，在机场及候机楼管理、机场及机务维修、机场安全管理、商业管理和有关航空服务等方面通过认证，实现规范化管理。创建机场自身的安全运行质量保证体系，建立机场空防、机务、客货运等方面的自我监督检查系统，确保公司在安全轨道上健康运行，保证机场安全管理工作的持续发展。

### 2. 实施中的八项质量管理原则

2000 版 ISO 9000 族标准中，ISO 9000 标准起着确定理论基础、统一概念和明确指导思想的作用，具有很重要的地位。八项质量管理原则作为新版 ISO 9000 标准的灵魂，我们对它的剖析如下。

原则一：以顾客为关注焦点。组织依存于其顾客，因此，组织应当理解顾客当前和未来的需求，满足顾客要求并争取超越顾客期望。现在市场经济的发展已经越过短缺经济时代，市场已经由卖方市场转向买方市场；顾客在针对自身需要购买服务时，有多种可能可供选择。因此，对某个组织而言，顾客是否选择本组织所提供的产品和服务，对组织的存在和发展就具有了决定性的意义。组织实现以顾客为关注焦点原则的基本途径，在于理解顾客当前和未来的需求，满足顾客要求并争取超越顾客期望。

原则二：领导作用。领导者确立本组织统一的宗旨及方向，他们应该创造并保持使员工能够充分参与实现组织目标的内部环境。美国学者对"领导"给出了两个方面的解释是对领导作用最好的理解。建立目标和方向：以既定目标为中心，将员工、组织团结在一起，鼓舞和推动组织全体成员向既定方向努力前进，组织通过贯彻落实领导作用原则，将会使组织人员理解组织的方针、目标和规则，从而形成强大的向心力和凝聚力，激发和增强各类人员的工作积极性、信心和工作能力，协调一致地组织、实施、评价和改进各项质量管理措施和活动，为组织质量管理体系发挥有效性、提高效率和效益提供正确指导和保证。

原则三：全员参与。各级人员都是组织之本，只有他们充分参与，才能使他们的才干为组织带来最大的收益。各级人员是组织之本，组织质量管理不仅需要最高管理层的正确领导，还有赖于组织全员的参与；组织在推进质量管理过程中应当十分重视人的作用，为组织各类人员创造一个积极投入、奋发进取、充分发挥聪明才智的工作环境，为提高组织的安全和效益并实现发展目标作出贡献；以人为本，重视全员参与组织的质量管理实践，应当是组织的一个永恒主题。

原则四：过程方法。将活动和相关的资源作为过程进行管理，可以更高效地得到期望的结果。过程是指使用资源将输入转化输出的活动的系统；2000 版 ISO 9000 标准所强调的过程方法原则，是控制论在质量管理中的具体体现和应用；无论是管理活动中的控制还是控制论基本理论中的"控制"，都包括三个基本步骤，即确定标准、衡量成效和纠正偏差；管理是否有效，其中一个关键环节即在于管理信息系统是否完善，信息反馈是否灵敏、正确和有力。

原则五：管理的系统方法。将相互关联的过程作为系统加以识别、理解和管理，有助于组织提高实现目标的有效性和效率。什么是系统？什么是系统方法？注意系统方法的基本原则，即整体性原则、结构性原则、开放性原则、满意性原则。

原则六：持续改进。持续改进总体业绩应当是组织的一个永恒目标。持续改进的过程是一个勇于进取、超越自我的过程；持续改进的过程亦是创新的过程，创新是一个企业长青、不断发展的灵魂；应将持续改进与组织采取的纠正和预防措施结合起来，按照PDCA 循环的要求，寻求改进，并在新的基础和水平上提出改进目标，制订相应的计划，组织实施，从而提高组织质量管理的有效性和效率。

原则七：基于事实的决策方法。有效决策是建立在数据和信息分析基础上的。什么是决策？什么是决策方法？有效的决策必须以充分占有和分析有关信息为基础；实事求是是决策的精髓；应当充分重视统计分析技术及其在决策和质量管理中的作用。

原则八：与供方互利的关系。组织与供方是相互依存的，互利的关系可增强双方创造价值的能力。组织与供方是相互依存的关系；互利的关系可增强双方创造价值的能力；双赢或多赢是现代企业发展的必然趋势。只有与客户结成伙伴型的合作关系，不断和客户共同努力，帮助客户解决问题，实现共同发展，才是谋求企业发展的最好药方。

## 10.2.3 树立服务质量的新理念

### 1. 保持安全高效的基础服务

正确处理安全和服务的关系。对于民航而言，安全，是天大的事，机场的安全和服务同为民航质量的关键组成要素，相互支撑、相互促进。安全，是旅客对机场的基本需求，安全不仅是旅客的关注点，更是社会的关注点。机场需要继续牢固树立和践行这个理念，夯实安全基础，为服务提供坚实保障。机场作为公共设施，为进出港旅客提供值机、安检是航空服务的重要组成部分，也是民航运输的关键性环节，搞好值机、安检工作对于提高服务质量和保证飞行正常及安全具有重大意义。很多时候，旅客只有在这两个环节才会跟机场的工作人员进行交流。为让旅客对机场产生亲切感、安全感、朴实感、真诚感，值机人员和安检人员要做到认真负责、积极主动、热情耐心、细致周到，在工作中拒绝推脱、应付、敷衍、搪塞、厌烦、冷漠和无所谓的态度，要让旅客觉得值机安检过程既轻松又规范。

### 2. 提升优化公共服务环境，加大公共基础设施投入

候机楼的环境，是旅客对机场的第一印象，因此，应选择与优秀的保洁团队合作，使用先进的设备，定时定点对候机楼各个区域进行净化、亮化。除了保持整个候机楼展现在旅客面前的是干净、整洁的一面，还要想方设法不断优化候机楼环境，完善一切基础设施，大力推进新技术的运用，全面推进广播式自动相关监视的应用，继续加大平视显示器技术的应用力度，努力提升旅客在候机过程中的体验，树立机场良好的形象。此外，随着电子设备在旅途中的普及，旅客对于 Wi-Fi 和随时充电的需求也越来越强烈。如果旅客在碰到突发事件时，设备没电或没有网络，一定会对服务产生不满并进行投诉。即使旅客没有碰到着急的事情，能利用免费的 Wi-Fi 上网，打发无聊的候机时间，机场也一定会得到旅客的好评。因此，在候机楼内提供稳定的网络和充足的电源插座，是很有必要的。

### 3. 建立航班延误纠纷解决机制

机场需要逐步优化航班延误服务，健全航班延误后旅客服务协调机制，提升应急处理能力，采取多种方式确保旅客及时了解航班延误信息，按规定要求为旅客及时办理退改签业务和提供食宿服务，尽量满足旅客合理要求，最大限度地降低因航班延误给旅客出行带来的不便，避免因航班延误处置不当导致群体性事件的发生。

### 4. 大力推进服务创新，提升个性化服务能力

旅客兴奋型需求要求机场大力推进服务创新，不断挖掘旅客意想不到的服务。随着经济水平的提高，旅客出行概率变高，享受过的服务越来越多，所以对服务的要求也越来越高。机场服务质量专员应该尽可能地深入了解并且尝试挖掘旅客在这方面意想不到的需求，加强自身服务的主动性，最终以最大限度提升旅客满意度为目标。传统的服务

业都会采取"一视同仁"的无差别服务，机场要以旅客的需求为导向，开展个性化特色服务。由于机场涉及的服务人群较多，要考虑到各个人群的需求来满足他们。例如，残疾人、病人、老人，机场需要给他们提供特殊保障，像轮椅、免费医疗服务等。为了提升婴儿及其父母这类特殊群体的服务质量，也要优化机场"母婴室"，不仅针对母亲和婴儿，充分考虑父亲带宝宝的感受，母婴室的设计可以按性别来划分区域，提升便利度和利用度。

### 5. 坚持以旅客为中心

民航机场是最基本的公共设施，民航服务的根本目的是满足公众的航空运输需求。在保证安全的前提下，要不忘"人民航空为人民"的初心，不忘服务国家发展战略、服务地方发展和旅客出行的使命，一切以旅客的需求作为出发点。把公众最关心、关注，或者没有关心、关注到的服务问题，作为改进服务的方向。首先，餐饮、购物及停车场的收费要人性化、合理化。与商场相比，机场运营成本更高，因此餐饮、商品与停车的价格要高于普通商铺，但是价格上浮应该确保在一个合理的范围。由于很多进出港旅客时间较短，在保证食品安全的前提下，要提高餐饮业务的便利性。其次，提升投诉处理能力，完善投诉处理流程，设立投诉反馈机制，对旅客的投诉及时处理。要学会对投诉数据进行分析，及时发现带有普遍性的服务不足之处，加以完善。最后，提高行李运输质量，规范行李运输标准，优化行李运输服务保障流程，提升行李运输保障效率和质量，逐步实现行李作业全程监控，杜绝野蛮装卸而造成行李破损。

## 10.3　民用机场服务质量标准

### 10.3.1　编制背景

20 世纪 80 年代以来，全球机场业的商业化、私有化和自由化浪潮给机场管理和运营模式带来了深刻变革。第三方服务提供商对机场业务的参与进一步刺激了机场业的竞争和发展，世界各大机场也都在探索如何实现机场服务质量的标准化与专业化管理，各国政府对消费者利益的保护和机场对消费者服务的承诺进一步加强，从而使行业监管与行业自律变得日益重要。

改革开放以来，我国国民经济快速增长、综合国力逐渐增强，民航事业也得到了长足发展。截至 2011 年年底，我国内地运输航班机场达到 180 个，其中可起降 B747、A340 等大型飞机的 4E 机场有 25 个，国际机场 30 余个；2011 年，全国通用航空机场共完成旅客吞吐量 6.21 亿人次，完成货邮吞吐量 1157.8 万吨。随着民航持续快速发展和行政管理体制改革的不断深化，民用机场在商业化和市场化进程中面临的成本、顾客服务、盈利压力增加。

民用机场作为交通基础设施，如何满足日益增长的民航市场需求，以人为本，为旅客、航空公司提供优质服务，不断提高服务质量和运营管理水平，是我国民用机场普遍面临的挑战。这不仅关系到机场业自身的发展，也关系到我国由民航大国向民航强国转变的宏伟目标能否顺利实现。

## 10.3.2 编制缘由

国际性民航组织和机构对机场服务质量标准和评价的研究和实践起步相对较早。ACI 在对其 120 个会员机场进行普查的基础上，于 2000 年发布了《机场服务质量：标准与测评》（Quality of Service at Airports：Standards and Measurement），这是迄今为止较为完整的机场服务质量标准及评价方面的重要文献。IATA 从 1993 年起，在全球国际机场中开展旅客服务质量调查，目前我国内地仅有首都机场和浦东机场两家机场参与了IATA 服务质量调查。此外，国际民航组织、国际机场管理者协会、航空运输使用者协会等组织与机构，都十分关注机场服务质量标准与评价。中国香港、新加坡、首尔、迪拜等国家（地区）国际机场在 IATA 服务质量调查中名列前茅，同时在建立机场自身的服务标准、服务水平协议（SLA）及服务评价体系方面也做了积极的探索。

近年来，我国部分机场推出了顾客服务承诺、服务标准、服务宪章等；但这些服务标准与承诺大多以机场管理者或运营者自身角度为导向，承诺内容、标准、要求差异较大，并且大多只涉及机场服务的某些方面，不能系统完整地涵盖机场服务的方方面面，缺乏全面性、系统性。各机场按自身的规定或承诺实施服务质量管理，不能进行全面、客观的评价，不利于服务质量的整改和持续改进；同时，由于全行业机场的服务水平存在差异，社会公众和行业监督受限，不利于提高机场服务质量整体水平。

因此，无论从机场自身服务质量管理的角度还是社会公众、政府监督的角度，都需要制定一部统一的、标准化的、适合我国国情的民用机场服务质量推荐性标准，供各机场参照，以促进机场优化资源配置和服务流程，坚持以人为本，与国际水平接轨，规范服务管理，不断提高机场服务质量和运营管理水平，为旅客、航空公司、货主等顾客提供优质的服务。

## 10.3.3 编制过程

2004 年 5 月，受民航局机场司的委托，民航机场管理有限公司开始编制《民用机场服务质量》和《民用机场服务质量评价体系》。2005 年 4 月，民航局批准该标准和评价体系立项。

《民用机场服务质量》是由民航机场管理有限公司受民航局机场司的委托组织研发编制的。在标准编制期间，民航机场管理有限公司编写组先后调研了北京、上海、广州、青岛、常州、沈阳、大连等不同规模和等级的机场，同时积累了大量的国际、国家和行业标准作为参考，对香港、巴黎、法兰克福、曼彻斯特等地区机场在服务质量管理方面的经验和做法进行了深入研究。标准的编制运用了系统工程学、运筹学、统计学等原理和方法，坚持以人为本，遵循以顾客需求为导向的原则，经过多次讨论并广泛征求了各方面的意见。在报民航局审定前，编写组还运用该标准对北京、沈阳等 9 家机场进行了实际检验和完善。《民用机场服务质量》以机场服务流程为主线，由通用服务质量、旅客服务质量、航空器服务质量、货邮服务质量和行李服务质量五部分组成。考虑到对于客户来讲，机场的服务是一体化的、系统的，因此，标准中将第三方在机场为客户（旅客、货主、航空公司）提供的服务也纳入其中予以统一规范。

## 10.3.4　编制原则及思路

本标准在编制方面，坚持了以下几项原则。

1. 以人为本，以顾客（旅客、航空公司、货主）为导向原则

目前大多数机场的服务标准是根据机场自身运营的需要而制定的。这样的服务标准代表机场的目标和需要，而机场的目标不一定代表顾客的期望或要求；按照这样的标准提供的服务，最终不一定能满足顾客的需要。国内外机场实践经验已表明，如果机场运营者/管理者认为机场提供的服务是优质的，但顾客却不满意，这表明机场制定的服务标准与顾客的期望之间存在着差距。因此，缩小这种差距的途径就是在充分理解的基础上按照顾客的期望/需求来制定服务标准，这对于提高服务水平来说是至关重要的。

本标准不是从通常的以机场运营者/管理者的角度来制定的，而是力求以人为本，从旅客、航空公司、货主等顾客的角度，以顾客的期望/需求和价值判断为视角，以顾客所能感受到和体验到的机场服务范畴为主来设定的。

2. 科学性和规范性原则

本标准充分借鉴和参考了国际、国家和行业标准及国内外先进企业的服务标准，力求吸收国际上多年实践积累的先进经验和做法，强调标准的科学性和规范性，与国际接轨。所参考的主要标准包括以下几个。

①国际标准（Ⅰ）：ICAO、IATA、ACI、FAA 等有关国际或地区性组织发布实施的民用机场服务标准及相关标准

②国家标准（GB）：国家颁布实施的与民用机场服务有关的法律、法规、条例和标准。

③行业标准（MH）：民航局颁布实施的有关规定和技术标准等。

④企业标准（C）：国内外一些机场和航空公司现行的先进的服务标准、规范、承诺、工作程序、操作规程和质量指标等。

3. 系统性与创新原则

（1）服务系统的分析与设计

运用运筹学与系统工程的理论与方法，对民用机场的服务质量链和运营流程进行综合系统分析。本标准以机场服务流程为主线，由通用服务质量标准、旅客服务质量标准、航空器服务质量标准、货邮服务质量标准、行李服务质量标准五部分组成。

（2）关键指标的筛选与分级

对不同顾客来说，流程的具体环节大致相似，顾客能全程体验和感受机场整个服务链的质量水平，因此各环节都应该尽量保证旅客的方便和整体体验。但还是有一些关键

的服务环节较大程度地影响着旅客对整个机场的服务感受。因此,本标准通过借鉴标准、服务质量评价实践和综合分析对比,确定机场服务系统中那些有效影响着顾客服务感受的关键绩效指标（key performance indicator，KPI）。同时运用层次分析法对这些 KPI 进行逻辑递延分级,使标准总体框架清晰、逻辑关系明确、指标分布层次合理。例如,"旅客服务质量标准"为一级指标,再层层往下延伸,分解为二、三、四、五级指标。

（3）标准内容体现——五项标准元素与两大标准类别

五项标准元素:根据各服务指标的具体情况,可从服务提供者、服务设施设备、服务规范与要求、时间/空间/效率、信息传递五个方面进行规范。服务设施设备、时间/空间/效率较多体现了对客观或硬性服务质量的要求,尽量淡化服务设计角度,是从满足服务功能、强调设备设施完好率、安全性、便捷性与适用性等角度出发的。服务提供者、服务规范与要求、信息传递较多体现了主观或软性管理的要求,强调工作人员基本服务规范、岗位规范、服务态度、服务礼仪、服务资质和准入等。

两大标准类别:所有标准可分为两大类,即主观标准和客观标准,两类标准并举。主观标准主要取决于顾客对机场服务表现的主观体验和判断,是定性和不可量化的,如员工服务态度;客观标准是对服务流程 KPI 的量化,是可具体测量的,如时间/空间要求。

### 4. 标准分类原则

截至 2004 年年底,我国内地运输航班机场达到 137 个。由于机场规模存在差异,不同规模的机场为顾客提供的服务标准也不可能一致。因此我们按照机场客流量的大小对机场按照 I ~ VI 类进行了划分,并对一些关键指标按不同分类设定了不同的标准。同时,考虑到旅客、航空公司对客流量还没有达到相应等级规模的区域枢纽机场,以及直辖市/省会机场的服务质量期望较高,我们将这类区域枢纽机场和直辖市/省会机场相应划入了较高等级。

### 5. 实践原则

本标准的制定为各民用机场的服务质量管理和政府、社会公众对机场的监督提供了科学依据。但是,如何根据本标准对机场服务质量进行科学的评价是一个全新的课题,民航机场管理有限公司在制定《民用机场服务质量》的同时,也基于标准同步研发了《民用机场服务质量评价体系》,分为顾客满意度评价和管理成熟度评价两部分。

顾客满意度评价包括客观评价和主观评价。客观评价是根据本标准选取 KPI 进行现场测量,评价结果不受主观评判的影响。主观评价主要通过问卷调查等方式来了解顾客对机场服务质量的满意程度,包括旅客调查和航空公司调查等方式。主观、客观评价相辅相成、相互印证,评价和统计方法直接与国际接轨。通过对评价结果的统计和相关性分析,来衡量机场服务质量状况。

管理成熟度评价独立于顾客满意度评价,可以更深入地印证顾客满意度评价的结果,客观全面地评价机场服务管理能力,能帮助被评价机场识别服务管理薄弱环节,提出服务改善的潜力和空间,为决策及管理层提供科学的结论和有价值的信息。

## 10.3.5　标准主要内容说明

《民用机场服务质量》共计一级指标 5 项、二级指标 56 项、三级指标 259 项、四级指标 470 项、五级指标 590 项、标准 962 款。本标准适用对象为我国内地民用机场。从对旅客的服务感受和整体体验来讲，机场的服务是一体化的、系统的。因此，本标准不仅规范了机场各个服务环节的质量标准，而且也将航空公司或第三方服务提供商在机场提供的服务中与旅客整体体验相关的服务标准纳入其中。

1. 质量标准中民用机场分类说明

质量标准中对民用机场的分类如表 10-3 所示。

表 10-3　民用机场分类

| 民用机场分类 | Ⅰ类 | 旅客吞吐量 1000 万人次及以上 |
| --- | --- | --- |
| | Ⅱ类 | 旅客吞吐量 500 万～1000 万人次，包括不足 500 万旅客吞吐量的区域枢纽机场 |
| | Ⅲ类 | 旅客吞吐量 100 万～500 万人次，包括不足 100 万旅客吞吐量的直辖市/省会机场 |
| | Ⅳ类 | 旅客吞吐量 50 万～100 万人次 |
| | Ⅴ类 | 旅客吞吐量 10 万～50 万人次 |
| | Ⅵ类 | 旅客吞吐量 10 万人次以下 |

2. 标准主要内容

（1）通用服务质量标准

①与机场全程服务都有关的标准。

②旅客、航空公司、特许服务商、接机/送客/参观者等顾客在不同程度上共用的服务项目及与其服务感受有关的标准，包括 15 项二级指标：进出机场的地面交通服务、航站楼公共信息标志系统、航班信息显示系统、问询服务、公众广播、公众告示、航站楼空间、航站楼舒适度、航站楼清洁度、航站楼旅客运输系统、洗手间、航站楼动力能源系统、航站楼其他弱电系统、办公环境和设施、工作人员等（图 10-1）。

（2）旅客服务质量标准

对旅客出发、到达、中转和经停等服务流程的主要环节提出要求，包括 15 项二级指标：行李手推车、售票服务、联检服务、办理乘机手续、安全检查、旅客登机、旅客到达、旅客中转、旅客经停、零售餐饮服务、头等舱/公务舱休息室服务、特殊旅客服务、其他服务、航班不正常服务、旅客意见/投诉等（图 10-2）。

（3）航空器服务质量标准

针对航空器到达、离站服务流程直接或间接保障的主要环节提出要求，包括 9 项二级指标：飞行区保障服务、地面运行指挥协调、地面运作秩序监管、航空器活动区工作人员、航空器活动区车辆设备、航空器地面保障、应急救援、专机/VVIP 航班保障、航空公司意见/投诉等（图 10-3）。

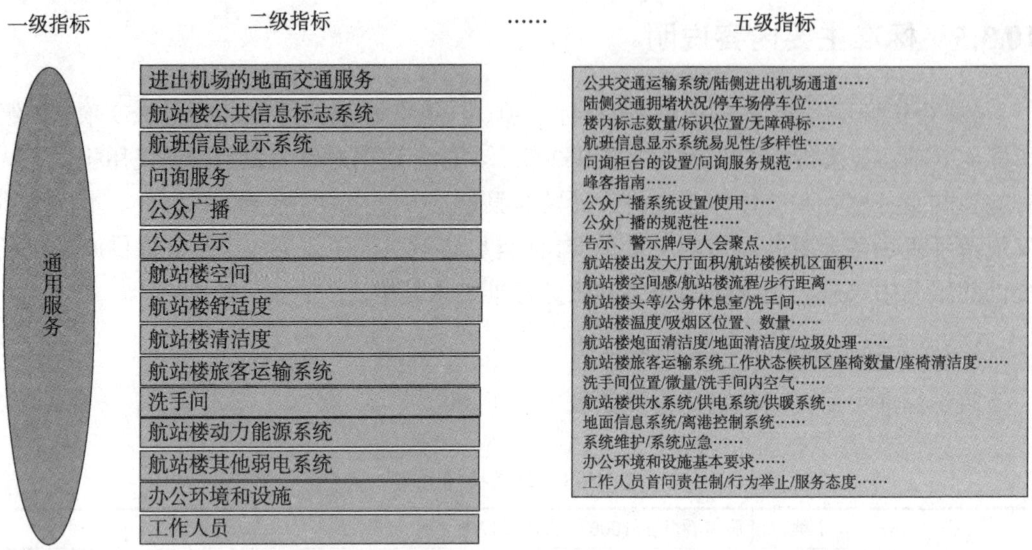

一级指标　　　　　二级指标　　　　…………　　　　五级指标

通用服务

- 进出机场的地面交通服务
- 航站楼公共信息标志系统
- 航班信息显示系统
- 问询服务
- 公众广播
- 公众告示
- 航站楼空间
- 航站楼舒适度
- 航站楼清洁度
- 航站楼旅客运输系统
- 洗手间
- 航站楼动力能源系统
- 航站楼其他弱电系统
- 办公环境和设施
- 工作人员

五级指标：
- 公共交通运输系统/陆侧进出机场通道……
- 陆侧交通拥堵状况/停车场停车位……
- 楼内标志数量/标识位置/无障碍标志……
- 航班信息显示系统易见性/多样性……
- 问询柜台的设置/问询服务规范……
- 旅客指南
- 公众广播系统设置/使用……
- 公众广播的规范性……
- 告示、警示牌/导人会聚点……
- 航站楼出发大厅面积/航站楼候机区面积……
- 航站楼空间感/航站楼流程/步行距离……
- 航站楼头等/公务休息室/洗手间……
- 航站楼温度/吸烟区位置、数量……
- 航站楼地面清洁度/地面清洁度/垃圾处理……
- 航站楼旅客运输系统工作状态候机区座椅数量/座椅清洁度……
- 洗手间位置/微量/洗手间内空气……
- 航站楼供水系统/供电系统/供暖系统……
- 地面信息系统/离港控制系统……
- 系统维护/系统应急……
- 办公环境和设施基本要求……
- 工作人员首问责任制/行为举止/服务态度……

图 10-1　通用服务

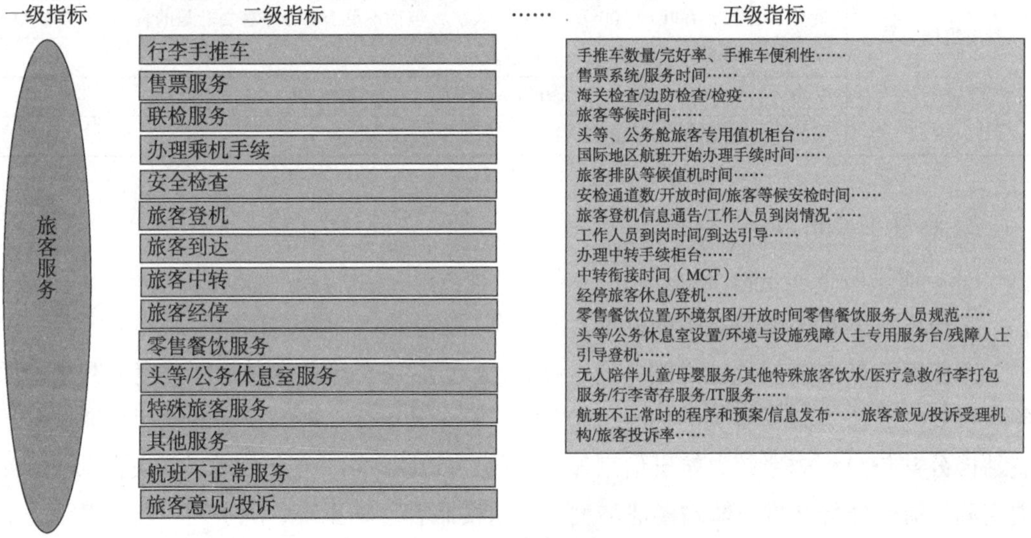

一级指标　　　　　二级指标　　　　…………　　　　五级指标

旅客服务

- 行李手推车
- 售票服务
- 联检服务
- 办理乘机手续
- 安全检查
- 旅客登机
- 旅客到达
- 旅客中转
- 旅客经停
- 零售餐饮服务
- 头等/公务休息室服务
- 特殊旅客服务
- 其他服务
- 航班不正常服务
- 旅客意见/投诉

五级指标：
- 手推车数量/完好率、手推车便利性……
- 售票系统/服务时间……
- 海关检查/边防检查/检疫……
- 旅客等候时间……
- 头等、公务舱旅客专用值机柜台……
- 国际地区航班开始办理手续时间……
- 旅客排队等候值机时间……
- 安检通道数/开放时间/旅客等候安检时间……
- 旅客登机信息通告/工作人员到岗情况……
- 工作人员到岗时间/到达引导……
- 办理中转手续柜台……
- 中转衔接时间（MCT）……
- 经停旅客休息/登机……
- 零售餐饮位置/环境氛围/开放时间零售餐饮服务人员规范……
- 头等/公务休息室设置/环境与设施残障人士专用服务台/残障人士引导登机……
- 无人陪伴儿童/母婴服务/其他特殊旅客饮水/医疗急救/行李打包服务/行李寄存服务/IT服务……
- 航班不正常时的程序和预案/信息发布……旅客意见/投诉受理机构/旅客投诉率……

图 10-2　旅客服务

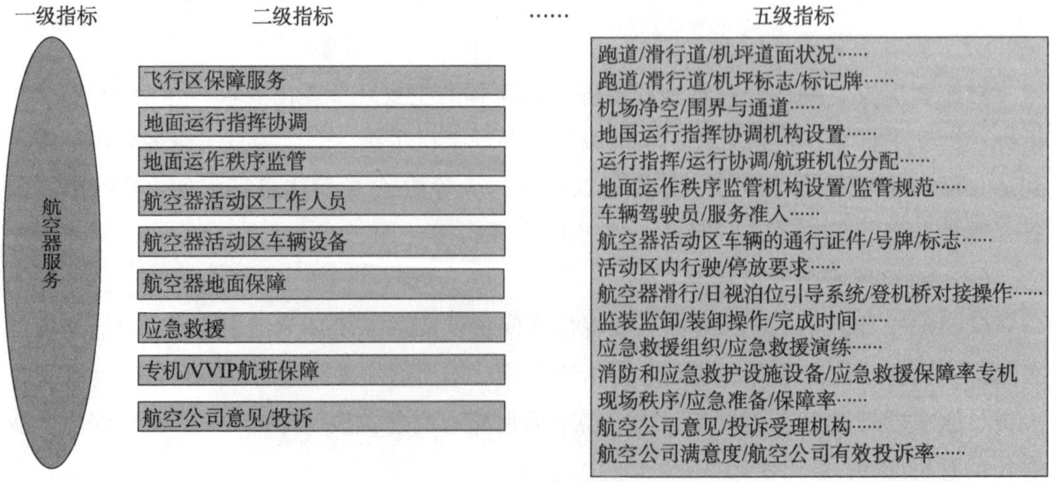

一级指标　　　　　二级指标　　　　…………　　　　五级指标

航空器服务

- 飞行区保障服务
- 地面运行指挥协调
- 地面运作秩序监管
- 航空器活动区工作人员
- 航空器活动区车辆设备
- 航空器地面保障
- 应急救援
- 专机/VVIP航班保障
- 航空公司意见/投诉

五级指标：
- 跑道/滑行道/机坪道面状况……
- 跑道/滑行道/机坪标志/标记牌……
- 机场净空/围界与通道……
- 地面运行指挥协调机构设置……
- 运行指挥/运行协调/航班机位分配……
- 地面运作秩序监管机构设置/监管规范……
- 车辆驾驶员/服务准入……
- 航空器活动区车辆的通行证件/号牌/标志……
- 活动区内行驶/停放要求……
- 航空器滑行/目视泊位引导系统/登机桥对接操作……
- 监装监卸/装卸操作/完成时间……
- 应急救援组织/应急救援演练……
- 消防和应急救护设施设备/应急救援保障率专机……
- 现场秩序/应急准备/保障率……
- 航空公司意见/投诉受理机构……
- 航空公司满意度/航空公司有效投诉率……

图 10-3　航空器服务

（4）货邮服务质量标准

对货运站服务设施设备、货邮进出港服务流程的主要环节提出要求，包括 11 项二级指标：货运区环境、进出货运站的地面交通服务、货运站流程与容量、货运站服务设施设备、货邮出港、货邮仓储、货邮进港、其他货邮操作、货邮应急救援、货邮查询、服务绩效等（图 10-4）。

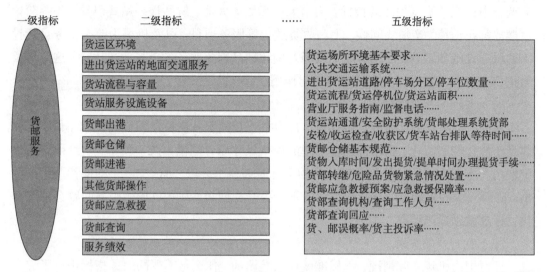

图 10-4　货邮服务

（5）行李服务质量标准

对行李处理系统、旅客交运、提取行李及行李进出港的主要环节提出要求，包括 6 项二级指标：行李处理系统、行李出港、行李进港、行李中转、行李查询、服务绩效等（图 10-5）。

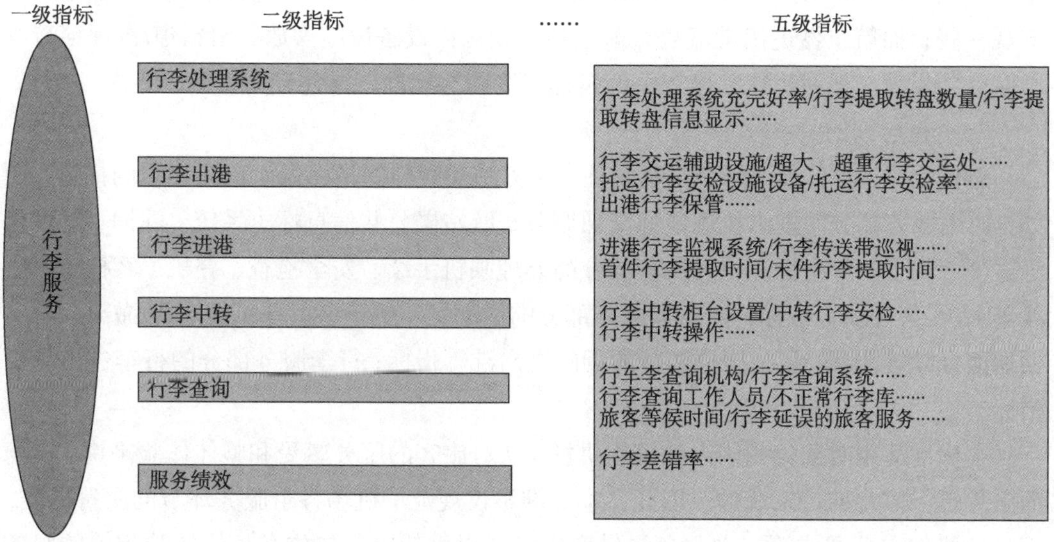

一级指标　　　　　二级指标　　　……　　　　　　　　　　五级指标

行李
服务

行李处理系统

行李出港

行李进港

行李中转

行李查询

服务绩效

行李处理系统充完好率/行李提取转盘数量/行李提取转盘信息显示……

行李交运辅助设施/超大、超重行李交运处/托运行李安检设施设备/托运行李安检率……出港行李保管……

进港行李监视系统/行李传送带巡视……首件行李提取时间/末件行李提取时间……

行李中转柜台设置/中转行李安检……行李中转操作……

行车李查询机构/行李查询系统……行李查询工作人员/不正常行李库……旅客等侯时间/行李延误的旅客服务……

行李差错率……

图 10-5　行李服务

此外，本标准对机场服务系统中所有能够影响旅客、航空公司等顾客服务感受和体验的关键指标进行了描述，但考虑到顾客感知重要度不同和机场能相应改进服务的投入程度不同，结合国际惯例，在标准的具体内容选取上注意把握好以下几种关系。

（1）重点与非重点的关系

例如，洗手间对旅客的机场旅行体验的影响是十分深刻的，在 IATA、Skytrax 等服务调查中也成了重点关注的指标。而诸如机场服务大使、航站楼一站式引导、头等舱柜台摆放鲜花地毯、亲情式问候、上门收货送货等服务项目，以及机场为改善服务自行投入的服务设施和工具，往往形成了机场差别化和品牌化服务的市场竞争优势，这应该留给机场运营者去发挥，由市场规律来起作用。

（2）共性与个性的关系

例如，工作人员具体的仪容仪表、行为举止会随服务岗位的不同而要求不同，需要体现个性化和亲情化；航站楼内告示牌的规格尺寸原计划做出统一要求，后经研讨后决定取消。本标准保留了部分关键环节的个性服务要求，以"宜""可"的推荐性用词提出。随着技术的发展，以及管理手段的不断提升和创新，某些机场的服务问题会随之变化，标准就须适当调整。

（3）宽与严的关系

针对国内机场实际情况，本标准就什么是严的、什么是不严的服务指标进行了综合分析。例如，机场巴士等待时间，国际上有类似车上等候的要求，国内部分机场也提出不超过 30 分钟，但从行业标准角度来提，的确严一些。因此，本标准最后调整为车下等候时间指标。

（4）动与静的关系

航空器服务质量标准在很大程度上是围绕航空器提出的服务规范和要求。场道、净空、围界与通道等飞行区保障指标属于静态标准，同时与安全管理标准相近，描述较为宏观一些；而航空器进出港流程、航空器活动区内设备设施摆放、滑行道/机坪穿行等与航空器保障、地面运作秩序有关的指标属于动态标准，描述较为微观一些。

（5）粗与细的关系

总体上讲，本标准对顾客最为关注、服务感受强烈的指标做出比较细化的描述。例如：通用服务部分的进出机场地面交通服务、航站楼公共信息标志系统、问询、航站楼舒适度、洗手间等指标；旅客服务部分的办理乘机手续、安全检查、登机（客梯车、摆渡车）、零售餐饮等指标；航空器服务部分的活动区车辆设备、登机桥对接/撤离、航空器地面保障等指标；货邮服务部分的货邮进出港等指标；行李服务部分的行李进出港等指标。

本标准适用对象为我国内地民用机场。从对旅客的服务感受和整体体验来讲，机场的服务是一体化的、系统的。因此，本标准不仅规范了机场各个服务环节的质量标准，而且也将航空公司或第三方服务提供商在机场提供的服务与旅客整体体验相关的服务标准纳入其中。

案例分析 10-2

## 中国民用机场服务质量评价优秀机场

2016 年以来，白云机场根据《中国民用机场旅客服务质量评价指标》，克服新航站楼启用前旅客吞吐量持续增长但软硬件资源饱和等困难，因地制宜、科学谋划、持续创新，将真情服务理念融入服务工作的各环节和全过程，在抓航班正点率、科技推动旅客自助出行、营造温馨出行体验等多个方面，提升了服务品质，呈现出很多新变化，赢得了广大旅客的广泛好评。

在备受社会关注的"航班正常性"方面，白云机场 2016 年总体表现不俗——成立了由驻场单位构成的白云机场运行协调管理委员会，推进一体化协同运作，整改完善 90 项航班正常保障关键指标，重点降低关舱门后等待 2 小时以上航班量，专项攻破过站时间不足、超规行李等问题，使得全年航班正常率提高到 79.2%，同比提升了 10.4 个百分点，在 21 个航班时刻协调机场中名列第八位，各项运行数据创下近年最高水平。

为打造便捷机场、完善各项基础设施，白云机场系统优化了出发流程和抵达流程。拆除出发厅中庭部分商铺，增设"自助值机集中办理区"，还旅客更开阔的视野空间，提升旅客出行效率。据统计，改建集中办理区后，自助值机设施的日均旅客使用量增长近 20%，使用旅客占比过半。白云机场花大力气攻克 A、B 到达区社会车辆接客通道高峰期拥堵难题，增设"网约车专用接客区"，完善指示牌和候机楼内前往停车场的标识指引。新政实施仅 1 个月，A、B 到达区的车流即分别下降 57% 和 40%，交通秩序明显改善。在设备设施升级方面，前后改造升级洗手间 19 套，累计增加厕位 170 个；升级改造绿化景观，使航站楼辖区绿化带植物覆盖率达到 95% 以上；完成国际流程改造，在国际区域面积翻倍的同时，新增 2000 平方米"入境查验区"便捷旅客出行；升级改造的育婴室被评为广州市首个公共母婴室示范点。

此外，推出"女性、男性专用安检通道""晚到旅客通道""特殊旅客电话预约停车服务""老、孕、携婴旅客免费电瓶车爱心服务"等，从服务细节上彰显人文关怀。打造"白云机场统一订房平台"、推出"白云机场计时休息室"，既解决了困扰机场多年的"拉房拉客"现象，又一举多得，增强了雷雨季节保障能力。在航延服务区等公共区域，更增配手机充电桩，增设饮水机，提供御寒毛毯；升级航站楼免费 Wi-Fi，增设多功能智能手推车；丰富机场商业餐饮服务，每逢节假日联合商家开展餐饮零售打折回馈消费者活动；建立机场微信、微博信息平台，通过举办开放机场及聘请社会监督员等途径，倾听社会意见建议，加强与客户互动，进而更有针对性地补齐服务短板，提升服务品质。在全国机场首创"动静结合、人景结合、虚实结合"特色景观"时空隧道"，集公共服务、艺术展示、广告发布于一体，已成为广州城市的一张靓丽名片。白云机场还加大文化融入，打造"丝路花城"特色长廊、"丝路之源"特色登机口、"丝路壁画"艺术涂鸦等独有文化符号，举办"春夏秋冬四季"主题活动，从文化传播、加强互动、愉悦出行多方面提升了旅客出行体验。

据悉，随着白云机场新航站楼即将投产，白云机场已着手现有航站楼的提升改造计划。在智慧机场建设方面，还将投入超 4.2 亿元，启动信息大楼、生产一体化系统、航站楼 Wi-Fi 升级、自助服务设施等项目的建设。

白云机场董事长、党委书记邱嘉臣表示："被评为 2016 年度中国民用机场服务质量评价优秀机场，既是对白云机场服务工作的肯定，也是对我们今后工作的鞭策。白云机场将再接再厉，以真情服务提升旅客满意度为重心，深入查找服务细节中存在的问题和不足，继续深化'干净整洁、平安有序'的候机环境，为旅客提供便捷高效出行体验，为打造'国内一流、国际先进'世界级航空枢纽而不懈努力！"

据悉，为贯彻落实国务院《关于促进民航业发展的若干意见》，促进中国机场服务质量不断提升，打造中国机场自己的服务品牌，自 2013 年开始，在民航局的指导下，中国民用机场协会、中国民航科学技术研究院和中国民航报社 3 家单位联合开展民用机场服务质量评价工作，并每年定期发布中国机场服务质量评价报告。该评价所依据的指标体系是涵盖旅客安全、旅客满意度及旅客服务质量的专业评价指标体系，在全国具有很强的权威性和公信力。

【案例讨论与思考】白云机场为什么会被评为 2016 年度中国民用机场服务质量评价优秀机场？白云机场能够从哪些方面提升服务质量？如何做的？

随着我国经济水平的高速发展，人们的生活质量逐步提升，对航空运输的要求日益增长，相应地对民航机场的服务质量又提出了更高的要求。2018 年，民航局出台《新时期民航强国建设行动纲要》，指出要全面提升航空服务质量，紧密围绕人民群众的交通圈、工作圈和生活圈，提供全流程、多元化、个性化和高品质的航空服务产品新供给，践行"真情服务"，实施中国民航旅客服务"幸福工程"，积极回应人民群众对航空服务质量的关切，通过坚持标准，持续改进，实现民航服务由追求合格率向追求满意度转变。

目前，机场服务质量管理主要关注地面服务、旅客服务、航空运输服务质量及服务质量理念的提升；此外，机场服务质量标准也是业界重点关注的一个问题。如何提升机场服务质量，要从上述几个方面发力，并逐渐形成科学的机场服务标准。

1. 什么是机场服务？机场服务的特点有哪些？机场服务的程序包括哪几个阶段？
2. 什么是民航运输？民航运输服务质量的特性包括哪些？
3. 机场 ISO 9001 认证的意义是什么？实施原则有哪几个？
4. 机场服务质量标准的编制有哪些原则？包括哪些内容？

自学自测　　扫描此码

# 第11章

# 机场营销

【学习目标】

- 掌握机场产品和机场市场营销的内涵；
- 理解机场营销的对象和内容；
- 掌握机场的营销策略；
- 了解机场营销的特征。

## 长春机场营销

为进一步服务地方经济社会发展，加快复苏区域航空旅游市场活力，吉林机场集团于 2020 年 4 月 24 日举办了"2020 年夏航季航线推介会"，省市文旅部门、运营航空公司、旅游企业等单位参加了此次活动。

结合当时国内外疫情防控发展情况，吉林机场集团积极对接行业管理部门，同时与航空运营公司紧密协调，着重优化长春机场的航线布局，持续提升了主场航空公司的运力，确保各项支持政策得到充分且有效的利用。长春机场新航季主要有六大亮点。一是批复计划航班量增幅位列东北地区主要机场首位。机场计划周航班量 2236 架次，同比增长 7.97%。二是引进停场运力战略合作效果逐步显现。机场计划停场运力将达到 38 架，非基地公司停场运力 21 架，首次超过基地公司。其中，东方航空 6 架、青岛航空 5 架、长龙航空 4 架，国际航空和深圳航空各 2 架，昆明航空和红土航空各 1 架。三是新进运营航空公司持续增加。预计有 30 家航空公司运营定期航线，新增乌鲁木齐航空公司。四是通航城市持续增多，航线网络逐步向旅游热点和经济发达的地级市拓展延伸。换季初期，计划通航国内外城市 66 个。国内方面，预计通航城市 65 个，新增大同、运城、张家界、赣州、遵义和湛江航点，恢复香港航点。国际方面，当时受疫情影响仅通航韩国首尔。后续根据国际疫情防控进展，适时恢复和增加。五是北京、上海、深圳和广州等重点城市航班密度持续增加，航班时刻分布更为均衡。日均航班达到 8 班以上的准快线城市 15 个，日均 3～5 班城市 24 个。六是全货机航线逐步丰富。新增顺丰航空运营的长春—首尔全货机航班，每周 2 班。

推介会上，各运营航空公司代表详细介绍了换季航线产品和国内主运营基地中转联程服务，商讨了加快复苏我省航空旅游市场的若干举措和建议。据悉，吉林机场集团携手各运营航空公司加强疫情后期的市场营销工作，针对不同航空出行群体定制航班优惠产品和服务项目，有序推进夏航季航班计划的落实工作。5 月初，长春机场面向吉林省高校复课师生群体推出"守护归校路"的航空产品，广大师生可以选择更为安全便捷的航班方式出行。同时，针对归期和航班较为集中的复课师生，长春机场临时开通机场至学校的直通巴士服务项目，提供一站式全程服务。这次夏航季推介会是吉林机场集团促进航旅融合发展，公益性发布航线产品信息的系列活动之一。后续发挥机场营销推广的平台作用，联合省内各运营航空公司推出系列优惠票价政策和新颖活动。

2021年10月30日至31日，吉林省首届航旅集市分别在长春亚泰新动力购物中心和长春红旗街万达广场成功举办。这次活动由吉林机场集团主办，省市旅游部门、各运营航司、省内知名旅游企业和同程网等单位参加。

为进一步扩大机场的品牌效应，全面推动吉林航空旅游深度融合，更好地服务广大出行旅客，吉林机场集团将往年新航季推介会升级为航旅集市活动，首次将活动地点放在市内人流较大的商业综合体，面向社会大众公益性发布航班换季信息。通过省内主流媒体预热活动，多渠道宣传报道，合力共促航旅市场回暖。

活动期间，吉林机场集团介绍了长春机场2021年冬航季航班变化整体情况，各运营航司代表推介了新航季的航线和航班产品。集市现场设立了旅游产品推介展位，由旅游企业和同程网工作人员现场介绍国内热点旅游资源，解答市民相关咨询。

自10月31日起，长春机场开始执行2021年冬航季航班计划。新航季，长春机场国内航班量2530架次/周，同比2019年和2020年分别增长20.4%和7.2%，共有30家航空公司在长春机场运营140条航线、通航70个城市。吉林机场集团以此次冬航季换季系列营销活动为契机，积极总结航空市场营销经验，不断创新和丰富营销形式，主动作为、创新有为，为完成全年运输生产指标而不懈努力，为促进吉林省经济旅游发展贡献民航力量。

长春机场2021年共实现运输航班量8.91万架次、旅客吞吐量1128.97万人次、货邮吞吐量9.45万吨，同比2020年分别增长18.95%、20.61%和12.9%。其中，航班量和旅客量恢复率（同比2019年）均排名全国第3位，旅客吞吐量排名全国第27位，环比提升2位。

**【案例思考题】**

（1）长春机场2021年为什么能取得良好的成绩？

（2）你认为长春机场还可以采取哪些营销手段？

# 11.1 机场产品的定义及其基本特征

## 11.1.1 机场产品的定义

机场是由多种不同功能的设施和为多客户提供多种服务的很长的生产链条构成的。它包括为飞行器提供指挥起降、停场、加油、配餐、各种地勤服务，以及为旅客、货物提供的候机楼、货站等过站服务，同时还包括地面运输、餐饮、零售、酒店等其他配套服务。

根据这一特性，可以把机场产品分为核心产品、主导产品和延伸产品三个层次。

核心产品是机场整体产品最基本的层次，即客户在使用机场产品过程中和使用后可获得的基本利益和效用。因此，可以把机场的核心产品功能界定为满足承运人（航空公司）的航空器起降、停场服务及其旅客、货物的过港需要。准确理解机场核心产品很有必要，因为只有当机场工作人员理解他们在生产什么、销售什么，才有可能认真去发现隐藏在众多形式产品（即各种服务）背后的真正价值，把客户需要的核心利益和服务提供给客户。

主导产品，或称主营产品，是与机场设施相关联的各种航空运输服务，也可以称为机场航空业务产品，如飞机的起降、停场、地勤、机务及候机楼和货站等服务，是机场核心产品的主要体现形式。它因机场不同的体制构成，组合为若干相互联系的产品。通常可以根据不同企业承担的服务项目分别称之为不同的形式产品。例如，地勤公司可能承担飞机停场的各种地面服务、机务及部分候机楼服务业务，我们可视之为一个产品组合。

延伸产品，或称附属产品，是利用机场资源进行综合开发，同时为主营业务提供配套支持的各种业务，如餐饮、零售、酒店，以及由机场提供的陆路或水路运输服务等。还有一些业务虽没有直接与主营业务相关，但仍可以对核心产品起辅助支撑作用，如广告、机场的房地产开发等。通常把上述两类统称为非航空业务产品。

按照服务对象，机场产品也可以分成这两种类型的产品（图 11-1 和图 11-2）：一是为了满足个人和家庭需求而购买的企业对消费者（B2C）的产品，二是购买用于公司运营或为制造其他产品而购买的工业或企业对企业（B2B）的产品。对于航空公司而言，其核心产品是能够起飞和降落飞机，对于旅客而言则是能够乘坐或下飞机。对于每一位客户而言，都会有一个核心产品。例如，对于货运代理商而言，它将能够在飞机上装载和卸载货物。为了给航空公司提供核心产品，需要跑道、候机楼、各种设备等实际设施，以及安全而有效地提供所有这些设施的必备专业知识。对于旅客而言，实际产品包括登机服务台、行李处理及入境检查等功能，以便能够满足旅客登机或下机的需要，还包括往返机场的适当运输服务，以及提供问询台和洗手间等其他设施。

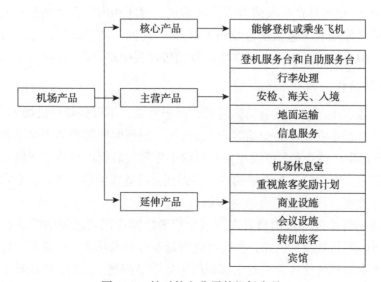

图 11-1　针对航空公司的机场产品

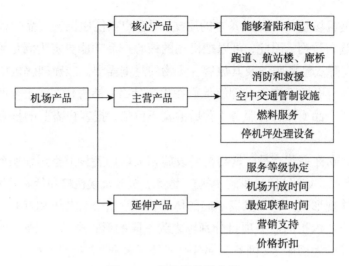

图 11-2　旅客类机场产品

机场航空业务产品和非航空业务产品的差异性很大，一个是航空地勤服务产品的销售，另一个是机场商业资源的出租转让，两者营销对象不同，渠道不同，策略和方法也不同。这就要求机场同时具备适应两类产品特点的营销管理能力及合适的营销资源布局。

## 11.2.2　机场航空业务产品的基本特征

### 1. 顾客直接感知

由于服务性产品的非实物性（形态），顾客不可能在购买后转移或延期消费，顾客对该产品的购买只能是一种直接的感知或体验过程。服务性产品是无形的，它通过环境、设备、人员等载体展示或传递出来，因此这些载体本身就是产品的一部分，即便在销售过程中并不发生所有权的转移（例如，便捷的流程和良好的候机环境就是机场产品的组成部分）。服务性产品虽然有规范的形式、程序和内容，但难于形成固定模式，其感知或体验可能因人（包括销售及购买双方）、时间、地点而异。这一特点使机场可以异地营销，但只能就地消费，且在生产及销售过程中难以保持其产品质量的稳定性。

### 2. 生产与销售一体

服务性企业的生产过程就是销售过程，同步完成，不可分割。机场不存在半成品，其每个服务环节都是在把产品交给客户，任何环节出现问题都相当于交给客户一个不合格产品。而不像生产性企业，可以在生产过程中依靠检验把出现质量问题的半成品剔除或返修，最后交给用户的还是合格的产品。因此，机场要创造品牌，就必须使员工成为合格的产品生产者，同时又是合格的营销员。

产销一体的特点还导致消费者之间或生产者之间及两者之间情绪或态度的相互影响，并最终影响产品质量。例如，当出现航班延误等特殊状态，只要有一位旅客情绪激烈，就容易传染给其他旅客而导致大面积的服务质量问题。因此，机场员工不仅需要具备生产和销售的技巧，还应懂得协调团队动作、管理顾客，以及因时因地控制自己的生产和销售行为。

### 3. 不可储存

服务性产品的即时生产和消费使其表现出不能被储存、不能重复出售，也不能退还的特点。这一特点导致生产资源难以均衡控制。例如，机场的生产运行，在高峰期可能会因能力不足而影响产品质量，即在高峰期航班过于集中而导致设备、人员高度紧张并引起旅客及航空公司的抱怨；而在低谷期又因能力的闲置加大了机场的生产成本，即在低谷期，候机楼内空空旷旷，大量员工处于等待状态。因此，机场在营销过程中要发挥调节作用，使被动的需求尽可能与相对稳定的能力相匹配，这对机场提高产品质量和降低整体成本具有十分重要的意义。

服务性产品的不可退货或实施产品召回，就需要服务人员在向顾客提供不合格产品或客户不满意时及时弥补，以减少旅客的抱怨。机场服务出现的差错往往只能通过尊重客户的各种表现形式，使客户在心理上或经济上得到弥补。

### 4. 组合链条长、跨度大

与其他服务性产品相比，机场产品可以称为由一个联合企业群生产出的复杂的组合产品。从服务的链条来看，仅旅客出港，由接入机场到完成各种值机、行李托运、联检报关、安全检查、候机服务，到飞机停场的地勤设施设备配套服务、机务、飞机客货舱服务、供油、供水、供餐，再到飞机离港，要经过上百次直接的服务程序。同时还有旅客的进港及货物的进出港。在机场的整个服务链条中，其对象是多元性的，既直接服务于人（旅客、货主、航空公司代表等），也服务于物（飞行器、航空货物）。对象的不同也带来服务的标准、程序、方法的差异。

由于服务的综合性，使该链条的不同环节在专业上表现出极大的跨度，也使该链条常常要由不同的独立运营单位来完成。例如，航空地勤服务业务、土建及机电等工程设施保障业务、飞机过站机务业务、导航指挥业务、安全和应急救援业务，以及其他配套服务业务等。要使分别隶属于不同专业的服务项目都达到较高的专业水准并组合成紧凑和谐的生产链条本已不易，加上在体制构成上，每一项专门业务都可能分属于一个独立法人经营，同时还有属于政府机构的海关、公安、检验检疫等部门，使得机场管理当局的生产协调难度很大，而任何一个客户在机场感受到的不愉快，通常不会仅认定于哪个环节或该服务的提供者，而会直接认定该机场，即机场的整体产品因某一环节的瑕疵而遭到客户的否定。机场管理当局需要为其他单位产出的次品或废品买单。从这一角度来看，机场的服务性产品要创造自己的品牌要比其他服务性产品困难得多。

### 5. 航空业务产品与非航空业务产品伴生并融合销售

机场的延伸产品源自主营产品并反过来为主营产品提供支持，成为主营产品的一部分。例如，候机楼内的商业零售或餐饮，虽不属于主营的航空业务产品，但又是旅客候机配套服务的重要组成部分。良好的配套服务可以使旅客在过港、候机过程中获得更大的需求满足和更有价值的心理体验。特别是在发生航班延误等非正常情况下，如果有较好的餐饮、购物和娱乐服务项目，将对主营产品的缺陷产生很大的弥补作用。

### 11.2.3　机场非航空业务产品的基本特征

机场的非航空业务产品具有多样性的特征，既有服务性产品（如商业零售、酒店、餐饮等），也有物质性产品（如航空食品等）。但在严格的意义上，这些产品都不是机场由航空业务派生的直接产品，而属于派生的二级产品。

机场非航空业务的初级产品应是具有开发利用价值的资源，如有价值的商业场地，广告媒体，可供专门用途（如酒店、仓储、会展、种植等）开发经营的土地等。当我们提及非航空业务开发时，是以由机场资源衍生的二级产品为主导的，这些产品的营销，无论机场自营与否，都属于其特定行业的营销概念，如商业零售营销、酒店营销、食品营销、广告营销等。而在讨论机场营销时，则应界定为机场的非航空业务的初级产品，即拟出让（租）的可供开发的资源。当然，机场管理当局也应协助特许经营权的受许人或承租人开展二级产品的营销。

# 11.2　机场营销的特征及目的

营销的理论和实务早已在生产和服务行业被广泛应用。机场体制定位的多样性和机场产品的特殊性，使机场营销的理论和实践远远落后于其他领域。许多机场甚至还不了解机场营销的概念，看不到机场营销的需求。因此这里需要从机场营销的基本概念谈起。

### 11.2.1　机场营销的含义

#### 1. 市场营销的基本概念

市场营销概念随企业市场实践的发展而不断演进，在不同的发展阶段，不同的学者有不同的表述。我们可以把它较为直接地理解为企业为满足消费者利益而提供商品和服务的活动。其主要内容包括市场调研、市场细分、产品开发、价格制定、渠道选择、促销方式、售后服务及信息反馈等。其目的是创造、赢得并保有客户，同时实现企业价值最大化。

市场营销的要素是多方面的，为了使企业有限的资源能更有效地分配到重点要素上，理论界根据市场实践提出市场营销组合概念，即企业综合运用并优化组合若干可控因素，以期实现其经营目标。通行的市场营销组合理论即 4Ps 理论。4Ps 理论是美国学者尤金·麦卡锡于 1960 年在其《基础市场营销学》中提出来的。他把市场营销的诸多要素归纳为产品（product）、价格（price）、地点或渠道（place）、促销（promotion）四大组合策略，认为企业的市场营销活动只有通过科学合理地运用这四大要素才能取得市场成功。4Ps 理论已被市场营销的理论和实践广泛接受。4Ps 理论产生之后，随着市场实践的发展，许多学者又试图在此基础上进一步发展和完善。有的学者提出应该在 4Ps 基础上增加政治权力（political power）和公共关系（public relation），将市场营销组合扩大至 6Ps，以更全面地考虑影响市场的其他社会因素在营销活动中的作用。有的学者则从服务市场营销的角度提出，在 4Ps 基础上增加有形展示（physical evidence）、人

（people）和服务过程（process），将服务产品的市场营销与有形产品的市场营销区分开来，形成 7Ps。

理论的多样性来自市场的多样性。营销本身就是实践性很强的活动，虽然上述理论已被广泛运用于各行业的市场营销实践，这些理论同样对机场有很强的指导作用。但由于社会、人文等环境要素千差万别，行业特点各异，还需要根据本行业或企业的情况及市场环境等特点选择合适的理论工具去探索实际运用的方法。

2. 机场营销

机场营销即机场当局（公司）以市场为导向，采取系统的生产经营行为，为客户提供满足其需要的产品（机场服务及机场资源），从而实现机场利益目标的过程。根据机场的产品特点，机场营销可以分为航空业务营销与非航空业务营销。

机场的航空业务营销包括航线营销和航班营销两个方面。机场航线营销的主要对象是航空公司，目的是通过航空公司增加航线、航班的飞行以带来机场业务量的增加。机场航班营销的主要对象是旅客、货主、旅行社、航空货运代理公司。目的是为本机场创造更多的客货源，以维持或推动航班量的增长。

机场的非航空业务营销包括机场的初级产品营销和二级产品营销。机场非航空业务的初级产品是指可供开发的伴生性资源，这是我们探讨机场营销的重点。因为机场的初级产品对于每个机场而言是共性问题。而二级产品可能因自营与非自营等体制关系表现出各机场间的差异性，同时二级产品还因其行业归属不同（如酒店、商业零售、广告、机电维修等）而具有不同的营销特征。因此本文不讨论机场二级产品的营销。

在航空业务中，机场向航空业务的各参与方提供场地和设施，因此，机场主要是通过提高资源利用率、保证服务质量和服务安全来提高航空业务收入。而对于非航空业务，机场拥有控制权，来往机场的旅客一般平均收入较高，会在机场停留一定的时间，且过境旅客可以购买免税商品等。针对这些特点，机场可以通过更好的商业规划和灵活的特许经营权来增加业务收入。我国机场非航空业务的发展远远落后于全球主要枢纽机场，但是，随着机场市场经营主体地位的确立，机场管理者在机场建设和经营中也越来越重视机场的商业规划和商业开发。

## 11.2.2　机场营销的特征

机场营销除了具有服务营销的一般特征，即人在产品中的特殊作用，注重服务性产品的有形展示及强调服务的传递过程外，还具有如下典型特征。

1. 两类产品

与其他行业的企业不同，机场的航空业务产品与非航空业务产品是伴生的，只要有航空业务产品就必然有非航空业务产品（资源）。即不论你是否决定或安排生产，非航空业务产品总是要伴随航空业务产品而出现。因此，除非你有意报废你的非航空业务产品，否则就不可能仅专注于航空业务产品的营销，必须在两类产品中适当地分配营销资源，使两类产品的营销能齐头并进，为机场赢得更大的收益。

2. 双重客户

无论是航空业务还是非航空业务，都具有非常独特的直接与间接的双重客户。

就航空业务而言，直接客户是航空公司，间接客户是旅客和货主。因为旅客和货主是在选择了航空运输成为某一航空公司的客户后才成为机场的客户的，所以机场对旅客、货主的航空服务收费也来源于航空公司。而非航空业务的直接客户是相关资源的承租人或受许人，即相当于向机场公司购买客货流资源或土地资源而从事经营的企业或个人，他们多数应是该行业（如商业零售、广告、酒店等）的专业经营者；间接客户则是机场的零售、广告、酒店的消费者。机场当局的非航空业务收入同样也是不直接向消费者收取（直接经营除外），而来源于机场资源的承租人或受许人。

双重客户产生双重营销、双重效果。对直接客户营销的效果是直接的，客户的购买行为是主动的，机场的收益也是直接的。对间接客户营销效果是间接的，客户的购买行为是被动的，即便机场有再好的产品，做再好的营销，如果航空公司或非航空业务经营者的产品不能为消费者所接受，这些消费者也不可能成为机场的客户。

3. 间接效果

间接客户的消费决定了直接客户的存在，直接客户决定了机场的存在，这一特殊的消费链关系使机场的营销既应重视直接效果，即直接客户的消费需求及结果的变化，同时还应重视间接效果，即间接客户对直接客户的消费需求及结果。例如，机场在完成航线营销时，不得不关注相关航班的载运率情况，在完成商业地块招租后，不得不关注其营业情况，并不得不重视对间接客户的营销。对间接客户，其营销的手段和方法也有所区别。航空公司或零售商可能更侧重于宣传本公司的优势，突出个性以提高消费者对本公司产品的印象和购买欲。而机场面对所有的间接客户应是公平的，应创造使消费者能在这个平台上公平选择自己消费产品的环境，因此应突出机场的整体产品，以为直接客户创造市场为目标，即为机场汇聚更多的人气，为各航空公司及商家汇聚更大的客货源，使之获得更大的收益。机场要善于从直接客户的收益上看到机场营销的结果。

总之，机场产品的多元性、营销对象的多维性及营销效果的间接性等特征，使得机场营销比其他行业产品营销要复杂和困难，因此也就产生对机场营销的必要性在认识上和实践上的不确定性，这需要机场经营者给予足够的关注。

## 11.2.3　机场营销的目的

总的来讲，机场的市场营销主要有四个目标：吸引客户、改善结构、优化品质和打造品牌。

（1）吸引客户，刺激客户需求是机场营销最重要的目的

对于航空公司来说，机场通过市场营销引导航空公司新增或加密航线航班、增加宽体机、增加驻场运力，要求航空公司提升航班执行率、航班正常率、航班客座率；对于旅客、货主来说，机场通过市场营销拓展延伸机场服务范围、扩大客户源组织、丰富服务产品种类等，吸引旅客、货主，增加机场对他们的吸引力；对于政府、代理人等来说，

通过市场营销，机场可以向政府争取更多的政策和支持，进一步激发市场活力，有针对性地满足代理人的诉求，出台更多的促销优惠，引导代理人关注机场，把手上的旅客、货物与机场建立常态化的联系。

（2）改善结构是为了契合所在区域及机场自身的整体战略，从而提升发展质量

通过市场营销，机场自身战略发展和资源配置的活力将得到充分释放，机场的航线网络结构、宽体机比例、航班正常率、机坪运行保障效率、多式联运衔接、商旅一体化产品体系，服务的品质及多样性、个性化等都会得到高质量的提升。与此同时，机场自身高质量结构调整，会让机场更好地融入地方产业结构调整，加快高品质、高附加价值、高新技术等产业结构的调整和功能布局，更好地服务地方经济社会发展，进一步充分发挥航空驱动力，推动机场在地方战略发展和资源配置中的先导性平台作用。

（3）优化品质重点是提升机场的整体运行服务水平

对于机场而言，营销是最前端的服务，服务是最直接的营销，两者之间相辅相成，不可分割。成功的营销旨在培育、巩固客户，汇集流量；而良好的服务能够为航空公司、旅客、货主等客户提供优越的体验，把营销的内容转化为客户实实在在的体验，从而巩固营销成果，构筑竞争优势。如果只抓营销，忽视服务，客户有可能"一次性消费"，使机场缺乏可持续发展的动能；如果只重视服务而忽视营销，再优质的服务也有可能陷入"酒好也怕巷子深"的窘境，甚至沦为摆设。因此，应通过市场营销促使机场不断提升服务品质，提高安全管理、运行保障、客户需求响应等方面的效率，使优质服务成为机场的核心竞争力，把营销中"吹得牛"变成服务上"真的牛"。

（4）打造品牌旨在增强客户对机场服务的认知、认同

可口可乐、丰田汽车等"百年老店"及华为、苹果、特斯拉等互联网时代新兴企业的发展实践证明，品牌对提升企业价值至关重要。在提升服务品质的基础上，机场还应围绕形象塑造、目标市场开发、营销推介等特定目的，做好宣传，深化客户对机场发展战略、航线网络、服务产品等各个方面的了解，并引导客户形成固定的消费习惯，建立对机场乃至机场所在城市的认同感，逐步培育黏性较强的客户群体，打造具有较高知名度、美誉度的机场品牌，使市场营销取得事半功倍的效果。

# 11.3　机场营销的对象及内容

机场服务的对象是多元化的，包括航空公司、客运旅客、货主、潜在顾客等。根据其服务对象的不同，机场营销的内容可分为以下几类。

## 11.3.1　对航空公司的营销

航空公司是机场的最大客户，机场和航空公司之间是服务与被服务的关系，同时又具有紧密的协作关系。一方面，机场需要航空公司的飞机起降，因为旅客吞吐量是机场收入的根本，离开航空公司，机场将失去生存和发展的依托；另一方面，只有机场设施

完备，才能使航空公司最终实现产品的完整生产。因此，机场要为航空公司提供技术、安全保障（如空中交通管制、通信、导航、气象、保安、消防等服务），以及商务服务保障（如客货运地面服务、飞机加油、机务维修及国际机场提供联检等）。

机场对航空公司营销的主要内容包括以下几个方面。

#### 1. 市场推荐

市场推荐是机场实现营销目标的基础性工作。航空公司是否愿意开辟航线或增加航班取决于市场情况及其经营成本。除基地公司外，航空公司对机场所在区域的市场熟悉程度通常要低于机场，因此机场提供可信度高的市场推荐报告，往往能成为航空公司决定是否开辟这一市场的重要依据。

市场推荐应注意以下几个方面问题。

第一是市场调查研究的角度和方法。机场开展客货运输市场的研究是为了说服航空公司开辟航线或增加航班。因此，机场应站在航空公司的角度来研究市场。设定拟营销的航空公司，了解其战略规划及近远期运力变化情况和经营导向等，以提高市场研究的针对性和营销的成功率。应采取科学的、实事求是的调查、分析、统计、预测方法，提高市场研究的准确性；应考虑在机场可能拥有的市场总量中，属于目标航空公司的比例，以避免对航空公司的误导，以及过早引入新的航空公司造成某一市场的运力过剩，给原已执行该航线的航空公司带来太大的冲击而导致新老客户都难于经营。

第二是市场范围的界定。根据机场地缘的可达性原则，我们可以把机场的市场区域分为相对垄断市场区域与相对竞争市场区域两部分。由于机场密度及与机场相配套的陆路、水路交通条件不同，各机场的相对垄断市场区域差别很大，而且随着这些相关条件的变化而变化。相对竞争市场区域是指两个以上机场存在竞争可能的共同市场。在确定相对竞争市场区域时，应辅之竞争条件的分析才能更准确地把握真正能成为本机场市场的区域范围和潜力。

第三是市场环境调查。市场的宏观、微观环境构成市场的存量和变量。航空运输市场更是为经济社会环境的变化所左右。对市场环境的调查分析至少应包括：人口环境、经济环境、竞争环境、自然环境（见表 11-1）。对国外航空公司的营销，根据不同的对象，可能还要涉及政治、法律、社会等环境的分析。

表 11-1　对市场环境的调查分析类型及内容

| 市场环境调查类型 | 调查内容 |
| --- | --- |
| 人口环境 | 包括人口的规模及其构成，人口的增长速度及变化因素(是自然增长还是迁入人口等)，经济变化可能带来的人口结构变化。例如，从事不同产业的就业人口的变化，城市化带来的人口变化等 |
| 经济环境 | 包括产业构成及动态、区域内的经济总量、国民平均收入水平、不同收入人群的变化、社会购买能力、区域的经济发展战略规划及政策导向等。应特别关注的是与航空运输密切相关的旅游、商务、会展经济、外资引进、高科技、高附加值产业的动态情况 |
| 竞争环境 | 包括不同运输方式的发展现状及趋势、当地政府对各运输行业的政策情况、周边机场对本机场的影响因素等 |
| 自然环境 | 包括地域的优劣势、区域内的旅游或矿产资源、城市的生活及文化环境等 |

第四是市场现状与发展预测。市场现状主要包括市场的结构及成分构成。市场结构又包括：已有市场即已成为本机场客户航空公司的市场；分流市场即由于航线航班饱和或出于降低成本等原因，从本机场的相对垄断市场内流向其他机场的旅客和货物；潜在市场即由于航空运输暂不具有竞争力而通过其他运输方式来完成的市场。市场的成分构成包括：旅客的出行目的、旅客的年龄结构、旅客流动的主要方向、一年内旅客流动的波动情况；货物的种类、批量构成、流向等。

市场发展的潜力是航空公司更加关注的问题。因此要在对上述几方面条件的认识、理解、调查、分析基础上结合历史动态过程及区域发展规划、产业政策等，选取合适的预测技术和方法形成对市场发展的判断，再根据相关结论向航空公司提出在各阶段投放合适运力的建议。

### 2. 机场推荐

在向航空公司推荐市场的同时，应做好机场的自我推荐。因为航空公司要进入这一市场首先就要成为机场的消费者，因此机场的推荐就像产品说明书一样应让消费者明白产品的内容特点、使用条件及优势等，以提高对顾客的吸引力。否则，由于航空市场具有相对流动性的特点，在竞争日益激烈的情况下该机场区域内即便有一定的市场，航空公司也可能选择邻近的其他机场而造成市场流失。机场的推荐主要应包括以下几个方面。

（1）基础设施保障

基础设施保障包括机场等级、设施设备配套等。

（2）安全、服务保障

除了介绍本机场的基本情况、特点和优势外，还应根据不同的航空公司及营销的航线、航班，有针对性地介绍可能引起航空公司关注或可供其选择的内容，特别是对外国航空公司的营销更要有针对性。例如，机场的起降间峰分布，应尽可能引导航空公司在非高峰时段安排航班，提供更好的保障服务并降低机场运行成本，减少机场开放、海关等联检部门的服务时间，特别是对国际航班可能出现夜航或节假日安排航班情况；对旅客的特殊服务，包括对残疾人提供的设施保障、无障碍流程、延误航班保障条件等；对货物的特殊服务手段，包括对危险物品、冷冻物品、超大件物品的服务保障能力等。

（3）配套能力保障

配套能力保障包括机务维修能力、对机组过夜及旅客因中转或延误的住宿接待能力、航空食品供应保障能力、客货运输衔接的多式联运能力等。

（4）收费的条件及依据

营销过程的价格条件一般是不会一成不变的。既然向客户推荐产品，客户也自然希望得到更具吸引力的优惠价格。因此可以适时介绍机场的收费标准及其依据，在不同阶段及不同航班量的情况下所能提供的价格优惠条件。当然，应注意机场在价格政策上的中立性与公正性，尽可能不出现厚此薄彼的收费条件，以免伤害到其他客户，不利于机场的长远发展。

### 3. 互动建议

机场对航空公司的营销通常不可能一次联络或递交一份推荐报告就大功告成，往往需要经过一个互动的过程才能实现营销的目的。因此在提出市场及机场推荐时，还应提出互动办法和条件的建议。主要内容有以下几点。

①建立联络机制。明确双方的联系渠道、部门、主要人员及必要的时间安排，保持双方的密切联系，以推动营销进程。定期开展与航空公司的对话和信息交流，认真妥善处理投诉与不满，增强互信，合作开发市场。例如，2018 年，重庆机场集团与海南航空控股成立战略合作领导小组及办公室，建立了定期沟通机制。

②前期工作的支援与配合。例如，航空公司对市场及机场的考察配合，航管、联检部门、政府机构、旅行社、航空货代等非机场单位的辅助联络及信息传递，航线开辟前的航空公司所应办理的相关手续的协助办理等。

③制定机场设施、服务、价格等条件调整和改善的办法。

④促销的配合。新航线的开辟需要有一个促销和培养的过程，保证客户的成功才能保证机场营销的成功。因此机场有责任与航空公司一起开展相关航线的促销活动。围绕促销的内容、形式、渠道、费用等都需要与航空公司建立针对性强的、协调统一的方案，以提高促销的力度和效果。

## 11.3.2 对客运旅客、旅行社、货主、货运代理公司等的营销

机场要为广大乘机旅客提供周到方便的办理手续、托运、候机及登机服务；为航空货运客户提供及时便利的发货、收货和仓储服务。旅客和旅行社、货主和货代公司是机场的间接客户，从表面上来看，航空公司的营销将更直接、有力，但航空公司的营销表现在与同航线上其他航空公司之间的竞争，机场营销则要配合各航空公司的营销，保证各航空公司都能吸引到客户，这样能更有效地推动了航空公司的业务增长。

机场对这部分客户营销的主要内容包括以下几个方面。

### 1. 客户航空公司所能提供的服务情况

如航线布局、航班时刻、各航空公司的服务情况及特点，包括机型、票价、订票、订舱等服务的联系方式。设计一本内容完整并能成为出行或运输指南的机场的航班时刻表就是很好的营销手段之一。

### 2. 机场提供的服务情况

机场安全、准点、便捷、舒适的服务保障能力是高品质航空运输服务的重要组成部分，旅客对这些条件是极为关注的。航空运输的高效率可能被不方便的地面运输或长时间的候机等待抵消，高消费的航空运输可能因低劣的服务使客户感觉物无所值而选择日益改善的其他运输方式。曾经有过不良经历或误解也可能使机场失去一个客户。对于中间市场的客户，机场服务的情况都明显影响其对始发、到达机场的选择。特别是中转旅客、货物，中转流程、设施、服务条件，包括中转手续的便捷度、中转过程所能提供的休息、娱乐、餐饮等，联检和通关政策如何，更是决定其选择中转机场的重要依据。国内外有些大中型机场与航空公司配合或独立为中转旅客及航班延误时间较长的旅客提供免费的城市旅游，就是为吸引更多旅客来本机场乘机或中转而推出的特殊服务。因此，适时、准确地宣传机场的特色服务对机场的促销是很有意义的。

3. 配套服务的能力

如多式联运、宾馆、餐饮、购物、商务活动的保障能力、服务水平及价格等，这些配套服务的条件往往会构成旅客、货主出行、运输所支出的总成本和所获得的总价值的一部分。机场对此类客户群的促销活动不应仅提供相关信息，而且应结合营销策略突出宣传本机场有特色的配套服务，使旅客、货主感到选择本机场能获得其他机场所没有的超值服务。配套服务项目的宣传同时是对辅业的营销，结合主业营销进行更广泛的服务项目的推介，便于旅客、货主选择，也有利于辅业资源价值含量的提高。

4. 旅游产品设计的参考方案

该营销的主要对象是对本机场拓展航线航班有较大影响的外地旅行社和在线旅行服务平台。机场根据航线航班的发展战略及导向，对相关旅游产品（线路）进行分析研究，提出有说服力的推荐方案，一方面可以联合航空公司及本地的旅游部门（如景点单位、宾馆酒店等）共同推荐具有吸引力的本地旅游产品；另一方面可以联合上、下程航空公司及本地和第三地旅游部门推出以本地为中间站的旅游产品，这一形式的产品将给机场带来加倍的流量。当然，这一营销方式涉及的利益单位较多，操作难度大。因此，机场在设计及推荐相关产品时应尽可能调动自身的资源因素，使相关利益单位能受惠于该产品的组合。

### 11.3.3　对相关非竞争性机场的营销

任何一条航线的开辟都需要两个以上的机场共同完成，无论是始发、到达还是经停机场，都对该航线运输的成本和质量有很大的影响。如果该航线上的机场能形成利益联盟，建立共同的营销目标，合力争取航空公司开辟航线、增加航班，致力于打造精品航线，这样势必更有利于形成几家共赢的局面，这就是对相关非竞争性机场营销的目的。

所谓相关非竞争性机场是指那些与本机场发展战略相关又不存在竞争关系的机场，亦即对本机场发展有较大影响的已开辟或可能开辟航线的另一方机场，且该机场在这一航线上的利益与本机场相一致。这种情况多出现于在相关市场区域内为取得本机场的竞争优势，争取获得更大的中间市场份额而力求建立更具竞争力的航线。例如，某国际机场为获得更多的国际中转旅客，而某国内干线或支线机场为接通国际通道获取更多的外国旅客，通过机场间的营销取得目标和行动上的一致，进而共同向航空公司营销，与航空公司一起建立便于与国际航班衔接且价格上具有吸引力的航线航班。国内航线上的枢纽机场与干线机场间、干线机场与支线机场间也可能出现类似的需求。此外，国际货运上卡车航班的兴起，即国际机场间为增加国际货物的吞吐量，通过海关监管卡车以空运航班的名义将货物由一个机场运往另一个机场以接通某条国际航线，同样需要机场间的营销。因此，选择合适的相关非竞争性机场并开展营销是必要的。

对相关非竞争性机场营销的主要内容有以下几个方面。

1. 机场战略交流

建立利益联盟并非一般机场间的航线航班或其他业务的简单的合作关系，它需要在特定的业务方向或项目上具有共同的发展目标、利益需求、经营策略及管理手段等才能形成。因此，应与建立利益联盟的目标机场在战略上做广泛的交流，协调彼此间的经营理念、目标和方法，使双方在获取共同利益的关键要素上取得一致。

2. 提供开辟目标航线的相关资料

开辟具有竞争力的航线是建立利益联盟的主要目标，为围绕这一目标而做的前期调研十分重要。应按照对航空公司营销的市场推荐、机场推荐及互动建议的基本框架和内容形成初步资料提交目标机场，在交流中补充完善。特别是在此后对航空公司营销所需采取的共同步骤、政策及具体办法方面应形成明确的认同，以提高营销的力度和成功率。

3. 建立沟通渠道及协调机制

在共同进行的航线营销中，需要及时沟通情况，协调运作。在形成利益联盟之后及时提供相关的客货源等动态信息，巩固和发展利益关系。

4. 服务链延伸

为使目标航线更具竞争力，使旅客、货主获得更大的附加价值，需要联盟机场延伸客货运输服务或提供配套服务项目。例如，进行商务贵宾的全程服务、货物配送服务，以及为始发旅客提供在到达机场的商务配套服务等。当然，机场间服务链延伸的营销并非局限于相关非竞争性机场，它已广泛运用于大中型机场的航线之中。

## 11.3.4 对周边社区及机场工作人员的营销

对机场周边社区及机场工作人员的营销有两重目标：一是主业上获取周边社区及驻机场各单位的认识、理解和支持，为机场创造良好的经营环境，进而创造更大的企业价值；二是辅业上增加在机场消费及开发利用机场资源的机会。

围绕周边社区与机场工作人员及接送旅客人员营销的主要内容有以下几方面。

1. 及时并持续地宣传和介绍机场建设和发展的动态情况

例如，机场的建设项目、进度、投资安排，机场生产运输指标、效益情况，机场的更新改造、新技术运用可能对机场的形象、周边环境带来的影响，机场的发展规划及远景设想等。

2. 敏感问题的通报及说明

机场因建设而征用市民或农民的土地，因噪声或污水排放对居民利益的影响等都属于敏感问题。机场应建立良好的沟通机制，一方面，主动通报情况，引导相关群体准确了解其来源、影响程度、已采取的防治措施，避免因误解引起过激行为；另一方面，采取适当措施协助解决由机场造成的较突出的问题，缓解矛盾的情绪。

3. 共享机场成果

例如，组织或引导社区居民参观机场，使之了解机场建设的发展、环境条件的改善，以及由于机场建设给周边社区带来的道路、水电、园林绿化等方面的进步；适当赞助周边社区的公益活动；尽可能为周边社区提供更多的就业和事业发展的机会；通过了解机场及分享机场发展的利益，使之理解和支持机场，从而达到机场营销目的。

**4. 机场可供开发的资源及其有利条件**

机场某些资源的开发利用，对机场周边的投资者或厂商具有相对的优势，如土地资源的开发或仓储业的发展等。在非航空业务上建立密切的合作关系对促使他们支持机场主业的发展也有间接的意义。

**5. 机场可提供服务的项目、条件及价格**

一般的中型机场（包括各驻场单位）有几千员工，而大型机场会有上万或几万名员工。接送旅客的人员也是一个不可忽视的机场消费群，加上周边社区人口，都是机场各种服务的消费市场的重要组成部分，如宾馆、零售、餐饮、商务、辅助交通及场地和写字楼出租等。因而为接送旅客人员创造良好的消费环境，适时推荐特色产品（例如，对预约在机场举行宴会的客户提供更到位的航班动态信息，甚至代理部分登机手续等），可以提高该群体的消费欲望。良好的营销将有效地提高机场相关资源的价值含量。

## 11.3.5　对非航空业务客户的营销

基于机场非航空业务产品（资源）的特点，其客户分别隶属于不同行业，有不同的经营方式，但机场对这些客户开展营销的目标是一致的，即提高机场资源的价值及收益。因此，其营销就具有相同的内容。

**1. 机场资源的推荐**

如何使机场非航空业务的初级产品，即客货流资源，与土地资源的存量及价值含量更广泛地让其顾客有所认识，这是营销的基础。为此，机场必须在规划、评估、消费能力及市场潜力调查的基础上，及时准确地向潜在的客户即可能进入机场经营而又符合机场要求的厂商通过函件、推荐、广告等方式介绍机场的总体情况。例如，客货流量、成分、发展情况及预测、交通等信息，拟定出让或租赁的资源种类、数量、具体方位、作价办法、经营方式、机场的管理原则等。同时，还可以适度介绍该资源的价值评估、国内外机场同业经营情况、机场外围相关资源的存量及价格等供潜在客户参考的相关资料，尽可能引起业界对机场拟转让资源的关注。

**2. 以合理的方式选择客户**

客户的选择是机场资源充分体现价值的关键要素，包括经济的和社会的，如机场形象及消费者利益保障等。首先应做好潜在客户的调查，特别是对已经在其他机场经营或有过机场经营成功经验的厂商，建立潜在客户档案，保持适当的沟通，为选准营销对象打好基础。其次是选择客户，可以定向邀请，也可以招标选择。定向邀请通常是针对知名的品牌连锁店或酒店集团等，它们既有良好的品牌、强大的营销能力及较规范的经营运作方式，对资源的价值含量也会有比较准确的评估，价格也相对客观。招标选择则是通行的方式，需要编制具有吸引力的标书及制订公正合理的评标办法，特别是要把握好对投标人的报价、经营方案及品牌商誉的评判标准,以选择最符合机场利益原则的客户。

### 3. 与客户保持良性互动

机场非航空业务初级产品的客户就是承接机场资源的经营者,机场在完成其产品的销售、出让或租赁后,应建立良好的售后服务机制。由于机场安全和服务管理的特性,售后服务的首要任务就是建立严格的管理规范,及时向经营者通报机场相关的动态性信息及新的制度和标准,帮助经营者建立符合机场要求的经营管理模式;同时要及时反馈机场所获得的各种服务调查结果、旅客投诉意见等,推动服务品质的提高;及时听取经营者的意见和建议,为他们创造更好的经营环境。

### 4. 为客户创造更大的价值

机场资源的价值受客货流量,旅客的购买欲望、购买能力,机场周边市场变化等因素的影响而波动。为客户创造价值就是为自己创造价值。因此,加强主业的营销推动客流量增长,加强对周边社区及机场工作人员的营销以增加消费总量,创造更合理的流程和环境布局以提高旅客的购买欲望等,都是为客户创造价值的最好办法。在各种资源的营销过程中,可以以某种资源的付出赢得其他资源的增值。例如,通过相对低的价格推动土地资源的开发并聚集更多的人气,以带来更多的人流、物流及更大的消费,提高商业零售、餐饮等资源的价值含量,这也是组合营销的重要内容。

## 11.3.6　对政府机构的营销

政府既包括地方政府,也包括行业管理部门。政府在城市交通规划、建设投资、政策法律、奖励支持、宣传推介、航线航权及时刻审批等方面的支持对推动机场发展具有重要意义。政府甚至也会成为国际航线、区域支线的服务购买者。面向地方政府及行业管理部门开展市场营销,能够帮助政府更加全面、深入地了解机场在推动区域经济社会发展中的作用,以及机场发展需要提供的支持、帮助,有针对性地采取相应的措施,助推机场持续健康发展。

对政府机构营销的主要内容有以下几个方面。

### 1. 让政府机构全面了解机场创造的社会效益

政府作为社会效益的受益者代表,当其对机场的社会效益期望值越高,理解越深刻时,给予的支持也越大,即在安排或分配资源时倾向性就越大。有研究认为:机场每增加 100 万旅客就将给所在区域带来 1.3 亿美元的经济收益和 2500 个工作岗位;每新增 10 万吨航空货物,将创造 2400 个工作岗位并带动 50 亿~60 亿美元的进出口额。要使政府的相关机构更全面地了解机场对社会的贡献,一方面要积极推荐和介绍国内外民航界、经济界已调查研究出的其他机场的社会贡献情况,另一方面要认真调查分析本机场为当地所创造的社会效益。例如,机场带来的就业、税收、投资、消费,由客流量带来的对旅游、商业、会展等行业的影响,以及货流带来的产业扩张、产业升级、物流效率提高、成本降低等方面的实际影响。当政府及社会更清晰地意识到机场是社会效益投入产出比很高的行业时,机场就更有条件去争取政府的资源支持。

### 2. 主动介绍民航及机场的发展动态与趋势

机场的发展需要有相应的环境与条件,也面临着竞争与威胁。由于地方政府并不一定了解民航,可能认为只要把机场建起来就一定能发展,就一定能达到预期的社会效益目标,由此可能导致政府对机场的经营过程缺乏持续的关心和支持,甚至片面要求机场的发展速度、对发展步伐的指责等。如果政府对机场发展规律缺乏了解,将影响机场在政府心目中的形象,进而影响可能获得的政府资源的支持。因此,要主动向政府相关部门介绍机场发展的基本原理及其规律、影响机场发展的因素与条件、行业的动态及相关背景等,同时还应把本机场的发展情况及时通报政府,提高政府对民航业的了解深度及对机场发展的关注,以争取得到更大的支持。

### 3. 向邻近地区政府推荐机场

由于地理及行政区划跨度的影响,邻近地区的政府机构对本机场提供服务的具体情况及配套条件可能缺乏全面的了解,这将导致因"使用不方便"的错觉不愿或不善使用而影响本机场的市场拓展,同时还可能导致邻近地区政府致力于建设"属于自己"的机场而加剧竞争。我国的一些地区在机场合理的服务半径内同时建设几个机场而出现"谁都吃不饱"的情况多源于此。因此,要更广泛地与可以提供服务的邻近地区政府机构沟通,介绍本机场的航线航班,可提供的配套服务,如陆路交通、水路交通、商务贵宾服务、宾馆酒店、会议接待、旅游包机等具体服务项目及内容;介绍机场可以提供的优惠条件,并按照邻近地区政府提出的相关需求改进服务,以提高吸引力及亲切度。同时,介绍机场的投资建设与经营情况,改变邻近地区政府以行政区划认识机场的概念,形成"虽非行政隶属,但能为我所用"的认识,以取得邻近地区政府的有效支持。例如,改善连接机场的交通设施,引导客货源使用本机场,为开通某些特殊的航线(如旅游包机等)提供财务支持,放弃或延缓投资建设辖区内机场等。

### 4. 向相关国家的外交或商务机构推荐机场

争取外国航空公司开辟本机场的国际航线需要开展对目标航空公司的营销。由于地域及文化差异,机场提供的市场推荐等资料并不一定能得到航空公司的信赖与认可。倘若其国家的驻华机构能认同本机场意见并协助推荐,就更能引起航空公司对该航线的兴趣,提高航线营销的效果。因此,应根据机场的总体战略,与相关国家驻华外交或商务机构建立联系,表达开辟航线的意愿和优势,定期发送机场及相关市场资料,争取获得这些机构的支持,为开辟航线创造更好的条件。

## 11.4　机场的营销策略

针对不同的对象、不同的诉求、不同的目标,相应采取合适的产品策略、价格策略、渠道策略、机构策略、公共关系策略、促销策略,实现 6Ps 市场营销策略最优组合,如图 11-3 所示。以低成本航空公司为例,低成本航空公司的核心诉求是高效、低价、差异化,机场市场策略相应为:产品策略——高效保障,正常放行;价格策略——差异化收费，资源倾斜；渠道策略——加强机场与低成本航空公司渠道互相引流，助力航空公司自营渠道建设；机构策略——协助提高政府对低成本航空公司认同，促成旅行社与航空公司的合作；公共关系策略——加大低成本运营方式的宣传普及，改变低价低质的观念；促销策略——联合促销，超低价机票促销。

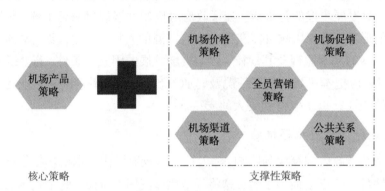

图 11-3　6Ps 营销策略

## 11.4.1　机场产品策略

产品策略是机场市场营销的核心策略。产品策略中的产品是指整体产品。整体产品概念包含核心产品、主导产品和延伸产品三个层次。对于机场来说，航线网络是机场的核心产品，有了航线才有其他产品；机场提供的航空服务是主导产品，如安检、值机、飞机起降、客货地面保障等；机场提供的非航空类服务是延伸产品，如商业、停车、餐饮等；根据机场定位和特色，机场还提供一些延伸产品，如中转免费餐食、住宿，凭登机牌免费游景区等。产品策略要结合机场实际情况。比如，伦敦盖特威克机场由于航空公司份额分散，没有占据市场主导地位的航空公司牵头开发中转业务，机场自行开发了 Gatwick Connects 项目，由机场牵头，在盖特威克机场内设立中转柜台，并与线上票务机构和航空公司合作，提供有偿中转保障服务，保障航班延误后的改签、住宿等问题。产品策略要满足旅客实际需求。比如，重庆机场通过大数据分析发现，超过 80% 的中转客人都是跨航空公司中转，继而开展"跨航空公司中转"保障，满足大量中转旅客实际需求。产品策略要随着旅客需求变化对产品迭代升级。比如，重庆机场联合重庆市渝中区政府推出"重庆飞·山城游"中转旅游产品，在免费过夜住宿基础上，升级为中转旅客提供定制化的旅游产品，赢得了市场口碑。

机场产品策略应注意以下几个问题。

1. 找准机场的市场定位

定位即机场在整体市场的位置，也就是通过对市场的调查分析，找出并发挥本机场的相对优势，以更有针对性地对目标市场开展营销。

准确的机场定位应包括两个层面的综合分析。

（1）分析本区域内航空运输在各交通运输服务中的位置

应根据所在区域的地理位置、交通环境、自然资源、经济社会发展、国民收入情况及其他交通设施的发展情况寻找机场的优势,即机场在现有及未来的交通总量中所能占据的市场位置。比如,在同等社会经济背景下,位于平原地带的铁路、公路交通发达地区对航空运输的需求可能要小于位于多山地区陆路交通较不发达的某些地区;内陆自然资源丰富特别是旅游资源丰富地区的航空运输需求可能要高于经济更为发达的沿海地区。例如,四川的九寨黄龙机场,虽位于高原地区,由于旅游资源丰富且陆路交通条件有限,航空在交通运输中的地位特别突出。该机场通航第一个完整年度旅客吞吐量即达90万人次,远远高于沿海地区某些经济更为发达且同样有旅游资源的机场。这样的机场定位于以旅游为基础的航线航班营销,成功率就很高。

（2）分析本机场在行业中的位置

应根据航空需求的调查分析,以及国家对机场的总体规划布局和邻近机场的发展情况,准确定位本机场的性质及市场拓展方向。例如,是以国际航班为主导还是以国内航班为主导,是干线还是支线,是以旅游还是以公务、商务为主导。此外,还应考虑周边机场的影响因素,包括分流的可能及在航线布局、旅客对象、客货比例等方面由于优势不同产生不同的市场侧重面（市场分工）的可能。机场的定位不应该靠投资者（特别是政府）对机场性质（例如,定位于国际机场或枢纽、干线机场）的主观意愿来确定,而应是科学的市场调查及机场环境分析得出的结果。以不准确的市场定位开展营销往往会导致营销失败。国内有许多机场定位很高而发展很慢,不无这方面原因。

准确的市场定位才能准确地选择营销的目标和手段。

首先是航空公司的选择。根据不同的营销目标选择与之相适应的在航权、运力、航线布局、拥有机型等有条件的公司为目标公司。例如,英国的利物浦约翰·列侬机场原是一个很小的机场,且离英国第三大机场曼彻斯特机场仅1小时车程。该机场根据市场情况进行了准确的定位,即服务于休闲旅客,并紧紧围绕这一定位开拓市场。该机场利用自己是世界著名歌手约翰·列侬的故乡,通过改名等一系列宣传活动来推广自己;把非繁忙机场这一劣势转为优势来吸引低成本航空公司和假日旅游包机公司,使机场成为伊西航空的一个基地,并利用良好的地理条件开展夜班货邮,从而成为欧洲发展最快的机场之一。

其次是客货目标市场的选择。根据市场调查结果,向航空公司提供准确的目标市场分析,以期采取合理的价格措施及促销手段,同时也利于机场围绕这一目标市场采取相关的辅助促销及配套服务措施,保障新辟航线、航班的成功。例如,厦门机场在争取开通日本及韩国航线时,充分利用厦门环境舒适且周边具有较多高尔夫球场的优势向全日空、日航及大韩航空积极推荐旅游健身市场。航班开通后,大量日韩游客组成的高尔夫球旅行团已成为这些航线的重要客源。

最后是航线航班推荐。根据机场的市场定位及市场潜力向航空公司推荐合理的航线和航班,包括合理的时刻安排,不同航季的班期及密度(特别是以旅游为主导的机场)等,使航空公司能在该航线航班上产生更好的营运收益。

2. 选好机场的推介方式

机场的推介方式灵活多样如图 11-4 所示。

图 11-4　机场的推介方式

①信函推介。该方式简单易行，成本低、适用面广，但不易引起营销对象的重视。在市场准备较充足、意向较明确的情况下，以机场高层名义直接向航空公司高层发送推介函可能达到良好的效果。

②访问推介，即派遣专人或团组直接向营销对象推介机场，这一推介方式利于与营销对象沟通，感觉亲切，便于建立直接的互动关系。

③会展推介，即通过参加各种行业内或相关的会议、展览并争取在会上发言、发放推介资料或设置展位等推介机场。该方式接触面广、层次高，可以利用这些机会相对集中地与营销对象的中、高层接触、沟通，易于获得新的市场机会。但一次性费用较高，目标不集中也可能产生不好的效果。这一推介方式多用于国际航线的营销。

④专题推介，即以召开机场推介会的方式推介机场。该方式主题突出、目的性强、影响面广，但所需费用高，需要动用较多的人力、物力。

上述四种方式各有长处，应根据不同的对象和目标采取不同的方式，或综合运用多种方式，才能取得更好的推介效果。同时，机场营销是一个动态的过程，一次推介只是一个开端，需要与推介对象保持沟通与互动，对推介的各种反应进行紧密跟踪，直至达到营销的目标。

### 3. 建立并传播品牌

首先是要致力于树立机场品牌，包括保持良好的安全和服务记录，不断改进服务以更好地满足顾客的需求，创造有特色的服务产品形成机场独特的优势等。建立机场品牌还有一个重要因素是提高机场的地缘可达性及机场航线、航班网络的连接性。没有便捷且低成本的地面交通配套，没有开辟较大纵深且具有一定延展潜力的市场区域，没有相对密集的航线航班使旅客、货主有较强的选择性，也谈不上良好的机场品牌。

机场可以针对航空地面保障服务，至少做强某一优势服务，创建服务品牌。机场为旅客提供体贴入微的精品服务，促进机场服务水平和服务品牌精品化，并致力于为旅客服务增加价值，即提供附加增值服务。机场可以通过一些细节新颖的服务，使旅客感到轻松，在服务过程处处体现真诚与温暖。例如，在各柜台放置免费糖果，或在入境柜台前协助有意利用转机等候时间参观城市的旅客查询和预订本地的旅行团。这种增值方法成本很低，却可赢得旅客赞赏，为旅客创造愉快机场体验，提高机场口碑。

机场在航季高峰或当地节假日及重要活动期间，要善于运用各种资源创造具有独特风格或色彩的机场环境，同时为顾客提供更为满意的服务，形成良好的品牌效应。在做好基本服务的基础上，如果能特别强化机场环境的布置，并在候机楼内开展演出、展览、互动式活动或抽奖等，则能强化旅客对机场品牌的认知，使其形成强烈的印象，从而达到营销的效果。

在建立品牌的同时，应充分注意品牌的"有形展示"，即善于利用构成机场服务的各种有形载体把无形的服务品质表现出来，机场树立品牌宣传广告应以传达其具有独特性的信息为主导。对航空公司而言，更希望了解机场客货市场的成长性及其条件，机场的安全记录情况、服务特征；旅客、货主、旅行社、货运代理公司更希望了解机场航线航班的分布、密度、时刻安排的动态情况，以及机场能为客户创造的独特的价值，如环境的温馨、出入机场或中转的便捷、口岸通关服务的有效保障；政府机构及相关社区则更希望了解机场的社会贡献度；等等。简洁而良好的机场评论、有针对性的软广告及机场专题调研报告都是机场树立品牌，扩大品牌影响力，达到品牌传播的目的，强化客户的机场品牌概念的方式。

## 11.4.2 机场价格策略

价格是市场营销中最重要、最敏感的因素之一。机场的局部有限垄断特征使价格不像完全竞争性企业表现得那么突出，但随着机场竞争的加剧，价格因素也变得日益重要。在市场经济条件下，影响产品价格的因素是复杂的。而我国的民航机场又是由计划经济时代的事业单位脱胎而来，由全国整齐划一且相对稳定的价格体制而来，在步入市场经济环境并转变为企业经营时，就应该充分研究和认识影响机场价格的因素（见图 11-5），并合理灵活地运用价格策略，使机场能在市场经济的环境下取得更好的发展。

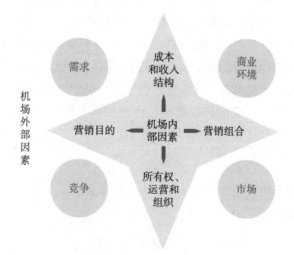

图 11-5　影响机场价格的因素

机场实行灵活的价格策略的主要办法有以下几点。

1. 航线航班目标价格法

为了鼓励航空公司开辟新的航线或增加航班，机场采取收费价格折扣、减免相关费用或对航空公司适当的财务补贴的价格策略。机场可以在航线开辟初期给予一定的价格折扣，吸引、支持或与航空公司联手进行新市场开拓或新航线的培养。开拓新的市场一般都需要有一个投入的过程,这一过程所付出的代价若全部由航空公司承担,则其可能缺乏信心以致放弃这一计划;况且机场对所在区域及其腹地的市场情况往往比航空公司特别是非基地公司要熟悉,对市场风险的把握也比航空公司要准确。因此,机场可以在价格上表现出更大的弹性,甚至共同承担市场风险,以增强航空公司开辟航线的信心。为鼓励航空公司多飞航班,机场对具有发展潜力或与本机场提升竞争力关联度较高的航线实行鼓励性价格政策,即当航空公司按与机场共同约定的时间增加了一定数量的航班,机场即给予相应的优惠价格,以鼓励航空公司的发展。

### 2. 客货市场目标价格法

为了提高客货流量或培养某一特定市场,机场采取航班或搭客奖励办法,或采取补贴包舱、包座位的价格策略。2020 年,重庆机场集团联合重庆机场海关等单位出台《支持航空物流发展十一条措施》,提升国际航空货运能力,支持本地航空物流企业有序复工复产、加快恢复发展。重庆机场集团对在重庆机场经营卡车航班、国际快件和指定货物的物流企业给予相应奖励支持;对在重庆机场运营国际(地区)客改货航班的航空公司给予不同程度的航空性收费减免。

### 3. 机场设施调节价格法

为了充分有效或更为均衡地利用机场设施设备,同时也减少为短暂高峰期而配备的人员成本,机场根据不同季节、时段、航线采取的不同收费标准的价格策略。例如,多数的旅游城市机场,在旅游淡季时往往造成机场设施的大量闲置及工作人员冗余。而几乎所有机场都有较明显的航班高峰时段,在这一时段往往显得设备设施不足,人员紧张,甚至影响到服务质量,而非高峰时段同样出现闲置与冗余。为减缓峰谷之间的差距,提高设施设备及人员的使用效率,降低投资及运行成本,机场若采取在非高峰时段为航空公司提供大幅度优惠的价格政策,对鼓励和引导航空公司减少缩减淡季航班或将航班计划调整到非高峰时段具有一定的影响作用,由此机场与航空公司将共同获益。

## 11.4.3　机场渠道策略

渠道策略要注重渠道的多样性。机场本质上是平台企业,是相关资源要素的集成地,既是服务供应商,也是渠道商。

### 1. 分销渠道

机场针对不同目标市场使用多个分销渠道如图 11-6 所示,机场可能与航空公司(包括旅客和货运经营者,由旅游经营者或代表旅行社经营的航空公司)、航空服务提供商例如,地勤人员、飞机餐供应商、飞机维护人员和政府机构提供的服务,如空中交通管制、海关和入境,有时还包括消防和救援,以及非航空服务提供商,如提供商业旅客服务的非航空服务供应商(如零售业、餐饮业、停车场、汽车租赁、餐饮业和旅游业),建立直接 B2B 关系。机场也可能在其他商业服务领域与买家(如机场广告或房地产,或购买机场咨询服务的公司)或供应商(如建筑和工程公司)建立直接 B2B 关系。

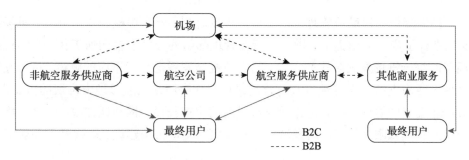

图 11-6 机场的分销结构

最终用户可能是旅客或货物,但也可能存在潜在消费者,如机场工作人员和送机者。通用航空,特别是私人飞机的拥有者,也可被视为最终用户。机场可能与最终用户建立直接 B2C 关系,或通过中间商(如航空公司、零售商或地产代理)建立间接关系。有些机场会对航空公司使用的一系列机场产品和服务收费,即使这些机场产品和服务是由其他机构所提供。在这种情况下,机场是消费产品的航空公司和其他服务提供商之间的中介。

机场必须了解已使用或未用的各种渠道的成本和收益,并不断对其进行评估,这一点非常重要。特别是使用中介机构的机场应该努力保持有力的议价优势,使其能够在不影响安全性或服务质量的情况下实现利益最大化。机场的资本支出水平往往很高,特别是与其可能使用的任何中介机构相比较而言,这一点更为明显。因此,机场需要尽可能提高分销渠道的成本效益,同时尽可能降低风险。

2. 沟通渠道

为机场目标顾客提供优质的服务或沟通渠道。机场应建立营销渠道管理系统,从信息、人员、管理等方面完善机场营销渠道。应注意两个方面:第一,提高员工和客户的问题及效果反馈效率;第二,保持与各航空公司、政府、旅客、货主、民航代理人、旅行社等相关渠道组织和个人的随时沟通。例如,机场应主动向航空公司通报当地航空、旅游市场的发展概况和存在的问题,及时了解航空公司的动态,并根据各个时期的特点和不同航空公司的需要,利用自己接近市场的优势,有针对性地搜集信息,提出航空公司自身市场发展建议和运营建议。机场可以为主导,由旅行社、会展和航空公司配合,共同设计旅游产品和会展产品,注重国内营销,提高吸引力。

## 11.4.4 公共关系策略

公共关系策略是机场市场营销的重要催化剂。在实现市场营销目标的过程中,需要协调机场与各营销对象及各营销对象之间的关系,使各方目标达成一致,建立利益共享、合作共赢的联动机制,整合资源,实现共同发展。

1. 针对政府的公共关系策略

民航机场具有高投入、高风险、受高度监管特征,政策依赖性极强,因此针对政府的公共关系策略十分重要。针对政府的公共关系策略,又分行业管理部门和地方政府两个方面。民航局作为民航业管理部门，负责机场时刻、航权等核心资源分配。机场要发展，必须在保证安全的前提下，做好对行业管理部门的公关汇报沟通工作，影响行业管理部门匹配符合机场发展阶段的资源，制定与机场发展定位相适应的政策。机场发展同样需要地方政府支持，做好地方政府营销，重点在讲清楚民航对地方发展的重要作用，与地方产业发展的协同，提高地方政府对民航的重视程度，推动地方政府立法，增大机场对辖区的管理权限，配套民航发展资金和政策，支持机场建设、航线开发和航空产业发展。

**2. 针对航空公司的公共关系策略**

针对航空公司的公共关系策略侧重于通过建立信息沟通、协同联动、纠纷解决、利益分配等方面的平台、机制，促进机场与航空公司之间实现共赢。近年来，欧美机场通过设立专门的协调机构，制定兼顾机场与航空公司各方利益的收费机制，鼓励机场与航空公司相互考核，为主基地航空公司提供专用设施等方式，尝试搭建机场—航空公司之间的"命运共同体"。国内机场也根据各自特点，不断创新与航空公司深度合作的思路、模式。例如，重庆机场集团深入推行驻场航空公司安全、运行、服务评级，对运营品质较好的航空公司优先分配资源，较好调动起驻场航空公司共建枢纽的积极性，为民航供给侧结构性改革做出了有益探索。

**3. 针对相关机场的公共关系策略**

针对相关机场的公共关系策略旨在通过规划、管理、航线设计等各方面的配合，实现相邻机场之间协同运行、差异化发展。2018 年年底出台的《新时代民航强国建设行动纲要》中提出打造京津冀、长三角、粤港澳大湾区、成渝等世界级机场群的战略构想。但目前国内对机场群建设还处在探索起步的过程中，尚未形成具有范式意义的典型成功案例。对此，民航局、机场、航空公司应提高站位，共同努力，争取在建设世界级机场群建设的思路、方法上取得实质性突破。

**4. 针对公众的公共关系策略**

机场是社会公众关注的焦点之一，在公众心目中建立什么样的形象对机场的经营与发展具有直接的影响。针对公众的公共关系策略主要包含两个方面。

一是加强正面宣传，引导"潜在顾客"。加强航空运输优势的宣传，加强机场优质服务的宣传，加强机场机票价格的宣传，吸引旅客选择航空出行。对机场及其产品的正面宣传和渠道很多，最经济有效的方式有以下几种。①与新闻单位建立良好的关系，通过新闻媒体正面报道机场的经营动态、发展情况、服务及安全保障、新服务产品的开发、对社会的贡献等。由于新闻媒体具有较高的权威性且覆盖面广，容易取得社会公众的认可和接受。②利用各种专业杂志发表各种研究性文章，通过机场各方面经验总结及案例引用，树立机场在公众心目中的形象。以上两种方式都是"投入小，效果好"的宣传方式。③自办媒体，即机场内部的报纸杂志向各相关单位广泛寄送交流，或陈列于候机楼大厅等供公众阅读。国外的大中型机场在宣传方面都倾注了大量的人力和财力。

二是做好危机公关，保留现有客户。机场作为公共服务单位，生产链条长、服务环节多、工作牵涉面广，服务过程中难免出现各种差错和意外。而这些差错和意外又往往最易引起社会公众特别是媒体的关注和炒作。对这些事件的处理直接关系到机场的形象和声誉，甚至会对机场的整体经营管理带来重大影响。良好的应对策略和技巧不仅可以减少或消除这些事件所产生的负效应，有时甚至可以变坏事为好事，为机场树立更良好的公众形象。合理处理投诉及负面事件的主要策略是：①建立投诉受理及调查处理机制；②建立良好的投诉协调网络；③设立发言人制度，正面引导媒体舆论；④制定合理的处置预案；⑤及时反馈处理结果。比如，2019 年 3 月初的波音 B737 MAX 机型停飞事件，要及时向公众讲清楚受影响的机型、数量、分布，并把 B737 MAX 机型和 B737 NG 机型区别开来，消除公众误会和顾虑。

## 11.4.5　机场促销策略

促销策略指传递信息、帮助说服、引起兴趣、导致行为的全流程措施。可以针对特定时段、特定对象，目的是鼓励购买。民航淡旺季区别明显，机场市场腹地有限，为了平衡运力，有效开展促销策略十分必要。

### 1. 有针对性地发布促销广告

广告是企业产品促销的有效手段。由于机场产品的特点，就航空业务产品而言，其广告目标的选择，将决定广告的作用和效果。例如，对航空公司的促销就不宜以广告的方式进行，因为航空公司更希望了解的是广告难以表达的市场调查及机场的能力与条件。而对于机场新增的航线航班，通过广告宣传有助于扩大其在市场中的影响，聚集更多的客流与货流，提高新增航线航班的成功率。从表面上看，这样的广告投入是替航空公司做市场，而最终还是做了机场的市场。在这一方面国外机场有很多成功的范例，如1999 年美国巴尔的摩至伦敦航线的宣传。该宣传活动包括在电视台播放广告，在伦敦的出租车及地铁站投放广告等，广告促销费用达 280 万美元，该费用全部由机场支付。这次活动取得了很好的促销效果，并因此在意大利罗马召开的一次国际会议上获得了最高奖项。

### 2. 机场内部的产业链联动

机场内部的产业链联动包括产品的组合及价格的组合。

产品组合即在营销过程中，根据客户的需求由机场当局牵头，组合各经营单位，集中提供各种产品介绍、服务质量标准，集中与客户交流及商洽，一揽子提供客户所需的各种产品。例如，飞机起降服务、地勤服务、候机楼服务、货站服务、机务维修服务，以及机组过夜和航班延误所需的酒店服务、航空配餐服务等。若由十各项服务分别由不同的经营主体负责，客户需要逐个进行项目调查、了解、分别谈判、签约，一则影响效率，二则在运行中可能因增加协调难度而增加客户成本，对营销工作的开展不利。

价格组合即在统一的营销战略指导下，为形成更明显的价格优势而采取的联动的价格优惠。不论是航空公司还是旅客、货主，在机场的成本都以服务链中各环节成本综合构成，一个环节的优惠影响力有限，且可能由于其他环节较高的收费所抵消。对旅客而言，较高的陆路运输成本或机场内的其他消费成本甚至可能抵消掉机票的折扣优惠。因此，要形成整体竞争优势、提高营销成效，就必须建立机场内部产业链中各经营主体的价格协调机制，以使价格因素在营销整合中发挥更大作用。

### 3. 机场集团或联盟内的多机场联动

多机场联动即集团内或通过建立利益联盟的相关机场为实现某一营销目标，协调营销行为，最大限度地利用有效资源而开展的营销活动。多机场联动营销同样可以表现在两个方面：一是价格联动，共同形成更有吸引力的价格条件，更有效地提高目标航空公司投入运力的信心；二是多产品组合打造精品航线，形成对市场更大的影响力。倘若其两端机场能与经营该航线的航空公司共同按市场需求提升服务品质，为客户创造更大的价值，则势必形成多方共赢的局面。

## 11.4.6　全员营销策略

生产即销售的行业特征决定了全员营销对机场的重要作用。就机场的航空业务产品而言，其全员营销又有别于其他服务行业的全员推销，它并不是将直接扩大或增加产品销售量作为战术目标，而是更注重激发全体成员的营销意识，为实现机场整体营销目标发挥作用的战略意义。

推进机场的全员营销，应重视以下几个方面的工作。

### 1. 树立全员营销意识

认识机场营销的必要性和建立机场营销的职能部门对开展机场营销是重要的，但不能把营销界定为仅仅是这些部门的职责。没有各部门的协调配合，任何营销行为都难以获得成功。在机场的生产服务上可分为一线部门与二线部门，而从全员营销的角度来看，机场各部门都应视为一线部门。各部门及机场的所有工作人员都应围绕机场营销的整体战略，通过为顾客创造更大的价值来赢得更多的客户。

机场的企划部门应把机场营销作为机场竞争发展的要点，把营销与机场的各战略发展阶段和步骤相结合，使营销融入机场的各项经营管理活动，贯穿于机场整个业务流程。

机场的财务部门应善于从营销战略出发，根据机场的投入产出情况、市场及客户的需求提出更具竞争力和吸引力的财务支持策略，特别是相关的价格政策，创造更有利于在经济上共赢的局面。

机场的运行标准部门应从如何满足客户不断提高的服务期待来调整流程设计及运行规范，推动服务质量的持续改进，以更好地满足客户的需求。

生产一线上的安全和服务保障部门更应从如何满足顾客的需要及如何为顾客创造更大的价值来开展工作。例如，在服务过程中开展顾客的需求调查或满意度调查，就不应仅视为服务管理的内容，而应放在营销的高度来对待。一方面，通过这样的活动来创造顾客更满意的产品；另一方面，通过这类活动建立与客户更密切的联系，使客户更具亲切感并感受到更多的被尊重。该活动也可视为公共关系营销的一种形式。

如果每个员工都认识到只有满足顾客的需要才能满足机场的发展需要，全员营销的意识就自然形成了。每个部门以至每个员工都考虑到"我能为客户做些什么"（不管这是直接的还是间接的），并从这一角度去开展工作，机场的营销就水到渠成。

2. 建立有利于全员营销的管理机制

服务产品的营销组合突出人的因素，是基于服务产品通过人传递及销售出来的特征。因此在人力资源管理过程中应充分考虑到全员营销的素质及体制要求。机场员工特别是从事直接服务于客户岗位的招聘应特别关注其服务于人的意愿及性格特质，聘用热心服务和乐于助人的员工是开展全员营销的基础。培训员工掌握为顾客提供个性化服务的技巧；授权员工在工作过程中有满足顾客合理要求的自由；奖励为顾客所赞赏的员工等都是开展全员营销所必需的工作。

建立机场内部的营销沟通与协调机制。机场在开展专项营销活动时，应及时让各部门及员工了解意图及措施安排，使员工能围绕营销目标做好各项准备工作，并激励员工做好相关的关系营销和交往营销。例如，当机场开展对低成本航空公司营销时，一方面要调整相关服务及条件以适应和满足低成本航空公司的需求，另一方面应关注传统航空公司的反应及可能对其造成的影响，尽可能不因发展新客户而丢失了老客户。在新老客户的营销过程中机场各部门、环节、员工的行为都可能对能否达到理想的营销效果带来影响。

3. 建立新型的服务文化

新型的服务文化应是营销式的服务，是为未来的服务，它主动地去研究顾客的需求并不断去满足顾客对服务的潜在的期待。

建立新型的服务文化，首先，应着力于革新僵化的组织。没有适应竞争环境的组织形式就难有全员营销的组织行为。我国机场传统上以事业单位为主导的组织形式缺乏不断满足客户需求的基本动力，机场的企业化经营及机场服务的专业化将有利于推动以营销为主导的新型服务文化的建立。其次，应着力于开展个性化服务。由于旅客对服务的期待因人而异，且逐步升级，因此应善于从市场研究中发现新的需求，通过提供个性化服务，使客户获得的价值比预期高、成本比预期少，以强化客户关系并获得更多客户。再次，让员工分享营销的成果，即建立合理的薪酬及奖励机制，使员工能从每一条航线开辟、每一个航班增加、每一年客货吞吐量的增长以至每一次顾客对机场及员工的赞赏中得到精神、情感和利益上的满足，从服务中感受到营销的成果，也因成果的激励而奉献更好的服务。

 11-1

### 桂林机场全力开展陆侧营销推动运输生产复苏增长

为扭转新冠疫情带来的不利影响，进一步促进生产运输向好发展，桂林机场多措并举，争取航空公司加大航线航班运力投入，积极推介优惠政策、航空旅游产品，组织客源，拉动需求，全力推动运输生产恢复。截至 2020 年 10 月 26 日，桂林机场旅客吞吐量达 341 万人次，航班起降 29 769 架次。

一是积极宣传，深入拓展交界地区航空市场。为吸引湘桂、粤桂、黔桂交界地片区客源优先选择桂林机场出行，桂林机场多次派员赴永州、贺州、都匀、从江等市县拜访旅行社，推介桂林机场 2020 年优惠政策，对早班机优惠住宿、地面班车团队接送、地面交通补贴政策等进行详细解读，并对桂林机场出港航线进行介绍。经宣传，贺州旅行社的"品韵京津之旅"，昭平茶农大西北胡杨林大环线，永州的"尊品成都九寨之旅"，从江、溶江的"红色北京之旅"等特色线路多批次成行，柳州至桂林机场免费巴士团队、机场宾馆优惠住宿申请日益增多。

二是精准营销，努力创建多种促增量途径。桂林机场多次派员拜访政府企事业单位、旅行社，充分掌握市场情况，因地制宜、因势利导，多途径引导市民从桂林机场出行。一方面，构建机场、航空公司、旅行社营销网络体系。主动为旅行社牵线搭桥，陪同旅行社负责人拜访航空公司，加强交流沟通，建立密切合作关系，构筑机场、航空公司、旅行社三方合作体系，大力争取原先从长沙出行的旅行团，进一步促进机场运输量增加。另一方面，积极引导航空消费市场，转变出行方式。过去湖南宁远地区的单位外出学习以高铁出行为主，当年 9 月，经桂林机场积极联系航空公司，争取优惠机票，促成政府单位外出学习选择机场航空线路；对于新近开发的黎平红色文化旅行社，桂林机场保持密切联系，多次交流沟通，达成共识，推出"红色京津之旅"精品线路，落实早班机优惠住宿，协助申请优惠机票，9 月已经成行多批团队。

三是真情服务，提升机场吸引力、竞争力。桂林机场始终践行真情服务理念，主动为旅客办理早班机旅客免费住宿、空巴联运旅客免费乘坐大巴、快捷通道等工作。在航班起飞前为旅客发送微信健康码及操作流程，提醒中高风险疫情区往返客人必备的注意事项，全力服务旅客健康安全出行。

【案例讨论与思考】桂林机场选择的营销对象有哪些？采取了哪些机场营销策略？是如何实施的？

### 绵阳机场营销策略

民航资源网 2016 年 10 月 17 日消息：绵阳位于四川盆地的西北部，总人口 548 万，是四川省的第二大城市，成渝经济圈区域性中心城市，伟大诗人李白的出生地，党中央、国务院批准建设的我国唯一的科技城。绵阳机场位于城南 8 千米，机场等级为民用 4D 级，跑道长 2400 米，可起降 B757、A321 以下系列机型，候机楼面积 26000 平方米，停机坪 60000 平方米，11 个停机位。机场自 2001 年 4 月 28 日通航以来，在很长一段时间里，与所有中小型机场发展一样，航线开辟难，开辟的航线又飞飞停停稳不住，机场曾经先后开通 20 多个城市，但到 2005 年年底最终稳定下来的只有 3 个，旅客吞吐量长期徘徊在 10 万～20 万人次，航线网络、航班发展无从谈起。为了扭转了这一不利局面，绵阳机场花了近 10 年的时间，坚持以发展为主线、不断夯实安全基础，狠抓市场营销，提升服务质量，逐步走上了良性循环的发展道路。在实现连续 14 年安全无事故的同时，旅客吞吐量从 2005 年的 13.63 万人次增长到 2015 年的 154.8 万人次，年均增长 27.5%；通航城市从 2005 年的 3 个发展到 26 个，执飞航空公司 15 家，初步构建起连接东西、沟通南北、覆盖全国主要区域的航线网络。

2016 年 1—9 月，绵阳机场继续保持快速发展势头，共保障航班 14128 架次，运输旅客 159.3 万人次，同比增长 44.8%，2016 年全年完成旅客吞吐量 210 万人次，同比增长 36%，排名进入全国前 50，通航城市达到 30 个左右。

从多年发展历程来看，绵阳机场认为中小型机场抓发展，归根到底就是通过营销工作抓好航线的发展，确保航线"开得起、稳得住、能发展"，围绕这一目标，绵阳机场重点开展了以下几方面的营销工作。

## 一、客观认识发展环境，找准自身定位、明确服务市场范围是开展机场营销工作的前提

抓营销，首先得从市场出发，认清环境，分清利弊，找到客源群体。从绵阳客源市场来看，绵阳是我国重要的国防军工和科研生产基地，拥有中国工程物理研究院、中国空气动力研究与发展中心、中国燃气涡轮研究院等国家级科研院所 18 家，中国科学院、中国工程院院士共计 26 名，各类专业技术人才 21.7 万名；绵阳产业兴盛，孕育和引进了以长虹集团、九洲集团、富临新能源汽车、华晨汽车、中国重汽为代表的国内知名企业，以美国艾默生电气公司为代表的一批世界 500 强企业，全市目前拥有上市企业 24 家，科技型中小企业 7108 家。

从绵阳所处的区域位置来看，绵阳地处四川核心景区的中心位置，是九寨国际旅游环线、三国蜀道文化国际旅游环线和峨眉乐山自然之旅环线的重要节点城市，从绵阳出发有多条高速公路和高铁与各主要景区相连接。前往九寨沟、黄龙景区仅需 6 小时，是落地四川后前往九寨沟最近的城市。前往峨眉、乐山、都江堰、青城山、剑门关、阆中古城景区也仅需 2 个小时。

从绵阳的地面交通来看，绵阳南距成都 98 千米，有两条高速公路、1 条高铁和 1 条普通铁路相连，最快仅需 40 分钟便可抵达。北出四川形成了以成绵广高速为骨干，绵遂、成德南为支线的高速公路网，将绵阳与广元、巴中、南充、遂宁等省内城市，甘肃陇南和陕西汉中等省外城市紧密相连，与其之间往来所需时间仅 1～4 小时。

从周边竞争机场来看，南有成都双流国际机场，北有广元机场，东有南充机场，东南有重庆机场，影响最大的为距绵阳最近的成都双流国际机场，二者的客源市场完全交集。目前成都双流国际机场时刻容量已全面饱和，天府机场建成使用尚需 5 年左右时间。

根据上述所面临的发展环境，绵阳机场将机场的服务范围定义在以绵阳为中心的辐射川西北、陕西和甘肃南部 8 个地市、35 个县区、2100 万人口范围之内，服务区域经济总量 7213 亿；航线客源结构主要以公商务客源为主，旅游客源为辅；抢抓成都双流国际机场容量饱和的机遇，凭借便捷的地面交通和所处的区位优势，努力开辟航空入川新通道，打造四川航空旅游集散地，将绵阳机场建设成为川西北区域性航空枢纽，成渝经济圈的大型机场。

## 二、以市场为导向规划和开辟航线，确保航线"开得起"

根据城市经济发展水平、客源市场的出行习惯、周边枢纽机场航线的经营状况来规

划、评估和开辟航线,是确保航线"开得起"的基础。

（1）制定航线规划

据绵阳科技城建设需要、市民出行需求,对比成都双流国际机场航线发展情况,绵阳机场制定了确保北上广深一线城市,逐步覆盖所有省会城市及沿江、沿海经济发达城市,链接全国主要旅游城市的航线发展规划,确定了首要解决城市通达性、逐步增加航班密度的航线发展路径。

（2）做好航线评估

认真做好每一条航线开通前的市场预估是确保航线"开得起"的基础,绵阳机场通过分析两地经贸、旅游往来、历史沿革、客源流向、地面交通情况、成都双流国际机场航线经营水平等数据,预估机场客源结构、票价水平和航班收益,对比航空公司收益要求,评估机场的补贴能力和分析航线的培养价值,从而决定是否开通此航线。

（3）设计航线结构

根据客源基础和区位优势设计航线结构,对于减少开辟难度和稳定航线具有十分重要的作用。绵阳机场对公商务客源需求大、时间要求高的一线城市采用点对点航线结构,对客源基础一般、市场尚不成熟的城市,充分利用绵阳在我国版图中部偏西位置,以经停或串飞航线结构为主,既可以减少经营压力,还可以多个机场共同支持一条航线,减少补贴,增强稳定性。

（4）主动向目标航空公司、机场营销,争取开通航线

绵阳机场通过网络、会议和业内沟通等方式掌握航空公司战略定位、基地设置、机队规模、机型变化、飞行实力等相关信息。由于本场缺乏驻场运力,因此,绵阳机场围绕设计的航线结构,从航线对方城市基地公司入手确立目标航空公司,这样可以最大限度地减少时刻、机组调配、飞行保障带来的问题。针对多家基地公司,绵阳机场围绕航线客源结构、消费能力的评估,重点选取销售方式最适合本航线客源的公司。在确立目标航空公司后,绵阳机场主动拜访航空公司,推介绵阳市场,商谈航线合作,同时加强与航线对方城市机场的沟通,积极寻求支持,共同开辟航线,确保航线的尽快开通。

### 三、深挖市场,拓展客源,确保航线"稳得住"

中小型机场在航线发展初期,很难形成稳定客源,确保航线"稳得住"是最大的难题。

（1）正确认识补贴与市场的关系

绵阳市市政府于2007年开始尝试着投入航线发展资金,其额度从最初的900万元/年逐步增加到现在的4000万元/年,补贴的投入对于前期争取航空公司开辟航线起到了十分重要的引导作用。但相比目前国内机场日益水涨船高的航线补贴标准,绵阳机场的补贴显得十分有限,客观促使机场树立了"以补贴为引导,靠市场求发展"的总体思路。以补贴为引导不仅体现在对航线发展的引导,还有对市场培育的引导,绵阳机场设立了营销宣传专项资金、制定了旅游团队促销奖励政策,补贴旅游团队几十元到一百元,引导其从绵阳进出,其反映到航班收入上就是增加几百元到上千元的效果,投产比最高达到1:40,充分发挥了补贴的以小撬大的作用。

（2）强化航班监控与管理,准确把握市场动态

在航空公司每天成百上千条航线中,普遍对中小型机场的某条航线关注不够,不熟

悉市场特点，不清楚与竞争机场的关系，经常采取"一刀切"独飞政策，导致客源流失。因此，绵阳机场每一条航线都安排有专人负责，对接航空公司销售、收益部门，介绍绵阳市场特点、与成都双流国际机场的关系，将成都、绵阳纳入同一市场，同步制定和调整航线销售策略；每日及时跟踪销售动态、班次增减、机型和时刻调整，协调航空公司，确保绵阳机场航班的销售价格与成都双流国际机场相比保持优势；航线管理员每天、每周和每月形成销售数据报表，营销部每月召开例会进行数据分析，向航空公司商量改进意见。同时，与成都民航西南凯亚有限责任公司开展合作，建立基础数据库，及时掌握市场客源构成、出行习惯、竞争对手数据，为航线发展与开辟提供依据。

（3）加强在本地、周边及航线对方城市的营销，深入拓展客源市场

市场在哪里，绵阳机场的销售队伍就延伸到哪里。绵阳机场在本地辐射市场的每个区、县安排专人负责当地渠道与大客户维护、市场调研、客源组织和营销宣传，在客源较为充足的 2 个县（市）还设有营业部，每个月深入到当地及下属社区、乡镇、企事业单位开展营销宣传，及时解决乘机难题；围绕成（都）绵（乐）高铁开通，为方便沿线城市旅客来绵阳乘机，绵阳机场建立了以高铁站城市候机楼为主体、摆渡大巴为连线的空铁联运服务体系，并在机场候机楼旁建立了机场客运站，开通到周边主要客源地的直达大巴，实现了空地无缝衔接。

航线开辟到哪里，绵阳机场的销售队伍就跟踪到哪里。绵阳机场在省外设有沪宁、广深、拉萨、北京 4 个办事处，专人定期在航线对方城市联系销售渠道、推广奖励政策、开展营销宣传、组织航班客源、对接航空公司相关部门，面对面解决航班销售问题。

通过以上措施的推行，2015 年从绵阳机场进出港旅客中，四川以外省份旅客占42.61%，四川省内旅客中，绵阳市以外旅客占 32.92%。

（4）依托区位优势、加强向旅行社营销，打造四川航空旅游集散地

航班客座与收益的提升，仅靠公商务客源、自费散客客源还显得不足，还要通过旅游团队的组织，丰富航班的客源结构，增强对市场波动的应对能力。为此，绵阳机场充分发挥绵阳地处四川核心景区中心位置、地面交通十分便捷的优势，加强与本地批发平台和航线对方城市四川旅游专线的合作，帮助其获取机位，协调旅游团队价格与成都双流国际机场航线同步，出台旅游团队促销奖励政策，增强绵阳产品的竞争力，协助解决乘机过程中各种问题。特别是 2014 年开始，绵阳机场联合 8 个城市四川专线，在当地推广"取道绵阳、玩转四川"的品牌产品，让绵阳的产品逐渐在当地形成了一定影响力。2015 年，通过绵阳机场进出港的旅游团队达到了 20.03 万人次，占比 13.3%，至 2020年左右，这一比例提升至 20%。

（5）持续加大投入、全方位开展营销宣传

绵阳机场一直本着"酒好也怕巷子深"的理念，2015 年累计投入 121 万元开展全方位营销宣传。宣传媒体既有电视、高速路牌、公交站台、城市综合体内广告位等传统媒体，也有微信、微博、网络社区等网络媒体；宣传形式既有派人深入社区张贴、在主要集中场所散发时刻表的传统形式，也有与交通广播、景区、影院、同程网、携程旅行网合作以活动带宣传的新兴形式；宣传地点不仅局限在本地及周边城市，在航线对方城市，绵阳机场定期召开航空旅游推介会，日常与核心合作伙伴在同业平台合作开展产品宣传；参与宣传的人员不仅局限于营销部人员，而是全体员工共同参与，各司其职，深

入到点，最大限度扩展宣传面。

### 四、顺应市场、抢抓机遇，确保航线"能发展"

航线不仅能够"开得起、稳得住"，更要顺应市场"能发展"。通过对航线经营情况的跟踪分析，对于客源基础逐渐增强、航班收益稳步提升的潜在航线，绵阳机场提前主动联系航空公司增加航班密度、优化航线结构。特别是对于时刻资源已经非紧缺或趋于紧缺、客源基础又较好的航线，绵阳机场密切与航空公司联系，关注机场扩容动态，抢抓放量机遇，着眼未来，哪怕付出一定代价也要千方百计促成航班加密，实现航线"能发展"。以北京航线为例，2006 年时仅为每周 3 班。根据客源市场的成熟度，绵阳机场逐步努力将航线加密为每天 1 班，每周 10 班，每天 2 班，至今每天 3 班，实现了早中晚都有进京航班，在顺应市场需求、实现航线发展的同时，提前抢占到了宝贵的北京时刻资源。

### 五、争取内外环境支持，构建完善的营销体系，形成发展的合力是做好营销工作的基础

（1）全局统一以发展为中心的思想，积极争取外部支持，为营销工作创造必要的条件和良好的内外环境

2006 年绵阳机场党委班子审时度势，研判分析后提出"只有通过加快发展来解决机场当前所面临的一切矛盾和问题"，从此至今在全局上下形成了以发展为中心的工作主线。抓好发展的关键就是抓好营销。因此，绵阳机场将营销工作放到仅次于安全工作的重要地位，形成了主要领导亲自抓，分管领导主要抓，各部门配合营销工作，全体员工共同参与营销宣传与销售的格局。

同时，绵阳机场一方面积极向民航、空军各级部门汇报，争取其政策、审批和资金支持，另一方面积极向绵阳市委、市政府、市级相关部门，汇报机场对地方经济发展的促进作用和机场作为公益性基础设施的特殊性，逐步得到了市委、市政府的重视和认可，设立了民航发展专项基金，化解了机场债务，绵阳市市领导亲自带队拜访民航局、航空公司，绵阳市旅游局全力配合加强营销宣传。"十二五"期间，绵阳机场共计投入航线培育资金 2.1 亿元，为营销工作的开展创造了必要的条件，累计实现旅客吞吐量 485.39 万人次，同比增长了 236.5%，资金使用取得了良好的效果。

（2）搭建完善的营销体系，形成合力促进航线航班发展

搭建完善的营销体系、配备强有力的班子是确保各项营销工作落地的主体。2006 年绵阳机场成立了营销部，高配职级，搭配以老带新的班子，全局精选营销人员，设立航线规划与运力争取、航班监控与数据管理、市场拓展与营销宣传三大板块，统筹开展营销工作。2008 年，绵阳机场又本着"依托机场资源，服务航线发展，为机场航班输送客源"的目标，将机场客运公司打造成为目前绵阳最大的机票销售平台，年销售绵阳机场航班 4800 万元，将机场国旅打造成为绵阳最大的地接、同业批发平台，年通过绵阳机场航班组织游客 7.8 万人次，形成了"一中心统筹、两平台支撑"的营销体系。特别是机场国旅的平台作用日益明显：对于新开通航线，其率先组织团队旅客发挥了稳定航线作用；对于计划开通航线，其率先通过季节性包机或切位发挥了先行先试作用；对于省外专线前期开辟绵阳市场的风险，其采取机票+地接打包产品的

模式发挥了稳定合作伙伴、培育客源市场的作用。

西南地区民航市场快速发展、成都双流国际机场容量完全饱和，随着成都—兰州铁路客运专线、绵阳—九寨沟高速公路的开通，从绵阳前往九寨沟等主要景区更加便捷，绵阳机场正面临着良好的发展机遇，经绵入川已经成为不少航空公司发展四川市场的现实选择。为了抢抓机遇求发展，绵阳机场目前正通过扩建机位、新建航站楼、增添保障设备来不断提升机场保障能力；强化安全监管，不断夯实安全基础；积极引进基地航空公司，不断完善航线网络；持续完善服务举措，不断提升机场服务质量等措施的落实，在"十三五"末，实现机场旅客吞吐量达到 350 万人次左右，通航城市 40 个左右，开通国际或地区航线，初步建成川西北区域性航空枢纽。绵阳机场在民航主管部门一如既往的关心和支持下，与各航空公司、兄弟机场以心相交，深化合作、互惠共赢，成其久远，共同为促进西南民航快速发展、建设民航强国而努力！

【案例讨论与思考】绵阳机场采取了哪些机场营销策略？是如何做的？

随着我国经济的高速发展，航空旅客范围逐步扩大，航空公司竞争日趋激烈，如何不断提高零售商业对机场收入的贡献，提高航空公司的竞争力，是机场方面十分关心并迫切需要解决的问题。本章介绍了机场产品的定义及基本特征，在此基础上分析了机场营销的特征及目的，界定了机场营销的对象及内容，并详细分析了机场的产品策略、价格策略、渠道策略、公共关系策略、促销策略和全员营销策略等。

1. 什么是机场产品？机场航空业务产品具有哪些典型特征？
2. 什么是机场营销？
3. 机场营销的特征是什么？
4. 机场营销的目的是什么？
5. 机场营销的对象有哪些？
6. 机场主要有哪些营销策略？

自学自测　扫描此码

# 第 12 章

# 智 慧 机 场

## 【学习目标】

- 掌握智慧机场的概念与内涵；
- 了解智慧机场发展历程与国内外发展现状；
- 通过对比智慧机场与传统机场案例，掌握智慧机场的目的与意义；
- 了解智慧机场建设发展应用到的前沿技术。

### 北京大兴机场

北京大兴机场是习近平总书记特别关怀、亲自推动的首都重大标志性工程，将大数据、云计算、人工智能等先进技术有机融合，并且被英国《卫报》列入"世界新七大奇迹"。北京大兴机场的建设是现代科技与建筑艺术的完美结合，体现了精湛的工艺和水准。特别是在智慧水平方面更是首屈一指。北京大兴机场实现 5G 网络全覆盖，提高了旅客服务体验，节省了服务时间，提高了工作效率；采用 RFID 定位摄屏跟踪系统，可以精准定位旅客行李的位置，保证了旅客行李提取的便利性；依托云计算、大数据、人工智能等构建机场信息系统，实现机场与机场之间、部门与部门之间的数据共享，提高机场管理水平，旅客真正感受到人性化和智能化。

北京大兴机场于 2019 年 9 月 25 日正式通航。在旅客服务方面，北京大兴机场实现了全流程无纸化登机，旅客可以实现一张脸畅行机场，只需要刷脸、刷身份证就能完成值机、安检和登机。机场推出具有智能语音功能"小兴"智能机器人及自助查询终端，通过与旅客对话，可以实现直接互动，极大节省了时间、提升了效率。在行李服务方面，北京大兴机场采用了新型高速 CT 检查设备，这种设备的速度远快于普通 CT，除少数重点旅客及行李需进入重点查验区接受海关查验外，绝大多数旅客入境时可实现"无感通关"，只需 3～4 秒的时间就能完成多项安检程序，走出安检通道在停车楼搭载自动导向车（automated guided vehicle，AVG）机器人智能停车区，驾驶员只需将车停在平台上，机器人就会抬起平台并将车辆运至空位。旅客取车时，只需扫描停车票或使用终端输入车牌号码就可以知道车辆停放的位置。这是机器人自动泊车功能在国内机场的首次应用，旅客停车、取车时间不超过 3 分钟。

北京大兴机场不仅是一座现代化机场，更是京津冀地区一座重要的枢纽。北京大兴机场既提供航空中转服务，又可提供轨道交通中转服务，可服务近 2 亿人口。便捷的购票、高效的进站安检、零距离的换乘通行体验……旅客可从中感受到北京大兴机场的人文关怀。北京大兴机场真正做到了将提升旅客体验作为第一目标，将责任和使命意识贯穿到机场服务的细枝末节，让旅客真正感受到现代化机场带来的优质便捷服务。有理由相信，北京大兴机场将继续走高质量绿色发展之路，创建更高水平的绿色发展典范，充分发挥国际机场的窗口作用，向世界展示我国共谋全球生态文明建设的智慧、力量和成果。

【案例思考题】

参考北京大兴机场建设带来的启示，结合我国机场建设的现状，你认为机场目前存在的主要问题有哪些？（提示：可以从机场现行体制机制、机场建设统筹规划、机场运行时对技术的依赖程度三个方面进行分析。）

# 12.1　智慧机场的定义和作用

改革开放以来，我国民航运输业务一直在持续快速地增长，特别是在 2004 年以后，我国已经成为世界上民航客、货、邮运输量增长率较高的国家之一，客运及货邮业务还在呈持续增长态势。随着经济发展，越来越多的人选择乘坐民航客机出行，使得机场的旅客吞吐量逐年递增。过去 10 年，我国民航业飞速发展，机场数量已经由 2009 年的166 个增加到 2019 年的 246 个，旅客吞吐量由 4.86 亿人次提升到 13.52 亿人次。随着我国民用机场运输业务量持续快速增长，机场数量持续增加、密度持续加大、规模持续扩大，运行保障能力也实现质的飞跃。但与世界民航强国相比，我国民航在安全管理、保障能力、运行效率、服务品质和管理水平等方面仍有一定差距。为此，国家提出建设以"平安、绿色、智慧、人文"为核心的四型机场。

旅客需求的升级、机场运营精度的提高和数字技术的日趋成熟，都促使着基础型机场向生态化智慧机场转型。在旅客需求方面，随着国民消费升级，旅客更加注重个性化、无缝衔接、线上线下结合的出行体验。智慧机场能够围绕旅客全旅程，为旅客提供如自助行李服务、快速安检通关、交互娱乐等便捷服务，同时也能帮助商家优化选址、引流和精准营销。在机场运营方面，机场运营需求在于运营成本控制、运营效率提升、节能环保和安全保障。智慧机场能够通过引入智能设备来降低人力和资产折旧成本，通过监控客流量和云平台信息互通实现资源优化配置，同时使用智能楼宇降低能耗，通过智能定位、监控和识别提升安保能力。在数字技术方面，机场技术的投入使用经历了从以实现业务功能为核心，到以集成共享、数据分析及生态智能为核心的转变，促使机场向智慧机场转变。

在这种背景下，机场也在与时俱进地运用各种手段、引进各种先进技术来提升自身的运营效率、管理能力和服务水平。智慧机场是一个多元化的概念，它是集科技创新技术、信息系统高度集成、面向旅客的关怀服务、优化的流程和完善的应急预案管理等于一体，以打造一个让机场安全高效运行、让旅客体验最佳出行服务为目标的智能综合体。智慧机场一般包括先进智能的信息应用系统（平台）、灵活高效的运营和管理模式、全面便捷的关怀服务和节能减排绿色环保措施。智慧机场的建设涉及各种软硬件资源，以及资源的全面整合和综合利用，要从基础设施上做到智慧，更要在管理和服务上做到智慧，用更智慧的方式、方法提高旅客的满意度和舒适度。

究竟什么是智慧机场？简单来说，就是构建智能平台将航空公司、旅客、航空器、机场等单位有机融合，把所有单位进行联通和互动，使各个运营单位在同一平台上协同作业，打破传统各自为政、各系统独立存在的模式，让旅客出行更高效、安全、便捷，真正实现"智慧"融合。如图 12-1 所示。其"智慧"主要体现在以下几个方面。

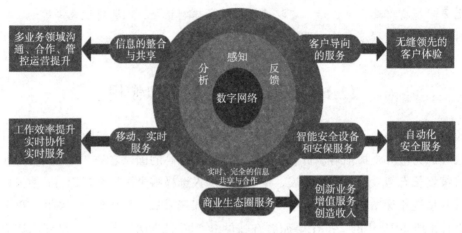

图 12-1　智慧机场的内涵

①信息的整合和分享。在机场内部，航空公司、旅客、服务代理公司、地勤公司、空中导航服务供应商和空中流量管理单位等建立起良好的沟通、合作及合理的管控机制，并进行信息和数据的交换、融合及共享。

②客户导向的服务。通过科技手段促进旅客消费，采用旅客行为数据进行精准营销和产品服务设计，提供个性化产品和服务，并通过收取订阅费的方式提供以移动设备为中介的服务，包括个性化、实时信息、出行有关的增值服务，以及零售推广服务等。

③移动、实时服务。通过无线服务等，在旅客、员工和机场租客之间建立起沟通桥梁，并能够支持实时合作和服务（例如，移动验票并领取登机牌、为维修工提供的移动服务等）。

④智能安全设备和安保服务。自动化的安全服务（比如，车辆识别、出入口管制及追踪人、物和行李的视频分析等）与应急中心、行政中心和移动服务中心整合在一起，以增强机场安全保障的能力。

⑤商业生态圈服务。通过遍布于机场和机场城市的数字化媒体等提供服务。比如，为商务旅客提供管控内的远程监控服务，通过高质量视频交流为生病旅客提供远程诊所服务等。这是智慧机场建设中较为成熟、高级的应用。

智慧机场的主要着力点应分为五部分：旅客、安全、运营、商业和能源。在完善旅客需求方面，智慧机场以人脸识别技术及物联网感知技术为基础，大幅提高机场业务的自助化办理程度，为旅客提供个性化、无缝衔接并打通线上线下的出行体验；在提升安全管理方面，智慧机场基于物联网和大数据技术，建设全面的实时安防监控系统，利用人工智能技术为风险隐患的预警和联动安全复杂事件的处理提供支撑,实现智能化安全管理;在降低运营成本方面,智慧机场利用云平台和大数据分析技术,结合物联网的实时感知能力,搭建基于人工智能的智能控制和调度系统,最优化各类资源的配置,降低成本;在提升商业能力方面,智慧机场分析旅客行为数据,建立旅客画像库,实现精准营销和智能引流,同时通过旅客流量分析,为商业选址和定价提供数据支撑,提高非航空性收入;在节约能源方面,智慧机场通过建设实时能耗监控体系及控制系统,利用智能楼宇技术,优化能源的使用,打造绿色机场。

## 12.2　智慧机场发展过程

在全球航空业爆炸性增长的时代背景下,机场服务运营和商业模式的变化也日新月异。在这一发展过程中,为了满足旅客日益增长的需求,机场建设与服务运营理念的发展经历了从 1.0 时代到 3.0 时代的三个重要阶段。

机场 1.0 时代以保障运输安全、提升旅客流量为导向,专注于安全和有效管理飞机起降的相关操作。各保障单位各司其职,协同合作很少,旅客服务的重点在于以飞行相关流程服务为主,以少量机场零售为辅。机场以房东/业主运营模式为主,由机场提供场地和空间,由航空公司、商业租户等设计与建立自己的服务运营环境,又被称为地主模式。航空性收入是本阶段主要收入来源的发展重点。

机场 2.0 时代以提升运营服务效率、提高机场流量价值为导向,又被称为“敏捷机场”。机场开始建设统一的网络架构,提供信息共享服务,在机场范围内各运行部门之间开始利用技术手段进行信息共享和协作,机场商业和生态系统合作伙伴也可快速无缝地共享信息,使得机场能够快速地响应环境和运营状态的变化。通过这个平台,航空公司的载客和卸客时间缩短,机场运营效率得到提高,商户的开办时间缩短,旅客体验得到改善。旅客服务的重点在于更多舒适性服务需求及流量价值和旅客满意度,非航空性收入在特许经营权等商业模式的助推下快速提升成为发展重点。

机场 3.0 时代以满足旅客个性化需求、建立机场平台生态圈为导向,又被称为智慧机场。这一阶段运用 Web3.0、大数据、物联网、人工智能等技术,把机场、港口、铁路及其他相关的模块有机融合,类似人脑的神经系统实时存储信息并进行相应的加工,形成一个生态网络,增强机场服务运营的感知—分析—响应能力。在此基础上,为满足旅客个性化需求,可以收集旅客的信息,机场与旅客的服务接触点不再局限于乘机和到达流程中这几个关键的信息交换场景,而是与旅客建立更广泛而持久的联系,随时随地保持实时沟通成为可能。这将使机场、航空公司、机场航旅服务提供商等为旅客提供更及时高效的服务,商业运营也可从以单纯利用机场物理空间为中心向真正以旅客需求为中心转变,可为机场创造更多更大的非航空性收入提升空间,也可以满足旅客个性化的服务需求。正如华为副董事长胡厚崑所说:万物终将互联,这是移动行业最好的时代。智慧机场将会作为一个小窗口呈现智慧城市和智慧地球。

我国机场在经历了电子机场、数字机场、智能机场阶段的同时,随着物联网、大数据、云计算、移动互联网等技术的发展，国内民航专业人员根据已提出的智慧地球和智慧城市的概念提出了智慧机场的发展理念。2008 年 11 月，IBM 公司 CEO 彭明盛最早提出智慧地球的概念。2009 年 8 月，IBM 公司发布了《智慧地球赢在中国》计划书，计划书中指出，智慧城市是 IBM 为中国量身打造的六大智慧之一。随后，IBM 的智慧解决方案陆续在我国各个领域得到推进。到目前为止，我国已有上百个地区提出建设智慧城市。民航机场作为城市交通中的重要组成部分，甚至可以说机场本身就是一个微型城市，随着对智慧城市重视程度的提高，智慧机场概念的提出和发展也逐渐得到认可和推广。

自 2011 年智慧机场概念提出以来，国内民航机场行业迅速将智能化服务作为一大要点，争相为客户提供更便捷安全的服务。智慧机场建设的目标是利用新兴的数字化技术，打造领先的安全、高效、自动化、智慧化、绿色节能的现代化智慧航空城。智慧机场以数字机场为基础，数字机场建设又分为基础支撑层和业务应用层的建设。基础支撑层主要包括对数据传输基础设施的建设、通用的硬件和云平台的建设，以保障业务应用层业务的顺畅运行。业务应用层从航班生产、旅客服务、商业运营、智能楼宇、安全保障几个方面进行建设，全面实现业务点到业务线、业务线到整体面的联通，利用数字技术高效支撑业务运行。智慧机场以大数据分析为龙骨：大数据层是智慧机场建设的龙骨，通过对基础支撑层和业务应用层的数据进行采集，形成数据仓库，对数据仓库中的数据进行清洗、重组，形成数据分析。大数据分析后的结果反馈给各业务应用系统，实现对业务数据的校准和更新，并同时将大数据分析结果输出至人工智能层，将与旅客相关的数据输出给渠道展示层。智慧机场以人工智能为大脑：人工智能的实现是智慧机场建设的精髓与精华，结合大数据分析的人工智能运用，将实现计算机代替指挥员对空地协同、地面指挥、应急处置发布指令，将帮助公司领导层对机场运营行动计划做出参考决策，并可结合机场实时动态为旅客提出最合理的出行计划。

经过 10 年的发展，智慧机场建设又体现出了三个新的发展亮点。

第一个亮点是，智慧机场的智能建造成为新的发展趋势。推动咨询和设计数字化转型，推动智慧工地建设，依托智慧化理念打造机场的品质工程建设是发展智慧机场的关键之举。为推动智慧建造的有序发展，2021 年 12 月，民航局发布了《推动民航智能建造与建筑工业化协同发展的行动方案》，明确之后 5 年的重点工作任务，围绕建筑信息模型（building information madeling，BIM）领域正在针对分类与编码、设计、施工、运维四个部分的 BIM 标准征求行业意见，充分支持机场智慧建造技术的应用与发展。以 BIM 为代表的智能建造和以装配式为代表的施工新工厂逐步在民航机场建造领域得到探索式应用。天府机场依次新建三条跑道，建立起了以 BIM 为辅助设计施工的工作模式；白云机场三期改扩建将运用预置装备化的机场滑行道桥和道面技术；在重庆新机场选址过程中，民航机场建设集团综合利用了 BIM、地理信息系统（geographic information system，GIS）和无人机等新技术，自主研发了机场数字化选址的辅助系统。

第二个亮点是，机场的无人驾驶设备成为新业态。无人驾驶技术在机场的应用探索成为智慧机场的一个全新的应用场景。北京大兴机场正在开展无人摆渡车和无人巡逻车两款车型的测试；长沙机场推进探索少人化的航空物流，在货站区域试用无人物流牵引车运输货物，同时引入无人摆渡车在机坪开展测试；南京机场自行研制的登机桥远程驾驶系统已经进入测试阶段；厦门机场开展了无人行李牵引车的试点应用；乌鲁木齐机场在 2021 年 9 月一次性投入 5 台无人驾驶物流车在停机坪进行试运行。为支持机场无人驾驶设备的应用，民航局组建了国内权威课题组团队，对各交通领域的检验、测试、应用及管理政策进行了广泛而深入的调研，经过一年多的工作，民航局制定了《机场无人驾驶设备应用路线图（2021—2025 年）》（如表 12-1 所示），为这一新型技术产品在民航机场的推广应用提供了有效的政策依据。

表 12-1　机场无人驾驶设备 2021—2025 年应用目标及任务

| 序号 | 项目 | | 目标/任务 | |
|------|------|------|---------|---------|
| | | | 到 2022 年 | 到 2025 年 |
| 1 | 规范标准 | 目标 | 标准体系框架基本建立 | 标准体系基本健全 |
| | | 任务 | 开展标准体系框架制定 | 优化完善标准体系 |
| 2 | 检验验证 | 目标 | 检验验证路径明确 | 检验验证全面覆盖 |
| | | 任务 | 建立检验验证机制 | 固化检验验证机制 |
| | | | 构建检验工作体系 | 增强检验验证能力 |
| | | | 提升检验验证水平 | |
| 3 | 示范应用 | 目标 | 开展机场应用试点 | 示范应用全面展开 |
| | | 任务 | 开展试点机场运行 | 形成试点示范效应 |
| | | | 探索污染设备运行规则 | 完善无人设备运行规则 |
| | | | 构建新型管理模式 | 迭代运行管理模式 |
| | | | 打造国际示范案例 | 输出国际引领规则 |
| 4 | 技术积累 | 目标 | 研究平台初步建立 | 技术储备形成规模 |
| | | 任务 | 融合开展技术研究 | 优化机场规划设计 |
| | | | | 全面探索技术应用 |

第三个亮点是，机场智慧管理呈现新模式。智慧机场正在从旅客服务、生产调度向智能运维、智能维养等应用场景不断拓展。同济大学与天府机场、咸阳机场合作，分别建成了首个单跑道全功能智能系统、多源信息融合智慧跑道系统，实现了跑道健康监测和运行安全的全生命周期的预警；武汉理工大学创新应用了地理光缆代替传统传感器，监测元件数量由百级单位提升到两万级单位水平。以智慧为驱动的新型机场建设正在从航站楼飞行区向机场全领域覆盖，从旅客服务、生产运行向机场全要素调整，从机场运营向规划设计全生命周期转变，智慧数字化转型正在逐步深层次融入民航机场的发展。

## 12.3　智慧机场发展现状

从全球来看，目前国外智慧机场包括德国慕尼黑机场和法兰克福机场、荷兰阿姆斯特丹史基浦机场、英国伦敦盖特威克机场和曼彻斯特机场及新加坡樟宜机场。而国内智慧机场发展相对较全面的是香港机场，内地智慧机场的建设相对较晚，目前正处于建设过程中。从建设过程及规划中可了解到，北京大兴机场和广州白云机场作为新建大型机场，其规划和建设按照智慧机场理念建设，具有一定代表性。下面通过举例对国内外智慧机场发展现状进行分析。

### 12.3.1　荷兰阿姆斯特丹史基浦机场

史基浦机场位于荷兰阿姆斯特丹，被誉为欧洲商业界的神经中枢。然而，荷兰国土面积只有 4.18 万平方千米，人口不过 1650 万，由于国土面积较小、人口数量较少，航空业面临巨大的竞争压力。早在 1916 年，史基浦机场就开始运营了，当时只是一个小型军用机场。1920 年前后，第一架民用飞机抵达该机场。在第二次世界大战期间，机场全部被毁。经过重建和改扩建，目前史基浦机场成为欧洲最繁忙和重要的枢纽机场之一。2018 年史基浦机场共完成旅客吞吐量 7105.3147 万人次，荷兰排名第一位，欧洲排名第三位；货邮吞吐量 171.6497 万吨，荷兰排名第一位，欧洲排名第三位；飞机起降 49.9444 万架次，荷兰排名第一位，欧洲排名第二位。

是什么使得史基浦机场实现如此巨大的成功？史基浦机场航空市场总监施为恩认为，这与荷兰人的生活理念有关。他曾说，我们不仅要赚钱，还要享受人生，这是荷兰人的生活理念。商业运营固然重要，但让旅客有更好的体验才是最重要的。因此，史基浦机场内设立了图书馆、博物馆、机场公园、网吧、旅店、赌场等。

在智慧机场建设与创新科技应用方面，提升旅客出行体验是史基浦机场流程设计、设施设备配备的出发点和落脚点。史基浦机场是全球第一座率先引进条形码行李牌的机场，是全球第一座使用机器人装卸行李货柜的机场，也是全球第一个使用虹膜辨识通关的机场。此外，史基浦机场还斥资 3300 万欧元，把 RFID 引入了旅客行李处理系统。史基浦机场还在行李提取大厅安装了数个大型电视，让旅客能直观地看见行李处理的实时情况，并掌握行李需要多长时间可以领取的信息。机场的自动化程度非常高，除了常规的自助值机设备、自助托运行李设备之外，还有先进的自助转机服务系统和自助过境服务系统。

史基浦机场还积极运用机器人技术，让旅客的登机过程变得更加便捷。搭载了引路机器人斯宾塞，该机器人不仅可以利用建筑物地图进行机场导航，还配备了相机传感器和激光扫描仪，会时不时检查并确定旅客没有跟丢，并在人群中灵活穿梭，不会硬挤硬撞。

2019 年微信支付成功入驻史基浦机场，联合发布欧洲首个微信支付智慧旗舰机场。通过小程序、微信支付等微信全平台生态能力，史基浦机场实现数字化升级，为中国游客提供畅快出行的境外旅行体验。

### 12.3.2　广州白云机场

白云机场是中国南方连接世界的航空枢纽，为 4F 级民用国际机场；它是中国三大门户复合枢纽机场之一，也是世界前 50 位主要机场。2020 年广州白云机场旅客吞吐量 4376.04 万人次；货邮吞吐量 175.92 万吨；起降架次 37.34 万架次，分别位居中国第一位、第二位、第一位。2020 年的旅客吞吐量在全世界机场中排名第一位。

为简化国内航班乘机流程，2019 年 6 月 11 日起白云机场开始在 T1 航站楼推行国内航班"一证通关"服务，旅客凭身份证即可乘机。此外，人脸识别技术也正式落地广州白云机场，云从科技携手中国民航信息集团与厦门凯亚在白云机场 T2 航站楼推出智慧机场管理系统，并已应用于安检和登机口，不仅能全面简化乘机流程，还能有效地提高安检准确度，降低人工成本，为旅客打造更为优质便捷的智慧出行服务。刷脸安检与登机屡见不鲜，其中无纸化登机让人十分方便。而白云机场 T2 航站楼启用最大的亮点，无疑是相比以往世界级枢纽机场往往只在安检口或登机口试点人脸识别系统，白云机场此次正式在安检及登机环节启用了 72 套安检及 128 套登机人脸识别设备，基本实现了全流程覆盖。除了便捷，智慧机场管理系统还承担着"安全护卫"的职能。一旦在安检或登机流程出现可疑人员或逃犯，它也能立即警报，提醒工作人员重点关注。

广州白云机场目前在东三指廊 16 个登机口，35 个自助登机通道搭建人脸识别自助登机系统。2018 年 10 月至 2019 年 10 月底，使用旅客达 49.8 万人。2019 年 11 月份数据显示，旅客平均通关时间 7 秒/人，最快可实现 4 秒/人。人脸识别自助登机系统的使用能有效地判断旅客证件是否一致，采用双登机门刷脸登机模式，能有效地防止尾随事件的发生，提升机场和旅客乘机的安全性。同时利用人脸识别自助登机系统，能减少航服工作人员机械检票操作，降低了航空服务工作人员容易受到环境干扰或人为疏忽等导致遗漏等失误。对于旅客而言，使用人脸识别自助登机系统直接刷脸登机，而不用再一直拿着登机牌等候登机或是因为登机牌的丢失而影响登机。极大地方便了旅客的出行，提升了旅客的乘机体验。

### 12.3.3　北京大兴机场

北京大兴机场建设战略目标为 Airport 3.0 智慧机场，从七个维度对机场进行信息化的建设。在运行和服务领域涉及七大平台，包括机场全局的 Bmap、航班生产运行平台、航站区的旅客服务及运行管理平台、商业管理平台、飞行区的空侧运行管理平台、公共区的综合交通管理平台和货运区的货运信息管理平台。

#### 1. 广泛而便捷的协同运行

在大数据分析和复杂事件处理技术的支持下，机场运行的各方参与者能够基于统一、准确、及时的数据来实现运行态势的全面感知和实时监控，在人工智能的辅助下对态势进行研判，预测态势发展，做出运行决策，主动预防特情发生。

#### 2. 防患于未然的安全管理

在保障安全监管、处置的技术能力之上，通过一体化的安全管理，智能化安防分析技术的运用，融合人脸识别和大数据分析等多种安全安保技术手段，实现精准的安全态势评估分析、隐患甄别排查、安全风险预测防范、安全预警准确有效、安全事件快速响应处置和安全资源精准投放。机场安全管理应用场景如图 12-2 所示。

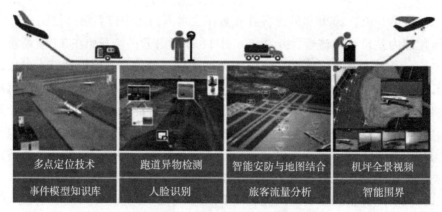

图 12-2　机场安全管理应用场景

### 3. 全流程、门到门、全自助、个性化和体验式的航旅服务

通过全面自助、生物特征识别、个体群体位置服务，完善服务对象的信息收集和应用，提供创新式的服务手段如人工智能服务机器人、VR/AR 等及精准个性化服务，实现旅客门到门全程主动关怀、全面自助、全面个性、信息精准及时的全新出行体验。机场旅客服务应用场景如图 12-3 所示。

图 12-3　机场旅客服务应用场景

### 4. 无缝衔接的综合交通管理

在大数据、物联网、人工智能技术的支持下，北京大兴机场搭建一体化的综合交通信息管理平台，实现各交通运输方式的客流、信息流全方位共享和运行的协作管理，打造高效协同、无缝衔接的机场多式联运体系。综合交通网络如图 12-4 所示。

### 5. 精细化的能源供给和生产、物联化的环境监测，打造节能、环保、低碳的绿色机场

在物联网、大数据技术支持下，北京大兴机场建立了能够全面感知和监测机场环境的能源环境技术体系，通过应用侧和供给侧的信息联动，来实现能源精细化的生产和调控。通过对多种物联网传感器的运用，北京大兴机场对机场的风、水、电、污染物、

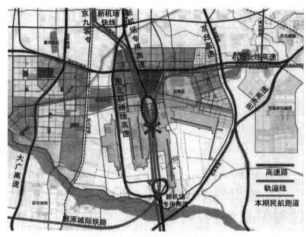

图 12-4 综合交通网络图

噪声、设备、温度、能耗、空气质量和净空环境进行全面监测，借助大数据分析技术对环境态势进行评估和预测，实现节能、环保、低碳的绿色机场。

# 12.4 现代技术在智慧机场中的应用

## 12.4.1 物联网在智慧机场中的应用

物联网早已不是一个新概念，它又被称为传感网，网络上对其的概念描述有很多，比较普遍的定义是：通过 RFID、红外感应器、全球定位系统、激光扫描器等智能感知、识别技术，按约定的协议，把任何物品与互联网相连接，进行信息交换和通信，以实现信息化、智能化识别、定位、跟踪、监控和远程管理的一种网络概念。

我国涉及物联网领域较早，而机场作为重要的运输口岸，紧紧跟随着时代的发展、科技的进步，在多类系统中应用了物联网技术。早在 2009 年，国航就在北京首都机场率先引进了 BRS，就是 RIFD 技术的一个应用，是由无线手持扫描器、管理工作站和后台服务器所组成，分别从出港、进港和中转三个方面对行李进行再确认处理。使用 BRS 的优势体现在：提高行李分拣速度，在装卸操作、值机操作和系统错误三个方面有超强纠错能力，能够对行李实施即时动态监控。这大幅提升了北京首都机场行李运输效率，对推动北京复合枢纽建设起到了十分重要的作用。目前，由于各地区机场使用的 RFID 标准、技术规格等不统一，该技术的应用目前只限用于本地机场，还未能在全国乃至全球机场统一应用，而且民航行业内也没有对物联网有一个统一的标准要求来进行有效管控。随着技术的不断进步，这些愿景也许可以在不久的将来得以实现，这需要各方力量的共同推进。例如，统一标准及接口协议，制订完善的运输管理流程，大范围使用的技术和管理支持等，这些都需要不断地进行改进和完善。

上海、无锡、杭州等地的机场已经将物联网技术运用到围界安防系统中，不仅可以通过覆盖在围栏及周边的一个个传感器对入侵目标进行精确区域定位，有效排除外界干扰造成的误报，还可以减少无谓的出警，大幅提高了警务人员的工作效率。

昆明机场、北京大兴机场都提出了绿色机场的概念，通过各类传感感应技术，使得机场更加节能环保。例如：通过感应技术使航站楼内的照明灯光可自动调节亮度；航站楼内的运行状况也可通过物联网及时发送给管理者；通过传感器可以实时捕获航站楼内的温度、湿度等信息，并通过信息网络将这些采集到的数据传送给相关人员，触发相应处理措施。物联网技术在机场智能化停车场的应用也日趋成熟，通过 RFID 技术、红外感应器、传感器等自动传感设备自动采集车辆数据及位置信息。一般由入口出票、出口收费、中央计费、车牌识别、车辆引导、反向寻车等系统组成，目的在于为驾车旅客提供出行及接送机提供更为便捷、优质的服务。

## 12.4.2　云计算在智慧机场的应用

信息化时代的新产物——云计算，对机场进行信息化建设有着重要的变革作用。在全球范围内，越来越多的机场开始引入云计算，并结合机场自身信息化建设的实际情况，实现机场的智能化建设，最终目标是实现智慧机场。像北京首都机场这样的国际大型枢纽机场，一直以来都是以第一国门的形象展现在众人面前，云计算应用也在慢慢渗入到机场的未来发展中。对于北京大兴机场而言，将云计算应用到其系统建设中，不仅可以增加技术亮点，也可以使日后的管理更加便捷和人性化。

一般来说，常规机场在开始运营后，会投入大量人力、物力对信息系统设备进行维护，而且随着时间的推移，这些设备的维护和保养所需的费用也会增加。因此对于管理和维护人员来说，就要考虑如何整合、优化现有资源，利用技术手段实现资源共享，以降低管理和维护成本，有效提高利用效率。

云计算包括三种层次的服务模式：软件即服务、平台即服务、基础设施即服务。对于机场而言，最关心的是系统或服务器是否安全可靠、运行平稳，不能一味地追求创新和革命，在机场规划设计和建设时，要保证机场在开航后能够平稳运行。在 IaaS 这个层面上，现在的成熟技术手段有能力支持机场在基础设施环节上的应用，为机场信息系统服务器、存储设备及网络搭建一个云环境，利用虚拟化技术，构成虚拟化和实体化的分布式服务器集群和存储设备的资源层，使这些服务器在一个标准统一、安全可靠的网络环境下，将分布式系统中离散的资源汇聚、池化，并实现资源动态调配。这样可以降低今后运营维护中的成本，更有利于管理者有效利用资源，减少资源浪费，提高设备利用率。而在 PaaS 这个层面上，目前云平台还处于发展阶段，相对较成熟的云平台应用也仅限于一些互联网领域应用。机场若想最终达到云平台的目标，还需要在基础设施类的系统云平台级的应用和推广下，不断完善与 IT 系统平台的接口规范标准，从主机、网络、存储不同方面进行云平台建设，集成数据管理、数据分析和服务管理等，以服务的形式展现，并提供面向服务和能力的管理和调度功能。

机场云计算的建设必然是一个逐步完善、循序渐进的过程，需要将各种软件和硬件组合起来，从而创造一个能够支持云计算平台运行的环境。

### 12.4.3　CEP 在智慧机场的应用

CEO 是构建事件驱动的信息系统的新兴技术。对于机场来说，会有多个不同类型的事件同时发生，它们之间可能存在某种关联性，然后产生一个较为复杂的事件模式，这就需要系统对这些事件的相关性和层级进行判断，通过规则处理算法等对事件进行关联和处理。

假设在某一航班延误时，机场工作人员需要在资源上进行调整，需要将延误消息推送给相关旅客，可能还需要对公共交通等进行调度和安排。这一个事件引发的多个事件流，就是一个简单的复杂事件，系统要对这一事件进行分析判断，根据设置的规则处理算法得出结果，形成一个建议决策，最后由决策层触发下级子系统的执行指令。

目前 CEP 技术在机场领域还是较新的技术，应用实施还尚不成熟，但是这一理念已经被越来越多的人认同。相信在未来几年的发展中，CEP 技术会越来越成熟，应用的领域也越来越多，到时机场可以根据自身业务需求，适时地、适当地引入 CEP 技术，为智慧机场服务。当机场在遇到突发事件时，可以借助已经编辑好的规则模板真正做到从容不迫地应对各种事件。

"智慧机场"是民航运输机场的一个发展趋势，但是由于特殊的行业地位、业务需求及管理流程，新技术的普及还需要一段时间，但是现今互联网和信息化的大爆炸，也促使了民航机场的改革与飞跃。科技的进步，在引领机场迈向更远的未来，相信真正的"智慧机场"会在不久的将来得以实现，管理上更加高效、系统运行更加先进平稳、服务上更加人性化。我们期待更多既创新又实用的现代科技产品在机场中得以应用。

## 12.5　智慧机场面临的挑战与展望

目前智慧机场还面临以下几个挑战。

第一，服务能力与技术发展之间的不协同。虽然民航在基础设施建设与新技术应用方面投入了大量的财力、人力和物力，但是机场现行的管理体制和管理水平与信息化衔接还不完善。

第二，统筹规划方面还有差距，重复投入现象较为普遍。目前，国内机场之间、各相关部门之间还是在各自为战，在技术、业务、数据资源的共享和融合方面还有差距，容易造成重复作业和资源浪费。智慧机场建设中要站在全局的角度考虑，充分考虑和合理利用各方资源。

第三，民航技术人才较为紧缺。民航业信息化最大的障碍是民航信息化专业技术人才较为紧缺。部分信息化人才掌握信息化专业技术，但是缺乏民航管理相关知识，而有些管理人员不具备专业的信息化知识，无法将信息化与民航管理有效结合起来，信息化不能得到充分运用。

第四，民航区域发展不均衡。民航区域均衡化、协同发展的问题较为明显，部分地区民航基础设施较为先进，信息化水平较高，但是部分地区基础设施较为落后，信息化还处在起步阶段。空中交通管制方面也是存在不均衡问题。

针对以上挑战，推行智慧机场建设应从以下几个方面展开。

第一，着力提升旅客的体验感。智慧民航建设的目的是提升旅客的服务体验，所以要突出"人性化"，不能简单地将新技术、新设备堆积起来，而是要通过旅客的体验感调查、体现指标量化等方式完善方案，提升体验感。同时，智慧民航的建设要以安全为基础，通过信息化手段提高效率。比如，缓解客流量较大时间的安检压力，等等。

第二，加强统筹规划和区域协同发展。民航是一个人才和知识高度密集的产业，对于区域经济的带动能力很强，也是展示一个地区经济实力的重要标志。因此，在民航信息化建设方面要统筹区域发展，以区域枢纽机场为核心、干线机场为重点、支线机场为辅助全面推进信息化建设，实现信息化协同发展。

第三，着力推进管理信息化。以建设"平安机场、绿色机场、智慧机场、人文机场"为着力点，持续加强信息化管理能力，整合科研机构和 IT 企业研发能力，与机场、航空公司等运营单位联合开展信息化关键技术研究，推动新技术、新方法与民航深度融合发展。要进一步完善信息化建设体制机制，强化数据资源共享、数据资源集成，解决当前信息数据分散、不能有效应用的难题，把信息化建设从被动转为主动，降低企业运行成本，提高工作效率。

第四，加强专业人才队伍建设，形成科技创新与人才储备互促的良好局面，进一步加大对民航创新主体科技研发的支持力度，鼓励提升自主创新能力。培育和引进信息管理方面专业人才，根据需要培养适应民航企业发展的信息化专业人才，为智慧民航建设提供人力保障。特别是在复合型人才的培养方面要加大力度，完成民航人力资源体系的优化调整。

智慧机场的基础工作是智慧安全、智慧管理、智慧运行、智慧服务。只有夯实这四个基础，智慧机场才有根基，才能实现长足的发展。建设智慧机场是贯彻创新、协调、绿色、开放、共享的新发展理念的重要落点，是实现机场业高质量发展的重要举措。建设智慧机场要坚持稳中求进的总基调，要坚持结合实际、量力而行的原则，坚持目标导向、效果导向，坚持改革创新、统筹协调，坚持安全第一、质量为本，注重远近结合、软硬结合、条块结合，重点在智慧安全、智慧管理、智慧运行和智慧服务上下功夫。

一是实施智慧安全工程。确保安全是智慧机场的底线。要深化安全监管信息平台建设，升级完善净空分析管理、地面综合引导监控、飞行区入侵跟踪等系统，通过相关数据的融合挖掘，实现对飞机滑行效率、站坪保障能力、跑道运行饱和度、跑滑结构的智能化评估与优化，从而实现高效的综合安全保障与合理的资源配置布局。在机场安保方面，侧重借助先进的信息技术，如人脸识别、生物识别等人工智能等技术，实现对各种安全信息的监测，通过实时视频分析，自动对旅客异常行为、表情、穿着进行识别，以起到预警、预判、预防作用，确保机场运输安全和空防安全。

二是实施智慧管理工程。管理平台是智慧机场的基础。要以打造扁平化、高效化、可视化的智慧机场综合管理体系为目标，高标准研发和高效率使用机场信息化管控平台，实现人、财、物管理及信息查询、决策分析等多项功能全集成，实现安全、运行、服务、商业和企业管理等业务网络全覆盖，使机场安全更可靠、运行更有效、服务更加精准、管理更科学。

三是实施智慧运行工程。高效运行是智慧机场的关键。要优化资源配置，融合数据资源，搭建统一的协同管理平台，实现智慧化运行，对机场全流程、全方位的航班流保障运行态势进行感知和预警，提高运行效率。实现对运行各环节、各主体的智能化监管、流程化控制、标准化调度和协同化配合，提高运行质量。实现机场、空中交通管制、航空公司等驻场单位信息共享，加快机场协同决策（airport collaborative decision making，A-CDM）系统建设，推进 A-CDM 与协同决策（collaborative decision making，CDM）系统对接、融合共享，提高协同能力和机场正常率。

四是实施智慧服务工程。优质服务是智慧机场的目的。要充分利用移动互联网等新技术，体现"人本化"，在公共交通衔接、中转换乘方面，实现零距离、零换乘；在飞机滑行效率、旅客步行距离、首件行李到达等关键环节上，提供人本化服务。体现自助化，在值机安检、证件核对、改签中转、登机和行李追踪等重要环节，为旅客提供自助体验和获得感。体现"个性化"，通过各类技术对旅客个体信息，包括旅客乘机信息、基本信息、位置信息、习惯信息等进行集成与挖掘，以提供精细、周到、贴心的服务。体现"人文化"，以优化航站楼乘机环境为抓手，优化乘机流程，借助互联网实现交通、餐饮、零售、娱乐等资源的融合，提高文化品位和高技术含量，使机场成为展示国家的形象、城市的名片和对外开放的窗口。

智慧机场建设和其他互联网项目本质是一样的，建设完成后，长效的运维、不断的升级完善都是不可忽视的关键环节。绿色、安全机场的建设不能仅仅停留在建设方面。以北京大兴机场在采光、节水方面所做的努力为例，如果仅仅是通过新技术实现了节能的目标，而后期不依托有效的运维模式维护这些设施，不仅节能的目的实现不了，反而会因为新技术导致成本的成倍增加。所以，智慧机场建设不是一锤子买卖，不能仅当作一时的风潮，否则智慧机场项目注定会逐渐丧失价值，长此以往，航站楼里会徒增些无用的摆设。智慧机场的运营和维护不是一成不变的，应随着机场新理念的出现而不断变化。对于新建机场，随着高新技术的发展，不断会有理念更为先进、技术水平更高的机场出现，机场的运行和维护需要根据新建机场的特点而改进，不能墨守成规，应当不断改进。对于已经建成的机场，虽然机场运行和维护方式已经成型，但是随着技术的发展，不断会有新的装（设）备更新投入，机场管理人员应当及时对机场当前的运维情况进行合理评判，及时调整运行和管理模式，以适应打造绿色、安全机场的要求。

科技的进步正在引领机场迈向更远的未来。只要我们不因循守旧，敢于创新，将会打破功能定义和物理空间的束缚，使智慧机场深度融入智慧城市、智慧地球的生态体系，实现运营管理精细可视、旅客服务个性精准、生产运行智能高效、资源设备全面物联的旅客温馨港湾，真正建成"平安机场、绿色机场、智慧机场、人文机场"。

当前，我国民航已经进入高质量发展阶段，民航强国建设迈向新征程，新技术革命风起云涌，机场发展迎来前所未有的战略机遇，是前所未有的黄金时期。我们要牢牢抓住新技术革命和我国机场群建设两大契机，努力实现智慧机场从单个机场向多个机场转变，从打造三个世界级智慧机场群到全国智慧机场生态圈转变，为建设民航强国作出机场业新的更大的贡献。

## 昆明长水国际机场智慧转型

昆明长水国际机场是国家"十一五"期间唯一批准建设的大型门户枢纽机场，是全球百强机场之一，与乌鲁木齐地窝堡国际机场并列为中国两大国家门户枢纽机场。2016年，昆明长水国际机场旅客吞吐量4198万人次，货邮吞吐量38.3万吨，分别比上年同期增长11.9%、7.7%，排名全国第五。2017年完成旅客吞吐量4473万人次，完成货邮吞吐量41.9万吨，同比分别增长了7.5%、9.4%，排名全国第六。

昆明长水国际机场旅客吞吐量逐年攀升，已远超年旅客吞吐量3800万人次的设计容量。航站楼内各类保障资源紧张，高峰时段值机区、安检区、卫生间排队等候时间较长，浪费了旅客大量宝贵的时间，有时甚至因此耽误了行程。航站楼内旅客拥挤，座椅少，候机区旅客舒适度差……随之带来旅客体验下降，抱怨增多。昆明长水国际机场在ACI的机场服务质量（airport service quality，ASQ）、民航资源网的民航旅客服务测评（civil aviation passenger service evaluation，CAPSE）等旅客服务测评中与国内外先进机场仍有较大的差距。

昆明长水国际机场安全服务保障压力逐年增大，迫切要求运用新技术改善这一现状，充分利用信息网络、大数据、物联网、人工智能等技术提高昆明长水国际机场资源利用效率，提升机场的运营品质和服务水准，实现机场的"智慧"转型升级。

昆明长水国际机场航班起降架次屡创新高，目前机场各类机位共有164个，其中近机位68个。每天航班结束后机位资源不足的矛盾凸显，航班保障部分环节效率有待提升。为解决这一问题，2014年12月，昆明长水国际机场上线"长水常准"，初步实现了机场、航空公司、空管、地服、物流等各单位的协同决策，在提升航班保障效率等方面都发挥了巨大的效用。未来可继续在更广泛范围内实现A-CDM数据共享，拓展数据采集手段，使数据收集得更加客观、准确；在数据应用方面下功夫，从数据的沙漠中发现更多的"金子"，从而不断提高机场的运行效率，提高航班正常率。

2018年，昆明长水国际机场正式推行"无纸化"便捷出行服务，旅客在安检和登机时，只需出示手机上的二维码电子登机牌便可通过。未来昆明长水国际机场也将通过服务流程再造，以旅客为中心，采用旅客自助模式，降低流程时间，满足旅客个性化、多样性的服务需求，有效减少旅客等候时间，让旅客更好地体验查询、订票、值机、登机等全流程个性化服务，提高旅客的飞行效率。旅客服务自助化流程示意图，如图12-5所示。

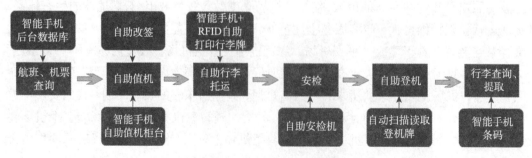

图 12-5　机场旅客服务自助化流程示意图

旅客通过各航空公司官网、App 或航旅服务提供商等多途径查询航班和购买机票、完成网上值机、手机值机，机场不再设置传统的人工值机柜台。旅客到达机场后，有托运行李的旅客可通过手机、自助托运行李设备完成行李托运。随后，经过人脸识别技术快速完成出入境检查、安检及登机手续。在较短时间内实现人证合一的审查，不仅为出入境检查、安检提供了保障，也大大减轻机场滞留的困扰，可有效减少旅客排队候检时间，使旅客的行程更加紧凑。物联网技术的引入，使得旅客与机场管理方均可在行李托运、运输、提取全过程实时查看行李状态和位置，防止行李丢失。

**【案例思考】**

昆明长水国际机场的智慧转型带来了哪些改变？使用了什么先进技术辅助转型？

## 深圳宝安国际机场智慧化建设

深圳宝安国际机场 1991 年 10 月通航，1993 年 5 月成为国际机场，1996 年成为中国第四大空港，是国内首批由地方政府筹建、实行属地化运营的机场，是全国民航最早实现市场化、企业化运营管理的机场之一。

深圳宝安国际机场针对旅客在快速及精准服务方面体验感较低的问题，发现机场运营有以下不足之处：出行服务缺乏系统规划，旅客通关流程烦琐，等待时间长，体验差；服务资源不足，服务设施自助化程度低；缺少对旅客信息的系统收集及精准分析，无法在各个服务环节为不同类型的旅客提供有效的、精准的个性化服务。

针对这一问题，深圳宝安国际机场推出数字化最佳体验机场业务（图 12-6）。数字化最佳体验机场从客户感知出发，紧密围绕客户体验感知进行规划及设计，从大服务、大运控、大安全三大业务领域进行系统规划，并通过组织流程保障、规划咨询服务、科技生态、数字平台、基础架构等多种方式支撑数字化最佳体验机场的落地。具体规划亮点如下。①大服务。以旅客流为核心，通过线下一张脸、线上小程序，将旅客出发、中转、到达一线串通，实现服务一条线。②大运控。以航班流为核心，构建智能、高效的大运控体系，通过运行一张图实现数字化最佳体验机场高效运营。③大安全。基

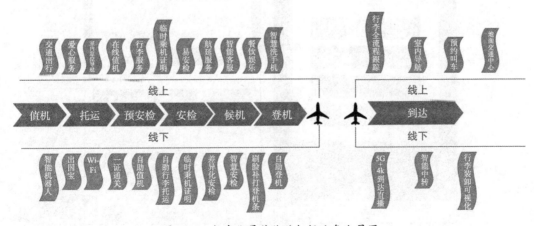

图 12-6　数字化最佳体验机场业务全景图

于数字化最佳体验机场新信息与通信技术（information and communications technology, ICT）基础设施，以全场景为目标构建安全一张网，实现风险隐患精准识别、异常事件高效处置、安全态势全局掌握。通过自助化智能设施为旅客打造便捷出行，提升快速体验；通过个性化、多元化的全方位精准服务，提高旅客幸福指数。

（1）线下一张脸，无感畅行

基于数字平台，融合人工智能、大数据和视频云技术，"线下一张脸"为旅客提供机场出行"全流程，全环节"服务：刷脸值机、刷脸托运、刷脸预安检、刷脸安检、智慧航显、高舱精准服务、催促登机和刷脸登机八个业务子系统的服务。旅客服务向个性化升级，通过商业服务转型，变革出行模式，改善出行体验。旅客在机场的每一个环节，都用人脸作为 One ID，实现无感畅行。

"线下一张脸"背后是针对八个子业务系统进行的流程打通，而最具挑战的是八个子业务系统的数据异构，以及对人脸识别算法要求不统一。数字平台通过数据融合解决以上问题，支撑八个子业务系统的通用视频能力开发，通用的视频能力，满足不同业务子系统对人脸算法的要求。

（2）线上小程序，精准个性

深圳宝安国际机场通过微信小程序实现了全方位的线上服务（见图12-7）。微信小程序按照出发、中转、到达及访客四类服务群体的不同服务需求，打通线上线下功能，将旅客信息与大数据结合，通过旅客画像，在线上服务中对不同旅客群体进行智能识别，提供交通出行、差异化安检（易安检）预约、在线值机、临时乘机证明、智能客服、室内定位导航等 35 个功能模块，全方位提供个性化精准服务；通过先进的 AR 室内导航技术，为旅客提供全场景的精确定位服务；结合线下服务机器人打造线上智能客服；全面提升旅客出行体验和人文关怀。

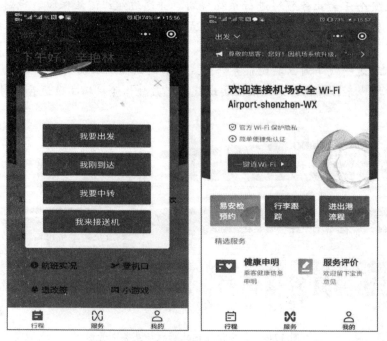

图 12-7　深圳宝安国际机场微信小程序

深圳宝安国际机场针对旅客出行各环节进行线上线下、全链条数字化改造，通过线下一张脸、线上小程序，倾力打造服务一条线，让旅客出行体验更便捷。主要亮点如下。

（1）线下一张脸服务，提升快速体验

①自助值机。投入自助值机设备共 107 台，其中国内 83 台，国际 24 台，实现除春秋航空外，所有国内航空公司均可共享值机，为旅客提供了一站式自助值机办理服务。2019 年旅客自助值机比例超过 77%，并荣获 IATA "2019 年度场外值机最佳支持机场"大奖。

②自助行李托运及可视化跟踪。以行李全程可视为核心，通过集成行李信息的相关系统、应用 RFID 等物联网技术，实现行李信息自动收集、分拣自动处理，运输状态关键节点实时可视。在自助行李托运方面，深圳宝安国际机场改造 36 套自助行李托运柜台，部署离港电子杂费单（electronic miscellaneous document，EMD）系统实现一站式逾重行李缴费网上支付功能；在行李跟踪服务方面，与东方航空合作，融合 RFID 技术率先实现行李全流程跟踪商用服务，深圳—浦东、深圳—虹桥、深圳—西安、深圳—武汉四条航线的进出港旅客，可实时查询托运行李的状态，并正在进行规模化应用推广。

③差异化安检（易安检）。深圳宝安国际机场的差异化安检是一种创新安检模式，根据旅客安全信用记录进行旅客分流。对安全信用记录较好的常旅客，系统会提示进入易安检通道，旅客可享受笔记本电脑等随身行李物品不再需要取出开包检查的安检服务。目前，已有近百万名信用记录良好的常旅客享受了快捷安检服务，较普通的旅客安检过程缩短近 40%，快捷通道放行效率比普通安检通道提升 60%，旅客过检体验提升效果显著，充分体现了从安全性向高安全＋高效率的转变。

④智慧安检。采用人脸识别、自动回筐、毫米波等先进技术让旅客过检变得更快速、更简洁（图 12-8）。目前，已经安装了 14 条通道，放行率达到 230 人次/小时，最快 3 秒通关，大大提升了工作效率，增强了旅客的出行体验。

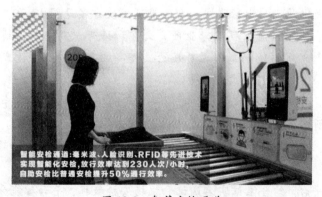

图 12-8　智慧安检通道

⑤智慧航显。为了避免旅客长时间等待航显屏翻页显示寻找所乘航班，智慧航显设备通过人脸识别旅客，直接调取旅客乘坐航班信息，优先在屏幕上显示，大幅度提升服务品质。

⑥自助登机。采用人脸识别技术，与安检信息系统联动，实现刷脸自助登机，同时支持刷证或扫码自助登机，率先实现五合一通关（纸质登机牌、身份证、刷脸、电子身份证/临时乘机证明及电子登机牌），并已安装单门双通道自助登机设备 34 套，简易刷脸登机设备 81 套，国内自助登机覆盖率 100%。系统上线使用后，平均每位旅客 1～2 秒完成自助登机，实现登机效率翻倍。

⑦行李装卸可视化。旅客在行李转盘处可以直接查看到行李装载、卸载的全过程和当前行李的状态（图 12-9），在规范工作人员操作的同时缓解旅客等待焦虑。

图 12-9　行李装卸可视化

⑧5G 航班直播。运用 5G+4K 的高清摄像头，让接机的旅客能够在航站楼内直观地了解飞机起降动态，缓解旅客焦虑感，增强感知度。

（2）线上小程序，提升精准体验

通过微信小程序，打通线上线下功能；通过旅客信息与大数据结合，实现旅客画像；通过 35 个功能模块，全方位提供个性化精准服务。以下选择主要服务模块进行重点介绍。

①交通出行。结合大数据分析依据当前用户画像数据和在线地图精准判断旅客的地理信息，为旅客提供最优的出行路线。智能交通解决方案见图 12-10。

②智能客服。使用当前互联网行业顶尖文字和语音识别技术，结合机场海量的服务场景及语音资料，缓解地勤工作人员压力，提高回复率，用科技代替人力，提高满意度。

③室内导航。结合旅客动线，实现室内一站式的值机—安检—登机的位置引领，帮助旅客快速找到所需位置。

④航延服务。通过小程序订阅消息精准推送航延信息，发送航延餐、航延酒店等服务安排。

⑤旅客服务平台。结合微信实名认证和机场安检数据，平台智能分析旅客出发、到达、中转动线过程中信息，并推荐相关服务，提高旅客满意度。

通过大服务体系建设，深圳宝安国际机场在 2019 年成为全国投诉率最低的机场之一，ACI 旅客满意度全球排名由第 12 位上升到第 11 位，连续四年获得 CAPSE 最佳机场荣誉，并荣获 IATA 2019 年度场外值机最佳支持机场大奖。

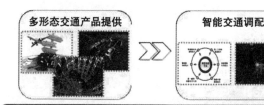

■ **打造综合交通运输体系，提供多形态出行服务**

➤ 融合主流导航地图软件，对接市政交通，建立陆空联运模式,构建信息共享和业务协同的综合交通运输体系；

➤ 打造智慧停车场，实现无障进出、无感支付、自助泊车、停车场使用信息实时发布等服务。

■ **构建统一的智慧交通调配机制，实现空地交通的无缝对接**

➤ 精确感知周边交通运行态势，打造顺畅无障的交通环境；

➤ 基于航班信息，智能调配交通；

➤ 人群交通出行轨迹分析，提供决策研判基础。

■ **建立全渠道的信息交互推送平台，交通信息实时可视**

➤ 公共交通信息多平台实时发布；

➤ 个性化交通信息推送。

图 12-10　智能交通解决方案

**【案例思考】**

深圳宝安国际机场的智慧转型带来了哪些改变？使用了什么先进技术辅助转型？值得其他机场参考的亮点有哪些？

从单一航空运输强国向多领域民航强国迈进，是我国民航"十四五"期间重要发展目标，智慧民航建设是我国民航实现高质量发展的重要抓手和根本路径。民航信息化、数字化是发展的必然趋势，也是重要的驱动力。未来一段时期，我国民航要立足智慧出行、智慧物流、智慧运行、智慧监管四个场景，加强数字感知、搭建生态系统、完善数据治理、强化网络安全、支持行业创新。如何解决民航运行的难点、旅客出行的痛点？如何创新或升级现有业务模式？推动民航领域"提质增效"向纵深发展，这是民航发展进入新时代的重要课题。

当前，我国机场业正处在提质增效的关键时期，加快智慧机场建设迫在眉睫，势在必行。本章介绍了什么是智慧机场，为什么要建设智慧机场，智慧机场的发展过程是怎样的，以及如何建设智慧机场，为智能时代下的机场管理提供了一定的思路。

1. 什么是智慧机场？

2. 其"智慧"主要体现在哪几个方面？

3. 机场建设与服务运营理念的发展经历了哪几个重要阶段？

4. 现代技术在智慧机场中的应用包括哪些？

5. 智慧机场的推广所面临的挑战有哪些？

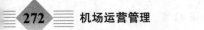

自学自测　扫描此码

# 参 考 文 献

[1] 周慧艳，汪泓，石丽娜. 机场运营管理[M]. 3 版. 北京：清华大学出版社，2020.

[2] 张君. 机场运营管理[M]. 北京：化学工业出版社，2021.

[3] 罗良翌，赵晓硕. 机场运营管理[M]. 北京：电子工业出版社，2019.

[4] 陈文华. 民用机场运营与管理[M]. 北京：清华大学出版社，2019.

[5] WELLS A T, YOUNG S B. Airport planning and management[M]. New York: McGraw-Hill, 2004.

[6] KAZDA A, CAVES R E. Airport design and operation[M]. Bradford: Emerald Group Publishing Limited, 2015.

[7] ASHFORD N J, STANTON H P M, MOORE C A, et al. Airport operations[M]. New York: McGraw-Hill, 2012.

[8] NEUFVILLE R D, ODONI A R, BELOBABA P P, et al. Airport systems: Planning, design, and management[M]. New York: McGraw-Hill, 2013.

[9] 王健勇. 基于时空图的平行跑道容量计算模型[J]. 中国科技纵横，2021(17)：153-157.

[10] 姜星伟，王骥. 综合显示系统数据显示延迟的分析方法研究[J]. 航空电子技术，2017，48(1)：16-20.

[11] 姬瑞鹏，陈曦光，许家祺. 国际民航组织概论[M]. 北京：北京航空航天大学出版社，2017.

[12] 黄翔. 大型机场航站楼商业规划设计思路[J]. 工程技术研究，2020(14)：204-205.

[13] 贾云，李振宇. 世界级枢纽机场多航站楼建设经验对我国大型枢纽机场的借鉴与思考[J]. 民航管理，2020(09)：44-50.

[14] 付小飞. 当代大型机场航站楼规划设计的五个新趋势[J]. 建筑与文，2020(6)：211-214.

[15] 高晓辉，魏庆芃，何材，等. 公共建筑践行运行能耗总量控制的探索：《民用机场航站楼能效评价指南》[J]. 建筑节能，2019，47(10)：16-22.

[16] 杨立峰. 大型机场航站区陆侧道路交通组织与规划研究[J]. 交通与运输（学术版），2018(1)：1-5.

[17] 宿百岩. 大型机场双航站区规划及运行研究[J]. 中国民用航空，2018(4)：4.

[18] 夏崴. 机场航站区分阶段发展的基本维度与发展模式[J]. 城市建筑，2018(4)：116-119.

[19] 赵宇. 某机场航站楼扩建工程消防设计探讨[J]. 消防技术与产品信，2017(6)：20-23.

[20] 何勍. 草原上跳动的脉搏 鄂尔多斯机场航站楼[J]. 室内设计与装修，2017(5)：116-119.

[21] 王克珍，戴瑞恒. 机场航站楼设计思路探究[J]. 住宅与房地产，2017(32)：110.

[22] 赵明明. 多航站区背景下的枢纽机场地面交通规划研究[D]. 北京：中国民航大学，2017.

[23] 徐萱. 机场航站楼的建筑设计研究[J]. 江西建材，2016(5)：52-55.

[24] 李欣，成辉，赵元超. 枢纽机场航站楼构型分析模式研究[J]. 工业建筑，2016，46(9)：56-61.

[25] 高胜国 关于我国航空货运枢纽建设的思考[J]. 空运商务，2022(1)：10-13.

[26] 常瑞轩. 航空货运信息化发展现状及对策探究[J]. 商业文化，2022(10)：116-117.

[27] 付亚博，刘鑫堃，杨彬，等. 航空货运站货物处理的解决方案[J]. 物流技术与应用，2021，26(1)：108-111.

[28] 谭克涛. 精准发力推动湖南航空货运高质量发展[J]. 新湘评论，2020(24)：46.

[29] 苏秀锋. 数字化驱动及产业融合：我国航空货运的未来[J]. 民航管理，2020(12)：31-33.

[30] 李晶. T 公司航空货运管理信息系统优化研究[D]. 天津：河北工业大学，2020.

[31] 李齐卿. 浅析智能安检技术在机场行李处理系统的应用[J]. 中国新技术新产品，2019(21)：14-15.

[32] 张瑞婷. 国内、外航空货运站工艺流程及设施布局的异同分析[J]. 城市建设理论研究（电子版），2018(35)：164-165.

[33] 刘轩明. 新机场行李处理系统接收筹备的思考[J]. 民航学报，2018，2(3)：15-19+14.

[34] 徐波. 超大型航空货运站货物处理系统设计研究：以西货运区公共货运站为例[J]. 工程建设与设计，2008(12)：82-88.

[35] 梁心琴. 空港物流规划与运作实务[M]. 北京：中国物资出版社，2008.

[36] 吴念祖. 浦东国际机场西货运区工程[M]. 上海：上海科学技术出版社，2008.

[37] 叶蓉. 机场非航空性经营收入的提高策略研究[J]. 全国流通经济，2022(2)：64-66.

[38] 张艳霞. 供给侧改革下机场非航业务发展探析[J]. 国际公关，2020(8)：297-298.

[39] 李雷. 浅析支线机场的成本管理[J]. 中国乡镇企业会计，2020(5)：138-139.

[40] 张晔. 我国干线机场管理会计模式应用研究[J]. 财会研究，2019(10)：23-28.

[41] 张凤梅. 精益成本管理下机场成本控制研究[J]. 商讯，2019(29)：176+178.

[42] 夏文杰. 机场成本管理存在的问题及对策[J]. 会计师，2019(10)：36-37.

[43] 卓蔚璇. 机场管理集团非航空性业务的发展现状和战略：以 H 国际机场为例[J]. 区域治理，2019(38)：78-80.

[44] 赵谦. 供给侧改革下机场非航业务发展策略研究[J]. 知识经济，2019(9)：84-85.

[45] 许愿. 机场经营模式、服务定价与价格管制研究[D]. 武汉：华中科技大学，2019.

[46] 陈广杰，张纯良，虞纯一. 机场非航业务精细化管理模式研究：以上海机场为例[J]. 企业科技与发展，2019(2)：271-272.

[47] 张晶. 浅谈对国内大型机场非航业务发展的思考[J]. 民航管理，2018(11)：52-54.

[48] 陈红. 机场非航空业务发展创新研究：以昆明长水机场为例[J]. 财经界，2016(32):346-348.

[49] 赵歆珠.首都机场成本管理体系存在的问题及对策研究[J]. 北方经贸，2018(7)：133-135.

[50] 史洪剑. 试析民航公司成本管理中的问题及对策[J]. 中国总会计师，2017(12)：118-199.

[51] 许跃凤，胡荣，陈琳，等. 基于体验经济的机场非航空性业务发展策略研究[J]. 广义虚拟经济研究，2016，7(2)：62-67.

# 教师服务

感谢您选用清华大学出版社的教材！为了更好地服务教学，我们为授课教师提供本书的教学辅助资源，以及本学科重点教材信息。请您扫码获取。

## ≫ 教辅获取

本书教辅资源，授课教师扫码获取

## ≫ 样书赠送

**物流与供应链管理类**重点教材，教师扫码获取样书

 清华大学出版社

E-mail: tupfuwu@163.com
电话：010-83470332 / 83470142
地址：北京市海淀区双清路学研大厦 B 座 509

网址：http://www.tup.com.cn/
传真：8610-83470107
邮编：100084